Max Arend

Gluck

Eine Biographie

 Literaricon

Max Arend

Gluck

Eine Biographie

ISBN/EAN: 9783965067028

Auflage: 1

Erscheinungsjahr: 2023

Erscheinungsort: Treuchtlingen, Deutschland

© Literaricon Verlag UG (haftungsbeschränkt)

www.literaricon.com

Printed in Germany

Cover: Joseph-Siffred Duplessis, Cristoph Wilibald von Gluck, Abb. gemeinfrei

GLUCK

EINE BIOGRAPHIE

VON

MAX AREND

ERSTE UND ZWEITE AUFLAGE

1921
SCHUSTER & LOEFFLER IN BERLIN

VORWORT

Ein Lebens- und Herzenswerk lege ich der Öffentlichkeit vor
— ein Werk übrigens, das ich in einer durch die Zeitverhältnisse geschaffenen höchst ungünstigen Lage, nämlich fast abgeschnitten von
der Benutzung ausländischer Bibliotheken, niederschreiben mußte.
So erhielt ich von der Bibliothek des Kgl. Konservatoriums Brüssel,
die das Gesuch dem Ministre des Sciences et des Arts einberichtet
hatte, am 9. Juni 1920 die Ablehnung, an den Lesesaal der Kölner
Stadtbibliothek auszuleihen: „Cette demande pourra être examinée
à nouveau, lorsque les restitutions que la Belgique attend auront
été effectués."

Ich darf dennoch sagen, daß zum e r s t e n m a l eine einheitliche,
auf die Quellen — darunter zahlreiche von mir aufgefundene Musikstücke und Dokumente — gestützte Erfassung der Persönlichkeit und
des Werkes Glucks, eines jener ganz Großen, die sich über die
Jahrhunderte hinweg die Hand reichen, versucht worden, und daß
zu dem quellenden Überreichtum von ästhetischen Problemen, die
jedes Werk der unerschöpflichen Phantasie des Meisters neu aufrollt, und die zum großen Teil für uns noch Neuland sind, Stellung
genommen ist. Nicht nur Einzelheiten, sondern ganze Kapitel, so
das der tragischen Ballettpantomimen Glucks, das der komischen
Opern und fast sein ganzes Schaffen vor dem „Orpheus", erscheinen
völlig neu, mindestens aber in neuer Beleuchtung. Die zum erstenmal gegebene Darstellung a l l e r komponierten Texte und Ballett-
programme ermöglicht es erst, uns mit den ästhetischen Problemen
des Meisters vertraut zu machen, sie öffnet uns seine künstlerische
Werkstatt. Andererseits wird der in den bisherigen Biographien
einen breiten Raum einnehmende Streit der Gluckisten und Piccinisten kaum berührt. Dafür ist der Mailänder Gluck 1737—1745
eingehend behandelt.

Gerade das Verfolgen der Probleme bis zur Wurzel zeigt übrigens, wie ungeheuer viel noch erforscht und aufgehellt werden
muß und auch durch örtliche Spezialforschung aufgehellt werden
kann. Es ist merkwürdig: während Salieri vor einem Jahrhundert
(also vor Schmid) sagte, man werde kaum noch Neues über
Gluck herausbringen, glaube ich heute sagen zu sollen, daß zu
fast allen Einzelproblemen noch wesentliches zu erforschen ist und
an der Hand noch nicht benutzter Quellen erforscht werden kann.

Ich fand einundeinhalbes Jahrhundert nach dem Tode des gewaltigen Mannes, mit dessen Leben und Werken sich zahllose Federn beschäftigt haben, fast jungfräulichen Boden.

Von einer Trennung des rein biographischen Teils und der Werkanalyse glaubte ich absehen zu sollen, da bei einem Künstler wie Gluck die W e r k e seine wichtigsten Erlebnisse sind. —

1909 begründete ich die „Gluck-Gesellschaft" mit dem Ziel einer Gesamtausgabe der Werke des Meisters und der Förderung der Erfassung des Menschen und Künstlers. Ich leitete sie bis 1910, wo die Firma Breitkopf & Härtel — unter Ausschaltung meiner Person — die geschäftliche Leitung übernahm. Es wurde dann aus der Satzung die Aufgabe der G e s a m t a u s g a b e beseitigt, und etwas später erschien der Auflösungsantrag mit dem Hinweis, daß die Firma Breitkopf & Härtel ihren bisherigen Widerstand, in den „Denkmälern" Einzelwerke von Gluck zu veröffentlichen, zurückgezogen habe. Erfreulicherweise fand der Antrag Widerspruch und löste die Erklärung Hugo Goldschmidts aus, jährlich bis auf weiteres tausend Mark, die für ein Gluckjahrbuch Verwendung fanden, zu stiften. Ich habe dann 1913 die „Gluck-Gemeinde" in Dresden begründet, die die alten Ziele wieder aufstellt, die sie nicht für „unmöglich und auch unnötig", sondern für eine, wenn vielleicht nicht für einen Verleger im Augenblick lukrative, so doch notwendige künstlerische Tat hält, zu der irgendwie und irgendwann ein Weg gefunden werden muß. Die „Gluck-Gemeinde" fand bei der Kunstwartleitung in Dresden, der dafür auch an dieser Stelle Dank ausgesprochen wird, die uneigennützige Unterstützung, die die heilige Sache verdient, und versucht, unterbrochen und gestört durch den Krieg und den Nachkrieg, in erster Linie auf ä s t h e t i s c h e m und nicht nur auf philologischem Wege, durch Neuausgaben und Schriften die Besten unserer Zeitgenossen allmählich einzustimmen auf die uns entrückte, hehre und über alles gewaltige Kunst des Meisters, eine die Mitarbeit und die Unterstützung weitester Kreise heischende Aufgabe.

Möge dies Buch, das auf Anregung des Verlags erscheint, seine Aufgabe erfüllen: durch eine zuverlässige und würdige Gesamtdarstellung unser künstlerisches Gewissen Gluck gegenüber zu wecken und denjenigen ein Führer zu sein, die begnadet werden, seines Genius einen Hauch zu verspüren.

Köln, den 2. Juli 1921   MAX AREND

INHALT

VERZEICHNIS BENUTZTER LITERATUR

A n o n y m. (Christian Heinr. Schmid) Chronologie des deutschen Theaters.
Leipzig 1775.

A r e n d, Max. Warum und wie sollen wir Gluck feiern? Flugschrift des
Dürerbundes. München 1913.

A r e n d, Max. Zur Kunst Glucks. Regensburg 1914 (Bosse).

A r n e t h. Maria Theresia und Josef II. Ihre Korrespondenz. 3 Bde. Wien
1867.

A r t e a g a. Geschichte der ital. Oper, übersetzt von Forkel. Leipzig 1789.

B i t t e r. Mozarts Don Juan und Glucks Iphigenie in Tauris, ein Versuch
neuer Übersetzungen, 1866.

B u c h n e r. Das Neueste über Christoph Willibald Ritter von Gluck. (Ober-
pfalz-Verlag Kallmünz, 1915.)

C r a m e r. Magazin der Musik, Hamburg 1783—1788, 4 Bde.

D i t t e r s d o r f, Karl Ditters von. Lebensbeschreibung. 1801 Leipzig.

E n g l ä n d e r, Richard. Joh. Gottl. Naumann als Opernkomponist. Berlin
1916.

F a v a r t. Mémoires et Correspondance. Paris 1808. 3 Bde.

G e r b e r. Lexikon der Tonkünstler. Leipzig 1812. 4 Bde.

G l u c k - Jahrbücher 1—4.

H i e r l I. G. Chr. W. v. Gluck aus Weidenwang. 1914 Neumarkt.

E. T. A. H o f f m a n n. Ritter Gluck. Eine Erinnerung aus dem Jahre 1809.
(Menschen und Mächte. Ausgewählte Erzählungen von E. T. A. Hoff-
mann. Ebenhausen-München.)

K r u s e, Georg Rich. Iphigenie in Aulis. Reclam.

K r u s e, Georg Rich. Orpheus und Eurydice. Text mit Einleitung. Reclam.

L a p p e n b e r g, I. M. Briefe von und an Klopstock. Braunschweig 1867.

L i e b e s k i n d, Josef. Ergänzungen und Nachträge zu Wotquenne. Leipzig 1911. (Gebr. Reinecke.)

M a n n l i c h, Joh. Christian von. Lebenserinnerungen. Ausgabe Stollreither,
Berlin 1910.

M a r x. Gluck und die Oper. Berlin 1863.

M e t a s t a s i o. Ausgewählte Dramen, übersetzt von Schenk (Hendel, Halle.)

M e t a s t a s i o. Gesamtausgabe.

M o s e l, I. F. Edler von. Über das Leben und die Werke des Anton Salieri.
Wien 1827.

N o h l. Musiker-Briefe. Leipzig 1867.

N o h l, Ludwig. Allgemeine Musikgeschichte. Reclam.

N o v e r r e. Briefe über die Tanzkunst und über die Ballette. Aus dem
Französischen übersetzt. Hamburg und Bremen 1769.

P a g l i z z i - B r o z z i. Il Regio Ducal Teatro di Milano nel secolo XVIII.
(Mailand, Ricordi.)

R e h b a u m , Theobald. Deutsche Übersetzung des Textes „Echo und Narciss“ von Baron von Tschudi. Leipzig, Breitkopf & Härtels Textbibliothek.

R e i c h a r d t , Joh. Friedr. Briefe eines aufmerks. Reisenden die Musik betr. 1774 Frankf. und Leipzig.

R e i s s m a n n . Christoph Willibald von Gluck. Leipzig 1882.

R i e d e l , Friedr. Just. Über die Musik des Ritters Christ. von Gluck. Wien 1775.

R i e m a n n . Musiklexikon, letzte Auflage. Leipzig 1916.

R i e m a n n . Opern-Handbuch. Leipzig 1887.

R o u s s e a u J. J. Dictionnaire de Musique. Aux Deux-Ponts 1782.

S c h l e t t e r e r , H. M. Vorbemerkung zum Text der „Iphigenie auf Tauris“. Leipzig, Breitkopf & Härtel, Textbibliothek.

S c h m i d , Anton. Christoph Willibald Ritter von Gluck. Leipzig 1854.

S c h m i d l i n , H. Klopstocks sämtliche Werke, ergänzt in 3 Bänden. Stuttgart 1839.

S i e g m e i e r . Über den Ritter Gluck und seine Werke. Briefe. 2. Ausgabe. Berlin 1837.

W e l t i , Heinrich. Biographie Glucks. (Reclam, Leipzig).

W i e l . I Teatri musicali veneziani del settecento. (Venedig 1897.)

W o r t s m a n n , Stephan. Die deutsche Gluck-Literatur. Nürnberg 1914.

W o t q u e n n e , Alfred. Chr. W. v. Gluck. Thematisches Verzeichnis seiner Werke. Leipzig 1904 (Breitkopf & Härtel).

DIE JUGEND
1714—1741

Christoph Willibald Gluck ist am 2. Juli 1714 in Erasbach in der Pfarrei Weidenwang bei Neumarkt in der Oberpfalz geboren.

Ort, Zeit und Vornamen, obwohl im 18. Jahrhundert und bis 1831 richtig angegeben und bekannt, waren von da an Gegenstand des Streites, bis Anton Schmid 1854 in seiner Gluckbiographie die Beweise mit überzeugender Stärke zusammenstellte. Der jüngsten Forschung war es dann vorbehalten, noch zu ermitteln, daß der Meister nicht, wie man bisher geglaubt hatte, in Weidenwang geboren ist, sondern in dem zu derselben Pfarrei gehörenden Nachbardorf Erasbach.

In der Zeit von 1831 bis 1854 zog man aus einem den Oheim des Meisters betreffenden Taufschein, den ein Übereifriger aufgefunden hatte, mit einer kaum verständlichen Leichtfertigkeit den Schluß, daß der Meister am 25. März 1700 in Neustadt (an der Waldnab) geboren sei und Johann Christoph heiße. Der Unsinn war mit Händen zu greifen. Gluck müßte seine Studien im Alter von 37 Jahren begonnen, seine erste Oper im Alter von 41 Jahren geschrieben, sich mit 49 Jahren verlobt, 67 Jahre alt zu dem rovolutionären Keulenschlag der „Alceste" ausgeholt haben und in Paris die arbeitsreichen Kämpfe und Triumphe, die ihn zum Mittelpunkt der europäischen Musik- und Theatergeschichte machten, im Alter von 74 bis 79 Jahren durchlebt haben, er müßte in Wien noch im Alter von 86 Jahren in Gesellschaft von Freunden am Klavier bis zu Tränen in Leidenschaft und Feuer geraten sein. So etwas konnte niemand glauben, der einige Einsicht in die Lebensgesetze hat, nach denen der Künstler sich betätigt. Dabei bewies der Taufschein nur, daß in Neustadt am 25. März 1700 ein Johann Christoph Gluck geboren sei! Die Annahme dieses Geburtsdatums war ferner völlig unvereinbar mit andern auch damals bekannten Quellen. Nach dem Tode Glucks konnte man z. B. in zahlreichen Zeitschriften und Zeitungen lesen, daß er im Alter von 73 Jahren gestorben sei.

So töricht aber dieser Irrtum war, so hartnäckig erhielt er sich gegen den Protest von Besserunterrichteten, zu denen vor allem der

Sammler A l o i s F u c h s zu rechnen ist, dem die Gluckforschung vieles verdankt, und der deshalb hier genannt sein möge. Der Irrtum spukt sogar heute noch hier und da. Vor allem, und dies ist das Hauptinteresse, das wir heute an ihm haben, war er zu der Zeit herrschend, als der Bayernkönig Ludwig I. die Büste Glucks in der Walhalla aufstellen ließ, und als er dem Meister 1848 in München auf dem Promenadenplatz das bekannte Standbild in Erz weihte. Hier findet man nämlich die falsche Inschrift „Johann Christoph Gluck“. Nun ist es ja an sich nicht welterschütternd, ob der große Mann mit dem zweiten Vornamen Johann oder Willibald hieß, und wenn die Nachwelt weiter nichts an ihm vernachlässigt hätte als den Vornamen, so möchte man es hinnehmen. Es muß aber doch erwogen werden, was ein Denkmal bedeutet. Einem Künstler ein Denkmal setzen, heißt der Mitwelt sagen: „Dieser hier hat Unvergängliches geschaffen! Schaut her aus eurem Alltag und gedenkt der Werke des Großen!“ Bei dieser Gelegenheit den Namen des gefeierten Großen falsch angeben, heißt ihn beleidigen oder, wenn es, wie hier, aus entschuldbarem Irrtum geschah, ein öffentliches Ärgernis erregen, das so schnell und so gründlich wie möglich beseitigt werden muß. In diesem Gedankenzusammenhang hat der Verfasser als Vorsitzender der „Gluck-Gemeinde“ in Dresden am 31. Januar 1915 die folgende Petition an den Magistrat in München gerichtet, aber eine Antwort nicht erhalten, auch nicht etwa eine Ablehnung, die damit begründet wäre, daß die Stadt München nicht zuständig sei, daß vielmehr der König oder der Staat die Verfügung habe. Da dies nicht bekannt und nicht ohne Weitläufigkeiten festzustellen war, so war die Petition allgemein auf „Einleitung“ der erforderlichen Schritte gerichtet, also auch darauf, nötigenfalls an die zuständige Stelle weitergereicht zu werden. Der Abdruck des Wortlauts geschieht mit der Nebenabsicht, einen erneuten Anstoß zur Beseitigung des falschen Namens zu geben:

„Auf dem Promenaden-Platze in München steht das im Jahre 1848 errichtete Gluck-Denkmal in Erz. Zur Zeit der Errichtung herrschte vorübergehend auf Grund von unvollständigen neu aufgefundenen Dokumenten in der Musikwissenschaft die Meinung, daß Gluck am 25. März 1700 geboren sei und J o h a n n C h r i s t o p h heiße. Die in diesem Punkte völlig erschöpfende Lebensbeschreibung von Anton Schmid (Leipzig 1854) hat die frühere Meinung, daß Gluck am 2. Juli 1714 geboren ist und **Christoph Willibald** hieß, wieder hergestellt. Heute besteht hierüber nicht der allergeringste Streit oder Zweifel. Die Frage wird auch durch die jüngste Erörterung, ob Gluck in Weidenwang geboren oder nur dort am 4. Juli 1714 getauft sei, natürlich nicht berührt.

Die Tatsache, daß das schöne Denkmal, das seine Entstehung der hochherzigen und opferbereiten Kunstbegeisterung weiland Seiner Majestät des Königs Ludwig I. dankt, zufällig unter die zeitliche Herrschaft eines wissenschaftlichen Irrtums fällt, der längst völlig beseitigt ist, hat nun die höchst unangenehme Wirkung, daß das Standbild noch heute die falsche Namensinschrift

Johann Christoph Gluck

trägt, die für die Freunde des Meisters ein Ärgernis bildet. Die Beseitigung dieser Inschrift und ihre Ersetzung durch das richtige

Christoph Willibald von Gluck

ist sicherlich angemessen und liegt auch sicherlich im Sinne des erhabenen Stifters des Monumentes.

Die Gluck-Gemeinde regt daher ergebenst an, die für diese Inschriftänderung erforderlichen Schritte zu erwägen und einzuleiten."

Ein anderes falsches Geburtsdatum, nämlich der 14. Februar 1712, findet sich in F. J. Lipowsky's Bayrischem Musiklexikon und infolgedessen auch auf einer Gedenkmünze. Sie trägt auf der Vorderseite die geprägte Büste, den Kopf nach links gewendet, mit der Unterschrift „Christoph Gluck. Geb. d. 14. Febr. 1712."; auf der der Rückseite in der Mitte eine geprägte Lyra und die Unterschrift: „Zur Heimat der Toene d. 15. Nov. 1787."

Gluck ist selbst nicht ohne Schuld an dieser Verwirrung, denn Äußerlichkeiten waren ihm gleichgültig, und er legte mehr Wert darauf, seine Werke zum richtigen Verständnis zu bringen als biographische Einzelheiten zu veröffentlichen. Möge er mit dieser Künstlergesinnung unserer Musikphilologie einen nach den bisherigen Erfahrungen nicht überflüssigen Wink geben: seine unsterbliche Hinterlassenschaft zu pflegen, nämlich seine Partituren, von denen die aus der Zeit vor dem Orpheus, wie wir sehen werden, bisher in einem Grade vernachlässigt worden sind, der angesichts der von keiner Parteirichtung bezweifelten Größe Glucks unbegreiflich ist.

Die Folge ist, daß eine einheitliche Erfassung der künstlerischen Gesamtpersönlichkeit Glucks und der sie zusammensetzenden wirkenden künstlerischen Kräfte hier zum ersten Male versucht werden konnte. Dafür haben wir aber sehr sorgfältige Untersuchungen darüber, wer das Haus, in dem Gluck geboren ist, von 1717 an bis heute besessen hat, oder aber, welches Honorar ein Buchbinder in Dresden für das Einbinden der Kopie einer Gluckschen Partitur erhalten hat, die sich auf der Sächsischen Staatsbibliohek befindet, oder, mit welcher Orthographie der Name Bailli du Roullet geschrieben wird.

Betrachten wir die Komponenten, die die Seele des Kindes Gluck beeinflußt haben, soweit die Unterlagen es erlauben. Zunächst das Genealogische. Da muß leider sofort ein empfindlicher Mangel eingestanden werden: wir wissen von Glucks Mutter nichts anderes, als daß sie mit Vornamen Anna Walburga hieß und vor 1750 gestorben ist. Mehr von ihr zu wissen, wäre uns um so kostbarer für die Erkenntnis des geheimnisvollen Wirkens der Natur, die das Genie hervorbringt, als das väterliche Blut uns zwar mit hoher Deutlichkeit den aufrichtigen, starken, freiheitsliebenden, ein geordnetes Leben schätzenden Mann zeigt, aber in keinem Verwandten von der väterlichen Seite einen künstlerischen Einschlag gibt. Man denkt unwillkürlich an die Frau Rath in Frankfurt, der Goethe sein bestes künstlerisches Erbteil verdankte, und das eigentümlich Divinatorische und Wilde so vieler Eingebungen Glucks läßt es als möglich erscheinen, daß diese Mutter slawischen Bluteinschlag, etwa böhmischen, hatte. Sollte diese Vermutung zutreffen, so würden wir eine besonders glückliche Vermischung deutschen Gemütslebens mit slawischer Inspiration antreffen, die natürlich nicht Gluck zum Tschechen machen würde, wie das heute in Paris und Prag Modebehauptung ist. Hier liegt ein sehr wichtiger Punkt, der bisher unaufgeklärt geblieben ist.

Gluck war der älteste Sohn. Den zweiten Vornamen Willibald scheint er nach dem Patron der Pfarrkirche zu Weidenwang erhalten zu haben; der Hauptname Christoph erscheint im Stammbaum der Familie Gluck mit Vorliebe, auch führte der Taufpate des Kindes, der Wirt Christoph Fleischmann in Weidenwang, diesen Vornamen. Sechs Geschwister folgen:

1. Christoph Anton, dessen Taufschein vom 11. April 1716 den Zusatz E trägt, der eine gewisse Bedeutung für die Beweisführung hat, daß die Eltern in Erasbach wohnten. Dies Kind starb vermutlich früh.

2. Franz, als Mann in Böhmen herrschaftlicher Forstmeister, später in Wien und Prag. Er spielt insofern eine Rolle, als Tomaschek in Prag seine Bekanntschaft machte und dem Biographen Schmid Nachrichten gab.

3. Karl, später Oberjäger in Baumgarten in Niederösterreich. Schmid berichtet uns, daß er fünf Kinder gehabt, und daß zwei dieser Kinder ihm wichtige Familiennachrichten gegeben hätten.

4. Alexander, später Beamter im k. k. Mehl- und Aufschlagamte in Wien, geboren etwa 1735, gestorben 1795.

5. Eine Tochter, die einen gewissen Kramer geheiratet und drei Kinder hinterlassen hat.

6. Eine Tochter, die einen Husarenrittmeister namens Klaudius Hedler heiratete. Diese jüngste Schwester Glucks ist die Mutter der hochbegabten Marianna, die von Gluck später adoptiert wurde und leider im zarten Alter von 16 Jahren an den Blattern starb.

Der Vater des Meisters war Alexander Johannes Gluck, geboren etwa 1680 in Neustadt a. d. Waldnab, gestorben 1747 in Hammer bei Brüx in Böhmen, also im Alter von etwa 67 Jahren. Er war in seinen Jünglingsjahren Büchsenspanner oder Leibjäger des Prinzen Eugen von Savoyen, wurde dann etwa 1711 in Erasbach Jäger, heiratete vermutlich um diese Zeit und erbaute sich 1713 in Erasbach ein eigenes Haus, das Geburtshaus des Tondichters. Wir erfahren aus der gründlichen Studie des Pfarrers Buchner noch, daß es Alexander Gluck gelang, zu diesem Posten in den nächsten Jahren eine Reihe weiterer mit Besoldung ausgestatteter Posten zu erlangen: den des Försters für die Weidenwanger Waldungen des Klosters Seligenporten, des Försters des Klosters Plankstetten, des Försters zu Erasbach und den des Mautners zu Erasbach, so daß seine Gesamtbesoldung verhältnismäßig ansehnlich war. Der im Archiv des Forstamtes Neumarkt liegende „Entwurf über des Alexander Gluck gewesten Försters zu Erasbach Besoldung und Accidentien, verfaßt Neumarkt 3. August 1717‘‘ gibt folgende Aufstellung:

„Als churfürstlicher Förster zu Erasbach, Geldbesoldung 20 fl.,
Korn 20 Metzen, Holz 8 Klafter, wegen Visitierung des Ehekamb
1 fl. 40 kr., von Anweisgeldern hat er weiter nichts als was vom
Forstmeisteramt aus gutem Willen ohne Konsequenz gereicht wird.

Vom Schultheißenamt wegen des Wildbannes 25 fl., die Schuß-
gelder und Jägerrecht können nicht angesetzt werden und bestehen
solche in eines Jägers Fleiß.

Als Mautbeständner hat er jährlich zu gaudieren gehabt 24 fl.

Das Nebendienstl oder die Forsterei Seligenporten hat jährlich
an Besoldung ertragen 2 fl., 8 M. Korn, 8 M. Haber, 8 Kl. Holz,
Strähgelder 1 fl. 30 kr., die Dienst- oder Forstwiesen 2 fl.

Das Försterdienstl vom Kloster Plankstetten Korn 10 M., Holz
8 Kl., Bier ein Eimer, Accidentien so in Anweisgeldern, Iberholz oder
Buschen bei 10 fl.“

Wir beobachten hier den Vater Alexander Gluck als einen guten
Hausvater und sparsamen Verwalter im wirtschaftlichen Aufstieg,
und wir werden genau die gleichen Züge bei seinem großen Sohn
wiederfinden. Wir beobachten ferner, daß Alexander Gluck ein Mann
war, der sich zu Ansehen und allgemeiner Achtung zu bringen wußte.
Dafür spricht zunächst schon die Erlangung der verschiedenen Posten
nacheinander. Buchner berichtet uns, daß er in einem Repertorium
die nicht mehr vorhandenen Akten des Klosters Seligenporten erwähnt gefunden habe betreffend „Eine Attestation, so dem Alexander
Gluck, Unterförster zu Weidenwang bei Abtretung seines Dienstes
wegen guten Verhalts erteilt worden.“ Der Graf von der Hauben,
in dessen Dienst Alexander Gluck als Jäger von Erasbach stand,
empfiehlt ihn dem Abt des Klosters Plankstetten für die dortige
Försterstelle. Wir lesen eine Eingabe Alexander Glucks an die kur-
bayrische Regierung, worin er um Besoldung für 1715 bittet. (1714
war der Spanische Erbfolgekrieg durch den Frieden beendet worden.
Die Oberpfalz stand bis 1708 unter kaiserlicher Verwaltung und
kam 1708 an die Kurpfalz. Der erwähnte Graf von der Hauben
war kurpfälzischer Oberstjägermeister und Schultheiß. Er verließ
diesen Posten, als 1714 die Oberpfalz an Bayern zurückfiel.) „... weilen ich von Zeit Ihrer churf. Dl. aufs neue angetretener Regierung
meine Dienst ohn Unterbruch mit bestem Eifer und Fleiß versehen,
auch in Fang und Lieferung der Veldhühner alles contento erzeigt,

hierauf die Hund mit schweren Schulden erhalten." Der Brave hat
seine Besoldung und damit die Übernahme in den kurbayrischen
Dienst erhalten. Das Archiv der Kuratie Erasbach enthält in dem
Saal- und Chronikbuch ein Verzeichnis der Wohltäter der Frühmesse
Erasbach, darin „Der ehrengeachtete Herr Alexander Gluck, Ober-
förster, und seine Hausfrau mit Kelch, Meßgewand etc."

Im Saalbuch der Pfarrei Weidenwang findet sich ein Jahrtags-
verzeichnis der Erasbacher Kirche. Dies enthält den Eintrag: „Im
Juli für Herrn Alexander Gluck, Forstmeister in Boeheimb adhuc
vivo et insigni benefactori ecclesiae Erasbacensis eiusque tota fa-
milia post festum visitationis BMV. legata missa fundata per 10 fl.,
welche zum Turmbau verwendet worden."

Auf der anderen Seite lesen wir im Archiv des Forstamts Neumarkt in einem Akt vom 2. und 10. September 1716 von einer Diszi-
plinaruntersuchung gegen Alexander Gluck wegen respektwidriger
Reden. Das vorliegende Material genügt nicht zur sicheren Beurteilung dieses Vorfalls. Es wäre aber möglich, daß er auf einen be-
merkenswerten Hang zur Unabhängigkeit und zum Freimut schließen
läßt, den wir in so ausgeprägtem Grad bei dem großen Sohn finden.

Buchner beschreibt uns das von ihm aufgefundene Geburtshaus
Glucks, das jetzt mit einer Gedenktafel versehen ist, als erstes beim
Dorfeingang von Weidenwang her unmittelbar an der Hauptstraße
linker Hand. Links vom Eingang befindet sich die geräumige Wohn-
stube, von der aus eine Tür in ein kleineres Nebengemach führt.
Neben diesem liegt die Küche, die auf den Flötz mündet. Rechts
vom Eingang ist der Stall, hinter diesem eine Kammer. Die Bauart
gleicht den übrigen Häusern. Alexander Gluck verkaufte das Haus
bei seinem Wegzug nach Böhmen im August 1717 für 270 fl., samt
6 fl. Leikauf.

Als örtlichen Komponenten finden wir das reizende Dorf in Wiesen, Wald, Hügeln, gruppiert um das katholische Kirchlein. Der
dieser Eindrücke noch unbewußten Seele des Kindes fügten sich
die Keime ein, die später in den gemütvollen berühmten Natur-
schilderungen des Bächleins, der Vögelein beim Meister immer wieder bezaubern. Wenn wir im Elysium mit dem um seine Eurydice
klagenden Orpheus alle Köstlichkeiten des reinen Himmels in einer
kaum je erreichten Schönheit der künstlerischen Ausführung belau-

schen, so ist die von der kindlichen Seele in der deutschen ländlichen
und Waldesnatur verlebte harmonische Jugend von großem Einfluß
auf diese herrliche Gestaltung. Bevor wir dem Vater Alexander
Gluck, der am 1. September 1717 Erasbach verließ, nach Böhmen,
an den Südabhang des Erzgebirges, folgen, wo Christoph anfing,
mit Bewußtsein zu leben, wollen wir uns, den Blick stets auf Dinge
gerichtet, die für die Erfassung des Physiologischen und des Psychologischen bei Gluck von Wesenheit sein könnten, kurz mit seinen
Vorfahren in Neustadt a. d. Waldnab beschäftigen.

Der Großvater Glucks war Johann Adam Gluck, fürstlich Sa-
ganscher Hofjäger und Bürger zu Neustadt a. d. Waldnab (in der
Oberpfalz). Er ist etwa 1650 geboren und 1722 gestorben. Er war
zweimal verheiratet. Zunächst 1678—1687 mit Anna Maria N. —
der vollständige Familienname der Frau ist uns nicht erhalten, so-
wenig wir den der Mutter Glucks wissen. Dieser ersten Ehe ent-
stammte Alexander Gluck als zweitgeborener Sohn, außerdem noch
drei andere Kinder, die anscheinend früh gestorben sind. 1688 ver-
heiratete sich Johann Adam nochmals mit Anna Katharina Bloedt
— hier, wo er uns wenig interessiert, wissen wir den Familiennamen —, einer Tochter des Bürgermeisters von Tänesberg. Der
zweiten Ehe entsprossen noch fünf Kinder, die wir später zum Teil,
wie Glucks Vater, in Böhmen finden; nämlich:

1. Leopold Gluck, später Förster in Ungarn;

2. eine Tochter, die den Jäger und Schneidermeister Gottfried
Werner in Raudnitz heiratete;

3. Georg Christoph, später Hofjäger in Raudnitz;

4. Anna Katharina, geboren 5. März 1698, vermutlich vor 1722
gestorben;

5. Johann Christoph, geboren den 25. März 1700, dessen Name
noch heute auf dem Münchener Gluck-Denkmal zu lesen ist. Zu
Raudnitz (zwischen Bodenbach und Prag) ist zu bemerken, daß hier
eins der fürstlich Lobkowitzschen Schlösser war. Die Brücke ist
dadurch geschlagen, daß Neustadt damals die Hauptstadt der ge-
fürsteten Reichsgrafschaft Sternstein war, die bis 1806 dem Fürsten
zu Lobkowitz, Herzog von Raudnitz und von Sagan, gehörte und
1806 an Bayern verkauft wurde. Daher waren Glucks Großvater und
Vater deutschsprechende Böhmen, und er selbst wird, obwohl in

Bayern geboren, mit Recht als Böhme, von den Italienern als der
„göttliche Böhme", bezeichnet. Wir werden später noch das Lobko-
witzsche Fürstenhaus eine sehr bedeutsame Rolle im Leben des
Meisters spielen sehen. Wie schon erwähnt, starb der Großvater
Adam Gluck 1722, also als Christoph acht Jahre alt war. Wir erfahren anläßlich dieses Todes von der Erbauseinandersetzung zwischen Alexander Gluck und seinen Halbgeschwistern. Die Erben
verkauften nämlich das Wohnhaus ihres verstorbenen Vaters in Neustadt um 300 fl.

Wir kennen auch — mit einer an Gewißheit grenzenden Wahrscheinlichkeit — Glucks Urgroßvater. Am 29. Januar 1649 heiratete
Melchior Gluck in Neustadt, Musketier in einem kurbayrischen Regi-
ment, eine Katharina Kreuzer aus Frauenberg, wahrscheinlich dem
in Böhmen an der bayrischen Grenze bei Weidhaus gelegenen Frauenberg. Der Ehe entsproß als erster Sohn Johann Niklas am 24. November 1649. Da wir wissen, daß Glucks Großvater Adam etwa
1650 in Neustadt geboren ist, so wird er der zweite Sohn des Melchior sein.

Die Genealogie zeigt uns ein langlebiges, kinderreiches Geschlecht, dessen Beschäftigung in beständiger Berührung mit der
freien Natur, besonders dem Walde, geschah, ein nicht unbegüter-
tes Geschlecht, das ebenso weit von dem entnervenden Luxus der
Reichen wie von der schwächenden und demoralisierenden Not entfernt war. Die Beziehungen zu Böhmen und die Nachbarschaft
dieses Landes bringen sicherlich einen gewissen slawischen Bluteinschlag. Wir begegnen aber diesem Einschlag als einer sehr
schwachen, gleichsam als feines Gewürz wirkenden Blutbeimischung,
so daß man von rein deutscher Rasse trotz dieser Beimischung
sprechen kann. Genau so werte ich auch die Kunst des Meisters.
Die Sprache der Familie ist ausschließlich die deutsche. Jeder, der
den bayrischen Volksstamm, der hier lebt, kennengelernt hat, schätzt
die gesunde Kernigkeit. Ich möchte den Unterschied zwischen dem
norddeutschen Großstädter etwa so formulieren, daß in Bayern jeder Volksgenosse eine Individualität ist, daß es ein wirkliches Volk
im edlen Sinne gibt, daß die Reichen die Sitten dieses Volkes gerne
nachahmen, um sich damit zu schmücken, während die norddeutsche
Großstadt vielfach das Verschwinden des Volkes, das Überwuchern

des charakterlosen Pöbels zeigt, der umgekehrt wie im Süden, die Sitten der Vornehmen nachahmt und sich damit lächerlich und verächtlich macht.

In jüngster Zeit ist wiederum der Ausdruck Salieris (v. Mosel, Über das Leben und die Werke des Salieri), Glucks Muttersprache sei die „böhmische" gewesen — muß heißen, daß er deutschböhmischen Dialekt gesprochen habe —, von tschechischer und französischer Seite dahin ausgelegt worden, daß Gluck Tscheche gewesen wäre. Wir besitzen von ihm zahlreiche deutsche, manche französische und italienische Briefe, keinen tschechischen. Zahlreiche seiner Aussprüche sind uns wörtlich wiedergegeben, kein tschechisches Wort ist dabei. Sein deutsches Nationalgefühl ist stark. Muß noch an die Klopstockschen Oden erinnert werden? In Bologna hört er 1763, daß man von seinem jungen Freund Dittersdorf spricht und sich wundert, daß eine „tartaruga tedesca" (deutsche Schildkröte) zu solcher Vollkommenheit gelangen könne. Da flammt Gluck auf. Er wendet sich an den Unbekannten: „Verzeihung! Auch ich bin eine ‚deutsche Schildkröte', aber ich habe die Ehre, die Festoper zur Eröffnung Ihres Theaters zu schreiben!" Klingt das tschechisch? Die in Prag gedruckten Gluckschen Textbücher sind zweisprachig, nämlich italienisch und deutsch.

Mit Neustadt, seit der Mitte des 17. Jahrhunderts Sitz der Familie, erhielt Alexander Gluck noch geschäftliche Beziehungen aufrecht, nachdem er längst nach Böhmen verzogen war. Wir kennen eine ganze Reihe von Urkunden, in denen Rechtsgeschäfte zwischen ihm und Neustädter Bürgern beurkundet sind, Rechtsgeschäfte, aus denen sich gleichzeitig ergibt, daß Alexander Gluck ein kleiner Rentner und sorgfältiger Hüter seines Vermögens war. 1723 bekennt ein Neustädter Bürger namens Johann Senfft, 100 fl. Darlehen von Alexander Gluck erhalten zu haben. 1724 stellt ein anderer Bürger (und Fleischhacker) einen Schuldschein über 300 fl. Darlehen aus. Am gleichen Tage bekennt der Wirt „bei der goldnen Cronen" in Neustadt, 100 fl. Darlehen erhalten zu haben. Wieder ein anderer Neustädter Bürger und Schuhmachermeister erhält 1725 100 fl. Darlehen, und einige Monate später, am 1. September 1725, der bereits genannte Senfft nochmals 100 fl. 1728 empfangen Alexander Gluck und seine Stiefgeschwister den Kaufpreis vom Käufer ihres Erbgrundstückes. In diesem Jahr kauft Alexander Gluck für 280 fl. und 3 Speziestaler in Neustadt das „obere Hälftehaus" des Bürgers Grimmer in Neustadt, 1729 von dem Senfft, dem er zweimal 100 fl. Darlehen gewährt hatte, Haus, Hof, Stadl, Keller, Garten mit Fahrnis, dazu Wiese und Acker um 1280 fl. nebst 9 fl. Leikauf. Im selben Jahr erwirbt er von dem Fleischhacker, dem er fünf Jahre zuvor 300 fl. geliehen hatte, eine „Wiesen" um 230 fl. Wir wissen ferner, daß Alexander Gluck in Hammer bei Brüx ein Haus besaß und bewohnte, das Haus, in dem Christoph als Kind eine Zeitlang gewohnt, und das er 1747 als sein Erbteil übernommen, bis 1748 bewohnt und dann verkauft hat. An diesem prächtigen und geräumigen Haus, der sogenannten Neuschänke, das eine entzückende alte Pforte hat, ist am 28. Juni 1914 anläßlich der Zentenarfeier (2. Juli 1914) eine von Prof. Groth in Wien ausgeführte Gedenktafel angebracht worden, die die Büste Glucks im Relief zeigt und die Widmung trägt: „Die Gemeinde Hammer ihrem einstigen Bürger Christoph Willibald von Gluck, dem Schöpfer des deutschen Musikdramas, dem Tonsetzer der Seele, in Verehrung gewidmet. 1714 —1914." Der Verfasser hat bei dieser Gelegenheit den Vorzug gehabt, die Festrede zu halten, und er denkt ergriffen an die fröhliche Volksfeier, die sich anschloß, und die jäh unterbrochen wurde durch die eben eintreffende Unglücksnachricht von dem Mord von Serajewo.

An welchen Orten Alexander Gluck in Böhmen von 1717 an als Forstmeister tätig war, ist nicht genau bekannt, könnte jedoch sicherlich durch archivalische Studien an Ort und Stelle ebenso genau wie die Zeit bis 1717 aufgehellt werden. Schließlich spielt es keine bedeutende Rolle, da das Bild immer ähnlich ist: Der junge Christoph wuchs in einem geordneten bürgerlichen Familienleben auf, das innige Berührung mit der Natur hatte. Sein Vater ist ein verhältnismäßig wohlhabender Mann, der als fürstlicher Beamter wie durch seine aufrechte und mannhafte Persönlichkeit sich allgemeiner Achtung erfreuen durfte und dessen Kinder mit einer über das kleinbürgerliche Maß hinausgehenden Sorgfalt erzogen und unterrichtet wurden. 1717 kam Alexander Gluck als Waldbereiter des Grafen von Kaunitz nach Neuschloß bei Böhmisch-Leipa. 1722 wurde er Forstmeister des Grafen von Kinsky in Böhmisch-Kamnitz. 1724 sehen wir ihn im Dienst der Herzogin von Toskana in Reichstadt,

1725 wieder in Böhmisch-Kamnitz und später als hochfürstlich Lobkowitzschen Forstmeister in Eisenberg. Die Dienststellung brachte es
mit sich, daß die Familie stets ein Haus, das Försterhaus, bewohnte,
auch wo sie nicht, wie in Erasbach und Hammer, im eignen Grund-
stück wohnte. Gluck erzählte mit viel Vergnügen noch im Alter
im Freundeskreis, wie er und sein jüngerer Bruder Anton dem Vater
Jäger- und Meßgeräte in den Wald nachgetragen haben, sogar im
Schnee zur Abhärtung barfuß. Bis 1726 besuchte Christoph verschiedene Land- und Stadtschulen, so in Böhmisch-Kamnitz und Al-
bersdorf bei Komotau. Schon damals gab es in Böhmen gute Schu-
len, und es ist zu vermuten, daß Christoph, als der Sohn des Försters
des Souveräns, einen besonders guten Unterricht erhalten hat, da
es üblich war, daß die Lehrer den Beamtensöhnen für geringes
Honorar und allerlei gesellschaftliche und sonstige Vorteile außerhalb der Schulzeit noch Sonderstunden erteilten. Besonders auch
brachten es die Verhältnisse in Böhmen mit sich, daß Christoph
früh Musikunterricht, Chorgesang- und Instrumentalunterricht erhielt.
Näheres darüber ist für die Zeit bis 1726 nicht bekannt.

Die erwähnten Sonderverhältnisse Böhmens sind einmal die
außerordentliche Verbreitung des musikalischen Talents und auch
der Ausübung der Musik in der Bevölkerung, dann der Einfluß des
katholischen Gottesdienstes, der die Musik in reichem Maß heran-
zieht. An vielen Kirchen bestanden alte Chorstiftungen. Jedem
Fremden, der nach Böhmen kommt, fällt die außerordentliche Be-
anlagung des Volkes für Musik auf. Statt vieler führe ich einen
Zeugen aus Glucks Zeit an, den Kapellmeister Friedrichs des Großen,
Johann Friedrich Reichardt. Wir verdanken diesem künstlerisch fein
empfindenden Mann, wie später zu erwähnen ist, die Erhaltung der
prachtvollen „Ode an den Tod" für eine Singstimme mit Klavier.
Reichardt veröffentlichte 1774 „Briefe eines aufmerksamen Reisenden die Musik betreffend". Der neunte Brief gibt uns eine interessante Schilderung von Böhmen, die auch geeignet ist, Licht über
die bisher schief aufgefaßte Universitätszeit Glucks in Prag zu werfen. Der Brief ist aus eigner Anschauung geschrieben und desto zu-
verlässiger für unsere Sonderzwecke, als von Gluck darin kein Wort erwähnt ist: „Schluckenau im Böhmischen Gebirge. Welch ein frucht-
bares Land ist Böhmen für den musikalischen Beobachter! ... Ich

erhole mich von meinem Erstaunen, fange an zu untersuchen, wo - her die Böhmen musikalischer sind als alle ihre Nachbaren, und finde Verbindungen und Ursachen, auf die nie irgend einer fallen sollte. Burney hat die Ursache davon allein in den Singeschulen gefunden, die man in Böhmen auf Dörfern und in Städten antrifft: allein in Mähren und Österreich sind auch Singeschulen, und doch sind die Einwohner da lange nicht so musikalisch... Ein bemerkenswürdiger Umstand, dessen ich vorher erwähnen muß, ist, daß in den Landschulen nicht das Singen allein, sondern auch Instrumente gelehret werden ... und daher sieht man auch fast auf jedem Dorf an jedem Feiertage ein Chor voll Bauern, die ihrem Herrgott ... zu Ehren und ... der Gemeinde ... zur Erbauung geigen und flöten und posaunen und trompeten, daß die Gewölbe und Gräber erschallen ... Nun aber schicket der Vater seinen Sohn selten eher ... aus, als bis er ihm beim Rektor oder Kantor, der ihn schon in der Schule singen und spielen lehrte, noch einen besonderen Unterricht auf seinem Instrumente hat geben lassen, damit er sich an fremden Orten ... wenn's ihm mit ... nicht glücken sollte, ... seinen Unterhalt mit der Musik verdienen kann ... Fast jeder böhmische Cavalier läßt einige seiner Untertanen bei guten Meistern unterrichten, um auf eine leichte Art seine eigne Kapelle zu haben ... Akademie in Prag. Jeder gemeine Mann, der durch sein Gewerbe in gute Umstände versetzt ist, läßt einen seiner Söhne in Prag studieren, gibt ihm aber dennoch nicht allemal alles, was er zu seinem Aufenthalte dort nötig hat, sondern der Sohn muß sich einen Teil des nötigen Geldes mit der Musik verdienen. So wie nun bei dem jungen Herrn nach der Zunahme der Kenntnis der Welt auch das Nötige anfängt größeren Umfang zu nehmen, so muß er mehr spielen, um mehr zu verdienen. Er spielt bald mehr als er studiert, und bald ist er ganz Musikus."

Die Jugend Glucks bringt uns auch den typischen Kampf zwischen dem in den Dingen dieser Welt vorwärtsstrebenden tüchtigen Vater und dem von seinem Dämon getriebenen Sohn. Der Kampf selbst ist notwendig, denn er liegt in den Dingen begründet, nicht in den Personen. Wir finden hier den Wunsch des Vaters, den ältesten Sohn das werden zu lassen, was er selbst, was der Vater gewesen war, Förster, und hierbei die glänzenden Beziehungen zum

Fürstenhause Lobkowitz auszunutzen. Die Beschäftigung mit der Musik mußte diesem Vater als bedenklich erscheinen und ihn dem Sohn vorhalten lassen, daß diese „Profession" ihn nie ordentlich ernähren würde. Daß der Sohn die Gründe des Vaters billigte, sich seinen Anordnungen fügte, besonders auch alles tat, was der Vater ihm zur Ausbildung im Försterberuf zu tun auftrug, spricht für das Vertrauensverhältnis zwischen beiden, für den guten Charakter des Sohnes. Daß er sich dabei doch leidenschaftlich mit der Musik beschäftigte, wie wir bei Mannlich lesen, nachts spielte, weil er bei Tage zu seiner Ablenkung von der Musik das doppelte zu tun bekam, ihm schließlich die Instrumente eingesperrt wurden, geschah, weil er es mußte, aus Gründen, die dem Vater verborgen blieben. Der Konflikt hat nicht das Vertrauensverhältnis zwischen Vater und Sohn zerstört. Der Sohn hat nicht abgelassen, dem Vater seine Wünsche und Pläne vorzustellen; später hat der Vater, zögernd, anscheinend auch, nachdem der Fürst von Lobkowitz für den Sohn eingetreten war, nachgegeben.

Wir besitzen hier eine Darstellung aus Glucks eignem Munde in Mannlichs Lebenserinnerungen (Ausgabe Stollreither). Leider ist jedoch diese ausgiebige Quelle unzuverlässig. Mannlich erwähnt selber, daß er die Aufzeichnungen etwa 1810 nach dem Gedächtnis gemacht hat. Er besitzt zudem eine zu leichtem französischem Witz geneigte Feder, die unwillkürlich die Beobachtungen zu kleinen Humoresken zuspitzt. Menschen, die so zu beobachten pflegen, behalten schließlich die Dinge auch nicht so im Gedächtnis, wie sie sie wirklich gesehen haben, sondern so, wie sie sie sich zugespitzt haben. Die Aufzeichnungen Mannlichs erwecken in den nicht nachprüfbaren Dingen vielfach Verdacht, weil sie eine Beleuchtung geben, die fremd ist und den Schlüssen widerspricht, die wir aus den uns bekannten Tatsachen ziehen müssen. An vielen Punkten sind wir in der Lage, die Unrichtigkeit urkundlich nachzuweisen. An anderen Punkten ist seine Darstellung in sich widerspruchsvoll. Diese Quelle kann daher nur mit Vorsicht benutzt werden. Wo z. B. Mannlich Äußerungen Glucks wiedergibt, die durch ihre Aufrichtigkeit frappieren und mit der Macht der Wahrheit zu wirken bestimmt waren, übertreibt er diese Äußerungen zu Rüpeleien. Wir wissen, daß Gluck grade im Alter die Verkehrsformen

der Adeligen hatte. Wo er das Behagen Glucks an einer guten
Mahlzeit schildert, macht er aus ihm einen Mann der Völlerei, sagt
aber an anderer Stelle ausdrücklich: „Ohne sich jemals zu berau-
schen oder den Magen zu verderben, war er ..." Über die Jugend-
zeit läßt er den Meister erzählen, daß er heimlich aus dem Elternhaus mit der Maultrommel entwichen sei, um in Wien Musik zu
studieren, und daß er sich der vierzehn Tage völliger Freiheit auf
der Reise noch später oft mit Vergnügen erinnert habe. Hier scheinen
verschiedene Dinge durcheinandergeworfen und das Ganze zugespitzt zu sein. Gluck kann nicht aus dem Elternhaus nach Wien
durchgebrannt sein, weil er sich doch schon in Prag als Student
befand, als er (1736) nach Wien ging. Wir werden sehen, daß er
in Prag durch Konzertieren mindestens einen Teil des Lebensunter-
halts erwarb; so bedurfte es denn auch nicht der Maultrommel
Es wird aber an der Geschichte Wahres sein, nur in einem uns
leider unerkennbaren Zusammenhang. Besonders die Beschäftigung
mit der Maultrommel kann wahr sein. Wir beobachten oft beim
hochmusikalischen Menschen einen musikalischen „Witz", das heißt
eine Beweglichkeit und Fülle der musikalischen Anlage, die jede
Art musikalischer Betätigung aufgreift. In London und Kopenhagen
werden wir 1746 und 1749 Gluck als Virtuosen auf der von ihm er-
fundenen Glasharmonika sehen.

1726—1732 finden wir Christoph auf dem Jesuitengymnasium
in Komotau. Es ist bekannt, daß die Jesuiten einen guten Blick
für das Gebiet zu haben pflegen, auf dem ein Schüler etwas leisten
kann: die musikalische Begabung Christophs aber muß, nach ihren
Wirkungen auf die Umgebung zu urteilen, auffallend gewesen sein.
Wir wissen, daß hier Christoph Orgel- und Klavierunterricht erhalten
hat, und die Gluckorgel wird heute noch gern gezeigt. 1732 bezog
der junge Gluck die Universität Prag. Er studierte dort, nach seinem eignen, uns von Riedel erhaltenen Wort, „wie man damals
dort zu studieren pflegte". Kapellmeister Reichardt hat es uns mit
Frische geschildert. Was Gluck sonst, d. h. Außermusikalisches, auf
der Universität studiert hat, ist noch in völliges Dunkel gehüllt.
Wir haben bis jetzt keinen Brief, keine archivalische Notiz, keinen
Bericht eines Zeitgenossen darüber. Aus des Meisters späterer Zeit
wissen wir, daß er außer dem Deutschen das Französische und Ita-

lienische in Wort und Schrift beherrschte, daneben das Lateinische, die antiken Schriftsteller und die antike Mythologie gut kannte. Im Italienischen wird er sich aber vielleicht erst in Italien vervollkommnet haben. Wir sehen auch, daß er alle Geistesströmungen seiner Zeit, die ein Moment des Kulturfortschritts enthalten, mit lebhaftem Interesse verfolgt, und daß die wichtigsten treibenden Ideen seiner Zeit ihn zu ihrem Führer gewinnen. Er hat also jedenfalls, sei es auf der Universität, sei es sonstwo und sonstwie, das Beste aller Geistesbildung erworben: seine Zeit zu verstehen. Er schwärmt in späterer Zeit für Klopstock und für Rousseau, die Erneuerung des antiken Dramas schwebt ihm vor.

Seine Belesenheit ist oft frappant. Ein Beispiel möge dies beleuchten. Rousseau hatte sich seinem Freunde de Corancey gegenüber in Paris kurz vor der ersten Aufführung der „Iphigenie in Aulis“ über „Paris und Helena“ von Gluck ausgesprochen: „Gluck scheint es sich zum Gegenstande seiner Studien gemacht zu haben, daß er jede seiner Personen in jener Sprache reden läßt, die für sie paßt; und das Bewunderungswürdigste hierbei ist, daß die einmal angenommene Sprache sich durch das ganze Stück getreu bleibt... Seine Geistesfähigkeit in diesem Punkte hat ihn zu einem Anachronismus verleitet... Gluck hat in die Rolle des Paris mit dem glänzendsten Aufwande den höchsten Grad der Weichheit gelegt, dessen die Musik fähig ist; über Helenas Wesen hingegen ist eine gewisse Strenge verbreitet, die auch im Ausdruck ihrer Liebe zu Paris immer noch fühlbar bleibt. Die Ursache dieses Unterschiedes ist ohne Zweifel darin zu suchen, daß Paris ein Phrygier war, Helena aber eine Spartanerin; aber er hat dabei nicht auf die Zeit, in der sie lebten, Rücksicht genommen. Erst den Gesetzen Lykurgs verdankte Sparta die Strenge seiner Sitten und seiner Sprache. Lykurg aber ist weit später als Helena.“ Als Corancey diese Bemerkung Gluck mitteilte, antwortete der Meister: „Ich wäre sehr glücklich, wenn meine Zuschauer mich so zu verstehen, mir so zu folgen imstande wären. Sagen Sie Herrn Rousseau, daß ich ihm für die Aufmerksamkeit danke, die er meinen Werken widmet; bemerken Sie ihm aber zu gleicher Zeit, daß die Anklage des Anachronismus mich nicht trifft. Wenn ich meiner Helena einen Anstrich von Strenge gab, so geschah dieses nicht aus dem Grunde, weil sie eine Spartanerin, sondern weil sie beim Homer selbst diesen Charakter hat. Sagen Sie ihm, um die Sache mit einem Worte auszudrücken, daß sie von Hektor geachtet wurde." Diese Homerkenntnis ist vermutlich eine Frucht von Komotau.

Es ist bemängelt worden, daß Gluck eine liederliche deutsche Orthographie schrieb. Es ist zuzugeben, daß er in derlei Dingen eine österreichische Neigung zur „Schlampigkeit" hatte, man muß aber erwägen, daß die deutsche Orthographie damals überhaupt nichts Feststehendes war. Es kann hier eingeschaltet werden, daß der Name Gluck sich in verschiedenen Schreibweisen findet. Der Vater unterzeichnete sich stets Klukh, beim Meister finden wir die Unterschrift Gluck, aber in den (nicht von ihm geschriebenen) Partiturhandschriften und auf den Textbüchern auch Cluch (offenbar für die italienische Aussprache), auch Gluch, Cloch, ferner Kluck, auch Glück und dergleichen.

Da uns biographisch zwar nützen würde, etwas Gewisses über die Studien Glucks zu wissen, damit wir Schlüsse daraus auf seine Kunst ziehen könnten, das Umgekehrte aber, Schlüsse aus der Kunst auf die Studien zu ziehen, unsern wesentlichen Zweck nicht fördern kann, so wollen wir den Gegenstand verlassen.

Über die musikalischen Studien Glucks in dieser Zeit wissen wir gleichfalls bedauerlich wenig. Er begegnet uns als ausübender Künstler auf der Violine, dem Violoncell, dem Klavier, der Orgel, vor allem aber als Sänger. Und zwar musizierte er, wo Gelegenheit war: gegen festen Gehalt in verschiedenen Kirchen, vor allen in der Teinkirche in Prag unter dem berühmten Czernahorsky, in der Klosterkirche zur Hlg. Agnes und der Klosterkirche der sogenannten Wasserpolaken. Außerhalb Prags konzertierte er besonders in den Universitätsferien. Daneben erteilte er Unterricht im Gesang und im Violoncellspiel.

Alles was uns entgegentritt ist der Name des bedeutenden Bohuslav Czernahorsky (etwa 1690—1740), der in Böhmen geboren, in Italien als Organist, Chorleiter und Kirchenkomponist gewirkt, einen Tartini als Schüler ausgebildet hatte und dann als Leiter der Kirchenmusik in der Teinkirche nach Prag gekommen war. Daß der junge Gluck ihm das Beste abgesehen hat, ist gewiß; wie das geschehen ist, darüber wissen wir leider nichts. Daß er sich praktisch vielseitig betätigen konnte, beweist, daß er schon auf dem Jesuiten-Gymnasium und vorher zu bedeutender Fertigkeit gelangt sein muß.

1736 trieb es den jungen Künstler nach Wien. Seiner heißen Sehnsucht nach den Höhen seiner Kunst, die er nach seiner Gesamtbeanlagung in der Bühnenmusik erblickt haben muß, kam die äußere Gelegenheit zu Hilfe, daß der Fürst von Lobkowitz ihn in seinem Hause in Wien als seinen Kammermusiker aufnahm und ihm dabei die Gelegenheit gewährte, seine Studien zu vervollständigen. Welcher Art aber diese Studien waren, können wir wiederum nur vermuten, und da solche Vermutungen uns nicht fördern, wollen wir einen Blick auf die Oper Wiens 1736 werfen, die den jungen Genius begeistert haben muß.

Wien stand damals von den deutschen Musikzentren am stärksten unter italienischem Einfluß. Das hing mit den politischen Zuständen zusammen: Die Lombardei war seit 1714 österreichisch, Toskana wurde österreichische Sekundogenitur. Es hatte gerade damals die österreichische Einmischung in Italien eingesetzt, deren Schlußkapitel wir im Weltkriege erlebt haben. Kaiser Karl VI., der bis 1740 regierte, war ein kunst- und prachtliebender Fürst. Die Oper wurde damals als höchster höfischer Prunk behandelt und entfaltete, als Erinnerung an das 17. Jahrhundert, eine Pracht der Ausstattung, die in späterer Zeit nicht wieder erreicht und auch nicht angestrebt wurde. Diese Wiener Oper war damals eine der ersten der Welt. Das Orchester stand unter der Leitung des gelehrten und gediegenen Fux, dem wir eine große Anzahl kirchlicher Werke, auch 18 Opern danken. Als Dichter der italienischen Texte war seit 1729 der berühmte M e t a - s t a s i o tätig, der geistige Mittelpunkt der ganzen Kunstgattung der damaligen (neapolitanischen) Oper, über dessen Eigenart und Bedeutung an der Hand der von Gluck komponierten Metastasio-Texte noch zu reden sein wird. Gewöhnlich wurde in jeder Spielzeit nur ein Werk aufgeführt, und zwar zum erstenmal am 4. November, dem Namenstag des Kaisers. Im Sommer wurde, beginnend am 28. August, dem Geburtstag des Kaisers, nicht im großen Opernhaus, sondern in der Favorite gespielt, die im Sommer dem Hof zum Aufenthalt diente. Außerhalb der Spielzeit wurde eine Oper bei besonderen dynastischen Gelegenheiten gegeben, um diesen höchsten Prunk zu verleihen. Im Jahre 1736 finden wir drei Opern, und zwar sämtlich von C a l d a r a auf Texte Metastasios komponiert: am 13. Februar zur Feier der Vermählung der späteren Kaiserin Maria Theresia mit Franz von Lothringen (1745—1765 als Franz I. römisch-deutscher Kaiser) den „Achille in Sciro“, am 28. August den „Ciro riconosciuto“ und am 4. November den „Temistocle“. Als sicher kann daher angesehen werden, daß Gluck 1736 in Wien die italienische Oper in höchster Prachtentfaltung kennenlernte, mit einer überaus großen Zahl mitwirkender Künstler, im Festesgepränge, das einerseits kunstfremde Ziele beimischte, andrerseits durch die aufgewandten Mittel und die freudige Erregung den künstlerischen Zielen förderlich war, mit ersten italienischen Sängern, einem der besten und größten Orchester der Welt, mit dem präzisen Zusammenspiel, das Meister Fux gewährleistete, und mit neuen Dichtungen, die Metastasio eigens für diese drei Aufführungen gedichtet hatte. Der Komponist Antonio Caldara, ein Venezianer, der seit 1716 in Wien als Vizekapellmeister angestellt war und übrigens in Wien am 28. Dezember des Jahres 1736 starb, gehört der neapolitanischen, von Alessandro Scarlatti begründeten Schule an und steht in bezug auf Gründlichkeit des musikalischen Satzes unter deutschem Einfluß.

Es ist zu vermuten, daß Gluck sich in Wien auch mit dem im Jahre 1725 in lateinischer Sprache erschienenen berühmten Kontrapunktlehrbuch von Fux „Gradus ad Parnassum“ beschäftigt hat. Wir werden noch sehen, daß er keine bedeutende geistige Leistung seiner Zeit außer acht ließ, und hier handelte es sich um sein engstes Fachgebiet. Die große Gewandtheit schon des jungen Gluck im imitatorischen Stil, wie sie sich beispielsweise in den 1746 in London gestochenen 6 Triosonaten zeigt, ist ein weiterer Beweis dafür. Außer den Genannten finden wir an musikalischen Größen besonders noch den Neapolitaner P o r s i l e (seit 1720 als Hofkomponist in Wien angestellt), der für Wien Opern und Oratorien geschrieben hat, und P r e d i e r i (geboren 1788 in Bologna, seit 1726 in Wien als Hofkapellmeister tätig), der Opern- und Kirchenmusik lieferte.

Wien war die deutsche Hochburg der i t a l i e n i s c h e n Oper. Die deutsche Nationaloper, die in Hamburg dürftige Anfänge gebildet hatte, war soeben im Schlamm der Geschmacklosigkeit, der künstlerischen Unfruchtbarkeit und der Zote — einem Zugeständnis an die Masse, mit dem sie ihre Lebensfähigkeit erkaufen wollte — unter all-

gemeiner Verachtung gerade der besten Geister erstickt. Die Zeit
für eine deutsche Nationaloper war noch nicht vorhanden, sie kam erst
etwa 40 Jahre später, nachdem die italienische Oper der Kunstwelt
alles gegeben hatte, was sie geben konnte, nachdem eine deutsche
Nationalliteratur entstanden war, nachdem Rousseaus Ruf „Zurück
zur Natur" ertönt war, nachdem Winckelmanns Anschauungen über
die Antike die antikisierende Rokoko-Oper Metastasios als künstlerisch überwundenen Standpunkt erkennen ließen. 1736 wies der
Zeiger des Fortschrittes, auf den die Besten der jungen Künstler emp-
findlich eingestimmt zu sein pflegen, auf die F o r t e n t w i c k e l u n g
d e r i t a l i e n i s c h e n O p e r, die ihr letztes und bedeutsamstes
Wort, wie wir sehen werden, und wie bisher im Wesentlichen unbekannt war, eben durch Gluck noch zu sprechen hatte. Es mußte Gluck
nach Italien, der Heimat dieser Kunst, drängen. Im Leben großer
Männer finden wir so oft das Zusammenwirken des günstigen Zufalls
und der innern Notwendigkeit. Der Schlüssel dieser Erscheinung
liegt offenbar darin, daß die innere Notwendigkeit nach einem Durch-
bruchspunkt sucht und jede äußere Gelegenheit, die ihr als solcher
dienlich sein kann, mit Begierde ergreift. Im Lobkowitzschen Palast
wurde Gluck als ausübender Künstler — Sänger und Spieler — vom
Fürsten M e l z i gehört. Dieser war von dem jungen Künstler entzückt,
ernannte ihn im Einverständnis mit Lobkowitz zu seinem besoldeten
Kammermusikus und nahm ihn mit nach M a i l a n d. In Mailand
führte er ihn, vielleicht auf Verlangen Glucks, der die Höhe seiner
Kunst erklimmen und beherrschen wollte, mit Giovanni Battista
S a m m a r t i n i zusammen und gab ihm Gelegenheit, dessen Unterricht zu genießen.

Rückblickend ist gegenüber der bisherigen Auffassung hervorzuheben, daß Gluck zur italienischen Oper ging, weil die künstlerische
Ökonomie seines Lebens dies notwendig machte, nicht weil er dazu
verführt worden wäre. Der Unterricht bei Sammartini, über den wir
leider wiederum nichts wissen, war natürlich ein Unterricht, wie ihn
ein mit allem Elementaren seiner Kunst bereits in Theorie und Praxis
völlig vertrauter junger Künstler nahm. Es wird uns ausdrücklich berichtet, daß Gluck aus einem Schüler im eigentlichen Sinne bald der
vertrauteste Freund Sammartinis wurde. Am besten und meisten
lernt ein Künstler von einem befreundeten, ihm seine geistige Werk-

statt zeigenden anderen Künstler. Dies war im vorliegenden Fall um so leichter, als Sammartini nur zehn Jahre älter war als Gluck.

Sammartini ist in der Hauptsache bisher als fortschrittlicher Instrumentalkomponist gewertet worden, als einer der Vorläufer von Stamitz und Haydn. Auf diesem Gebiet finden wir 1746 in London Gluck mit den gestochenen 6 Triosonaten. Sammartini war außerdem Organist und Kapellmeister (was den Franzosen G. de Saint-Foix zu der unglaublich törichten Annahme bringt, das dem letzten Stil Glucks entspringende „De profundis" sei in die Zeit von 1737—1741 zu verlegen! — ein Werk, von dem wir überdies wissen, daß der greise Gluck in Wien die Partitur seinem Schüler und Freund Salieri übergab, der es zum erstenmal bei Glucks Beisetzung aufführen ließ!) Endlich wissen wir, daß Sammartini in Mailand eine uns nicht erhaltene Oper „L'ambizione superata da virtù" aufgeführt hat, der er, angefeuert durch Glucks Erfolge, 1743 die „Agrippina" folgen ließ. Saint-Foix unternimmt im 1. Jahrgang des Gluck-Jahrbuchs den Versuch, die Abhängigkeit des Gluckschen Stils von Sammartini darzutun und sogar nachzuweisen, daß Gluck ganze Stücke Sammartinis abgeschrieben habe. Das Schicksal der früher aufgestellten Behauptung, Gluck habe eine Arie des Bertoni abgeschrieben, eine Behauptung, die sich urkundlich als das erwies, was sie für den Kenner der Persönlichkeit Glucks und der Umstände auf den ersten flüchtigen Blick war, nämlich eine boshafte Dummheit, hätte Saint-Foix vorsichtiger machen sollen. Bekannt ist, wann Gluck die Opern geschrieben hat, in denen er Instrumentalsätze von Sammartini verwendet haben soll. Unbekannt ist der Zeitpunkt der Entstehung der Sammartinischen Werke, aus denen Gluck entlehnt haben soll. Wie kann ein Philologe von Akribie, bevor dieser Zeitpunkt festgestellt ist, behaupten, Gluck habe entlehnt, während es doch auch umgekehrt möglich ist, daß Sammartini, etwa in loyalem Einverständnis mit seinem großen Freunde, entlehnt hat?

Dabei liegen noch andere Umstände vor, die die Behauptung von Saint-Foix höchst bedenklich, um es zurückhaltend zu beurteilen, erscheinen lassen. Eines der Stücke ist der erste Satz der Gluckschen Ouvertüre zu „Le Nozze d'Ercole e d'Ebe", das andere die Einleitung des zweiten Teils des „Streits der Götter", die beide Gluck auf der Reise als Kapellmeister der Mingottischen Operngesellschaft, 1747 in

Dresden und 1749 in Kopenhagen, komponiert hat. Ist es nicht merkwürdig, daß er auf der Reise Partituren Sammartinischer Instrumental-
werke mit sich führte, um aus diesen abschreiben zu können?

Die künstlerischen Studien, die Gluck vier Jahre lang, 1737—1741,
mit Sammartini vereinigte, scheinen die Richtung der Auflösung
des Kontrapunktes zu teilnehmender Selbständigkeit der Stimmen, und eine erhöhte subjektive Wärme des
Ausdrucks gehabt zu haben. Auf dem Gebiet des Kontrapunkts wurde
eben von Bach und Händel das vorläufig letzte Wort gesprochen.
Im Musikdrama stand die Überwindung der kontrapunktischen Starr-
heit im Zeichen des Fortschritts. Die Vermeidung des gelehrten,
stilwidrigen Apparats war auch alte Tradition und der Kampfruf der
Florentiner Oper gewesen. Der Kontrapunkt wird daher künstlerisch
genützt und aufgelöst, um jedes Instrument sympathetisch in seiner
Sprache mitsprechen zu lassen, und wir erhalten bei Gluck die herrliche, ihm ganz eigene, wie ich sie nenne, sympathetische
Polyphonie, von der noch zu handeln sein wird, und die sich besonders im Festhalten bestimmter Rhythmen in einzelnen Instrumenten zeigt. Im Zusammenhang damit steht das sogenannte „singende Allegro" der Instrumente, das besonders durch Gluck ge-
fördert worden ist, und eine erhöhte Volkstümlichkeit. Diese
technischen Einzelheiten werden beherrscht von der kühnen und
konsequenten Ästhetik, das Drama als Einheit zu sehen und Charaktere zu zeichnen.

Beachtenswert ist, daß der bereits 23jährige Gluck volle vier
Jahre mit Sammartini zusammenarbeitete, bevor er sein erstes Bühnenwerk schuf. Wir sehen die deutsche Schwerblütigkeit und das
Kräftesammeln des Riesen zu dem künstlerischen Keulenschlag seines
ersten Werkes. Gluck war ein Wenigschreiber, obwohl ihm die musikalischen Gedanken leicht und reichlich zuflossen. Belustigend ist eine
Äußerung des 65jährigen Gluck in einer Pariser Gesellschaft, in der
Piccini in der Nähe Glucks saß. Gluck, nach der Zahl seiner Opern
gefragt, erwiderte, daß er nur wenige, und zwar mit vielem Studium
und großer Anstrengung, komponiert habe. Piccini fiel ungefragt ein:
„Ich mehr als hundert, und zwar mit sehr wenig Mühe!" Gluck
flüsterte ihm zu: „Das sollten Sie nicht sagen, lieber Freund!"
Unzweifelhaft hat Gluck, während er in Mailand wohnte, mit Eifer

die Opernvorstellungen besucht, die die Hofbühne von 1737—1740 gab. Die Saison begann alljährlich am 2. Weihnachtstag und brachte in der Regel im Januar ein zweites Werk. Am 26. Dezember 1737 wurde die Clemenza di Tito von Giovanni Maria Minocchi gegeben, in der der berühmte Salimbeni sang, den wir als Glucksänger noch kennen lernen werden. Januar 1738 erschien Artimene von Fiorillo. (Wotquenne gibt irrtümlich Seite 187 seines thematischen Gluckkatalogs an, daß die Oper Artamene gegeben worden sei; es handelt sich um einen ganz anderen Text.) Außerdem wurde im folgenden Januar noch mit der späteren großen Glucksängerin Caterina Aschieri eine Oper „Angelica" von Lampugnani gegeben. Am 26. Dezember 1738 erschien von Brivio eine Merope, im Januar 1739 vom selben Komponisten eine Didone abbandonata, sowie von einem nicht bekannten Komponisten eine Oper Germania Trionfante in Armorica. Als Sänger erscheint u. a. in allen drei Werken Appiani. Der 26. Dezember 1739 bringt von Leonardo Leo mit der Caterina Aschieri und Salimbeni den Scipione nella Spagne, und im Januar 1740 erscheint von demselben Meister mit denselben Sängern ein Carlo in Alemagna. Da Kaiser Karl VI. im Oktober 1740 starb, so blieb das Theater bis zum 26. Dezember 1741 geschlossen. Glucks Artaxerxes war daher das erste, was die, wenn der Ausdruck erlaubt ist, ausgehungerten Mailänder wieder zu hören bekamen. Vielleicht auch wäre Gluck ohne dies Ereignis ein Jahr früher auf der Bühne erschienen. Aus dem Spielplan haben wir bereits erwähnt, daß Giov. Batt. Martini vor Gluck einmal, nämlich am 26. Dezember 1734, mit der Ambizione superata da virtù erscheint, dann wieder im Januar 1743 mit der „Agrippina".

Die zweijährige Pause und der Regentenwechsel markieren sehr schön den Zeitpunkt, in dem der 27jährige Gluck uns sein erstes Bühnenwerk schenkt, ein Werk, das ihn mit einem Schlag unter die ersten Meister seiner Zeit stellte, und das einen neuen, hochtragischen Stil, eine neue Kunstepoche ankündigte.

GLUCK, DER REORGANISATOR DER OPER
1741—1756

A. MAILAND (1741—1745)

1. ARTAXERXES

a) METASTASIO

Um dem jungen Meister auf seiner Bahn folgen zu können, müssen wir uns zuvor mit einem zeitgenössischen Künstler beschäftigen und auseinandersetzen: dem Dichter Pietro Metastasio, von dem Gluck mehr als ein Dutzend Textbücher komponiert hat.

Wir sind geneigt, über Metastasio den Stab zu brechen, weil wir gewohnt sind, das an seinen Werken ins Auge zu fassen, was überwunden werden mußte, und was in der Hauptsache durch Gluck überwunden worden ist. Dieser Standpunkt ist aber für die gegenwärtige Betrachtung verkehrt gewählt: es gilt jetzt, nicht von rückwärts auf Metastasio sehen, sondern nach vorwärts, mit dem Auge und den künstlerischen Nerven eines jungen Künstlers aus den dreißiger Jahren des 18. Jahrhunderts, und es gilt, das Bedeutende und das Fortschrittsmoment in Metastasio zu sehen, das wir in der Regel zu übersehen pflegen. Diese Betrachtung wird übrigens auch für unsere spätere Kritik fruchtbar sein und sie zu einer allgemeinen ästhetischen Orientierung erweitern.

Metastasio war 1698 in Rom geboren, hatte sich durch seine auffallende dichterische Begabung schon in jungen Jahren in Italien berühmt gemacht und wurde 1729 von Karl VI. mit dem für damalige Verhältnisse hohen Jahresgehalt von 4000 Gulden in Wien als Hofpoet angestellt. Er blieb in Wien bis zu seinem Tode 1782, genoß eine ungeheure Popularität und wurde in ganz Europa und darüber hinaus als der größte Dichter des Jahrhunderts gefeiert. Sein (ungenannter) Übersetzer konnte ihn 1769 im Vorbericht so feiern: „Ich will nichts von dem großen Ruhm gedenken, den sich Metastasio bei auswärtigen großen Höfen erworben hat; nur dieses frage ich, wo wohl eines großen Fürsten Hof in Europa, besonders in Deutschland und Welschland zu finden sei, da nicht zu den herrlichsten Schauspielen bei hohen Festen und Lustbarkeiten Metastasio den Stoff hergeben mußte, und wo derselbe nicht noch immer von ihm, vor allen andern entlehnet wird, wenn man den allgemeinen Beifall erlangen will." Und A r t e a g a nennt in seiner Geschichte der italienischen Oper Metastasio den „Lieblingsdichter des Jahrhunderts, dessen Ruf von . . Copenhagen bis nach Brasilien verbreitet ist . . .", sagt von ihm, daß seine Verse in Italien zu Sprichwörtern geworden seien und von jedermann gesungen würden, und versucht dann eine eingehende ästhetische Analyse, um nicht bei allgemeinen Redewendungen des Lobes zu bleiben. Zunächst in der Stoffwahl hat Metastasio die Belastung mit Wundern und mit überladenem Prunk aufgegeben und gibt „diejenige Wahrheit und Klugheit, die notwendig zum Wesen des Dramas gehört". Er hat die Oper „dadurch dem Trauerspiel näher gebracht".

In diesem rationalistischen Zuge folgt Metastasio seinem minder bedeutenden Wiener Amtsvorgänger Z e n o. Er folgt aber auch der inneren und äußeren Entwickelung der Zeit. Auf einen wichtigen Punkt dieser äußeren Entwickelung soll hier hingewiesen werden: die Oper war im 17. Jahrhundert höchster Prunk der Höfe. So sahen wir die italienische Oper in Wien, wo sie zunächst 1736 auf Gluck einwirkte. Gerade am Anfang des 18. Jahrhunderts aber fing die Oper an, „sich auf gemieteten Theatern sehen zu lassen, wo sie von Unternehmern ohne Geld und begierig auf Gewinn, angeordnet wurde, folglich den Aufwand nicht mehr bestreiten konnte, welchen die Dekorationen und das zu den fabelhaften Gegenständen schickliche Äußere erforderte.. Kaum fing man an zu begreifen, daß das Wesen, das Große, das Pathetische und das Einfache die einzigen Mittel sind, aufs Herz zu wirken, als man sogleich alle Gerätschaften der Fabel und alle Verwicklungen der Begebenheiten und Wunder abschaffte, die ohnehin bloß erfunden waren, um in Ermangelung der wahren Natur die Einbildungskraft zu überraschen. Sobald man gelernt hatte, die Menschen würdig reden zu lassen, wurden die Götter und Teufel vom Theater verbannt, und die.. Entstellungen des wahren Affekts bekamen nebst den Fugen, Gegenfugen, Doppelfugen usw. ihren Abschied. Edle Schilderungen, starke Leidenschaften, g r o ß e C h a r a k t e r e a u s d e r g r i e c h i s c h e n u n d r ö m is c h e n G e s c h i c h t e (fast die beiden einzigen Nationen, welche dem Theater Gegenstände darbieten, wie sie die einzigen waren, wo man diejenigen Tugenden kannte, die von der Gesetzgebung und Philosophie gebildet werden können), treten an die Stelle jener Greuel des guten Geschmacks".

Diese Stoffe aus der antiken Geschichte (nicht nur Mythologie) sind uns heute besonders fremdartig, und man muß sich daher den ästhetischen Sinn dieser Stoffwahl gegenwärtig halten, den Arteaga noch mit dem Herzschlag seiner Zeit empfinden konnte.

Die rationalistische Richtung Metastasios führte zur Verkürzung der Dramen von fünf auf drei Akte, zur Weglassung der „unnützen Prologe, die fast ebenso viele vorläufige, von der Hauptsache verschiedene Handlungen ausmachten". Dramaturgisch verbessert Metastasio die Unordnung der Szenenfolge und der Illusionswidrigkeit der Chöre, die die ganze Handlung nach dem Vorbild der antiken Tragödie begleiteten. Die Szenenfolge wurde bei ihm beherrscht durch die Einheiten des Ortes und der Zeit. An die Stelle des Chors aber trat — die A r i e.

Hier müssen wir einen Augenblick einhalten, um die Tragweite dieses Gedankens nicht zu übersehen: Bei Gluck spielt die Arie, und das ist uns ein neuer ästhetischer Standpunkt, häufig eine dem Chor der antiken Tragödie verwandte Rolle. Sie führt die innere Handlung fort, das Rezitativ die äußere. In der Arie erleben wir, wie die äußere Handlung auf die Seele des Helden einwirkt, sie leiden macht, Entschlüsse gebären läßt, in ihr alle Leidenschaften erweckt und bloßlegt, sie umbildet. Wir erleben dabei vermöge der Sehergabe Glucks, daß wir die menschlichen Dinge sub specie aeternitatis schauen, über der Handlung stehen. Nichts ist dramatischer als die Glucksche Arie, nichts verwandter der antiken Tragödie. Dramatisch ist ja die seelische Entwicklung infolge äußerer Einwirkung, nicht die äußere Einwirkung, die dem Rohen und Harmlosen Interesse einflößt. Auf diesen Sondercharakter der Arie bei Gluck habe ich seit Jahren hingewiesen: gerne lasse ich hier Arteaga denselben Gedanken aussprechen.

Der Chor ist in der Metastasiooper abgeschafft, soweit er nicht zur Pracht der Schaustellung, besonders beim Schluß, mehr dekorativ benutzt ist.

Wir finden also eine fast völlige M o n o d i e: Der Einzelgesang, abwechselnd in Rezitativ und Arie, herrscht, ganz wie im gesproche-

nen Drama. Ausnahmsweise, besonders beim Schluß des ersten
oder zweiten Aktes, gibt der Dichter zwei oder selten mehreren
zusammen oder auch gegensätzlich empfindenden Personen ein En-
s'emblestück.

Die Sprache Metastasios ist von großer Feinheit, Schönheit, in
Musik getaucht. Der Dichter hat in Deutschland viel unter Übersetzungen zu leiden gehabt, die man als ungeheuerlich bezeichnen
muß. Es darf deshalb auf eine gute deutsche Übersetzung hingewiesen werden, die im Verlage von Hendel in Halle erschienen ist,
und den deutschen Liebhabern, die den Dichter nicht im Italienischen
nachlesen können, eine Anschauung seiner Kunst zu geben geeignet
ist (mit mehreren, die Dekoration bezeichnenden Stichen nach der
Venezianer Ausgabe von 1748), betitelt: Metastasio. Dramen. Aus-
gewählt und übertragen von Maximilian Rudolph Schenk. Bisher
sind erschienen Didone abbandonata, La clemenza di Tito, Siroe Re
di Persia und Il Catone in Utica. Gluck hat von diesen Stücken nur
den Titus-Text komponiert.

Der Dichter zeigt eine überragende Menschenkenntnis, und wir
finden bei ihm Sentenzen von außerordentlicher Feinheit. Er ist bei
der Behandlung des Stoffes durchaus Italiener seiner Zeit: im Vor-
dergrund stehen Herzensangelegenheiten, die Liebe als große Tragödie und als kleine Intrige, aufgelöst in ihre feinsten Regungen,
der Empfindsamkeit des Zeitalters entsprechend. Als Italiener stellt
Metastasio mehr Typen als Individuen dar, und sein Stil erhält dadurch eine besondere ästhetische Wirkung. Seine Personen sind
vielfach von bemerkenswerter Abgeschlossenheit und Unfähigkeit,
andern Naturen gerecht zu werden. Man beachte, mit welcher Schärfe
z. B. Nebenbuhler gezeichnet sind, die durch ihre Leidenschaft und
die Gesetze der Ritterlichkeit sich zu erklären und zu verstehen
gegenseitig außerstande sind. Das principium individuationis Schopenhauers isoliert sie in lebenswahrem, auffallendem Grade. Diese
Zeichnung des Typischen, der ewigen Gesetze, mußte Gluck besonders entgegenkommen. Die Sprache Metastasios ist lebhaft. Er
vermeidet lange Wörter, bevorzugt die sogenannte voce tronca (z. B.
beltà anstatt beltade), bricht oft mitten im Satz ab. Seine Rezitative
sind dichterisch anders konzipiert als die Arien. In den Arien erscheint ein großer Bilderreichtum — der natürlich eine Übersetzung

außerordentlich erschwert, ja fast unmöglich macht —, ein Reichtum, der ein sehr langsames Deklamieren zur Voraussetzung hat, während in den Rezitationen das Bild mehr zurücktritt, das hier, beim schnellen Sprechen, dem Verständnis hinderlich sein würde.

Berühmt ist das Urteil Rousseaus über die italienische Musik und Metastasio (Dictionnaire de musique, Artikel Génie): „Willst du wissen, ob ein Funke dieses verzehrenden Feuers — d. h. ,des Genies — dich beseelt? Eile, fliege nach Neapel, um die Meisterwerke eines Leo, Durante, Jomelli, Pergolese zu hören. Wenn dir Tränen in die Augen steigen, wenn du das Herz schneller klopfen fühlst, wenn Schauder dich ergreift, das Entzücken dir den Atem anhält, so nimm den Metastasio zur Hand und arbeite, sein Genie wird das deine erhitzen, du wirst schöpferisch vor seinem Beispiel: das ist die Wirkung des Genies... Wenn aber die Reize dieser großen Kunst dich kalt lassen ... wagst du zu fragen, was das Genie sei? Gewöhnlicher Mensch, entweihe diesen erhabenen Begriff nicht. Was hülfe es dir, es zu erkennen? Du könntest es nicht fühlen: gehe hin und mache französische Musik!"

Wir werden sehen, wie Rousseau, dessen Ruf „Zurück zur Natur!" für Gluck ein so bedeutsamer künstlerischer Baustein wurde, gerade durch den Deutschen Gluck zur Erkenntnis des Gegenteils bekehrt wurde, daß namentlich auch die französische Musik das Höchste ausdrücken konnte — wenn nämlich ein Genie wie Gluck sie meisterte.

Schon an dieser Stelle muß auf einige Schwächen der Kunst Metastasios hingewiesen werden, weil wir Gluck bereits in seinen ersten Werken im Kampf damit finden werden. Die Hauptschwäche und das eigentlich Durchschlagende ist der Mangel an lebendiger, einheitlich geschauter Charakterzeichnung. Ich fühle, wie ich mit diesem Keulenschlag die Kunst Metastasios zertrümmere, und angesichts ihres reichen Schönheitsgehalts erfaßt mich eine gewisse Wehmut über das Stückwerk, das alles Menschenwerk darstellt. Hätte Metastasio diese Gabe noch besessen, die im Mittelpunkt des Gluckschen Schaffens steht, hätte er Menschen geschaut und nicht seine Kraft in der Zusammenstellung und geschickten Auswirkung der dramatischen Situationen verzettelt, so wäre er nicht nur im 18. Jahrhundert, sondern in allen Zeiten für ein Genie gehalten worden. Hier aber nötigte er Gluck die Aufgabe auf, mit visionärem Blick psychologische Zusammenhänge und Zustände aufzudecken und blitzartig mit seiner Musik zu beleuchten, Schwächen aber, die nicht zu beseitigen waren, wenigstens unschädlich zu machen, indem die Hauptaufmerksamkeit auf andere, entscheidende Dinge abgelenkt wurde. Metastasio ist groß in der Kombination der dramatischen Situation. Sie wirkt seelische Entwicklungen des Helden, und hier nutzt Gluck die dichterische Untermalung voll aus.

Die zweite Hauptschwäche Metastasios — seine Beurteiler von heute pflegen in ihr sogar im Gegensatz zu mir den wesentlichen Mangel seiner Kunst zu erblicken — ist die Überwucherung der Darstellung der Liebe, der großen Liebe und der kleinen Liebelei. Gewiß ist der Dichter hier sehr abhängig von seiner französisch, höfisch und empfindsam angehauchten Zeit, — zu abhängig von ihr, und Ausdrucksmittel wie Ausdrucksziele werden dadurch eingeengt. Wir sehen schon den jungen Gluck damit beschäftigt, die große Liebe bedeutsam herauszuarbeiten, die kleine Liebelei aber zu beseitigen oder durch Ablenkung der Aufmerksamkeit auf die entscheidenden Dinge unschädlich zu machen.

Was sonst noch Metastasio vorgeworfen wird, nämlich Anachronismen und Verfehlungen des Kostüms, Willkürlichkeit der Szenenfolge und des Auftretens und Verschwindens der Personen, ist künstlerisch und dramatisch nicht von Belang. Wir fangen heute an einzusehen, wie unerschöpflich die Möglichkeiten der Bühne sind. Ein wichtiger, später noch zu behandelnder Punkt ist dagegen die Verzettelung der Handlung durch Situationshäufungen. Das aber ist ein Mangel, der die Technik der musikalischen Tragödie trifft, und also nicht rein auf dichterischem Gebiet liegt. Man kann vielleicht sagen, während Metastasio im allgemeinen das Verhältnis, in dem die Dichtung und die Musik an der Gesamtwirkung des musikalischen Dramas zu beteiligen sind, intuitiv gut gesehen hat, besser als die meisten seiner Zeitgenossen außer Gluck, finden wir in dieser Situationshäufung ein Überwuchern des gesprochenen Dramas, das sich der Technik des Musikdramas nicht völlig einfügt. Das gleiche Überwuchern finden wir bei vielen Bildern, die ja durch die Musik ersetzt werden. Gluck streicht und ändert im Text mit erfreulicher Frische, um solcher Überwucherung zu begegnen. Es hat sich frei-

lich bisher kein Biograph die Mühe gegeben, die Urfassung der
Metastasioschen Texte mit den von Gluck hergestellten Fassungen
zu vergleichen! Ich weise die Spezialforschung auf dieses Gebiet
mit Nachdruck hin.

Der künstlerische Fortschritt, den Metastasio auf seine Fahne
geschrieben hatte, heißt Vermenschlichung und psychologische Verfeinerung des musikalischen Dramas, Zurückführung zur Monodie
und damit zur dramatischen Wahrheit. Übrigens ist er nicht der
Schöpfer, sondern der Vollender dieses Stils, der hier und
in der Folge kurz und nicht buchstäblich genau als Metastasiosche
Opernform bezeichnet wird.

b) DIE NEAPOLITANISCHE OPER

Musikalisch fand Gluck für dieses musikalische Drama die durch
Alessandro Scarlatti und seine Schule, die sogenannten Neapolitaner, geschaffenen Formen vor. Diese Formen bedürfen daher,
da Gluck sie beibehielt und nur psychologisch und dramatisch vertiefte, einer kurzen Besprechung. Der, wie bereits erwähnt, fast
durchaus monodische Gesang teilt sich stilistisch scharf in das Rezitativ und die Arie. Das Rezitativ ist von zweierlei Art: entweder
secco oder obligato. Das Seccorezitativ besteht in schnellem musi-
kalischem Deklamieren, wobei vom Orchester als bedeutsames Übrig-
bleibsel, nur lange Striche — oder auch kurze Schläge — der Bässe
begleiten, während das Akkordische, manchmal arpeggiert, durch
das Cembalo gegeben wurde, und zwar vom Cembalisten, meist dem
Komponisten selber, improvisiert. Der Ton der Cembalos steht den
Streichern näher als unser Klavierton. Auf dem Urgrund der bedeutsamen Baßstimme aber flammt an dramatisch hervorragenden,
wenigen Stellen das ganze Orchester auf: beim obligaten Rezitativ.
Und ebenso begleitet bei der Arie das ganze Orchester. Dieser oft
so wundersam verträumte Streichbaß in den Seccorezitativen ist daher die Brücke der stilistischen Einheit, und bei Meistern, die seine
ästhetische Eigenbedeutung zu handhaben wissen, besonders bei
Gluck selbst, von außerordentlichem Kunstwert, der bisher nur vereinzelt richtig eingeschätzt worden ist, offenbar, weil die richtige
Einschätzung voraussetzt, daß der Beurteiler mit Bühnenblick urteilt.

Die Arie ist in ihrer Form von Al. Scarlatti geschaffen oder doch entwickelt worden. Es ist die dreiteilige sogenannte Da capo-Arie: weit ausgeführter Hauptteil, in der Mitte stehender, oft in Tonart, Thematik, Ausdruck gegensätzlicher, meist kurzer Mittel-teil, wiederholter Hauptteil. Dieser Hauptteil selbst gliedert sich typisch meist in zwei Abschnitte von ungefähr gleicher Länge, mit Vorspiel, Zwischenspiel und Anhang des begleitenden Orchesters; der Beginn des zweiten Abschnitts ist durch die Wiederholung des ersten Themas, häufig in anderer Tonart, auffallend. Dem ersten Thema treten öfter gegensätzliche thematische Gedanken gegen-über, die den Ausdrucksgehalt des ersten Themas erweitern und erläutern. Schließlich ist der ganze Mittelteil auch nichts anderes als eine solche Erweiterung und Erläuterung der Hauptstimmung. Bei Gluck ist die psychologische Feinheit besonders bemerkenswert, mit der dieser Mittelteil neue Beleuchtung gibt und zwingende Ver-anlassung zur Wiederholung, die bei Geringern oft ermüdet und schon im 18. Jahrhundert als ermüdend empfunden wurde. Das Ganze stellt eine, zuweilen weit ausgesponnene Vokalsinfonie, wenn man diesen Ausdruck gebrauchen darf, dar. Königin und Trä-gerin dieser Vokalsinfonie war die menschliche Singstimme, auf deren reichentwickelter Kunst die Arie wie die ganze Oper durchaus ruhte.

Den Beginn der Oper bildete die dreiteilige Sinfonia — erster Satz lebhaft, mit Ansätzen zu einem gegensätzlichen zweiten Thema und Durchführung, zweiter Satz langsam, oft mit beschaulichem oder pathetischem Ausdruck, dritter Satz lebhaft. Den Schluß der Oper bildet der Coro, bei dem die Solisten meist mitbeteiligt sind, auch oft durch ihr Ensemble den Chor ersetzen. Er pflegt dekorativen Charakters zu sein. Ausnahmsweise findet sich ein meist prunkvoller Chor auch an anderen Stellen, hauptsächlich an Aktschlüssen oder zu Beginn eines Aktes. Ensemblesätze, Duette oder Terzette erschei-nen sehr selten und meist an Aktschlüssen.

Das Orchester ist in der Hauptsache das Streichorchester mit dem Cembalo. Selten und zur charakteristischen Färbung treten Bläser hinzu. Die Partitur des Tigrane von Alessandro Scarlatti (1715) hat außer den Streichern zwei Hoboen, zwei Fagotte, zwei Hörner.

Bei den Sängern, auf deren Kunst das Schwergewicht dieser Oper liegt, ist die uns heute ganz fremde Gattung der Kastraten,

d. h. männlichen Sopran- und Altstimmen, bemerkenswert. Man hört oft den Ausdruck des „Kastratenunwesens" meist von Leuten, deren künstlerische Einsicht in umgekehrtem Verhältnis zur Schnelligkeit und Derbheit ihres Urteils steht. Von der rassenpolitischen, volkswirtschaftlichen, ethischen Seite des Kastratentums ist hier keine Rede. Die Kastratenstimme als ästhetisch eigenartiges Kunstmittel allein interessiert uns. Ich hatte das künstlerische Erlebnis, in Leipzig vor etwa fünfzehn Jahren männliche Sopran- und Altstimmen, nämlich reisende Sänger der päpstlichen Kapelle, zu hören, die übrigens angeblich keine Kastraten waren, sondern das Fistelregister besonders ausgebildet hatten. Die Kastratenstimme unterscheidet sich von der weiblichen: sie ist schärfer, ihr Atemumfang ist, wegen der größeren Weite des Brustkastens, größer, sie hat männliche Farbe. Der Kastrat ist ein k ü n s t l e r i s c h s t i l i s i e r t e r Mann. Etwas, was es heute nicht mehr gibt, und was auch — aus außerkünstlerischen Gründen — nicht wiederhergestellt werden kann, was aber darum nicht, wie viele Harmlose glauben, künstlerisch verwerflich ist, sondern von eigenartigem ästhetischem, von den Meistern jener Zeit, besonders auch von Gluck, künstlerisch in Rechnung gestellten Wert. Es besteht vielfach die Ansicht, Glucks Reform der Oper habe die Kastraten beseitigt. Das ist direkt unrichtig. Sowohl der O r p h e u s ist, aus künstlerischer Überlegung, einem Kastraten anvertraut, als vor allen Dingen nach der tragischen A l c e s t e, die allerdings keine Kastraten hat, P a r i s in „Paris und Helena". Gluck war zuviel Künstler, um ein vorhandenes Kunstmittel da, wo es von ästhetischem Wert war, nicht zu verwenden! Die Verwendung der Kastraten schafft nun eine neue ästhetische Wirkung der natürlichen männlichen Stimme: sie wirkt als potenzierte Männlichkeit. So finden wir den Liebhaber stets durch einen Kastraten gesungen, dagegen Feldherren, Bösewichter, Könige, Priester und ähnliche Typen durch die Tenorstimme wiedergegeben, während die Baßstimme überhaupt nicht in der ernsten Oper, opera seria, angewandt wurde, sondern ihre Betätigung ausschließlich in der komischen Oper, der opera buffa, fand. Es kann in diesem Zusammenhang vorweggenommen werden, daß die Anordnung der „Alceste" von 1767, die Beseitigung der Kastraten mit Rücksicht auf den düsteren und schrecklichen Stoff, die Darstellung des liebenden Gatten durch einen Tenor und die Verwendung des Bassisten (Poggi) als Herold- und Orakelstimme, eine ästhetische Neuordnung darstellt, allerdings in Anlehnung an die französische Oper, die keine Kastraten hatte.

c) DAS WERK GLUCKS

Das ist der Abriß der Kunstgattung, als deren Meister und Regenerator wir Gluck sogleich finden werden. Er hat sicherlich — wir wissen dies nicht, können es aber vielleicht noch durch archivalische und Memoiren-Spezialforschung erfahren — in den vier Jahren seiner Mailänder Tätigkeit als Kammermusiker des Fürsten Melzi und als Schüler Sammartinis im Mailänder Hoftheater (nella Regia Ducal Corte, das gleich Wien eine der ersten Bühnen der Welt war und die ersten Sänger Italiens auftreten ließ) eifrig die Meisterwerke der Oper und mit dem kritischen Ohr des jungen Genies gehört.

Die Tatsache, daß Glucks erstes Werk — wie beiläufig gesagt, alle seine Werke — auf einer Bühne ersten Ranges und mit Kräften allerersten Ranges erschien, beweist, daß man das musikalische Talent des jungen Künstlers in seiner Umgebung sehr hoch einzuschätzen wußte, mochte ihm auch die Protektion seines fürstlichen Dienstherrn und die Freundschaft Sammartinis nützlich sein. Es ist uns auch erhalten, daß man Bedenken gegen die Aufführung des ersten Werks eines jungen Deutschen hatte, und daß beinahe die Aufführung unterblieben wäre. Schon die Proben der Oper Artaxerxes wurden mit großer Anteilnahme besucht und erregten künstlerische Parteibildung bei den Hörern. Die erste Aufführung, am zweiten Weihnachtstag 1741, bedeutete einen vollen und unbestrittenen Erfolg.

Leider ist uns die Partitur dieses Werkes verlorengegangen. 1776 brannte das Mailänder Theater samt dem ganzen Archiv ab. Partitur und Stimmen der Opern Glucks, die für diese Bühne geschrieben waren, außer dem Artaxerxes Demophoon, Arbaces, Sophonisbe und Hippolitus, sind dabei verbrannt. Gluck scheint in seiner Bibliothek zweite Exemplare gehabt zu haben, die bis zu seinem Tode sorgfältig in Kisten verpackt ruhten, und die auch seine Witwe sorgfältig behütete, leider aber nicht der Wiener Hofbibliothek schenkte, sondern mit ihrem andern Nachlaß vererbte. Der Erbe behandelte die Sachen minder sorgsam, und manches mag durch seine Bedienten, besonders durch den Umzug nach Kalchspurg bei Wien, verschleudert worden sein. Den Rest gab der Krieg, der hier, wie stets, kulturfeindlich und kulturvernichtend war. 1809 plünderten französische Truppen das Landhaus in Kalchspurg, in dem sich die unersetzlichen Handschriften befanden. Dabei wurde ein Teil verbrannt, ein anderer verschleppt. Dennoch — diesen Punkt möchte ich gleich hier erwähnen — gebe ich die Hoffnung nicht auf, Abschriften dieser Partituren aufzufinden. Wenn überhaupt erhalten, müssen sie entweder im Besitz der Fürsten von Lobkowitz sein, der ersten Protektoren Glucks, oder im Besitz der Fürstlichkeiten, denen sie gewidmet worden sind, und die unzweifelhaft Widmungsexemplare erhalten haben, oder im Besitz der Erben des Fürsten Melzi. Sonstiger Privatbesitz ist unwahrscheinlich, weil sich Interessenten zu jener Zeit einzelne Lieblingsarien abschreiben zu lassen pflegten, aber seltener eine ganze Partitur. Gewidmet war Artaxerxes dem Grafen Traun, dem Gouverneur von Mailand, demselben, dem auch „Demofoonte" zugeschrieben ist. Eingehende Forschungen nach dem bibliothekarischen Nachlaß der bezeichneten Fürsten bringen uns vielleicht noch diese kostbare Partitur ans Tageslicht.

Erhalten von ihr ist eine Arie, nur in Singstimme mit der Baßstimme, die sich im Britischen Museum in London befindet. Abschrift davon besitzt die Sammlung des verstorbenen Josef Liebeskind in Leipzig, die jetzt von seiner Witwe gehütet wird, Abschrift besitzt auch der Verfasser, endlich das Konservatorium in Brüssel. Eine zweite Arie, und zwar in voller Orchesterpartitur, habe ich in Wien in der Bibliothek der Gesellschaft der Musikfreunde, wo sie merkwürdigerweise allen Forschern, auch Wotquenne und Liebeskind, entgangen war, mit gütiger Hilfe von Mandyczewsky vor einigen Jahren aufgefunden und mit deutschem und italienischem Text in sorgfältigem Klavierauszug mit einem erläuternden Artikel über die Oper veröffentlicht. (Neue Zeitschrift für Musik, 10. Juni 1915.) Erhalten sind uns aber weiter die Textdichtung von Metastasio in dessen Werken, und auch das von Gluck komponierte Textbuch (Brüssel, Konservatoriumsbibliothek, und Bologna, Liceo musicale).

Werfen wir zunächst einen Blick auf die Dichtung Metastasios (was natürlich notwendig ist, um die erhaltenen Bruchstücke der Musik beurteilen zu können, was aber von den bisherigen Biographen Glucks merkwürdigerweise für überflüssig gehalten worden ist, für ebenso überflüssig, wie das Studium der beurteilten Musik). Unsere Aufgabe macht es nötig, bei dem ersten Werk Glucks ausführlicher zu sein, als es bei den weitern nötig und möglich ist, weil dabei eine Reihe von grundlegenden Dingen zu erörtern sind.

Held des Dramas ist Arbaces, den eine treue Freundschaft mit dem persischen Kronprinzen Artaxerxes verbindet, dessen Schwester Mandane mit Arbaces in schwärmerischer Liebe verbunden ist. Arbaces ist ein harmonischer Charakter, der wesentliche Züge des Charakters Glucks trägt, ein Charakter, wie er ähnlich von Metastasio wieder im Aëtius gezeichnet und von Gluck mit besonderer Liebe vertont worden ist. Die zweite Szene des zweiten Aktes, deren Arie aufzufinden mir vergönnt war, zeichnet scharf den Charakter im Gegensatz zum Vater Artabanus, dem intriganten Verbrecher aus politischem Ehrgeiz. Artabanus: „Und du erscheinst als Verbrecher." Arbaces: „Es ist aber nicht so!" Artabanus: „Darauf kommt es nicht an ... Gerecht ist allein, wer auf dem Theater der Welt am geschicktesten seine Gesinnungen andern verbirgt." Arbaces: „Du täuschst dich. Eine große Seele ist ihr eignes Theater!" Dieser Grundzug, daß der gute Mensch die Pole seines Lebens in sich trägt, und daß er dadurch befähigt wird, dem furchtbarsten Schicksal mit ruhiger Gefaßtheit die Stirn zu bieten, bildet diesen Charakter des Arbaces und hat offenbar Gluck gereizt, gerade dieses Werk Metastasios zuerst zu komponieren. Wir finden denselben Charakter besonders ausgesprochen wieder in der „Innocenza giustificata", der zu Unrecht angeklagten Vestalin, die dem Tod mit der Ruhe und Größe der Unschuld entgegensieht und durch ein Wunder gerechtfertigt wird. Artabanus, der Vater des Arbaces, ist Präfekt der königlichen Leibgarde. Er treibt durch sein ehrgeiziges, intrigantes Verbrechen das Drama. Seine Tochter Semira steht dem Kronprinzen Artaxerxes nahe, soll aber auf das Geheiß des Vaters dessen Vertrautem, dem Feldherrn Megabises, die Hand reichen.

Im ersten Akt sehen wir, wie meist bei Metastasio, eine schnelle und mit sicherem Stift gezeichnete Exposition. Der Akt ist, gleich-

falls typisch bei Metastasio, durch Dekorationswechsel in zwei etwa
gleich lange Teile geschieden. In der ersten Szene finden wir bei der
Morgendämmerung im innern Garten der Königsburg in Susa die
Liebenden Mandane und Arbaces, die sich trennen. Der König
Xerxes hatte kurz zuvor mit Schroffheit die Bewerbung des Arbaces
abgewiesen und ihm verboten, die Königsburg wieder zu betreten.
Als Mandane die Szene verlassen hatte, erscheint bleich mit wildem
Blick, mit dem von Blut noch roten Schwert Artabanus und fordert vom
Sohn dessen Stahl. „Du bist gerächt! Xerxes ist durch diese Hand getötet worden!" (das Motiv der Rache ist eine Unwahrheit: Artabanus
wollte das wankende Königshaus durch Mord ausrotten, um sich und
seinem Sohn den Thron zu verschaffen). Arbaces entfernt sich mit Ent-
setzen. Artabanus flößt sich im Monolog Mut ein: „Der erste Schritt
nötigt zu den übrigen. Die Hand aus Furcht vor größerer Schuld zurück-
zuziehen, hieße, sich fruchtlos schuldig gemacht zu haben. Das Blut
des Königshauses muß bis zum letzten Tropfen vergossen werden!"
Artaxerxes erscheint in höchster Erregung: „Teurer Artabanus! Wie
nötig bist du mir! Rat! Hilfe! Rache!" Artabanus lenkt den Verdacht auf den ehrgeizigen Darius, den Bruder des Artaxerxes, und
entreißt diesem den Befehl, den „Vatermörder und Verräter" Darius
zu bestrafen. Als ihm — 2. Akthälfte — der Befehl bedenklich erscheint und er dem Artabanus nacheilt: „Ich befürchte . . .", vernimmt er die Antwort: „Befürchte nichts! Alles ist bereits erfüllt!
Artaxerxes, mein König, Darius ist bestraft!" In diesem Augenblick
erscheint Semira, um dem Artaxerxes die vermeintlich frohe Botschaft zu bringen, daß nicht Darius der Mörder des Xerxes sei,
sondern ein noch Unbekannter, der bleich, in Verwirrung, mit blu-
tigem Schwert unmittelbar nach dem Morde betroffen wurde . . .
Arbaces wird entwaffnet hereingeführt und kann der Anschuldigung
gegenüber, um nicht den Vater bloßzustellen, nur ohne Erklärung
seine Unschuld beteuern. Dieser Vater, der Intrigant, tut empört
über den unwürdigen Sohn, während Artaxerxes, der Jugendfreund
des Arbaces, zu schwanken beginnt. Schwester und Geliebte verurteilen leidenschaftlich den Unglücklichen. Mit einer Monolog-Arie
des Arbaces, in der er sich mit einem Schiff im wilden Meer ohne
Mast und Segel vergleicht, schließt der Akt. „Mit mir ist nur die
Unschuld!"

Der zweite Akt zeigt in der ersten Hälfte königliche Gemächer, in der zweiten den Thronsaal. Artaxerxes legt dem Artabanus nahe, daß sein lieber Jugendfreund Arbaces unschuldig sein könne, obwohl er schuldig scheine und sich nicht verteidige. Er möge allein mit ihm reden, vielleicht habe er Grund zu schweigen, und werde sich dem Vater gegenüber aussprechen. „Gib mir den teuren Freund zurück!" Artabanus will Arbaces retten, nämlich durch eine Flucht, will ihn dem königlichen Zorn entziehen und zum Ruhm, vielleicht zur Herrschaft führen. Arbaces lehnt die Flucht als schmählichen Schuldbeweis und die Rebellion als Verlust seines kostbarsten Gutes, der Unschuld, ab. Als der Vater ihn mit Gewalt fortführen will, ruft Arbaces selber nach der königlichen Wache und verlangt, in den Kerker zurückgeführt zu werden. Der vor Zorn bebende Vater versagt ihm ein Lebewohl, und nun setzt mit Heftigkeit die uns erhaltene Arie ein:

Mi scacci sdegnato,
mi sgridi severo;
pietoso, placato
vederti non spero,
se in questi momenti
non senti
pietà.

Che ingiusto rigore!
che fiero consiglio!
Scordarsi l'amore
d'un misero figlio,
d'un figlio infelice,
che colpa non à.

Bei der Besprechung der Musik ist es hier wie in der Folge stets meine Aufgabe, die Guckschen Eigentümlichkeiten, die sehr wenig bekannt sind, in helles Licht zu setzen, und so eine Art von Schule des Gluckschen Vortrags an Einzelbeispielen zu geben.

Die Arie ist ein großartiges Seelengemälde. In lebhafter Sechzehntelbewegung beginnen in E-dur die Streicher. Dem Hauptgedanken tritt bei pietoso, placato eine prachtvolle Kantilene gegenüber, der nach einem wilden Abschluß eine rezitativartige Stelle, dann wieder der Nebengedanke folgt. Die einzelnen Gedanken sind mit Heftigkeit nebeneinandergestellt, mit einer Fermate schließend, und sforzato beginnend. Jetzt folgt durchführungsartig der Hauptgedanke, und nach einer Fermate, den Faden des Satzbaues abreißend, mit „se in questi momenti" der Nebengedanke mit tumultuarischem Abschluß. Sforzato setzt der Mittelteil mit demselben motivischen Material ein; nach der die Empfindung auf einen Höhepunkt treibenden Kadenz wird der erste Satz wiederholt. Das Orchester ist zwar nur Streichorchester (mit Cembalo), zeigt aber einen außerordentlichen Reichtum. Wir finden das, was ich den s y m - p a t h e t i s c h e n K o n t r a p u n k t nenne. Bei pietoso, placato wird der ausdrucksvolle, durch lange Töne über dem Orchester schwebende Gesang durch vier verschiedene Rhythmen umwogt und zum vollen Ausdruck ausgedeutet: die sich verschlingenden, über- und untersteigenden ersten und zweiten Geigen, die in fortgesetzt mahnenden Achteln einherschreitenden Bratschen (wer dächte nicht an Orestes in der „Iphigenie auf Tauris"?) und den die ganzen oder halben Takte pizzicato markierenden Baß. Bei der folgenden Rezitativstelle spüren wir den heißen Atem der in Sechzehntel aufgelösten Geigen, in einer Stelle, die bis auf die Tonart an die Vision der Iphigenie anklingt: „Und diese Furie — war meine Mutter!" Mit wuchtigen Strichen geben die Violinen in Sechzehnteln und die Bässe mit den Bratschen in den ihrer größeren Schwere und Gewalt entsprechenden Achteln den instrumentalen Abschluß des Hauptsatzes. Die Singstimme beherrscht blitzend das Theater, das Orchester ist ausmalende Zutat. Die Arie hat keine Koloratur, die Thematik ist aus den richtig deklamierten Worten herausgewachsen. Der Stil ist der hochdramatische und hochpathetische, der selbst dem minder Empfänglichen sogleich die Ähnlichkeit mit dem letzten Gluck aufdrängt. Der Leser ist, nachdem ich den Klavierauszug habe drucken lassen, mit Bequemlichkeit in der Lage, sich einen persönlichen Eindruck von diesem prachtvollen Bruchstück zu verschaffen.

Die Handlung führt uns nach einigen Szenen zu Semira (die an Megabises gegeben werden soll, weil der Vater diesen enger an sich fesseln will), die Mandane gegenüber für den unglücklichen Bruder eintritt: „Mein Bruder hat entweder keine Schuld, oder ist um deinetwillen sträflich, weil er dich zu heftig geliebt"... Mandane: „Das ist eben sein größtes Verbrechen. Durch seinen Tod muß ich selbst gerechtfertigt werden." Semira fühlt sich von allen ihr so nahe Stehenden angegriffen; tritt sie dem einen gegenüber, so ist sie dem andern ohne Hilfe ausgeliefert. Diese Stimmung gibt die zweite uns (wenigstens in Singstimme und Baß) erhaltene Arie wieder:

Se del fiume altera l'onda
tenta uscir dal letto usato,
corre a questa, a quella sponda
l'affanato
agricoltor.

Ma disperde in su l'arene
il sudor, le cure, e l'arti;
che se in una ei lo trattiene,
si fa strada in cento parti
il torrente vincitor.

Die Form ist wieder die dreiteilige Dacapo-Arie der neapolitanischen Oper. Die Begleitung gibt uns, das Bild ausmalend, das unermüdliche, unheimliche Anspülen der wachsenden Flut. Der Hauptgedanke ist aus diesem Bild musikalisch erwachsen, zeigt in seinen langen Tönen die hoheitsvolle Armgeste. Der Seitengedanke (corre a questa a quella sponda) weist den hochpathetischen Oktavschritt der hoheitsvollen Erregung auf. Durchführungsartig folgt als zweiter Teil des Hauptsatzes zunächst der Hauptgedanke in der Dominante, dann das Seitenthema, das bei l'affanato agricoltor neu ausgesponnen wird, zur Darstellung der Bedrängnis. Der Mittelsatz arbeitet mit demselben motivischen Material, erreicht aber dennoch eine völlig neue Wirkung. Überraschend ist der entschiedene Molleinsatz „ma disperde", der uns die ganze Vergeblichkeit des Widerstandes gegen das Element erkennen läßt. In einem 16taktigen durchströmenden Höhepunkt (mit prachtvollen Septimenakkordketten und Vorhalten) endet der Mittelsatz: (se in una ei lo trattiene) si fa strada in cento parti il torrente vincitor („wenn man sie an einer Stelle zum Stehen bringt, bricht die Flut an hundert Punkten sich unwiderstehlich Bahn!"). Es folgt das Dacapo, das nach diesem Ausbruch in die beherrschte hoheitsvolle Haltung zurückleitet — der psychologische Sinn des Mittelsatzes der Dacapo-Arie bei Gluck! Auch diese Arie zeigt keine Koloratur. Sie läßt uns durch die Andersartigkeit der Tonsprache bei sehr verwandter Situation das Auffinden der Arbaces-Arie doppelt kostbar erscheinen. Wir können nämlich feststellen, daß Gluck auch in seinem ersten Werk die Charaktere konsequent zeichnet und ihnen in der Tonsprache eine deutlich sich abhebende Farbe gibt. Ist es verwunderlich? Das Genie hat, wie Schopenhauer einmal sagt, im Grunde nur einen einzigen „Pfiff". Ich lege den „Pfiff" Glucks bloß: M e n s c h e n mit seinem visionären Bühnenblick s c h a u e n, und die u n a u ss p r e c h l i c h e C h a r a k t e r f a r b e mit Mitteln seiner unerschöpflichen musikalischen Phantasie, auf die ein gewöhnlicher Musiker nicht zu verfallen pflegt, die er nicht einmal sogleich zu bemerken in der Lage ist, festhalten, so dem Ganzen seiner Dramen eine nur ihm eigene bannende und mystische Einheit gebend, innerhalb deren er uns überall fremde, wilde, visionäre Akzente schenkt, die nie ein Musikerohr hörte, die uns in unerhörter Weise treffen. Wir wissen von der Schaffensart Glucks, daß er sich lange Zeit mit dem Textbuch beschäftigte und erst ans Komponieren ging, wenn er seine Seele vollgesogen hatte von den Personen und Seelenvorgängen. Dann mußte er sich befreien von der Qual der ungeborenen Musik, und oft ist er, der Riese, nachher vor Überanstrengung heftig erkrankt und in Fieber gefallen. Er hatte auch die Gewohnheit, eine ganze Oper fertig im Kopf zu tragen, bevor er an die Niederschrift ging, ein Verfahren, das natürlich nur einem so musikreichen Gehirn möglich ist, das ihm aber ermöglichte, um seine eignen Worte zu gebrauchen, Architekt und nicht Maurermeister zu sein, ein Verfahren, das uns freilich seines letzten Werkes, der Klopstockschen Hermannschlacht, beraubt hat.

Im zweiten Teil des zweiten Aktes des Artaxerxes sehen wir Arbaces vor einem Gericht der Großen des Perserreiches; das Urteil wird von Artaxerxes, der den Jugendfreund nicht selber verurteilen mag, in die Hand des Artabanus gelegt — Artaxerxes hofft Milde — und Artabanus als konsequenter Intrigant verurteilt den Sohn zum Tode. Der dritte Akt — wir eilen dem Ende zu, da uns die Glucksche Musik fehlt — bringt Versuche, die Artaxerxes und Artabanus machen, um Arbaces zu retten, und schließlich den Höhepunkt in der Giftbecherszene: Artaxerxes wird gekrönt. Artabanus hat eine vergiftete Opferschale beschafft, um ihn zu töten. In dem Augenblick, wo er sie leeren will, wird er durch rebellischen Tumult unterbrochen. Arbaces, dem sein königlicher Freund insgeheim die Flucht ermöglicht hatte, erscheint plötzlich, er war dem verräterischen Megabises mit dem Schwert entgegengetreten, hat die Soldaten umgestimmt. Artaxerxes zieht ihn an seine Brust, da seine schöne Unschuld offenbar sei, und beschwört ihn, zu erklären, wie das blutige Schwert nach dem Mord des Xerxes in seine Hand gekommen sei. Arbaces bittet, schweigen zu dürfen. „Glaube dem, der dich gerettet hat: ich bin unschuldig." Artaxerxes: „So schwöre es wenigstens!" — und verlangt die Opferschale zu leeren. Mit Freude will

dies Arbaces tun, als sein Vater, der mit Angst seinen Bewegungen
gefolgt ist, ruft: „Halt ein! Es ist Gift!" Artaxerxes: „Warum
hat man mir das verschwiegen?!" Artabanus: „Weil ich es für dich
bereitet!" — stürzt sich, die Wache zur Nachfolge aufrufend, mit dem
Schwert auf den König. Arbaces erbittet Gnade für den Vater und
erlangt sie. Schlußchor: „Gerechter König!" — der fröhliche Ausgang der Rokoko-Oper.

Gluck bediente sich ihrer Form. Aber er beseitigte den Mißbrauch dieser Formen, der in der Hand der musizierwütigen Komponisten minderen Grades schnell eingetreten war. Es lag zu nahe,
daß eine Folge von „Vokalsinfonien" die Sänger in ihrer Bedeutung
mehr hob, als dem Drama nützlich war. Bühnenblick besaßen
nicht alle Komponisten, die „Arien setzen" konnten. So war das
Operntheater vielfach geworden, was es in Ausartung der neapolitanischen Oper werden mußte, ein Konzert, für das die Szene einen
Vorwand darstellte, und weiter ein Konzert, bei dem die Musik der
Vorwand war für das Präsentieren der Gesangvirtuosität. Es scheint
ein menschliches Entwicklungsgesetz zu sein, daß jeder falsche Gedanke bis zur letzten, unsinnigsten Konsequenz verfolgt wird, bevor
sich das Unrichtige mit Allgewalt aufdrängt und die Entwicklung in
die entgegengesetzte Richtung drängt. Die Entartung war aber
nicht das Wesen dieser Kunst. Denen, die diese törichte Behauptung
aufstellen, ist mit Feinheit eingehalten worden, daß das ganze künstlerisch und intellektuell interessierte Europa der ersten Hälfte des
18. Jahrhunderts aus vollendeten Idioten bestanden haben müßte.
Diese Kunstperiode stellt vielmehr einen Höhepunkt dar, der uns
heute neue ästhetische Probleme stellt und technisch in der großen
Gesangskunst Lehrmeisterin ist. Wir haben viel verloren, und mit
Recht erwartet Kretzschmar die Wiedergeburt des darniederliegenden
Sologesanges von den Neapolitanern. Gluck hat die Ausartung niemals mitgemacht. Er hat die in seiner Meisterhand zur Erreichung
höchster künstlerischer und dramatischer Ziele geeignete Form der
neapolitanischen Oper, sie regenerierend, weitergeführt. Erst als er
alles, was in dieser Form Vernünftiges gesagt werden konnte, ausgesprochen hatte, führte ihn sein Künstlerdämon neue, unerhörte
Wege. Keine Rede aber davon, daß der junge Gluck auf Irr-
wegen gewandelt wäre, wie es die Unwissenheit meist bisher be-

hauptet hat (man lese die einfach stupiden Ausführungen über die neapolitanische Oper bei Marx nach, oder besser, man unterlasse es), und daß der „Reformator“ Gluck den italienischen Gluck bekämpft und widerrufen hätte. Die Kunst des jungen Gluck ist — das ist die neue Lehre, die ich vortrage — dem G r a d , nicht der A r t nach von der des alten verschieden. Wir dürfen uns beim italienischen Gluck nicht fortwährend umsehen: „Hat Gluck hier reformiert?“ Nein — er hat die überkommenen Formen, ihren Mißbrauch vermeidend, zum Kunstwerk genutzt, und er konnte dies! Die künstlerische Kampffront des jungen Feuergeistes war nicht auf Zerstörung, sondern darauf eingestellt, aus diesen Formen ein Drama zu schaffen, also auf R e o r g a n i s a t i o n . Wir haben es daher nur mit dem Rahmen und der Gedankenwelt der (nicht entarteten) neapolitanischen Oper zu tun, und wir werden die Werke des Meisters, befreit von dem albdruckartigen Irrtum, als ob die neapolitanische Oper an sich der Gipfel der künstlerischen Verkommenheit wäre, und als ob es eine Art künstlerischen Verbrechens gewesen wäre, in ihren Formen zu schaffen, genießen können. Dadurch wird zum erstenmal eine einheitliche ästhetische Auffassung für das künstlerische Schaffen Glucks gewonnen, diese prachtvolle Pflanze, der unsere Historiker aus Unkenntnis der neapolitanischen Oper gleichsam den ersten Trieb weggeschnitten hatten. Sie übersehen, daß auch der letzte Gluck auf dem Nährboden der italienischen Oper steht, und daß daher wir auf unserem Weg auch den herrlichen zweiten Trieb der Pflanze — den ich Gluck, den Revolutionär, nenne — weit eindringlicher zum Verständnis bringen können.

Nur wenige Worte noch zum „Artaxerxes“. Das erhaltene Textbuch — für die Fundstätten aller unedierten Musikalien und Textbücher verweise ich ein für allemal auf das (mit Reserven, die sich auf eine gewisse Flüchtigkeit beziehen) klassische thematische Verzeichnis der Gluckschen Werke von W o t q u e n n e und den Liebeskindschen Nachtrag dazu — des „Artaserse“ vermittelt uns auch die Kenntnis der S ä n g e r , die den Vorzug hatten, bei der Uraufführung des ersten Werkes von Gluck mitzuwirken: Die Hauptrolle des Arbaces war dem hervorragenden Altisten Giuseppe Appiani anvertraut. Der königliche Freund Artaxerxes wurde von dem berühmten Sopranisten Jozzi gesungen. Als Vertreterin der Mandane

finden wir die bedeutende Caterina Aschieri — die meisten dieser
Sänger werden wir, zum Teil auf andern Bühnen, bei späteren
Gluckschen Uraufführungen wiederfinden —, während die Semira
von Giustina Gallo gesungen wurde. Der Bösewicht Artabanus wird
von einem Tenor, Cristoforo del Rosso, gegeben. Die kleine Rolle
des Magabises ist Antonio Romani anvertraut gewesen.

Wir sehen, daß die beiden uns bekannten Bruchstücke keine
Koloraturen aufweisen. Ich möchte aber davor warnen, daraus falsche
Schlüsse auf die bisher nicht aufgefundenen Teile der Oper zu ziehen.
Gluck hat die Gesangskoloratur als solche nie bekämpft, auch nicht —
wie allerdings irrig meist angenommen wird — als „Reformator".
Wir finden Gluck noch in Paris mit Koloratur. Das ästhetische Mittel
der Koloratur unverwendet zu lassen, wäre ja auch nur eine grund-
lose Verarmung gewesen. Bekämpft hat Gluck aber stets den Mißbrauch des Ziergesanges, das unkünstlerische Virtuosentum. So
finden wir im „Artaxerxes" da keine Koloratur, wo sie dem Meister
kein geeignetes Ausdrucksmittel erschien.

Über den Anteil, den Sammartini an diesem Artaxerxes nahm,
oder vielmehr nicht nahm, wird uns eine zuverlässige Notiz überliefert:
daß Gluck sich nämlich, um nicht irgendeinen Einfluß zuzulassen, bei
der Schöpfung des Werkes ganz isoliert hatte. Wir wissen, daß Gluck
noch als Triumphator in Paris dieses eigenartige Verfahren, sich in
Punkten, auf die es ihm ankam, von der Umgebung seiner Vertrauten
konsequent abzuschließen, anwandte: der Starke ist am stärksten
allein. Wir haben weiter eine interessante Notiz über den Stil des
„Artaxerxes". Das Werk war nämlich fertig, bis auf eine Arie, die
nach dem Plan Glucks einer anderen Wortunterlage bedurfte und
daher zunächst ungesetzt blieb. Bei der ersten Theaterprobe war eine
große Zuhörerschaft anwesend: die Uraufführung des jungen deutschen Meisters war ein Tagesereignis. Der Stil des Werkes erregte
wegen seiner Fremdartigkeit Widerspruch und sogar Spott über den
„Deutschen". Es ist klar, daß der ästhetische Standpunkt Glucks
einen Ernst und ein Pathos in das Drama brachte, das abstechen
mußte vom Brauch, daß der einheitliche, von höchster künstlerischer
Warte gesehene Plan Einschränkungen an üblichem Schmuck und daneben fremde Akzente bringen mußte, daß also das große Publikum
einesteils befremdet, andrerseits unbefriedigt gelassen werden mußte.

Und es liegt nahe, daß ein italienisches Publikum dem ersten Werk eines jungen deutschen Komponisten gegenüber bei dieser Sachlage besonders ablehnend war. Gluck beobachtete und handelte. Er setzte nämlich die noch fehlende Arie ganz im Modegeschmack, ohne auf den Gesamtplan und Zusammenhang der Oper Rücksicht zu nehmen. Bei der Hauptprobe erregte diese Arie lauten Beifall, und man raunte sich zu, sie sei von Sammartini komponiert. Bei der Aufführung schlug der Ernst des Gesamtwerkes durch. Wir wissen es nicht, es ist aber nach der Sachlage anzunehmen, daß Gluck selber die Oper einstudiert und geleitet hat, daß er alles darangesetzt hat, um eben die Eigenart des Stils herauszuarbeiten. Der Erfolg war, wie uns berichtet wird, ein vollkommner, ein so durchschlagender, daß das temperamentvolle Publikum jetzt das Flache und Unpassende der nachkomponierten Arie empfand und ausrief, sie entstelle die ganze Oper.

Umsomehr ist zu bedauern, daß diese Arie nicht erhalten zu sein scheint. Aus dem Textbuch können wir ersehen, daß es sich um eine Arie des Megabises im ersten Akt, 6. Auftritt, handelte. Ihr Text ist nämlich nicht von Metastasio, er ist im Textbuch hinter der letzten Seite (68) auf einem nicht mit Seitenzahlen versehenen Schlußblatt abgedruckt. Nur um diese Arie kann es sich handeln, und es ist interessant zu beobachten, wie Gluck sich für diese übermütige Künstlerlaune, mit der er sich an der mangelnden Einsicht des Publikums rächt, die unschädlichste Stelle aussucht: die Nebenrolle des Megabises und den ersten Akt, die Stelle, wo Megabises der Semira seine Liebelei aufdrängen will, die erst später in der Hand des Intriganten Artabanus eine gewisse dramatische Bedeutung gewinnt. Diese Liebesschwärmerei des Megabises ist vielleicht der schwächste Punkt der Metastasioschen Dichtung, und die Glucksche Verhöhnung des Publikums zeigt uns ganz leise bereits den Protest des späteren Gluck gegen die ewigen Liebeshändel, einen Protest, der uns in der „Iphigenie auf Tauris" die einzige Oper der Kunstgeschichte erstehen läßt, in der nicht ein Wort von der Liebe zwischen Mann und Weib die Rede ist!

„Artaxerxes" bedeutet für Gluck einen großen vollen Erfolg auf einer der ersten Bühnen der Welt. Innerlich steht der 27jährige unvermittelt als reifer Großmeister unter seinen Zeitgenossen. Wir wissen jetzt, wozu er Kräfte aufgespeichert und gesammelt hatte!

2. CLEONICE

Der starke und unbestrittene Erfolg führte dem jungen Meister sogleich einen neuen Auftrag zu, und zwar aus der benachbarten Republik V e n e d i g. Damit dringt der Ruhm Glucks ins A u s l a n d, denn in Mailand konnte er sich als in Österreich lebend vorkommen, da die Lombardei damals österreichisch war. Im Theater Grimani di San Samuele in Venedig wird zu Himmelfahrt 1742 Glucks zweite Oper „Cleonice" gegeben.

Nach der Gewohnheit der damaligen Zeit ist als sicher anzunehmen, daß Gluck sich einige Monate vor der Aufführung, also unmittelbar nach den Aufführungen des Artaxerxes in Mailand, nach Venedig begeben hat, um dort seine neue Oper unter Anpassung an die Bühne und an die Sänger, die das neue Werk ausführen sollten, zu schreiben oder doch zu beenden, um die Oper einzustudieren, bei den Aufführungen zu dirigieren und hierbei die Cembalo-Partie zu spielen. Die gleiche Bemerkung gilt für die späteren Werke Glucks.

Das Textbuch führt bei Metastasio den Titel „Demetrio"; auch das für die Aufführung gedruckte Textbuch führt diesen dem Publikum vertrauten Titel. Heldin des Dramas ist Cleonice, und es wird uns ausdrücklich von Zeitgenossen berichtet, daß das Werk unter dem Titel „Cleonice" aufgeführt worden sei. Da diese Titeländerung wahrscheinlich auf Gluck zurückgeht und uns eine dramaturgische Einsicht zeigt, die in diesem Punkt dem Dichter Metastasio oft fehlte, so darf dieser kleine Zug in einer Gluck-Biographie nicht fehlen.

Leider ist uns nun die Partitur der „Cleonice" gleichfalls nicht erhalten. Wotquenne zeigt 5 einzelne Arien an, deren Partituren sich in der Konservatoriumsbibliothek in Brüssel — und, wie alle Werke Glucks, in der Sammlung Liebeskind in Leipzig — befinden. Eine sechste Arie habe ich in Upsala entdeckt und mit Hilfe des Textbuches als zu Cleonice gehörig ermitteln können. Sie ist von mir 1914 in Partitur im Druck herausgegeben worden.

Cleonice ist das Drama der politischen Frau, die „Frauenfrage": Königin oder Liebende? Eine psychologische Studie, die vielleicht den Schöpfer des „Artaxerxes" angezogen hatte, weil der Stoff frei ist von den Schauern des ersten, von Meuchel- und Königsmord, Ver-

rat, Gift, der grausen inneren Entfremdung zwischen Vater und Sohn,
die dem Tondichter Klänge eingab, wie sie ihm später die Orestes-
Tragödie wieder entlockt. Diesen, wie eine innere Befreiung wirkenden Stoffwechsel finden wir wiederholt bei Gluck: Das bekannteste
Beispiel ist die Pariser „Alceste", deren Musik ihren Schöpfer monate-
lang nicht schlafen ließ und „fast wahnsinnig machte", in ihrer düstern
Todeshoheit, der unmittelbar die „Armida", die Zauberin der ver-
führenden Frauenliebe, folgte. Was für Abgründe liegen dazwischen,
wie reich mußte die Seele eines Künstlers sein, dem es inneres Be-
dürfnis war, sich von dem einen Stoff in dem andern auszuruhen —
das Wort ist falsch, denn wahrlich handelt es sich um keine Ruhe,
sondern die angestrengteste, alle Kräfte verzehrende Arbeit. Ich finde
einen Vergleich mit dieser Ökonomie seiner eignen Kräfte, die dem
Genie intensivste Ausbeute ermöglicht, in dem Gesetz der richtigen
landwirtschaftlichen Bebauung des Bodens, daß durch sogenannten
Fruchtwechsel die Erschöpfung des Bodens vermieden wird. Das
Genie braucht sich dieses Vergleichs nicht zu schämen: seine Gesetze
sind die der großen, ewigen Natur.

Cleonice, die Tochter des Usurpators Alexander, ist die junge
Königin von Syrien. Zwischen ihr und dem von ihrem Vater wegen
seiner Verdienste schnell zu hohen, militärischen Ehren erhobenen
Alcestes bestand schon zu Lebzeiten Alexanders eine heftige Liebe.
Der vermeintliche Alcestes ist aber der Sohn des von Alexander vor
einem Menschenalter gestürzten und darauf in Elend gestorbenen
Königs Demetrius und trägt denselben Namen wie sein Vater. Das
Geheimnis weiß nur der treue Phönicius, dem der alte König bei
seiner Flucht das Söhnchen als kostbarstes Gut anvertraute. Phönicius
hat aus Klugheit, um den kleinen Demetrius nicht Gefahren auszusetzen, ihn als Findling aufgezogen und Alcestes genannt. Alcestes,
der er bis zum Ende des letzten Aktes für alle außer Phönicius ist, hat
Alexander ein Jahr, bevor die Handlung beginnt, auf einem Kriegszug
gegen die Kreter begleitet, der seine Ursache in dem von Phönicius
als Fühler ausgestreuten Gerücht, der junge Demetrius lebe noch,
hatte. Die für ihren wahren unbekannten König eintretenden Kreter
besiegten den Alexander; dieser selbst fiel. Alcestes wurde verwundet und in Kreta gepflegt. Als das Drama beginnt, weiß man
nicht, ob er noch lebt und wo er sich aufhält. Cleonice wird von

den Großen des Reiches gedrängt, einen Gemahl zu erwählen; besonders stürmisch ist Olinthus, der Sohn des Phönicius, der sich Hoffnung auf sie machte. Cleonice verlangt Freiheit der Wahl. Der Rat der Großen gewährt sie ihr. Diese — heiß erkämpfte und unerwartet erlangte — Freiheit wirkt auf Cleonice niederschlagend: jetzt hat sie ihren Alcestes, der soeben aus Kreta zurückgekehrt war, verloren, denn muß sie nicht größer sein als ihre Untertanen? Sie weiß, daß sie durch die Wahl des Alcestes politische Wirren schaffen würde, darf sie als Königin die Staatsinteressen unter ihre persönlichen Herzensinteressen stellen? Sie entschließt sich, zu entsagen, und, um das zu können, dem Alcestes, den sie soeben mit Wärme empfangen hatte, ein Wiedersehen zu versagen. Dies der wesentliche Inhalt des ersten Aktes, von dem uns vier einzelne Arien erhalten sind. Vom zweiten Akt ist uns keine Musik erhalten. Der dritte bringt uns zu Beginn den Entschluß der Cleonice, einen Gatten zu wählen, der ihrem geliebten Alcestes keine Eifersucht und also keine Qual bereitet, den treuen alten Phönicius. Als diesem Alcestes die Königs-Insignien überbringt, enthüllt Phönicius die Wahrheit, zu deren Verschweigung nach der Ankunft eines zuverlässigen kretischen Heeres, das dem König Demetrius auch gegen die rebellischen Großen Rückhalt verleiht, kein Grund mehr ist, und — man gönnt von Herzen der schönen, hoheitsvollen und gütigen Cleonice den Schlußchor, der ertönt, als sie mit Demetrius den Thron besteigt:

<table>
<tr><td>Quando scende in nobil petto,</td><td>(In edlen Herzen ist die</td></tr>
<tr><td>è compagno un dolce affetto,</td><td>süße Leidenschaft Gefährtin,</td></tr>
<tr><td>non rivale alla virtù.</td><td>nicht Rivalin der Tugend.</td></tr>
<tr><td>Respirate, alme felici,</td><td>Atmet auf, glückliche Seelen,</td></tr>
<tr><td>e vi siano i Numi amici,</td><td>euch seien die Götter Freund,</td></tr>
<tr><td>quanto avverso il ciel vi fu.</td><td>so wie bisher der Himmel euch
widrig war.)</td></tr>
</table>

Gluck ist mit diesem Textbuch sehr frei verfahren. Ganze Szenen sind getilgt, in andern ist die abschließende Arie gestrichen, der Text geändert. Schon der erste Akt hat bei Metastasio 11 Arien, bei Gluck sieben. Im letzten Akt kürzt der Meister noch energischer, und streicht alles, was ohne psychologisches Interesse ist und daher nur aufhält, was ja im Schlußakt für die Wirkung besonders gefährlich ist. Von den Metastasioschen 9 Arien bleiben nur 4 übrig. Es ließe sich aus

einer eingehenden ästhetischen Analyse der Veränderungen, die
Gluck hier und in andern Werken dieser Zeit an dem Text-
original vornimmt, geradezu eine ziemlich vollständige Theorie seiner
dramaturgischen Ideen herleiten. Noch lohnender ist diese Aufgabe
natürlich da, wo uns die ganze Opernpartitur erhalten ist, also auch
die Rezitative, z. B. beim Aëtius. Es ist merkwürdig genug, daß sich
noch niemand die Mühe gegeben hat, diese Untersuchung anzustellen,
ja nur an ihre Möglichkeit zu denken! Das Textbuch befand sich,
wie Wotquenne angibt, in der Sammlung von Albert Schatz in Ro-
stock. Diese unersetzliche Sammlung ist Deutschland verloren gegangen und 1908 der Kongreß-Bibliothek zu Washington einverleibt
worden. Dort befinden sich jetzt alle Gluck-Textbücher, die Wotquenne als in der Sammlung Schatz enthalten anführt. Es ist mir
indessen geglückt, von allen diesen Textbüchern der italienischen
Periode Glucks ein zweites Stück an einem europäischen Fundort zu
ermitteln, und ich gebe hier die Zusammenstellung, in der Meinung,
daß es sich dabei, wie die bisherige Darstellung sicherlich erwiesen
hat, nicht um Nebendinge handelt, sondern um die wichtigsten Hilfsmittel zur Erkenntnis der dramatischen Eigenart Glucks. Der De-
metrio-Text befindet sich in der Markusbibliothek in Venedig. Dort
liegen auch die Urtextbücher zu Ipermestra und zur Finta Schiava
(letzteres bezeichnet Wotquenne als nicht vorhanden). Der Poro-
Text liegt in Turin in zwei Stücken (auf der Staatsbibliothek und der
Kgl. Bibliothek). Für den Fall, daß deutscher Musikwissenschaft in
nächster Zeit bei der Benutzung belgischer Bibliotheken Schwierigkeiten gemacht werden sollten, die im Interesse der Kunst und der
Wissenschaft, nicht nur für Deutschland, sondern für die ganze Welt,
aufs höchste zu bedauern wären, führe ich noch zweite Fundorte für
die auf der Brüsseler Konservatoriumsbibliothek liegenden Texte
Gluckscher Opern an: Artaserse, Demofoonte, Sofonisba und Ippo-
lito befinden sich auch im Liceo musicale in Bologna. Von „Tigrane“
hat Piovano Aufsehen erregt durch Auffindung des unvollständigen
Textbuches in Rom (Akademie St. Caecilia); das vollständige Textbuch liegt in Washington und bot mir Gelegenheit, die Forschungen
Piovanos über die Zugehörigkeit von Musikstücken zur Oper Tigrane
zum Abschluß zu bringen.
Zum Studium der uns erhaltenen 6 Arien wird der Gluckianer

zweckmäßig — wie in allen Gluckschen Werken — die Methode benutzen, sie auf die Rollen zu verteilen. Von Alcestes sind uns drei Arien erhalten; das bedeutet bei der Schaffensweise Glucks, daß uns dieser dramatische Charakter von drei verschiedenen Punkten beleuchtet wird. Der berühmte Sopranist Salimbeni, der im folgenden Jahr von Friedrich dem Großen nach Berlin gezogen wurde, sang den Alcestes „mit rauschendem Beifall". Dieser Umstand erklärt wohl auch, daß uns drei verschiedene, offenbar für Liebhaber kopierte einzelne Arien dieser Rolle erhalten sind. Die von mir in Upsala aufgefundene Arie ist die einzige uns von Cleonice erhaltene. Sie zeigt uns die edle liebende, sich selbst kaum beherrschende hoheitsvolle Königin, wie sie, um dem Geliebten Balsam auf seine Wunde zu träufeln, die sie nicht heilen kann, ihn mit weichen, gleichsam mütterlichen Armen umfängt. Der Ausdruck dieses mit großer Wärme und mühsamer Zurückhaltung vorzutragenden Gesanges ist wunderbar. (Cleonice wurde von Barbara Stabili gesungen.) Außerdem haben wir eine graziöse Arie der Barsene, einer Vertrauten (und heimlichen Nebenbuhlerin) der Königin (Darstellerin Teresa Imer) und eine Arie des treuen alten Edelmannes Phönicius, der durch den Tenor Ottavio Albuzio gegeben wurde. (Wotquenne bezeichnet irrtümlich die Rolle als Sopranistenpartie.) In dieser Arie hebe ich besonders hervor den Mittelsatz mit seiner ausdrucksvoll überquellenden, weitgespannten Melodik, die dem Schmerz und Unmut des Vaters, den eignen Sohn innerlich aufgeben zu müssen, entquillt. Der Mittelsatz wird sofort wieder verschlungen von der Wiederholung des ersten Satzes, der der zuschauenden Freude des reifen Mannes am knospenden Werden des Sohnes Ausdruck gibt, ein psychologisches Meisterstück und eine dramatische Verwendung der Da capo-Arie durch Gluck, wie wir ihr ähnlich noch wiederholt begegnen werden. Wir wissen ferner, daß der ungestüme Olinthus von einem Sopranisten (Giuseppe Gallieni) gesungen wurde.

Der Erfolg der Oper war stark. Er hob den Ruhm Glucks „alle stelle" (zu den Sternen), ein Ausdruck, mit dem freilich die Italiener freigebig waren.

3. DEMOPHOON

Daß der Erfolg des „Artaxerxes" ein starker gewesen ist, geht auch daraus hervor, daß Gluck genau ein Jahr später, am zweiten

Weihnachtstag 1742, am Mailänder Hoftheater sein drittes Werk, den von wilder Leidenschaft durchströmten „Demophoon" zur Aufführung bringt: das bedeutete damals, wo der Spielplan einer Opern-Stagione zwei oder drei Werke umfaßte, natürlich etwas ganz anderes, als heute, wo er fünfzig oder mehr Opern bringt. Mailand blieb auch für die nächsten Jahre Glucks Wohnsitz — von dem ihn allerdings die Tätigkeit an anderen Bühnen zeitweilig entfernte — und seine hauptsächliche Wirkungsstätte. Wir finden hier, um dies vorwegzunehmen, ein Jahr später seine Sophonisbe, wieder ein Jahr später den Hippolytus, und am 13. Mai 1747, als Gluck bereits in Deutschland weilte, zum Geburtstag der Kaiserin Maria Theresia, eine Wiederaufnahme des Demophoon. Gluck wird mit seinen alten und vielen neuen Gönnern und Freunden in Mailand in enger Verbindung geblieben sein. Es war die Art seiner Persönlichkeit, zunächst den Fernstehenden durch die selbstbewußte Kühnheit seiner Kunst und seines künstlerischen Wirkens zu verblüffen, aber durch aufrichtige Treuherzigkeit, Sachlichkeit, persönliche Liebenswürdigkeit, sein Geltenlassen jedes fremden Verdienstes, ebenso wie durch sein männlichkorrektes Auftreten jeden Gegner zu entwaffnen und ihn oft zum Freunde zu gewinnen. Wir wissen, daß er überall freundschaftliche Beziehungen hinterließ, an die er oft nach jahrzehntelanger Abwesenheit mit Herzlichkeit wieder anknüpfen konnte. Eine wahre Herrennatur, war ihm jede persönliche Überhebung vollkommen fremd, aber wenn es die Sache galt, dann wußte er sich, nötigenfalls mit unwiderstehlicher Kraft, durchzusetzen, mit der starken Kraft der Wahrheit, der sich eben deshalb schließlich jeder beugte, weil er die Sachlichkeit, das Fernsein jeder persönlichen Künstlerüberhebung, fühlte.

Auch die Partitur zum Demophoon ist nicht erhalten. Das Werk ist ebenso wie der Artaxerxes, dem Grafen Traun, dem Gouverneur von Mailand, gewidmet, dessen Widmungsexemplar vielleicht noch aufgefunden werden kann. Die beiden weiteren Werke Sophonisbe und Hippolytus sind dem Fürsten von Lobkowitz, als Gouverneur von Mailand, gewidmet.

Dagegen enthält die Bibliothek des Pariser Konservatoriums fast alle einzelnen Musikstücke der Oper, leider ohne die Rezitative. Da aber im Rezitativ die gesamte (äußere) dramatische Handlung vor sich geht, und da gerade Gluck auch in seinen ersten Werken, wie das Erhaltene beweist, im Rezitativ stets bedeutend und ausdrucksvoll ist und mit dem unfehlbaren Instinkt des hochdramatischen Stils jeder Geste des Schauspielers folgt — oder vielmehr sie vorschreibt —, so bin ich der Meinung, daß uns mehr als die Hälfte des Werkes nicht erhalten ist, wenn uns eben nur die Musikstücke verblieben, die, vergleichbar dem Chor der antiken Tragödie, nur das Fazit der äußern Handlung wiedergeben. Tiersot hat 1914 den ersten Akt dieser Musikstücke herausgegeben (Breitkopf & Härtel). Er bemerkt in seinem Begleitartikel im Jahrbuch der Gluckgesellschaft, daß das Fehlen des Secco-Rezitativs offenbar ein im Hinblick auf die Musik „sehr unbedeutender" Verlust sei.

Übrigens fehlt auch eine dem Textbuch nachträglich zugefügte Arie und vielleicht die Ouvertüre. Wir besitzen nämlich von Gluck neun Ouvertüren, die offenbar der früheren Zeit angehören, und von denen wahrscheinlich einige, wenn nicht alle, zu Opern gehören, ohne daß wir mit Zuverlässigkeit bestimmen könnten, zu welchen Opern. Es fehlen uns von etwa einem Dutzend Gluckscher Opern die Ouvertüren, nämlich von Artaxerxes, Demetrius, Demophoon, Tigranes, Arsaces, der Sophonisbe, dem Porus, dem Hippolytus, den beiden für London geschriebenen Opern, endlich noch der Hypsipyle, und einiger der komischen Sachen.

Erhalten ist uns ferner das Textbuch von Metastasio, und zwar auch in der von Gluck komponierten Fassung, so daß hierdurch die Möglichkeit besteht, den dramatischen Gehalt der uns erhaltenen Musikstücke künstlerisch zu erfassen.

Der Dichter führt uns diesmal in die Sage: wir finden Demophoon, den Sohn des Theseus und Trojakämpfer, als König von Thrazien. Er ist verwitwet. Seine Gemahlin hat ein Geheimnis hinterlassen, dessen Entdeckung im letzten Akt die Entwirrung und das, wie wir wissen, der damaligen Anschauungsweise schwer entbehrliche fröhliche Ende bringt: um ihrem Gatten einen Thronerben zu schenken, vertauschte sie mit ihrer Vertrauten deren Sohn Timantes mit ihrem Töchterchen, der Dircea. Sie hinterließ ihrer Vertrauten eine Schrift, die die wahre Abstammung der Dircea — nicht auch des Timantes — enthüllte, mit der Weisung, daß sie nur im Falle einer Gefahr der Dircea geöffnet werden dürfe. Nachdem sie dem

König ein zweites Kind, und zwar den Sohn Cherintus, geschenkt,
legte sie eine zweite versiegelte Urkunde im Tempel nieder, nur dem
König zugänglich, worin sie die Abstammung des Timantes bezeugte,
um dem König, der den Timantes sehr liebgewonnen hatte, die Entscheidung zu überlassen, ob er es bei der ungewollten Enterbung
seines wirklichen Sohnes Cherintus belassen wolle oder nicht. Zur
Handlung gehört noch ein Gesetz des Landes: zur Wahrung der
Reinheit des Königlichen Blutes darf der Thronfolger nur eine Königstochter freien, keine Untertanin, bei Todesstrafe für die Untertanin.
Und noch ein düsteres Gebot des Orakels: alljährlich muß eine durch
das Los bezeichnete Jungfrau auf dem Altar geopfert werden. Die
Handlung beginnt mit der Erregung des Mathusius, des vermeintlichen Vaters der Dircea, eines Großen des Reiches; er fordert, daß
Dircea ebenso wie die — zu diesem Zweck außer Landes gebrachten
— Töchter des Königs von der Auslosung für das Menschenopfer
befreit werde, denn „väterliche Liebe spricht im Herzen des Untertanen genau so, wie im Herzen des Herrschers" — eine der be-
merkenswerten Stellen bei Metastasio, die den Rationalismus dieses
überlegenen und feinen Geistes zeigen, in denen, ganz von fern, die
französische Revolution, die weder er noch Gluck erlebte, wetter-
leuchtet. Dircea ist heimlich mit Timantes vermählt und wird von
Gluck mit den zartesten Farben der hingebenden jungen Gattin und
Mutter gezeichnet. Das Verlangen des Mathusius bringt den König
auf: ohne das Los abzuwarten, soll gerade Dircea als Opfer sterben.
Der König will seinen Timantes vermählen und hat den Cherintus
nach Phrygien als Brautwerber zur Königstochter Kreusa gesandt.
Diese kommt eben im Hafen an. Zwischen Brautwerber und Braut
hat sich eine herzliche Sympathie entwickelt, die bei Cherintus bereits
offene Leidenschaft geworden ist. Dircea wird von der Königlichen
Wache zum Tempel gebracht, und der erste Akt schließt mit der
vollen Verzweiflung des Timantes. Im zweiten sucht Timantes durch
eine Entdeckung seine Sache zu verbessern, doch der König, vor
Kreusa bloßgestellt, dem Mathusius zürnend, verkündet das Urteil
für so große Schuld: beide, das Weib wie der Sohn, müssen sterben.
Der dritte Akt bringt die Enthüllung und erlöst das Land von der
grausamen Opferschuld, denn ein dunkles Orakel hatte gekündet:
„Keine Versöhnung des Himmels, bis der unrechtmäßige, doch un-

schuldige Thronerbe erkannt wird" — Timantes. Schlußchor: „Größer scheint jede Freude, wenn sie ein Herz erfüllt, das von Furcht erdrückt war . . ."

Der Raum verbietet mir hier wie später eine eingehende Analyse der Musik. Die Anlage ist so, daß der König und Mathusius Tenorrollen sind, Dircea und Kreusa Soprane, die beiden liebenden Prinzen Kastraten, ebenso wie die Nebenrolle des Hauptmanns der Königlichen Leibwache Adrastus. Die Dircea wurde von Barbara Stabili gegeben, derselben, die die Cleonice kreiert hatte — gleichfalls eine Rolle, die von weichmütterlicher Stimmung durchbebt ist, wie wir gesehen haben —, den Timantes sang der berühmte Sopranist Carestini, als König finden wir del Rosso wieder. Cherintus wird von einer Altistin gesungen, Agatha Elmi. Auch in den späteren Aufführungen des Werkes in Reggio, Bologna und Mailand wird dieser Brauch beibehalten und eine Altistin genommen, und zwar jedesmal eine andere. Den Mathusius verkörperte Felice Novelli, die kleine Nebenrolle des Adrastus Frau Giuseppa Useda (Sopran). Offenbar stand für diese kleine Partie kein kostbarer Kastrat zur Verfügung. (Wotquenne gibt versehentlich Giuseppe Useda als Sänger an.)

Gluck benutzt, wie stets, die einzelnen Arien zu verschieden gefärbten Charakterzeichnungen der Personen. Demophoon ist „jeder Zoll ein König": gemessene, lebhafte Bewegung, große Intervallschritte. Es ist offenbar kein Zufall, daß Gluck demselben Sänger, der den Artabanus gegeben hatte, auch diese Rolle eines starken, keinen Widerspruch duldenden Willens anvertraute. Kreusa wird von ihrem Liebhaber Cherintus in der reizvollen schwärmerischen Arie charakterisiert: „ihr liebliches Angesicht zeigt die schaumgeborene Göttin, wenn es lächelt, Pallas, wenn es Zorn ausdrückt". Ich muß Tiersot widersprechen, der seiner unrichtigen Meinung Ausdruck gibt, daß Kreusa musikalisch verzeichnet sei, und in ihrer Zornesarie im ersten Akt nur „den Gesang einer Koketten" findet. Freilich zeichnet Tiersot ein piano für den Eintritt der Singstimme vor, anstatt eines je auf dem vierten Viertel wiederholten sforzato. Gluck hat nicht — und das ist der Grund, warum ich auf Tiersot hier eingehe — einen stereotypen, sondern einen oft dem minder kundigen Partiturleser schwer erkennbaren, stets originellen Ausdruck, der freilich bei richtiger Ausführung auf den naiven Hörer verständlich und überzeugend wirkt. Tiersot sieht die Durtonart und die Viertelbewegung im Moderato. Er sieht nicht die Farbe der „blutrünstigen" Hörner, die weiten Intervallschritte, die zornig blitzenden hohen Töne. Er sieht aber noch etwas anderes nicht, weil uns das ganze feine ästhetische Gebäude dieser Kunst abhanden gekommen ist. Die verhältnismäßige Zurückhaltung im Ausdruck ist im höheren und feineren dramatischen Sinn notwendig und deshalb von Gluck gewollt. Nach dieser Zornes- arie folgt ja die schwärmerische Betrachtung des Cherintus, daß ihr Antlitz die Schönheitsgrenzen nie verzerre. Und im zweiten Akt ge- steht Kreusa dem Cherintus, daß das Verlangen, sie, die sich von Timantes verschmäht glaubte, durch dessen Tod zu rächen, „mit dem Zorn entstanden und erloschen" sei. Der Zorn kann ja psychologisch auch nicht tief wurzeln, weil sie nicht den Timantes liebt, sondern den Cherintus. Ich wollte in diesem Fall ausführlicher sein, damit der Leser selber, wenn er unreifen Angriffen auf Gluck begegnet, in andern Fällen mindestens zunächst stutzt und selber prüft.

Freunde und Gegner der K o l o r a t u r werden ihre Freude an der prachtvollen, der herrlichen Stimme von Carestini anvertrauten ersten Arie des Timantes haben. Die Koloratur dient hier, um ein Unwetter zu malen — und dabei ist das Unwetter ein Gleichnis für den Seelenzustand des Helden. Der erste Teil der Arie enthält zu- nächst zu weichen Strichen des Orchesters lange warme Töne des Sängers, dann ein Kontrastthema, das durch das Allegro und die Kolo- ratur bezeichnet ist. Man beachte, wie das Orchester, fast wie klatschender Hagel, forte in die Pausen des Ziergesangs fällt, den es im übrigen in drängendem piano begleitet, man beachte die charakteristischen Orchesterzwischenspiele! Wer den Seesturm am Anfang der Iphigenie auf Tauris kennt, wird von ferne daran er- innert. Die Koloratur ist hier wie sonst dramatisches Ausdrucks- mittel.

Den Dramatiker Gluck sieht man bei einem Eingriff in den Text von Metastasio. Der Schluß des ersten Aktes läßt Timantes in rasen- der Erregung über die Gefahr seiner Gattin und über seine eigene Hilflosigkeit. Der Metastasiosche Text gibt dieser Stimmung nur matt und keineswegs der Stellung am Aktschluß entsprechend Aus- druck. Gluck hat hier aus einer andern Dichtung Metastasios, der

Olympiade, Verse herübergenommen, die viel leidenschaftlicher und treffender die Stimmung ausdrücken und vor allem für einen Aktschluß geeigneter sind:

Ho cento larve intorno,	Hundert Larven sind um mich,
Ho mille furie in sen.	ich habe tausend Furien im Herzen.

(Dazu Trompeten, erregtes Zeitmaß und eine absteigende Figur von eigentümlicher Dämonie, die wir ähnlich in der Arbaces-Arie im Artaxerxes fanden und ähnlich beim unentsühnten Orestes in der Iphigenie wieder finden werden. Das Thema ist ein besonders charakteristisches Gluckthema, und ich empfehle, es bei den „Entlehnungen" späterer Gluckscher Werke aus früheren, die Wotquenne aufführt, nachzutragen.)

Ein Musikstück muß noch besprochen werden, es ist die herzangreifende Arie der zum Tempel von ihrem Gatten und ihrem (vermeintlichen) Vater weggerissene Dircea am Schlusse des ersten Aktes, ein Gesang, dessen Schönheit heute selbst den völlig unvorbereiteten Hörer hinreißen würde. Der zusammenkrampfende Rhythmus, das E-Moll, die den verzehrenden Schmerz so pathetisch wiedergebenden Hoboen, die bald die hilflose Verlassenheit in öden Terzen wiedergeben, bald auf einem Orgelpunkt schmerzliche Liegetöne haben, dann im Mittelteil die Stimme des Schicksals, wie sie ähnlich in späteren Werken Glucks öfters tönt — in den Oberstimmen der Orchesterbegleitung starre rastlose Achtel c a, während die Bässe bedeutungsvoll (mit einem beim Vortrag nicht wegzulassenden sforzato auf jedem Taktbeginn!) aufsteigen von c nach d, e, f, dann wieder zurücksinken —, alles ist von verzehrendem Ausdruck und zeigt, daß der Gluck des Demophoon derselbe Künstler ist, wie der der Iphigenie. Man vergleiche das in tiefer Lage, in der der Sopran tonlos ist, und plötzlich von dem bisher unermüdlichen Orchester gänzlich verlassen, in äußerster Erregung hervorgestoßene a meritar? (zu verdienen? — nämlich den Zorn der Götter) am Schluß des Mittelteils mit der bekannten Wagnerschen ekstatischen sogenannten phrygischen Frage e dis fis, die Wagner aus den letzten Werken Glucks kannte. Für Leser, die die Bedeutung eines Tonkünstlers danach bemessen, wieviel er von Wagner „vorausgeahnt" hat, weise ich auch darauf hin, daß die erwähnten „öden" Hoboen, die ganz solistisch auftreten*), genau die Tonfolgen und die Wirkung der „traurigen Weise“ im Tristan haben. Dieser dramatische Ausdruck stand dem frühesten Gluck, wenn er ihn brauchte, zur Verfügung. In der Folge werde ich ähnliche Anklänge nicht hervorheben. Man könnte vielleicht mit größerem Recht die umgekehrte Meinung vertreten: die Größe Wagners danach zu bemessen, wieviel er von Gluck aufzunehmen imstande war — besonders im Gedanken des Priestertums des Künstlers, des Vermeidens der größeren Wirkung, wo sie nicht durch die Ökonomie des Werkes gefordert wird, der Reinheit des tragischen Stils, die durch barocke Überladung zerstört wird. Ich werde in der Folge, und zwar ohne Erwähnung Wagners, die ungeheure Verschiedenheit der Persönlichkeit und des Wirkens Glucks von dem seinigen darzulegen haben.

In diesem Zusammenhang ein Wort noch über den festlichen „Marsch“ im ersten Akt des Demophoon, der beim Einlaufen des Schiffes, das die phrygische Braut mit dem Brautwerber an die thrazische Küste bringt, ertönt. (Streicher, Hörner, Pauken). Er ist prachtvoll in seinem Durcheinander zweier Instrumentalgruppen. Man muß ihn aber ja nicht unter dem Gesichtswinkel einer Konzertmusik hören, sondern in der Phantasie eine sich bewegende prächtige Masse und Handlung auf der Bühne haben, der er Glanz gibt. Als Konzertmusik würden andere Formen und musikalische Entwicklungen nahe liegen. Gluck versetzte sich beim Komponieren in den Zuschauerraum des Theaters und schuf jede Note mit Bühnenzweck. Das ist nie zu vergessen. Der Marsch ist ein Vorläufer der späteren Pantomimenmusik Glucks.

Der Erfolg des Demophoon muß ein außerordentlicher gewesen sein, wie wir aus den Nachwirkungen ersehen können. Während Artaxerxes und Cleonice starkes Aufsehen und Bewunderung erregt hatten, verankerte Demophoon den schon feststehenden Ruhm des deutschen Meisters. Das Werk wurde im Jahr 1743 in Reggio — im damaligen Herzogtum Modena — aufgeführt. Die Aufführung ist noch besonders bemerkenswert dadurch, daß die Dircea nicht von

---

*) Kurth meint (Studien zur Musikwissenschaft 1., 1913), daß Gluck zur künstlerischen Ausnutzung der Hoboenfarbe erst spät, im „Antigonus“ (1756) herangereift sei! Der Aufsatz wimmelt von gleichwertigen Behauptungen und von daraus zuungunsten Glucks gezogenen Schlüssen.

der Stabili, sondern von der uns als Mandane bereits bekannten Römerin Čaterina Aschieri gesungen wurde, einer ebenso schönen wie musikalisch und dramatisch begabten Sängerin von außerordentlich edler Stimme. Die Besetzung ist auch im übrigen anders bis auf Mathusius, der wie in Mailand von Novelli gesungen wurde. Dirigiert hat nicht Gluck, sondern der Kapellmeister Maggiore, der nicht weniger als sieben der Gluckschen Musikstücke durch eigne ersetzte. Man pflegte damals in Abwesenheit des Komponisten mit seinem Werk noch rücksichtsloser umzugehn als vielfach heute. Interessant ist übrigens, daß Gluck für die Caterina Aschieri zwei Arien neu komponiert zu haben scheint, was sein Interesse an dieser großen Künstlerin beweist. Karneval 1744 wurde das Werk in B o l o g n a — damals zum Kirchenstaat gehörig — aufgeführt, ebenfalls rücksichtslos zugestutzt. Man wollte aber auch in Bologna das berühmte Werk haben. Hier sang Novelli, der in Mailand und Reggio den Mathusius gegeben hatte, den Demophoon. Es wurde bereits erwähnt, daß man 1747, als Gluck in D r e s d e n weilte, in Mailand den Demophoon als Festoper wieder aufgriff, mit lauter neuen Kräften.

4. TIGRANES

Eine Frucht des Ruhms des „Demophoon“ ist auch der „Tigranes“. In der Septembermesse pflegte in Crema, einer kleinen Stadt in der Nähe Mailands, mit ersten Kräften eine Opern-Stagione, und zwar mit einem einzigen Werk, veranstaltet zu werden. Die Leitung verpflichtete Gluck für die Aufführungen von 1743, und Gluck komponierte seinen Tigranes auf einen älteren beliebten Text von Abt Francesco S i l v a n i, den G o l d o n i neu bearbeitet hatte. Erst die neueste Forschung hat Licht über dieses Werk verbreitet; besonders ist der Aufsatz von Piavano in den Sammelbänden der internationalen Musikgesellschaft 1907/08 zu erwähnen. Ich konnte ihn ergänzen durch die Auffindung des vollständigen Textbuches, das mit der Schatzschen Textbücherbibliothek leider nach Washington gekommen ist. Das Buch ermöglicht, alle erhaltenen Bruchstücke der Musik unterzubringen. (Siehe meinen Aufsatz in der „Stimme“, Februar 1916; ich berichtige hier ein Versehen: bei der Aufzählung der sämtlichen Arientexte ist irrtümlich die erste Arie des letzten Aktes weggeblieben, die uns in Glucks Komposition übrigens nicht erhalten ist.)

Das Textbuch ist ein Spiegel seiner empfindsamen Zeit. Um die Standhaftigkeit oder Tugend zweier Liebenden zu zeigen, und uns dadurch zu rühren, verliert der Dichter alles andre aus den Augen. Dies Textbuch hatte ein halbes Jahrhundert die Opernbesucher hingerissen. Ich gebe den Inhalt an mit Hervorhebung der erhaltenen (12) einzelnen Musikstücke. Da diese nur die Liebenden (Kleopatra und Tigranes), sowie das Gegenspiel, Apamia und Orontes, betreffen, so ist es leicht, die feine Charakterzeichnung Glucks zu verfolgen.

Die Besetzung war: König Mithridates Canini aus Florenz, Tenor — er kreierte ein halbes Jahr später in Mailand die Tenorrolle in der Sophonisbe —, seine Tochter Kleopatra die berühmte Caterina Aschieri aus Rom, die Darstellerin der Dircea, ihr Liebhaber Tigranes der Kastrat Salimbeni, der schon den Demetrio gesungen hatte, Apamia die Giuditta Fabiani aus Florenz, ihr Bruder Orontes der Kastrat Gallieni aus Cremona, der in der „Cleonice" den Olinthus sang (also auch den eifersüchtigen Gegenspieler), und die Nebenrolle des Cleartes Rosalba Buini aus Bologna. Der Meister war also in der Lage, mit einer Sängerschar zu wirken, die in der Hauptsache bereits seinen Stil kannte.

Der erste Akt bringt eine geschickte Exposition, der zweite und dritte den Prüfungs- und Leidensweg der Liebenden (Cleopatra und Tigranes). Für eine heutige Aufführung, die natürlich die zuvorige Auffindung der vollständigen Partitur zur Voraussetzung haben müßte, wäre es bühnentechnisch empfehlenswert, die Handlung in die Sage zu verlegen und dem Leidensweg das Göttergebot: „Nichts durch Gewalt!" voranzustellen, weil unser Publikum schwer die ästhetische Elastizität für die, realistisch betrachtet, starke äußere Unwahrscheinlichkeit der Handlung aufbringen würde. Mit dieser Verlegung aber ist uns das Werk ästhetisch verdaulich. Sie zeigt, daß das Textbuch keine grundlegenden Schwächen enthält, sondern unserer Theatertechnik neue Aufgaben stellt. Die gleiche Bemerkung gilt für manchen andern Text. Unsere Bühne darf sich kühnlich jedes Problem stellen. Die einzige Voraussetzung, daß es sich nämlich um künstlerische Werte handelt, stellt stets Glucksche Musik. Diese Musik natürlich muß, was ich schon hier mit stärkstem Nachdruck hervorzuheben habe, bei solchen Einrichtungen das Unantastbare sein: sie modernisieren wollen, heißt den Zweck und den Sinn der Aufführung beseitigen, denn ihretwegen allein, um sie in ihrer vollen Wirkung zu haben, wird ja das ganze inszeniert! Hände weg von diesem Heiligtum, rufe ich jedem bearbeitungswütigen Kapellmeister und Regisseur zu! Übrigens ist die Umlegung der Personen um so eher statthaft, als das ursprüngliche Textbuch von Silvani, das 1691 in Venedig aufgeführt war, den Titel führt: La virtù trionfante dell' amore e dell' odio (Die Tugend triumphierend über Liebe und Haß) und andere Personennamen aufweist. Die Heldin ist hier Berenice, die Tochter des Scythenkönigs Mazeus, ihr Liebhaber Artaxerxes, der Perserkönig, usw.

Zwischen Armenien, dessen König Tigranes ist, und Pontus, das von Mithridates beherrscht wird, besteht eine alte Feindschaft. Aus heftiger Liebe zu Kleopatra, der Tochter des Mithridates, ist Tigranes unerkannt unter dem Namen Argenes in die Dienste des pontischen Königs getreten, hat Nikomedes, den König von Bithynien, geschlagen und kehrt zu Schiff nach Sinope mit seinem siegreichen Heer zurück. Die Handlung wird noch wesentlich beeinflußt durch Apamia, die heimlich den Tigranes (Argenes) liebt, aber die Leidenschaft des Königs zu ihr kokett ausnutzt, um selber Königin zu werden und um ihrem Bruder Orontes zur Hand der einzigen Tochter des Königs, Kleopatra, und damit zum künftigen Thron zu verhelfen. Orontes heuchelt Liebe für Kleopatra. Der siegreiche Argenes wird huldreich und festlich vom König empfangen, dann auch allein von Apamia, die durch verfängliche Fragen ein Liebesgeständnis hervorrufen will, aber frostige Antworten erhält, durch die Tigranes sein Geheimnis, die Liebe zu Kleopatra, schützen will. Die erste Arie der koketten Apamia, der reizvolle Gesang „Troppo ad un alma è caro" ist uns erhalten. Dieses Stück hat Gluck ein halbes Jahr später zur „Finta Schiava" beigesteuert. Tigranes erfährt, daß Orontes sein Nebenbuhler ist. Apamia erschmeichelt mit koketten Listen vom König, der ihr nicht widerstehen kann, das Gebot an Kleopatra, sich mit Orontes zu vermählen, obwohl die empörte Kleopatra geltend macht, daß sie den Orontes nicht liebt, und daß sie durch diese Mißheirat mit einem Vasallen entehrt würde. Eine zweite reizende Arie der Apamia, „Vezzi, lusinghe e sguardi" besingt ihre koketten Waffen der Schönheit. Dieses Stück hat Gluck später in London seinem „Sturz der Riesen" eingefügt; es liegt uns im Stich vor. Orontes enthüllt

monologisch in der folgenden uns erhaltenen Arie seine intriganten
Streberpläne: er liebt und erstrebt durch Kleopatra den Thron. Den
Schluß des Aktes und seinen dramatischen und musikalischen Höhepunkt bildet eine lange Unterredung zwischen Kleopatra und Tigranes. Er entdeckt sich. Sie ist entrüstet über den Feind und den
Betrug und stößt ihn von sich. Er singt voll von weicher Glut „Si,
ben mio, morrò, se il vuoi", ein Musikstück, das uns als Teil des
„Sturzes der Riesen" im Stich vorliegt. Sowie er sich entfernt hat,
schlägt ihr Zorn in Liebe und Mitleid mit seiner gefährlichen Lage
um (Schlußarie, die uns gleichfalls erhalten ist). Der zweite und dritte
Akt bringt Tigranes — dessen Liebe und wahrer Stand von Orontes
entdeckt sind — und seine Kleopatra in Gefahren und Ungemach aller
Art; wiederholt erlangt Tigranes die Möglichkeit, den König Mithridates gefangen zu nehmen und Kleopatra zu besitzen, da aber unrechtmäßige Gewalt kein seiner und ihrer würdiges Mittel ist, so entwaffnet er sich stets und kommt kurz vor dem Ende der Katastrophe
nahe: der Hinrichtung, während Mithridates seine eigne Hochzeit mit
Apamia und die des Orontes mit Kleopatra vorbereitet. Es kommt dazu
natürlich nicht, sondern zum fröhlichen Ende und Schlußchor. Von
den (7) Musikstücken des zweiten und dritten Aktes, die uns erhalten
sind, muß vor allem das gewaltige „presso l'onda d'Acheronte"
(„Nahe dem Flusse der Unterwelt") hervorgehoben werden, die hochdramatische Arie der Kleopatra kurz vor dem Ende des letzten Aktes,
der Höhepunkt des Werkes. Hier sehen wir die majestätischen
Schritte und langen Töne des Gesanges, den hochpathetischen, syn-
kopierenden Rhythmus und die die wogende Erregung so trefflich
malenden unermüdlichen Achtel der Begleitung — diese Musik ist uns
allen aus der „Armida" bekannt, wo Gluck sie 34 Jahre später
wieder zu der Beschwörung der Furien des Hasses verwertet. Wir
haben hier den sympathetischen Kontrapunkt Glucks, den ich mit
diesem technischen Ausdruck so nenne, in dem jedes Orchesterinstru-
ment seinen Ausdruck dem der herrlichen, die Szene tragenden Stimme
der hochdramatischen Sängerin, hier der Caterina Aschieri, vereint.
Die Wirkung derartiger Szenen ist unbeschreiblich; sie kann heute
bei einer guten Aufführung der „Armida" oder der „Iphigenie auf
Tauris" erlebt werden, und dies Erlebnis bleibt jedem, dem es zuteil
wurde, ein Lebensbesitz.

Wir haben keine unmittelbaren Nachrichten über den Erfolg dieses Werkes. Bis vor kurzem wußten wir nur die irrige Behauptung der Biographen Glucks, daß in Crema (das vielfach mit Cremona verwechselt wurde) eine Oper „Artamene" aufgeführt worden sei, die dann wieder mit dem Londoner Werk dieses Namens identifiziert wurde. Vielleicht kann dieser Irrtum damit erklärt werden, daß der Held Tigranes unter dem (italienischen) Namen „Argene" auftrat und daß vielleicht die Oper „Argene" genannt, dieser Name aber von flüchtigen Biographen, die alle vom ersten abgeschrieben haben, mit dem durch den Londoner Stich bekannten Titel „Artamene" verwechselt wurde.

Das Textbuch erwähnt B a l l e t t e und gibt uns die Namen des Ballettmeisters und der Tänzerinnen an. Diese Ballette sind offenbar, da das Buch keine Stelle für sie hat, nach der Oper oder auch zwischen den Akten, ohne Zusammenhang mit der Oper und von anderen Komponisten herrührend, gegeben worden. Wir wissen, daß so nicht nur Ballette, sondern selbst zweiaktige komische Opern gegeben wurden, deren erster Akt zwischen den ersten und zweiten der tragischen Oper eingeschoben wurde, während der zweite zwischen dem zweiten und dritten gegeben wurde. Dieser Brauch setzt eine naive Genußkraft voraus, die heute ein Theaterpublikum nicht aufbringen würde, und die sich wohl auch zum großen Teil durch mangelnde innere Anteilnahme an dem Hauptwerk erklärt. Es ist bemerkenswert, daß die Franzosen mit ihrem schärferen dramatischen Instinkt dergleichen Beiwerk schon damals ablehnten und nur Ballette, die mit der Handlung, wenn auch oft sehr äußerlich, zusammenhingen, duldeten. Die Reform Metastasios hatte Chor und Ballett verbannt, und flugs finden wir das Ballett in Selbständigkeit wieder. Wir werden sehen, daß Gluck es später wieder für die höchsten Aufgaben der Kunst einfing.

5. ARSACES

Im Winter finden wir Gluck wieder in Mailand. Er bereitete das zweite, im Januar 1744 herauskommende, Werk der Stagione, seine Sophonisbe, vor. Als erstes Werk wurde der „Arsaces" gegeben, wahrscheinlich das 1741 bereits in Crema aufgeführte Werk von L a m p u g n a n i , einem Meister, der schon früher, wie wir gesehen haben, für das Mailänder Hoftheater geschrieben hat, und der jetzt in London weilte. Es scheint, daß Gluck auch die Aufführungen dieses Werkes geleitet hat und unumschränkter musikalischer Herr des Mailänder Hoftheaters war. Und bei dieser Gelegenheit hat er, sich dem Brauche der damaligen Zeit anschließend, den ersten Akt der Oper neu komponiert, und so ein „Pasticcio" (eine musikalische „Pastete") dargeboten. Die Zeit liebte diesen Wettkampf verschiedener Meister, der sich nach der naiven Auffassung des Publikums am interessantesten bei einem gemeinsamen Arbeiten mehrerer Meister an einem Werk zeigte. Es ist übrigens bezeichnend, daß Gluck sich den ersten Akt wählte, so daß seine fremde Hand das Ende, und damit den Gesamteindruck am wenigsten stören konnte.

Das Textbuch behandelt den uns durch den „Grafen von Essex" bekannten Stoff des Günstlings einer Königin. Es war, wie der Tigranes, ein alter beliebter Operntext von Salvi, der oft auch mit dem Titel „Liebe und Majestät" auf der Bühne erschienen war, und der wegen seines tragischen Schlusses theatergeschichtlich bemerkenswert ist. Salvi hat mit künstlerischer Absicht diese „vorher (auf der italienischen Opernbühne) nicht gesehene" Neuerung gewagt: das Stück endet mit der Hinrichtung des Helden und dem Wahnsinn der unglücklichen Königin. Diese, Statira (Königin von Persien) wurde von der Caterina Aschieri gegeben, und wir besitzen zwei Glucksche Arien dieser leidenschaftlichen Rolle. Den unglücklichen Geliebten der Königin, den Titelhelden, gab Carestini, den wir vom Demophoon her kennen. Auch von dieser Rolle sind uns die beiden Arien des Gluck-Aktes erhalten, darunter der durch ein Orchesterrezitativ eingeleitete Aktschluß mit lebhafter dramatischer Bewegung. Die Tenorrolle seines Feindes Artabanus war wiederum Canini anvertraut. Und unter den andern Rollen finden wir Frau Useda als Magabises (sie sang im Demophoon den Adrastus). Also wiederum ein Gluck-Ensemble.

6. SOPHONISBE

Im Januar 1744, wohl nicht am 13. Januar, dem Tage der Widmung, sondern einige Tage später, erschien auf dem Mailänder Hoftheater Glucks drittes großes tragisches Werk, die Sophonisbe. Es ist sicher nicht Zufall, daß Gluck auf dieser Bühne Werke erscheinen läßt, die sämtlich, stofflich und stilistisch, das hohe tragische Pathos zeigen. Wir wissen aus Gesprächen des letzten Gluck, wie er Wert auf ein dem Werk angepaßtes Theater legte. Das mag unsern Bühnenleitern ein bedeutsamer Wink im Sinne der Stilbühne sein, wenn sie sich an die Wiedergabe eines Gluckschen Werkes wagen. Wir können ständig das feinste stilistische Anpassungsvermögen des Genies an den ihm zur Verfügung stehenden Stoff, zu dem auch das vorhandene konkrete Theater mit seinen Größenverhältnissen, seiner Akustik usw. gehört, bei der Laufbahn Glucks beobachten.

Die dem Gouverneur von Mailand, dem Fürsten Lobkowitz, gewidmete Partitur liegt uns leider nicht vor. Es gilt das zum Artaxerxes und zum Demophoon Gesagte: das Aufführungsexemplar ist mit dem ganzen Archiv des Theaters verbrannt, und es scheint nur noch die Hoffnung zu bestehen, daß archivalische Forschung uns auf die Spur des Widmungsexemplars bringt. Erhalten sind uns nach Wotquennes Angaben fünf Arien aus dem ersten Akt, vier aus dem zweiten und zwei Stücke, darunter ein großes Duett mit voraufgehendem Obligatrezitativ der beiden Hauptrollen, aus dem letzten Akt. Ich hatte das Glück, in handschriftlichen Stimmen, aus denen ich mir eine Partitur zusammengestellt habe, noch eine sechste Arie des ersten Aktes (Tornate sereni Begli astri d'amore) in der Bibliothek der Musikfreunde in Wien aufzufinden. Erhalten ist uns außerdem glücklicherweise das Textbuch, das uns ermöglicht, die Bruchstücke der Musik, die immerhin etwa die Hälfte der ganzen Oper darstellen, richtig einzureihen und vor allem, ihren Stimmungsgehalt zu erfassen, um ästhetisch die richtige Einfühlung zu ihnen zu gewinnen.

Der Text behandelt den bekannten historischen Stoff, in dem Liebe, Eifersucht, Politik und Giftbecher ihre Rollen spielen. Der Text ist wiederum von S i l v a n i verfaßt, dem Dichter des „Tigranes". Doch sind die Arientexte größtenteils von Metastasio entlehnt. Wir müssen uns des früher Gesagten erinnern, daß diese Arientexte, die das seelische Ergebnis einer voraufgegangenen Handlung bringen, wie Sprichwörter bekannt waren, daß sie den Glorienschein der poetischen Schönheit der Sprache hatten, und daß es deshalb nahe lag, sie immer wieder gleichsam zu zitieren. Wir finden deshalb öfters derartige Textbücher. Ein solches ist auch das vom Grafen Durazzo 1755 in Wien geschriebene und von Gluck komponierte der „Innocenza giustificata", auf das wir noch zurückkommen werden.

Die Hauptrolle war mit Caterina Aschieri besetzt, den Syphax sang Carestini. Von den erhaltenen Musikstücken — auf diesen Punkt müssen wir stets achten, um die meisterhafte Glucksche Charakterzeichnung nicht zu übersehen — gehören 4 Arien der Rolle des Syphax, 3 Arien der der Sophonisbe und das erwähnte Obligatrezitativ und Duett beiden Rollen an. Von der Rolle des Scipio, die dem Tenor Settimio Canini übertragen war, ist uns nichts erhalten. Masinissa wurde von Rosalie Andreides gesungen. Wotquenne kennt eine Arie dieser Rolle; die von mir gefundene Arie gehört auch zu ihr. Die Rollen der Janisba (Sopran; gespielt von Domenica Cesarini) und Vermina (Sopran; Giuseppa Useda) sind uns auch durch je ein erhaltenes Musikstück belegt; den Mezetulo (Tenor) gab Francesco Trivulzi. Diese Künstler, die den neuen Stil Glucks schon aus mehreren Werken kannten, gaben ein prachtvolles und unersetzliches Stil-Ensemble. Sie lebten in den „fremden, wilden Akzenten" dieses Stils: seinem eindringlichen Pathos, dem hohen tragischen Ernst, der Wahrheit und Gestaltungskraft des bei andern Komponisten zum bedeutungslosen Ballast herabgesunkenen Rezitativs — von dem uns aus den ersten Werken Glucks durch die erhaltenen Obligatrezitative eine zur Beurteilung bereits ausreichende Kostprobe erhalten ist —, den überraschenden Einsätzen und Schreien der Singstimmen, der dramatischen Ausnutzung der Stimmlage (Tonlosigkeit der Sopranstimme in tiefer Lage), den Sforzati und dem charakteristischen Rhythmus, dem stets charakteristischen Klang des Orchesters mit der pathetischen Oboe, der mahnenden Bratsche. Und diese bedeutenden Künstler, die temperamentvolle Caterina Aschieri an der Spitze, hatten vor allem vom Meister gelernt, daß es hier galt, Menschen gestalten, einheitliche Charaktere zu zeichnen. Dies Gluck-Ensemble bedeutete in Mailand mehr und mehr eine S t i l b ü h n e Gluckscher Kunst, und diese erklärt den immerhin seltenen Erfolg, daß ein bisher völlig unbekannter junger deutscher Komponist sich von seinem ersten Werk, dem Artaxerxes, an dauernd auf dem Mailänder Hoftheater hält, daß sein Ruhm sich über Italien und ins Ausland verbreitete, daß er offenbar in Mailand eine an Zahl und

Qualität stets wachsende Gemeinde fand. Es ist der Jammer menschlicher Unvollkommenheit und die typische Geschichte des Genies, daß dies alles nach fünfjährigem Bestand 1745 mit Gluck selber wieder verloren ging, und daß Gluck erst sehr viel später in Wien und vor allem in Paris wiederum dazu kam, sich eine Stilbühne zu schaffen, deren unvergleichliche Großartigkeit dann wiederum nach seinem Scheiden in die Nacht des gewöhnlichen Schlendrians versank, denn das Genie, sagt Schopenhauer so treffend, verbreitet eine Weile in seiner unmittelbaren Umgebung in der Nacht dieser Umgebung helles Licht, ein Licht, das sofort hinterher wieder in der Nacht untergeht. Die Musikgeschichte hat bisher den Mailänder Gluck von 1741—1745 mangels genügenden Eindringens in den nicht leicht zugänglichen und auch leider so unvollständigen und zerstreuten Stoff allzuwenig beachtet. Und doch ist er ein Vorspiel zu der alles überwältigenden und niederwerfenden Einwirkung, die die musikalische Tragödie des letzten Gluck in Paris, merkwürdigerweise auch während eines Zeitraums von fünf Jahren, auf die künstlerisch interessierte Welt ausübte. Es war das gleiche im großen und, um den jungen Gluck, der dem alten wesensgleich ist, so wie die Jugend ihrem Alter wesensgleich ist (nur nicht entwickelt, sondern sich entwickelnd nach allen Richtungen) zu verstehen, müssen wir ihn sehen als den Mann, der nicht nur komponiert, sondern der seine Künstler fortreißt zur Verkörperung der neuen Kunst.

Wenn wir die Musik betrachten, so fällt zunächst, nachdem wir so lange unter den erhaltenen Bruchstücken der Rezitative entbehren mußten und nur in rezitativartigen Einschiebseln einzelner Arien (wie gleich der von mir aufgefundenen Artaxerxes-Arie „Mi scacci sdegnato") und in einem Obligatrezitativ im Arsaces, das uns erhalten ist, den Dramatiker sehen, die große Szene im letzten Akt zwischen Sophonisbe und Syphax auf. Hier ist der Beweis für meine These, daß der junge Gluck dem alten wesensgleich ist: wogende Unisoni des Orchesters, Sprechgesang zwischen ausdrucksvollen Phrasen des Orchesters, vorwärtsdrängende Modulationen und Sequenzen. Wenn man diese Giftbecherszene mit dramatischer, d. h. im Gluckschen Sinne psychologisch motivierender Kunst von ersten Kräften dargestellt denkt, so hat man genau den Stil des letzten Gluck. Die spannenden hochpathetischen Orchester-Unisoni bei „Ecco già stringo

il fatal nappo" finden sich in der „Iphigenie auf Tauris", in dem
großen Rezitativ der ihren Traum erzählenden Iphigenie: „sie reicht
mir einen Dolch". Der letzte Gluck unterscheidet sich hiervon nur
noch durch einen Hauptpunkt (aus dem alles andre fließt): er hat,
ungeduldig geworden über seine Abhängigkeit von Textdichtern,
die den letzten Sinn ihrer und seiner Kunst nicht einheitlich festhalten, selber die Herrschaft über alle aufbauenden Elemente der
musikalischen Tragödie ergriffen. Der junge Gluck ist durch sein
stoffliches Substrat gehemmt, der alte Gluck kann alle Hilfsmittel
seines Genies entfalten. Aber der junge ist Geist vom Geist des
alten.

Ein wunderbares dramatisches Musikstück, dessen Motiv Gluck
später noch wiederholt verwandt hat, ist die letzte der uns erhaltenen
Arien der Sophonisbe „Là sul margine di Lete". Die Musik ist
weltbekannt als Beschwörungsmusik aus dem 2. Akt der „Armida".
Sie gehört mit ihrem Mystizismus und seherhaften tragischen Pathos
zu den charakteristischsten Motiven Glucks. Wir finden übrigens dieses
Lieblingsmotiv des Meisters in mehreren seiner Werke wieder: im
„Telemach", in der „Clemenza di Tito", in „Nozze d'Ercole e
d'Ebe", auch — hier wird das Thema dem Magiker (!) in den Mund
gelegt — in der komischen Oper „Le diable à quatre". Dieses
Motiv gehört in eine Reihe mit dem anderen hochpathetischen, das
wir aus dem „Tigranes" her kennen: „Presso l'onda d'Acheronte",
das gleichfalls zu den Lieblingsmotiven Glucks gehört. Wenn ich
Gluck den „tragischen Seher" genannt habe und aus dem Seherhaften
des Stils als Mittelpunkt zur ästhetischen Erfassung dieser großen
Kunst zu dringen versucht habe (im „Kunstwart" 1914 zur Feier
des 200. Geburtstages des Meisters), so hoffe ich durch den Hinweis
auf eine Themenreihe, der die Arie „Là sul margine di Lete" angehört, verständlich zu sein.

Von den übrigen Musikstücken muß wenigstens noch die Arie
„Tornate sereni" besprochen werden. Sie illustiert den poetischen
Text:

(Tornate sereni   Oh Dio! lo sapete,
Begli astri d'amore: Voi soli al mio core,
La speme baleni   Voi date, e togliete
Fra il vostro dolore;   La forza, e l'ardir.)

Se mesti girate,
Mi fate morir!

außerordentlich reizvoll. Wir sehen Solo-Hoboe und Solo-Fagott die liebenswürdige Gesangmelodie umspielen. Die Hoboe gibt einen leichten Einschlag in den Schmerz der Liebe, der Fagott eine herzlich intime Farbe, zu dem die Dämpfung der Violinen tritt. Der Mittelteil gibt — Lächeln noch tränenden Auges — einsetzend über der pathetischen Septime im Baß, und in der Gesangstimme fortschreitend auf den wogenden Achteln der Streicher mit der Schlußwendung nach d-moll, einen bedeutungsvollen Ausblick auf die tragische Grundbedeutung, von der im Hauptteil durch herzliche Intimität abzulenken versucht wird (eine wahrhaft meisterhafte psychologische Verwendung und Ausdeutung des Mittelteils der dreiteiligen Dacapo-Arie!). Oboe und Fagott sind zuweilen ohne Streichbegleitung, vermischen sich auch anstatt mit dem ganzen Streichorchester nur mit einem Instrument. Kurz, wir finden interessante und damals kühne Orchesterfarben. Das wertvollste ist natürlich nicht die Bereicherung der Kunst mit neuem technischem Material — die überließ Gluck kleineren Geistern —, sondern das psychologisch-dramatische, aus dem diese Bereicherung von selbst erwuchs.

7. LA FINTA SCHIAVA

(Sklavin aus List.)

Nach Beendigung der Spielzeit des Mailänder Hoftheaters begab sich der Meister nach Venedig, wo er seit der „Cleonice" eine starke Gemeinde hatte. Er schenkte im Herbst 1744 den Venezianern die gewaltige Hypermnestra, über die im folgenden Abschnitt zu reden sein wird, spendete aber schon zur „Finta Schiava" („Sklavin aus List"), die im Theater Sant' Angelo in V e n e d i g zum ersten Male am 13. Mai 1744 aufgeführt wurde, einen Beitrag in Form mehrerer Musikstücke. Die „Finta Schiava" steht also zur „Hypermnestra" in demselben Verhältnis wie „Arsaces" zur „Sophonisbe". Die Tatsache, daß der Meister um solche Beiträge gedrängt wurde und sich ihnen nicht entziehen konnte, ist ein Anzeichen seines wachsenden Ruhmes.

Diese „Finta Schiava" ist ein alter Text von Francesco Silvani, den wir schon zweimal kennengelernt haben, und komponiert von Giacomo Maccari (nicht Mannari, wie Wotquenne schreibt) mit Beiträgen anderer Komponisten, vermutlich beliebter Arien von Vinzi, Lampugnani und eben Gluck. Das Textbuch interessiert uns besonders, weil es zum ersten Male t ü r k i s c h e s   K o s t ü m hat und eine „türkische Moral-Historie" vorstellt. Gluck hat uns später zwei Türkenopern geschenkt, die auch heute noch weiteren Musikkreisen bekannt sind: den Einakter „Der betrogene Kadi" und die dreiaktige Oper „Die Pilger von Mekka", das letzte und Meisterwerk Glucks auf dem Gebiet der komischen Oper, das nach dem „Orpheus" entstand. In der Finta Schiava werden wir einen Vorläufer dieser beiden Werke zu erblicken haben; der Stoff hat sicherlich Glucks Aufmerksamkeit auf dieses neue Stoffgebiet mit seinen reichen poetischen Möglichkeiten, namentlich auf dem Gebiet des Gemütslebens, gelenkt.

Was Gluck beigesteuert hat, ist nicht sicher. Anscheinend hat er einige seiner früheren Arien, die besonderen Beifall gefunden hatten, entlehnt und eine Originalarie neu geschrieben. Die Originalarie ist dem Titelhelden Rodrigo (dem König von Granada, der als Rosminda auftritt) in den Mund gelegt und enthält sein leidenschaftliches Bekenntnis, daß er bis zum Tode lieben werde („Ch'io mai vi possa Lasciar d'amore...") Aus dem „Tigranes" scheinen entlehnt zu sein: „Se spunta amica stella" — gleichfalls für die Rolle des Rodrigo, die erste Arie des ersten Aktes — und „Troppo ad un alma è caro" — für die Rolle der Prinzessin Irene. Daß Gluck für diese Beiträge zur „Finta Schiava" auf zwei Arien aus dem „Tigranes" zurückgriff, ist ein Beweis für den starken Erfolg der Musik dieses Werkes. Wir werden das noch bestätigt finden dadurch, daß Gluck für sein Londoner Pasticcio „La caduta" mindestens fünf Nummern aus dem „Tigranes" verwandt hat.

Die „Finta Schiava" ist durch die italienische Operngesellschaft der beiden Mingotti 1746 in P r a g und auch (mit denselben Darstellern) in G r a z und L e i p z i g wieder aufgeführt worden. Bei diesen Wiederholungen scheint man die Glucksche Arie „Se spunta amica stella" weggelassen und als Schlußnummer des ersten Aktes die von Gluck für die „Hypermnestra" komponierte Arie „Mai l'amor mio verace" verwendet zu haben. Das Textbuch von Prag und Graz, das uns erhalten ist, weicht überhaupt, wie das damals bei Wiederholungen üblich war, wesentlich von dem Venetianischen Buch von 1744 ab. In Graz und Prag — das Leipziger Textbuch liegt uns nicht vor — werden als Komponisten „la maggior parte" die „berühmten Meister" Vinci, Lampugnani und Gluck bezeichnet.

Den Rodrigo sang in Venedig der Sopranist Giuseppe Gallieni, der erste Darsteller des Olinthus in der „Cleonice".

Die Nebenrolle der Irene sang Caterina Barberis (nicht Basteris, wie Wotquenne schreibt). In Prag, Graz (und wahrscheinlich Leipzig) finden wir einen uns als Glucksänger bekannten Künstler, den Tenoristen Settimio Canini. Doch sang er die Rolle Amurats, des Königs von Algier, und vermutlich keine Note von Gluck. Den Rodrigo sang dabei Giuseppe Perini, der in Venedig 1744 den Adrastus in der Hypermnestra verkörpert. Von der Leipziger Aufführung (11. Mai 1746) wird uns berichtet, daß die Tänzer ein türkisches Ballett tanzten. Anscheinend ist dies auch in Graz und Prag geschehen. Auch die Namen des Ballettmeisters (Filippo Porzzi) und der Solotänzer, unter denen seine Frau, Rosa Porzzi, war, sind uns im Textbuch genannt.

8. HYPERMNESTRA

Mit dem Metastasio-Drama der Hypermnestra, das in Venedig mit Glucks Musik zuerst im Oktober 1744 aufgeführt wurde, steigen wir wieder in die wilde und düstere Leidenschaft der alten Sage hinab. Das Werk erschien auf dem Theater Grimani di Giovanni Crisostomo, also wieder einer andern Bühne. Es ist wegen der bereits hervorgehobenen feinfühligen Anpassung Glucks an die ihm für seine Wirkungen zur Verfügung stehenden Theaterverhältnisse Wert hierauf zu legen. Dies Werk ist uns besonders kostbar, weil es das erste ist, das uns in vollständiger Partitur einschließlich der Rezitative erhalten ist (Abert irrt, wenn er in der Vorrede der „Nozze" sagt, daß die Rezitative nicht vorhanden seien). Zur Erkenntnis der Mailänder Zeit Glucks ist das Studium dieser herrlichen Partitur wichtig, und ihre Neuausgabe würde von außerordentlichem Wert und künstlerisch dringend nötig sein — weit mehr, als es die immerhin verdienstvolle Ausgabe der Serenade „Nozze d'Ercole e d'Ebe" war, einer Ausgabe, die uns zwar unentbehrlich ist, wie jedes der verhältnismäßig wenigen Gluckschen Werke, die aber als Beleg für den ersten Gluck, als welcher sie dargeboten wird, diejenigen Musiker leicht irreführen kann, die nicht die dramatische Kunst des Mailänder Gluck kennen. Der Irrtum Aberts ist offenbar dadurch entstanden, daß die Brüsseler Abschrift der im Britischen Museum in London liegenden vollständigen Partitur die Rezitative wegläßt.

Das Textbuch war soeben (1744) von Metastasio „d'ordine sovrano" in Wien gedichtet und mit der Musik von Hasse gelegentlich der Hochzeit der Erzherzogin Marianna und des Prinzen Carl von Lothringen aufgeführt worden. Wir sehen Gluck, wie er gleichsam den ganzen Bereich der Operndichtungen mit dem Scheinwerfer seiner brennenden Begier, ein gutes, und das beste Buch zu finden, absucht. Die Hypermnestra ist nach Metastasios eigner Erklärung infolge des erwähnten allerhöchsten Auftrags, der von der damaligen Königin Maria Theresia ausging, „in großer Eile'" geschrieben. Das scheint merkwürdigerweise dem Werk zugute gekommen zu sein, insofern der Aufbau ein minder kompliziertes Intrigenwerk enthält und wenigstens einen Charakter, den der Heldin, groß, einfach und einheitlich zeichnet. Kein Wunder, daß Gluck sich durch diese neue Dichtung angezogen fühlte. Die Handlung ist eine der wenigen bei Metastasio, die man — mit Lessings Wort — in einem Satz erzählen kann; ich gebe den von Metastasio selbst vorausgeschickten Inhalt wieder: „Danaus, der König von Argos, trug, erschreckt von einem Orakelspruch, der ihm den Verlust seines Thrones und Lebens durch die Hand eines Sohnes des Ägyptus in drohende Aussicht gestellt hatte, seiner eignen Tochter Hypermnestra auf, ihren Bräutigam Lynceus, den Sohn des Ägyptus, in der Hochzeitsnacht zu töten. Alles väterliche Ansehen vermochte nicht, die großherzige Prinzessin zu dieser unmenschlichen Tat zu bewegen, aber auch alle zarte Liebe der Braut konnte sie nicht dahin bringen, dem Lynceus den grausen Auftrag zu entdecken und dadurch den Vater der Rache des tapferen und heftigen Prinzen auszusetzen. Wie die grohßerzige Hypermnestra in solcher Bedrängnis die widerstreitenden Pflichten der Braut und der Tochter erfüllt, und durch welche bewundernswerten Beweise der Tugend sie schließlich den Vater, den Bräutigam und sich selbst glücklich gemacht, wird man aus dem Verlauf des Dramas ersehen."

An Nebenrollen sind noch eingeführt: Elpinicea, eine Enkelin des Danaus, und ihr Geliebter, der Prinz Plisthenes von Thessalien, den enge Freundschaft mit Lynceus verband, ferner Adrastus, der Vertraute des Königs Danaus. Die Rollenbesetzung ist ästhetisch sehr fein und hält sich übrigens in dem uns für Gluck bereits bekannten Rahmen. Der König und Tyrann ist einem Tenor gegeben; Ottavio Albuzio verkörpert ihn, den wir aus Venedig bereits als Darsteller des alten Edelmanns Phönicius in der „Cleonice" kennengelernt haben; die Hauptrolle der Hypermnestra ist der berühmten Altistin Vittoria Tesi-Tramontini, Kammersängerin der Königin Maria Theresia, die wir in Wien unter Gluck wiederfinden werden, anvertraut; den Lynceus sang der Sopranist Lorenzo Ghirardi; auch die zweite Frauenrolle der Elpinicea ist einer Altistin oder doch wenigstens Mezzosopranistin, der Girolama Giacometti, gegeben, während ihren Liebhaber Plisthenes (wohl mangels eines Kastraten) die Sopranistin Rosalie Andreides sang, die uns aus Mailand aus der „Sophonisbe", und zwar auch aus einer Männerrolle, bekannt ist. Den Vertrauten des Königs, Adrastus, sang Giuseppe Perini, ein Sopranist.

Bei der Betrachtung der Partitur haben wir zum erstenmal eine Ouvertüre (genauer eine „Sinfonia") vor uns. (Wir wissen nicht, ob eine der uns einzeln erhaltenen „neun Sinfonien" zu einer der bisher betrachteten Opern gehört). Es erscheint darum angemessen, einen Augenblick dabei zu verweilen, um so mehr, als diese Sinfonie außerordentlichen Kunstwert hat. Sie hat drei Sätze, von denen die Ecksätze für Streichorchester mit Hörnern, der großartige Mittelsatz nur für Streichorchester instrumentiert sind. Diese Anordnung erscheint in der damaligen Zeit häufig. Besonders der Mittelsatz sieht die klangliche Mitwirkung des Cembalos vor. Die Ecksätze stehen in G-dur, der Mittelsatz in e-moll, die beiden ersten Sätze in C (erster Satz Allegro, zweiter Andante), während der letzte Satz den an seine Herkunft aus der Tanzmusik erinnernden $^3/_8$-Takt hat. Man vergegenwärtige sich, daß das Drama von Metastasio zur Verherrlichung einer fürstlichen Hochzeit und zur Erhöhung ihres festlichen Glanzes geschrieben ist (nicht ohne die zeitgemäße Anspielung auf die Tugend der geehrten Fürstenbraut), und die Szenerie in der ersten Akthälfte „im Hinblick auf die königliche Vermählung der Hypermnestra prächtig geschmückte Zimmer" im Königspalast von Argos vorsieht. Der Stimmungsgehalt der drei Sinfoniesätze ist daher ohne weiteres gegeben: erster Satz festliches Gepränge des ersten

Themas mit einem intimeren (— hornlos, und den Streichbaß nur
in der uns so oft bei Gluck begegnenden, gleichsam verträumten
Weise bringend, daß er alle Takte einen weichen Strich gibt —)
zweiten Themaansatz, der offensichtlich auf die holde Braut zielt.
Das erste Thema erscheint in den ersten Geigen, mit jubelndem
Triller, dazu tritt die wogende Erregung der Sechzehntel in den
zweiten Geigen, der festliche Rhythmus der Hörner, die energischen
und gemessenen Schritte der Bässe. Das zweite Thema, in der
Haupttonart beginnend, aber zur Dominante modulierend, bringt eines
der „jungfräulichen" Themen, wie wir sie bei der „Innocenza giusti-
ficate" und besonders bei der „Iphigenie in Aulis" wiederfinden,
in den ersten Geigen, während die zweiten Geigen sich mit den Bratschen zur Begleitung verbinden und die Bässe die bereits erwähnte
Rolle spielen. Das Thema ist nicht sonderlich pathetisch, nur hold,
aber auch dies ist von einem Dramatiker gesehen: mehr wäre weniger,
denn die Braut wird hier von außen gesehen, das Thema muß objektiv
sein. Es mündet in gehaltene festliche Horntöne, denen wuchtige Striche
des Streichorchesters in Gegenbewegung, aus dem ersten Thema entwickelt, mit einer reizvollen, für Gluck charakteristischen liegenden
dissonierenden Oberstimme gegenübertreten. Auch die damals so beliebten dynamischen Kontrastwirkungen finden wir zur Erhöhung des
Glanzes. Sehr hübsch mündet diese Gruppe wieder in eine Stelle,
die nach Instrumentierung und Gehalt dem zweiten Thema, thematisch
aber auch dem ersten verwandt ist. Es folgt die Wiederholung und
Durchführung. Der Mittelsatz in e-moll zeigt uns Hypermnestra von
innen: ihre Hoheit, ihren furchtbaren Schmerz. Ich habe dieses
wundervolle Seelengemälde in einem sorgfältigen Klavierauszug in der
Hausmusik des „Kunstwarts'" veröffentlicht, es ist eins der schönsten
Adagios, die wir von Gluck besitzen. Daß wirklich Gluck sich die
Hypermnestra in ihren Gewissenskonflikten vorgestellt hat, wird blitzartig durch einen merkwürdigen Anklang an die „Iphigenie auf Tauris" bewiesen, auf den ich hinweisen möchte, schon, weil mangels
ausreichender Kenntnis der Gluckschen Musik sonst die Beziehung
leicht verloren gehen könnte. Der letzte Akt der „Iphigenie auf
Tauris" bringt die Opferszene und beginnt mit der Monologarie der
Iphigenie, die uns die ganze Seelenqual in dem ewig bohrenden
und wogenden Thema, das über eine Bachsche Klaviergige ge-

schrieben ist, so eindringlich und hochdramatisch malt: „Je t'implore et je tremble, o Déesse implacable" („ich flehe zu dir und ich zittre, Göttin voll von unversöhnlichem Grimm"). Wir haben den Widerstreit zwischen dem autoritativen Göttergebot und der „Stimme der Natur", einen Widerstreit, wie ihn Gluck so oft und so ergreifend dargestellt hat. Und dieses Thema, das bohrende, wogende Thema, finden wir hier im Mittelsatz der Hypermnestra-Ouvertüre (Takt 8 mit einem forte subito!). Hypermnestra hat vom Vater den Befehl, den Bräutigam zu töten. Als Braut darf sie den Befehl nicht ausführen! Gluck verwendet dasselbe Thema im „Antigonus" und im „Telemach" an hochdramatischer Stelle und weit ausgeführt. In der Hypermnestra-Ouvertüre erscheint es, mit einem leidenschaftlichen forte subito eingeführt, bereits deutlich erkennbar angedeutet. — Der dritte Satz bringt uns wieder die fröhliche Hochzeit. Mehr objektive, weniger subjektive Musik. Ich habe hier das besonders herzliche und sympathetische zweite Thema zu erwähnen, das Takt 28 einsetzt mit seinem für Gluck so charakteristischen und häufig verwandten elegischen Einschlag und seiner intimen Freude des Guten nach überstandenen Gefahren. Die Geigen in Terzen und Vorhalten, die Bässe mit ihrer in intimer Seligkeit schwelgenden, einen der berühmten „Lauscheffekte" bei Gluck gebenden Gegenbewegung, können sich gar nicht genug tun. Mit diesem Thema schließt auch der zweite Teil des Schlußsatzes und damit die ganze Ouvertüre.

Wir sehen an ihr, daß der Schwerpunkt nicht im ersten, sondern im zweiten Satz liegt. Das ist auch sonst oft bei Gluck so und verdient im Zusammenhang mit der dramaturgischen Bedeutung Beachtung. Es stellt eine kühne und geniale künstlerische Neuerung dar, und wir sehen, wie die Forderungen, die der Meister später auch als Theoretiker im Vorwort zur Alceste aufstellt, bereits in den Werken seiner Mailänder Zeit mit dem Blick des geborenen Tragikers erfüllt sind.

In der Folge wird uns der verfügbare Raum daran hindern, jede Glucksche Ouvertüre eingehend zu besprechen. Es muß hier darauf hingewiesen werden, daß besonders der Instrumentalkomponist Gluck Objekt der Anfeindung und Verkleinerung durch Ignoranten ist. Das liegt nahe, weil die Instrumentalmusik noch schwerer als die uns wenigstens durch den Text näherkommende Gesangsmusik ohne die erforderliche stilistische Einstimmung, wie sie hier für die „Hypermnestra" versucht wurde, zu verstehen ist. Es führt natürlich zu gröblichem Mißverstehen, wenn man den ästhetischen Zweckmaßstab einer Konzertmusik anlegt, wie das fast allgemein geschieht.

Das zweite, was uns diese Opernpartitur zum erstenmal vollständig erkennen läßt, ist die Behandlung des Rezitativs. Am Rezitativ erkennt man den Dramatiker am leichtesten. In ihm liegt trotz der Ausbreitung des Sologesangs in den Arien ein hochbedeutsames Element des Kunstwerks, ja man kann in ihm den Schwerpunkt des Dramas finden. Was für ein Unterschied zwischen Gluck und seinen Zeitgenossen! Die suchende Frührenaissance der Florentiner war längst vorbei: das Rezitativ war zur Bedeutungs- und Charakterlosigkeit herabgesunken, auf den dürftigsten musikalischen Apparat gesetzt und pflegte so schnell wie möglich heruntergeplappert zu werden. Und nun Gluck! Jedes Wort f o r m t seine musikalische Geste, das Auf und Ab, der Rhythmus, die Schnelligkeit, die Stärke, alles ist abhängig ausschließlich von der richtigen, im höchsten Sinn richtigen, dramatischen Deklamation. Nicht der alte Florentinerstil mit seinem reizvollen jungfräulichen Suchen lebt hier wieder auf, sondern eine fertige hohe Kunst wird wieder in ihrer wahren Bedeutung gezeigt. Kühne und energische Schritte der Bässe nehmen uns gefangen, oft klimmt der Baß bedeutsam von Terz zu Terz des Dreiklangs, sinkt abwärts in die Mollterz, steigert und verschärft in immer aufwärtsstrebenden Sequenzen, in kühnen Modulationen. Wenn eine neue Person redet, so ist der Harmoniewechsel bedeutsam. Jede Person redet ihre eigne Sprache ... Wenn man diesen nur vom Streichbaß (mit gleichsam latentem Orchester, das jeden Augenblick apparent werden kann!) und vom Cembalo begleiteten Rezitativen gehaltene Streicherakkorde beigeben wollte, wie es Gluck in den Werken seines letzten Stils tat, so sieht man ohne weiteres, daß zwischen diesen prachtvollen charakteristischen Rezitativen der „Hypermnestra" und denen der „Alceste" kein Artunterschied besteht. Dies Rezitativ ist ungleich schwerer als das übliche italienische, hier mag das Darüberwegplappern der geschicktesten Zunge übel bekommen. Dies schwere dramatische Rezitativ war auch in der Mitte des 18. Jahrhunderts in Italien als Glucksche Eigentümlichkeit bekannt. Um so bemerkenswerter ist es, daß es unsern Historikern vielfach unbekannt ist, und daß z. B. Kurth in einer Abhandlung, deren Zweck nach seiner Behauptung eine Kritik des Gluckschen Stils ist, zu dem Ergebnis kommt, daß das Glucksche Rezitativ ein „bedeutungsloses Verfallprodukt" sei.

Auf einen Punkt will ich noch hingewiesen haben. Abert hebt hervor, daß die Hypermnestra kein vom Orchester begleitetes Rezitativ enthält, und schließt daraus, daß Gluck „dramatische Tendenzen höherer Ordnung noch fern lagen". Ich beschränke mich darauf, daß ein Genie nicht zu beurteilen ist nach den M i t t e l n , die es anwendet, sondern nach den W i r k u n g e n , die es mit diesen technischen Mitteln erreicht. Wäre es anders, dann müßte jeder Konservatorist weit über Palestrina stehen, der nur Dreiklänge schreibt, während des Konservatoristen erste Übeltat der verminderte Septimenakkord zu sein pflegt.

Die Arien sind naturgemäß am bedeutsamsten, soweit sie der Rolle der „Hypermnestra" zufallen. Gleich die erste — der Hypermnestra, die soeben vom Vater durch das schreckliche Gebot grausam aus ihrer Freude gerissen ist und vor der Lynceus erscheint — gibt ritornellos in freiester Auflösung der Arienform ein wunderbares Stück Ausdrucksmusik: „Ah — non parlar d'amore! Sappi Fuggi . . ."

Bei dieser und auch den andern Musikstücken ist auf den von uns gefundenen ästhetischen Grundbegriff des sympathetischen Kontrapunktes für diesen Stil hinzuweisen. Das Orchester leitet ein, umrankt, ergänzt die Singstimme. Es ist ein lebendes Gefühlswesen. Aber es geht auch in durchgeführten festgehaltenen Motiven völlig seinen eignen Gang, soweit, daß die Singstimme fast zum Sprechgesang wird, der über immer neue Bildungen der Orchestermusik, immer neue Bloßlegungen von Seelenzuständen, gleichsam r e f e r i e r t , wie wir dies schon in der E-dur-Arie aus dem „Artaxerxes" beobachten konnten und in höchster Stilvollendung etwa bei O r p h e u s , der in den Elysäischen Feldern nach seiner Eurydice seufzt, wiederfinden werden.

Der zweite Akt endet mit einem außerordentlich schönen Duett des von den Schicksalsmächten gequälten Paares (der Hypermnestra und des Lynceus), der dritte Akt mit einem die Hypermnestra verherrlichenden Chor: „Steig' zum Thron', erhabne Seele". Hier sehen wir, sehr bemerkenswert, die volkstümliche Schlagkraft der Gluckschen Musik. Es schimmert die herzliche Stimmung herein, die als Schluß der Ouvertüre besprochen wurde. Wir sehen das seinem Königshaus von Herzen ergebene, ihm zujubelnde Volk, Glucksches Herzblut, das wir freilich unvergleichlich ergreifender im zweiten Akt der „Alceste" wieder finden werden. In diesen Chören liegt die bemerkenswerte Verbindung zur V o l k s m u s i k , besonders zur ö s t e r r e i c h i s c h e n Volksmusik.

Daß das prachtvolle Werk starken Beifall gefunden haben muß, ergibt sich daraus, daß es sechs Jahre später in Glucks Heimat, in P r a g von der bedeutenden Locatellischen Operntruppe wieder aufgeführt wurde. Hier sang Caterina Fumagalli die Titelrolle, der uns als Glucksänger bekannte Tenorist Settimio Canini den König Danaus. Wir haben in der Hypermnestra, wenn wir von den Stücken absehen, die Gluck zur „Finta Schiava" beigesteuert hat, das erste Werk des Meisters, das seinen Ruhm über die Alpen in die deutsche Heimat zurücktrug.

9. PORUS

Ende 1744 und Anfang 1745 finden wir den Meister in T u r i n , der Hauptstadt des Königreichs Sardinien und der Residenz von Karl Emanuel I. am Werk. Und sein „Porus" wurde in der Karnevalsspielzeit, zuerst am zweiten Weihnachtstage 1744, im Königlichen Theater, und zwar, wie uns berichtet wird, in Gegenwart des Königs, aufgeführt.

Das Textbuch ist die Metastasiosche Dichtung „Alexander in Indien". Es ist ein älteres Werk Metastasios, das fünfzehn Jahre vorher in Rom mit Vincis Musik seine erste Aufführung erlebt hatte. Diese „Großmutsoper" liegt uns, ähnlich wie „Titus" ästhetisch ferner. Der Inhalt ist, daß Alexander, der Göttergleiche, alle seine Feinde durch Großmut entwaffnet. Es ist vielleicht nicht Zufall, daß Gluck den Titel änderte und in P o r u s , dem Unglücklichen, Schwächeren, schließlich unter Alexanders Gottesähnlichkeit Geläuterten, den Helden erblickt.

Uns sind von der Partitur nur zwei Arien erhalten, beide aus dem zweiten Akt, eine für Porus, den Nicolini, ein Tenorist sang, und eine für Gandartes, seinen Heerführer und Vertrauten, den Liebhaber seiner Schwester Erixena; Gandartes wurde von dem Sopranisten Gallieni gesungen. Bei der Porus-Arie in E-dur ist der durchgeführte Rhythmus, der, entsprechend der Handlung, so drohend den Gesang untermalt, beachtenswert — der Glucksche sympathetische Kontrapunkt.

Diese beiden Arien sind übrigens die einzigen Musikstücke aus den zehn Opern Glucks aus der Mailänder Zeit, die Glucks Hauptbiograph Schmid kannte und die sich handschriftlich auf der Wiener Hofbibliothek befinden, wo Wotquenne sie nicht finden konnte!

Es wird uns überliefert, daß bei der Aufführung des „Porus" auch zwei Ballette zur Darstellung kamen, vermutlich je eins in den Zwischenpausen: 1. Ballo di Barcajuoli Indiani, di varie nazioni, 2. ein Fest von Bacchus und Ariadne, mit Bacchanten und Satyrn. Das letztere ist uns interessant, weil uns eine Ballettmusik von Gluck aus den sechziger Jahren des 18. Jahrhunderts mit dem Titel „Alexander" erhalten ist (— über die im Zusammenhang mit den anderen Ballettpantomimen noch zu sprechen sein wird —), die nach dem Programm gleichfalls ein Bacchusfest darstellt. Es ist aber dennoch durchaus zweifelhaft, ob die anläßlich der „Porus"-Vorstellungen aufgeführten Ballette von Gluck komponiert worden sind, und sehr wohl möglich, daß andere Musik dazu von Gluck geduldet wurde. Sollte das uns erhaltene Alexander-Ballett auf den „Porus" zurückgehen, so würde es uns nicht in der ursprünglichen, sondern in einer um etwa zwanzig Jahre späteren Fassung vorliegen, wie aus der Instrumentierung unzweifelhaft hervorgeht. Wir sahen bereits, daß derartige Ballette oft losen, oft überhaupt keinen Zusammenhang mit dem Hauptdrama hatten.

10. HIPPOLYTUS

Ungefähr gleichzeitig, nämlich zuerst am 31. Januar 1745 — oder vielmehr wahrscheinlich einige Tage nachher — führte Gluck wiederum im Hoftheater in Mailand sein letztes Werk aus dieser Reihe auf: den Hippolytus. Wie er das hat einrichten können, wissen wir nicht; vielleicht hat er sowohl in Turin wie in Mailand begeisterte Freunde gehabt, die ihm in Turin die Leitung der späteren Aufführungen, in Mailand die Vorproben abnahmen. Jedenfalls beweist die ehrenvolle Häufung von Aufträgen die Verbreitung seines Ruhms.

Von der Tragödie des Theseus-Sohnes ist die Partitur bisher nicht aufgefunden worden; ein Exemplar davon ist sicherlich 1776 mitverbrannt. Es ist uns das von Corio gedichtete Textbuch erhalten und 8 Arien, von denen Wotquenne 7 kennt, während Abert eine von Caterina Aschieri gesungene zu der Rolle der Arsinoe gehörige achte, ein sehr wertvolles hochdramatisches Musikstück, auf einem die Sängerin in ihrer Rolle darstellenden Stich in Singstimme und Baß aufgefunden hat. Abert prüft die Gründe, die dafür sprechen, daß diese, den Namen des Komponisten nicht tragende Arie wirklich von Gluck sei, er bemerkt den stärksten Beweis nicht: daß nämlich Gluck dieselbe Arie, ins strahlende E-dur und für Tenor übertragen, in der „Hochzeit des Herkules und der Hebe" dem Jupiter in den Mund legt und zur Zeichnung der hoheitsvollen Mystik dieser Rolle verwendet, während im leidenschaftlich aufgelösten E-moll die Arie Zorn und helfende Liebe in wahrhaft hochdramatischer Weise darstellt. Ich möchte hierauf besonders für den Versuch einer stilgetreuen Rekonstruktion der Orchesterbegleitung hingewiesen haben, da von der Arie die Ritornelle überhaupt fehlen, und die Begleitung durch die Baßstimme nur angedeutet ist. Es ist natürlich kein Zufall, daß gerade dieses wunderbare Musikstück uns mit Caterina Aschieri durch den Stich festgehalten ist: offenbar war es ihre Glanznummer, und das läßt sich aus der Musik leicht begreifen. Die majestätischen Intervallschritte, mit denen die Arie beginnt, zeigen uns den prachtvollen hochdramatischen Stil und sind für Gluck, nicht wie Abert meint, allgemein für die Hassesche Schule, charakteristisch. Man sieht beinahe die hoheitsvolle Armgeste, und jeder, der einmal die „Armida" hören konnte, glaubt die furchtbare Göttin des Hasses vor sich aufsteigen zu sehen. Auf diesem Hintergrund „Non sò placar mio sdegno" („ich kann meinen Zorn nicht zähmen") erscheint dann die schmerzende mitleidige Liebe: „ma solo il tuo periglio, o Dio, tremar mi fa" („doch deine Gefahr, o Gott, läßt mich zittern!").

Wir stehen am Ende eines zwar kurzen, aber an künstlerischer Arbeit und Ruhm außerordentlich reichen Abschnittes der Laufbahn Glucks. Seit 1737, also 8 Jahre, hat er mit kurzen Unterbrechungen, die seine Kunstreisen nach Venedig, nach Turin und nach dem benachbarten Crema nötig machten, in Mailand gelebt und seit 1741 ununterbrochen die Mailänder Hofbühne beherrscht, einen völlig neuen Kunststil geschaffen und siegreich zur Darstellung gebracht mit der Künstlerschar, die er sich gewann.

Ein Wort noch zur Einordnung Glucks in eine „Schule". Es sollte von vornherein bei einer so ausgeprägten künstlerischen Herrennatur einleuchten, daß er nicht in eine „Schule" passen wird, daß er nur seinerseits eine Schule bilden konnte. Und doch wird der Versuch gemacht, ihn zu einem, und zwar nicht einmal hervortretenden, Mitgliede der Hasseschen Opernschule zu stempeln. Hasse hatte Geduld, die Metastasioschen Textbücher der Reihe nach vorzunehmen und, zum Teil mehrmals, zu komponieren. Gluck sehen wir von seinen ersten zehn Werken (wenn man den Arsaces und die Finta Schiava mitrechnet) bereits 5 auf Texte anderer Dichter schreiben. Er steht über dem Textdichter, ringt ständig und ständig leidenschaftlicher mit den Problemen der Bühne, der Musik, der Dichtung, des Gesanges, des Orchesters. Er verwendet zunächst das Handwerkszeug, das er vorfindet, aber er verwendet es innerhalb eines v ö l l i g   e i g n e n   ä s t h e t i s c h e n   N e u b a u e s. Er kritisiert und ändert die Metastasio-Texte, um aus ihnen blutleere Kälte und Geziertheit auszumerzen und sie mit dem eignen Blutstrom des Menschenschauens zu durchdringen. Er erfindet eine völlig unerhörte musikalisch-dramatische Sprache im sympathetischen Kontrapunkt, er charakterisiert die einzelnen Personen mit überlegenem Blick. Das soll Hassesche Schule sein? Ich denke eben an ein Wort Schopenhauers, daß das Genie ein Ziel t r i f f t, das der Gewöhnliche nicht einmal s e h e n kann! Gluck hatte keine Zeit, ein guter Hasse-Schüler zu sein oder gar zu werden. Für die Beurteiler, die das eigenste Gluckische, dessen Bloßlegung hier versucht wurde, nicht sehen, das jeden Augenblick die Zwangsjacke des überkommenen Stils zu sprengen drohte und sie später auch wirklich sprengte, ist es sogar verständlich, wenn sie in diesem Gluck ein Minus gegenüber Hasse und mehreren seiner Schüler sehen. Nur ist das eben kein Werturteil für Gluck. Etwas anderes aber muß gesagt werden: daß nämlich Gluck der einzige Meister ist, durch den uns heute die Technik der Hasseschen Oper anhörbar sein könnte, weil sie nämlich von einem überlegenen, auf sehr viel höherer ästhetischer Warte stehenden Künstler in sehr interessanter Weise verwendet wurde, bis die Zeit reif war zum radi-

kalen Revolutionswerk, dessen Elemente bereits im Gluck des „Artaxerxes" vorhanden sind.

B. WANDERJAHRE. VERMÄHLUNG 1745—1750

1. LONDON

a) STURZ DER RIESEN

Der Dämon, antik ausgedrückt, ließ den jungen Meister nicht in
Mailand ruhen, sondern trieb ihn in neue menschliche und künstlerische Verhältnisse hinaus. Ein Schüler Hasses wäre fertig gewesen,
Gluck fing an. Damit der Baum seines Genies reife Früchte trüge,
bedurfte es noch der Nahrung der wichtigsten europäischen Kulturen,
der französischen, englischen und deutschen; sie ermöglichten seinem
umfassenden und überlegenen künstlerischen Geist eine immer ein-
dringlichere und bis zur Wurzel vordringende P r o b l e m s t e l l u n g.
Wir waren überrascht, Gluck bis zum Jahre 1741 stumm zu finden.
Aus dem Sturzbach von Meisterwerken, die er, der Wenigschreiber
und langsame Arbeiter, in den Jahren 1741—45 uns schenkte, erkennen wir die lange aufgespeicherten Kräfte. Jetzt steht der Meister
auf der Höhe seiner Schaffenskraft, und spärlicher fließt seine Feder,
es wechselt sein Standpunkt, sein Blick fällt auf Neues. Der Meister
wandert, beobachtet, sammelt mehr, als er ausgibt, mehr und mehr
erscheint er als gelegentlicher Spender von hoher Warte, bis er uns
ganz plötzlich, wie 1741 mit dem Artaxerxes, 1762 mit dem Keulenschlag des „Orpheus" überrascht, dem reiche Arbeit und ein unerhörter Siegeszug folgen. Diese ganze Zeit, etwa 1745 bis etwa 1761
(ich unterstreiche das etwa, denn die Natur macht keinen Sprung)
könnte man treffend überschreiben: Der Meister s c h a u t. Wenn
dieser Zeitraum dennoch zu teilen war, so spielt hier zunächst die
Vermählung eine Rolle, schon äußerlich, weil zeitlich ungefähr mit
ihr die Verlegung seiner künstlerischen Haupttätigkeit nach W i e n
zusammenfällt und das Reisen nur noch in gelegentlichen Unterbrechungen des Wiener Aufenthalts besteht; aber auch innerlich, weil
die deutsche heimatliche Kultur ihm mehr als früher Material liefert.
Endlich erschien es zweckmäßig, die Jahre von 1756 an schon zum
folgenden Lebensabschnitt, den wir „Gluck den Revolutionär" be-

nennen, zu schlagen, weil hier nur noch Beziehungen zu diesem, kaum zum vorhergehenden in die Erscheinung treten.

1745 also ergriff Gluck eine sich ihm darbietende Gelegenheit, auf Einladung des Direktors der italienischen Oper in London, des Lord Middlesex, in Begleitung des Fürsten Ferdinand Philipp Lobkowitz von Mailand nach London zu reisen. Die Reise ging zunächst nach Paris. Unzweifelhaft hat Gluck die Gelegenheit benutzt, die Meisterwerke der französischen Oper kennenzulernen, und wir wissen aus seinen späteren Gesprächen, wie hoch er Rameau schätzte. Rameau hatte damals seine Meisterwerke „Castor und Pollux" und „Dardanus" geschrieben. In ihnen trat Gluck besonders zweierlei gegenüber: Einmal eine Nationalkunst, die der Weltherrschaft der italienischen Opera seria, dieser, der Idee nach wenigstens, Renaissance der antiken Tragödie κατ' ἐξοχήν, widerstand. Die französische Sprache diktierte der Musik andere Gesetze als die italienische, diese Musik hatte ein anderes Klima als die italienische. Das zweite war die völlig andere musikalische Technik. Während die italienische Oper, aus einem künstlerischen Puritanismus heraus, grundsätzlich die Einzelrede hatte, und damit zu dem eigentümlichen, so vollendeten, aber so künstlichen und entwicklungsunfähigen ästhetischen Bau der Arie für die innere Handlung, des Secco für die äußere, gelangte, lehnt die französische Oper diese puritanische Einzelrede als Grundsatz ab und verwendet die musikalischen Reichtümer des Chors, des Ensembles, nicht zuletzt auch des Balletts. Mächtige Wirkungen und mächtige Anregungen gingen auf den 31jährigen Meister von dieser Kunst aus.

Wir erkennen dies aus der Anwendung, die er später davon machte. Um zu erklären, warum diese Anwendung so verhältnismäßig spät erfolgte, muß man sich eines Hauptcharakterzuges des Künstlers erinnern, seines außerordentlichen Feingefühls für Stilreinheit und Stileinheit. Es kam ihm nie der Gedanke, etwa durch Anwendung von technischen Mitteln zu erweisen, daß er dieser Mittel mächtig sei, der Gedanke, damit zu wirken. Er faßte vielmehr stets seine Aufgabe dahin, die gegebene ästhetische Aufgabe mit den adäquaten Mitteln zu lösen. Die Wirkungen der französischen Musiktragödie ließen sich nicht ohne Trübung der Stilreinheit auf den vollkommenen Bau der italienischen Oper übertragen. Gluck wählte den andern

Weg: so lange er künstlerisch noch etwas mit diesem in sich vollkommenen Bau sagen konnte, verzichtete er auf die Anwendung
störender Stilelemente. „Einer kann nicht alles!“ pflegte er zu sagen.
Dieses Stilgefühl offenbart die ganze Größe des Künstlers, denn es
zeigt ihn als Herrennatur über den Problemen seiner Kunst. Als
später Ort und Zeit und Stil es zuließen und erforderten, da erschüt-
terte der Meister die Welt mit den Mitteln, die er bisher so zurückhaltend, wenn überhaupt, verwendet hatte. Dieselbe Erscheinung
werden wir auf andern Stilgebieten finden. Einmal schenkt uns Gluck
K a m m e r m u s i k: ein ganz neuer, unerwarteter Stil. Ein Werk der
K i r c h e n m u s i k haben wir von ihm, und wir sind, mit ganz eigenartigen Kunstmitteln, in der katholischen Kirche. Wir finden den
Meister ebenso unerwartet als den außerordentlich graziösen S c h ö p -
f e r d e r k o m i s c h e n O p e r: wieder ein ganz abgeschlossener
Stil. Er konnte alles — obwohl er es bescheiden von sich ablehnte —,
aber er gab, eben deshalb, alles nur da, wo es, von höherer Warte
gesehen, hingehörte. Wir haben Ursache, auf diese deutsche künstlerische Keuschheit und Reinheit stolz zu sein! Ich kenne wenige
Analoga von solcher Überlegenheit!

Als Gluck in London ankam, fand er die ungünstigsten Verhältnisse vor. Der Bürgerkrieg wütete, das Theater war geschlossen, und gegen die „Papisten“ bestand ein fanatischer Haß der
Volksmenge, die die Wiederkehr des Hauses Stuart und der katholischen Kirche fürchtete und sich dagegen zur Wehr setzte. Gluck
und seine italienischen Künstler aber waren Katholiken. Die Aufgabe, zwischen sich und dem Publikum den elektrischen Funken her-
zustellen, der seinem Werk volles Verständnis vermittelte, erfüllte
den jungen Meister mit Sorge. Lord Middlesex erwirkte mit Mühe
die Erlaubnis zur Wiedereröffnung des Theaters und nur mit der Bedingung, daß das Sujet der ersten — von Gluck zu stellenden — Oper
sich den politischen Verhältnissen anpaßte, d. h. dem Herzog Wilhelm
August von Cumberland durch politische Anspielungen schmeichelte.
So schrieb der Theaterdichter der Londoner italienischen Oper, der
Abbé Vanneschi, die „C a d u t a d e ’ G i g a n t i“, den „S t u r z d e r
R i e s e n“, in zwei Teilen. Der Dichter schickt als Motto den Horaz-
vers voraus: Imperium est Jovis Clari Gigantaeo triumpho. Da das
Textbuch erst kürzlich im Britischen Museum in London gefunden

worden ist und bisher allen Forschern entgangen war, mag eine etwas ausführlichere Inhaltsangabe folgen.

Die Rollen sind: Jupiter (der uns als Hippolytusdarsteller bekannte Sopranist Monticelli), Mars (der Kastrat Jozzi), ferner die Riesen Titan (Ciacchi) und Briareus (die Sopranistin Frasi). Ich vermute, daß Ciacchi Tenor war: wir würden damit wiederum die männliche Stimmlage ästhetisch zur Darstellung des Bösen verwendet sehen. Frau Frasi wird uns als Mannweib geschildert, die sich zur Darstellung von Männerrollen eignete. Die lichten Götter Jupiter und Mars sind Kastratenstimmen. Der uns bekannte Typ der italienischen Oper.

Sowohl der erste „Teil" wie der zweite sind durch Dekorationswechsel in Akthälften geteilt. Wenn der Vorgang sich nach der (uns nicht erhaltenen) Ouvertüre hebt, zeigt die Bühne die Vorhalle der Burg des Jupiter im Olymp. Jupiter erzählt Mars und Juno, daß er die Iris entsende zum Bericht über Unruhen auf der Erde. Durch seine Ankündigung, er werde nötigenfalls selber zur Erde gehen, erregt er Junos Eifersucht. Iris erscheint und berichtet vom Aufstand der Riesen. Jupiter beschließt, zur Erde hinabzusteigen. Mars ist allein bei Iris zurückgeblieben; er besingt sie, und sie gibt nach seinem Abgang ihrer Liebe zu ihm Ausdruck. Diese beiden Arien sind uns im Stich erhalten. Szenenwechsel: Höhle auf der Erde. Die beiden Riesen besprechen ihr Unternehmen. Jupiter und Mars erscheinen verkleidet. Iris mit den Halbgöttern kommt dazu; Jupiter ruft zu den Waffen, bleibt dann allein zurück, wird von Juno getroffen, versucht diese aufzuheitern und ihre Eifersucht herabzumindern: „Tornate sereni begl'astri d'amore." Jupiter geht ab, Iris kommt und wird von Juno der Intrige beschuldigt. Juno geht ab, Briareus erscheint und warnt die Iris vor künftiger Gefahr. Briareus geht ab und Jupiter singt mit Iris das aktschließende Liebesduett: „Ah m'ingarnasti, quando dicesti". — Der zweite Teil stellt zunächst eine ländliche Gegend dar, mit Wald. Aus diesem kommen Titan und Briareus, gefolgt von Riesen. Briareus weist darauf hin, daß die Halbgötter mit der versprochenen Hilfe ausgeblieben seien. Dennoch beharrt Titan darauf, dem Jupiter Trotz zu bieten. Wieder erscheint Mars verkleidet und versucht, den allein gebliebenen Briareus wankend zu machen. Beide entfernen sich. Jupiter und Juno zeigen uns

wiederum ihre Eifersüchteleien. Sie geht ab, Iris und Mars bringen
Nachrichten: die Riesen haben den Pelion auf den Ossa getürmt.
Mars ab, Liebesszene zwischen Jupiter und Iris. Jupiter ab zum
Kampf; Iris sagt der herzukommenden Juno, daß ihr Gatte in Gefahr sei, sie will ihm zu Hilfe eilen. Szenenwechsel: Gebirgspartie.
Ansicht des Olymp, den die Riesen ersteigen, um in den Himmel zu
dringen. Blitze Jupiters schlagen sie nieder, die Berge verschwinden,
die Burg Jupiters öffnet sich, in herabsteigender Wolke die himm-
lichen Halbgötter. Schlußchor auf die F r e i h e i t:

> Non vi è piacer perfetto
> Non vi è grandezza, onore
> Che alletti, o piaccia al core,
> Senza la libertà.

Wie man sieht, ist das keine Oper, sondern das, was' man damals
Serenata zu nennen pflegte, worauf schon die Zweiaktigkeit hinweist.
Solche zweiaktige Huldigungen mit Bühnenbildern werden wir in
Dresden und Charlottenburg wiederfinden. Der Künstler Gluck spendete Herzblut, um den Glanz des Festes zu erhöhen. Es liegt uns
heute besonders nahe, derartige Gelegenheitsmusik als nicht vollwertig abzuurteilen. Vollwertig ist sie schon, nämlich als „Gebrauchsmusik" — es ist aber natürlich nicht die höchste Kunstgattung.
Unsere Feste bedürfen des Glanzes der Musik, unser Leben sollte
von viel mehr Gebrauchsmusik begleitet werden. Wenn ein Gluck
die „Allerhöchsten Herrschaften" mit seiner göttlichen Kunst zu de-
lektieren nicht verschmähte, so darf es uns recht sein. Nur gewinnen
wir freilich ein unrichtiges Bild, wenn wir derartige Gebrauchsmusik nicht scheiden von der Kunst, die ihm ihrer selbst wegen da
und voller Ernst war.

Die Partitur ist uns nicht erhalten. Wohl aber erschien bei Walsh
in London (1746) eine Sammlung von 6 Arien in Partitur mit Baß-
bezifferung — nach englischem Brauch — im Stich als „The favou-
rite songs in the opera call'd La caduta de'Giganti". Schon dieser
Stich beweist, daß das Glucksche Werk, aller Zeitungunst zum Trotz,
und obwohl seine Eigenart einen im künstlerischen Sinn durchschlagenden Erfolg überhaupt ausschloß, eine gute Aufnahme gehabt
haben muß.

Bei der Betrachtung von Partiturstich und Textbuch finden wir, was uns auch überliefert ist, daß das Werk ein sogenanntes Pasticcio in dem Sinn ist, daß ein großer Teil der Musikstücke früheren Werken Glucks, gleichsam als Perlen, entlehnt sind, natürlich abgesehen von den (uns mangels der bisher unaufgefundenen vollständigen Partitur nicht bekannten) Rezitativen. Anscheinend sind nicht weniger als 6 Arien aus dem „Tigranes" entlehnt: „Se si accende in fiamme ardenti" (I, 2), „Care pupille" (I, 3), „Vezzi, lusinghe" (I, 4), „Se in grembo" (I, 10), „Placido Zeffiretto" (II, 4), „Si, ben mio" (II, 5). Aus der „Hypermnestra" finden sich die Arien „Conserva a noi" (geänderter Text) und „Mai l'amor mio verace", aus der „Sophonisbe" sind entlehnt „Chi mai non vide fuggir le sponde" und „Tornate sereni", während das Schlußduett des ersten Teiles aus dem „Hippolytus" stammt.

Von Interesse ist ein Urteil des Sängers M o n t i c e l l i über die (dem „Tigranes" entnommene) Arie „Si, ben mio", deren Begleitung Burney zwar originell, aber überladen und geeignet fand, die Singstimme zuzudecken. Monticelli nannte diese Arie eine „d e u t s c h e A r i e". Diese Beurteilung zeigt, daß die Neuerung des Gluckschen Stils durchaus verstanden, bestritten, diskutiert oder bejubelt wurde, je nach dem Standpunkt des Beurteilers. Da Monticelli unter Gluck selber in Mailand den Hippolytus gesungen und dabei den Stil kennengelernt hatte, so ist die ästhetische Einordnung „aria tedesca" um so bemerkenswerter. Im übrigen bieten die uns durch den Stich erhaltenen Musikstücke der „Caduta" keinen Anlaß zu einer Besprechung, weil uns nur ein einziges erhalten ist, das uns nicht bereits als Bestandteil einer früheren Oper bekannt wäre, nämlich die (durch ihre charakteristische Rhythmisierung Aufsehen erregende, im Finale des zweiten Teils stehende Jupiter-) Arie: „È uguale ad un tormento".

Erwähnen möchte ich, daß ich eine weitere Entlehnung aus dem Versmaß und dem Stimmungsgehalt der Verse vermute: die Juno-Arie „Se dell'onde il dolce moto" im zweiten Teil ist vielleicht ein neuer Text zu der Artaxerxes-Arie „Se del fiume altera l'onda". Die Schaukelbewegung der Wellen fiel mir auf. Da mir beim Lesen der Verse die Musik jener Artaxerxes-Arie einfiel, so liegt es nicht ganz abseits, daß Gluck für die Vertonung die schöne Arie aus seiner ersten Oper entlehnt hat.

„Der Sturz der Riesen" wurde sechsmal aufgeführt, nämlich vom
7. bis 25. Januar 1746 an jedem Opernabend, zweimal wöchentlich.
Dr. Burney berichtet uns, daß die neuen Tänze der reizenden Vio-
letta viel Beifall gefunden hätten. Die Verwechslung muß berichtigt
werden: Die Tänzerin trat erst im März auf; der Erfolg der Aufführung kann daher nicht auf ihr Konto geschrieben werden. Sechs
Aufführungen bedeuteten, da es sich um eine Art festlicher Wiedereröffnung des Theaters durch ein Huldigungsbild handelte, eine
annehmbare Zahl. Man muß sie im Zusammenhang mit den übrigen
Zahlen der Spielzeit lesen: es folgte vom 28. Januar bis 25. Februar
1746 jeden Opernabend „Il trionfo della Continenza" von Galuppi
(9 mal), dann Glucks Artamenes vom 4. März jeden Opernabend bis
12. April (10 mal), hierauf vom 15. April bis 10. Mai (8 mal) Lam-
pugnanis „Alexander in Indien", endlich als Schluß der Spielzeit
Galuppis „Antigonus" (vom 13. Mai bis 24. Juni, 13 mal). Daß
Gluck als Hauptanziehungspunkt betrachtet wurde, ergibt sich aus
zeitgenössischer Korrespondenz. Walpole schrieb an Horace
Mann: „Die Oper blüht mehr als in einem der letzten Jahre; der Komponist ist Gluck, ein Deutscher; er wird ein Benefiz haben . . . ."
Für die Frage eines durchschlagenden Erfolges wirkte noch
etwas anderes mit: die ganze Kunstgattung war in London ein
fremdes Gewächs. Die Engländer verhielten sich verhältnismäßig
ablehnend gegen die Italiener; sie hatten es unter Purcell früh zu
einer Nationaloper gebracht und betrachteten die italienische Rivalin
mit kühlem Verstand nicht als die Oper, sondern bestenfalls als
eine ganz nette Kunst. Mit andern Worten, zu einem vollen Erfolg
fehlten alle Voraussetzungen. Sehr lehrreich für die Stellung der
Engländer zur italienischen Oper sind die Spöttereien, die wir bereits 1710 im „Spectator", Addison's „moralischer Wochenschrift",
finden. Man findet da witzige und scharfblickende Glossen über
den Widersinn, einem englischen Publikum eine Oper in italienischer Sprache vorsingen zu lassen, während doch Sitte und Sprache
so verschieden seien, daß sogar Ton und Ausdruck mißverstanden
werden, wenn der Wortsinn nicht verständlich ist. Dann werden
die Übersetzungen gegeißelt, mit denen man es versuchte, und die
die unleidliche Folge hatten, daß der musikalische, am Wort haftende
Ausdruck verloren ging — oder zum Unsinn verkehrt wurde. End-

lich findet sich auch die kühle, echt englische Überlegung, ob denn die Musik überhaupt ein so hervortretendes Interesse verdiene: „Musik ist gewiß eine sehr angenehme Unterhaltung, aber wenn sie ... Künste verdrängen würde, die weit mehr zur Vervollkommnung ... beitragen, so würde ich gestehen, daß ich ihr keine bessere Stellung anweise, als Plato es getan hat, der sie aus seinem Staat verbannte." Wir sind in einem andern Klima als in Italien.

Es muß an dieser Stelle noch des vielbesprochenen Urteils H ä n - d e l s über das Glucksche Werk gedacht werden: „Vom Kontrapunkt versteht er ebensoviel, wie mein Koch Waltz!" Man kann dieses Urteil, das nicht dem G e n i u s Händel — ich denke hier an Schopenhauers Wort, daß das Genie nur momentweise Genie, sonst mehr oder weniger „Fabrikware der Natur" ist — entschlüpft ist, nicht anführen, ohne dem lebhaften Bedauern Ausdruck zu geben, daß diese unreife, überhebliche, sachlich so gründlich fehlgreifende Äußerung, die so wenig geeignet und auch nicht bestimmt war, ein maßgebendes Urteil darzustellen, trotz des Taktes von Burney auf die Nachwelt gekommen ist. Burney schreibt: „Das Urteil des gegen fremdes Verdienst nicht selten unduldsamen Händel war nach Anhörung dieser Oper allzu streng und unfein, als daß wir dasselbe hier zu wiederholen geneigt sein sollten, indem es sowohl Händeln als dem noch im Gärungsprozeß begriffenen Gluck nicht zur Ehre gereicht." Leider war diese taktvolle Aposiopese des Engländers für deutsche Musikphilologen das Signal, die Händelsche Entgleisung, ihre Umstände, ihre Authenticität, der gründlichsten Untersuchung zu unterziehen. Lassen wir dies! Stellen wir fest, daß die übereilte, sehr private Äußerung eines zur Despotie und Unbilligkeit neigenden temperamentvollen Künstlers enthüllt, wie weit Gluck dem kontrapunktischen Opernstil künstlerisch voraufgeeilt war. Das Stilprinzip des sympathetischen Kontrapunktes, der heilige, auf die Florentiner Tradition zurückgreifende Eifer seines Rezitativs war selbst für Händel zunächst unverständlich, und Händel vermißte eine Handwerksarbeit, die Gluck mit leichter Eleganz hätte leisten können — wie seine in London gestochenen und sogleich zu besprechenden Trio-Sonaten unwiderleglich dartun —, die er aber für ästhetisch, stilistisch, historisch überlebt hielt und deshalb durch eine ganz neue Art von Kontrapunkt, die allein dem musikalischen Drama eignet, ersetzte.

Übrigens wird uns auch berichtet, daß Gluck, ein prächtiger
Zug männlicher Aufrichtigkeit, mit seiner Partitur zu Händel gegangen sei, um den Stier bei den Hörnern zu packen. Er gewann,
wie das seine herzliche persönliche Frische stets erreichte, den selbst-
herrlichen Gegner zum Freunde. Händel soll ihm bei dieser Gelegenheit geraten haben, die Engländer mit weniger hochgreifenden
künstlerischen Idealen anzugehen, vielmehr für sie „auf irgend etwas
Schlagendes und so recht auf das Trommelfell wirkendes zu sinnen".*)
Das ist eher ein Händelwort! Hier sehen wir den herrlichen Meister,
wie er wohl an den Donnerschlag seiner Chöre und die packende Gewalt seiner Rhythmen denkt — Dinge, die der feinen psychologischen
Zeichnung der Gluckschen italienischen Oper in der Hauptsache
versagt waren, und die Gluck aus Gründen der Stilreinheit zwar mit
Ergriffenheit hören, aber in seinen Werken, ohne diese zu stören,
zunächst nur sparsam und andeutend anwenden konnte. Man kann
beider Künstler, des 61jährigen wie des 31jährigen, nicht gedenken,
ohne als Kennwort für den Stil aufzustellen, daß Händels Stil vorherrschend exoterisch, der Glucks esoterisch war.

Endlich erscheint der Stich der 6 „Lieblings-Arien" als solcher
noch einer Bemerkung wert. In Italien war es nicht üblich, Opern
stechen zu lassen. Sie wurden, wie erwähnt, für den Gebrauch und
für Liebhaber auf Verlangen abgeschrieben. In der Zeit von 1639
bis zum Gluckschen „Orpheus" ist kein italienisches Bühnenwerk
gedruckt worden. Wir sehen aber, daß Gluck in London sogleich
Wert darauf legt, die Juwelen seiner Gesangskunst stechen zu lassen.
In London war dies üblich und möglich.

Noch eins möchte ich anmerken, was man bisher nicht beachtet
hat: in Paris war zur Hochzeitsfeier des Dauphins am 5. September
1745, also sicherlich in Glucks Anwesenheit, eine fünfaktige Ballettoper „Jupiter vainqueur des titans" aufgeführt worden. Sollte Gluck,
wie er es oft tat, Einfluß auf die Wahl des Stoffes seiner „Caduta"
in London geübt haben?

------

*) Gluck soll auf diesen Rat Händels hin die Instrumentation des Schluß-
chors, der, wie wir sahen, die Freiheit besingt und daher in der Tat dazu
angetan war, verstärkt und Posaunen hinzugesetzt haben, was die Wirkung
wesentlich erhöhte. Leider fehlt uns die Partitur.

b) ARTAMENES

Wie bereits erwähnt, bestritt Galluppis Oper „Il trionfo della continenza" die Kosten der Opernsaison bis zum 25. Februar 1746. Dann erschien Glucks dreiaktige tragische Oper „Artamenes". Erhalten ist uns von der Musik der bei Walsh 1746 erschienene Stich von 6 „Lieblingsgesängen" in Partitur. Sie geben die Sänger an, was auch ohne Textbuch zur Führung hätte dienen können, wenn man sich der Gluckschen stilistischen Grundeigenschaft erinnert hätte, die verschiedenen einer Rolle in den Mund gelegten Musikstücke als Beleuchtungen der verschiedenen Seiten desselben Charakters zu geben. So finden wir in den beiden von Monticelli gesungenen Stücken großen Ton, große Geste, große innere Wärme des Vortrags. Dem Sopranisten Jozzi sind zwei Arien ganz andern Charakters in den Mund gelegt: Beweglichkeit, auffallende Prägnanz und Zierlichkeit des Ausdrucks. Ein ähnlicher Unterschied scheint zwischen der Rolle der Pompeati und der der Frasi zu bestehen, die beide durch je eine Arie vertreten sind. So glaubte ich die Musik auslegen zu können, bevor ich von der Auffindung des Textbuches im Britischen Museum erfuhr. Das Textbuch bestätigt: der Held Artamenes wird von Monticelli gesungen und seine Partnerin ist die von der Pompeati gesungene Padmane. Ormontes, der Nebenbuhler des Artamenes, — in den sich der Großmogul Akbar der ursprünglichen Fassung des von Vitturi 1740 für Venedig gedichteten Textes in der Bearbeitung von Vanneschi verwandelt hat — wird von Ciacchi dargestellt, der einzigen Männerstimme. Von dieser Rolle ist uns nichts erhalten (ebensowenig von der Rolle des von Ciacchi gesungenen Titan im „Sturz der Riesen"). Jozzi sang den Cosru, den Feldherrn und Freund des Artamenes; von den 3 Arien dieser Rolle sind uns die im ersten und dritten Akt stehenden erhalten. Endlich wird Tamur, der Vertraute des Ormontes durch die Frasi dargestellt, die auch im „Sturz der Riesen" eine Männerrolle hatte. Die Handlung spielt im Mittelalter und in Indien.

Beim Vergleich der beiden Aufgaben fällt uns auf, daß die Arien aus dem „Sturz der Riesen", abgesehen von der letzten, in der Reihenfolge abgedruckt sind, wie sie in der Oper folgen, dagegen beginnt

der „Artamenes" mit der berühmten, der Katastrophe im letzten Akt
entnommenen Arie „Rassarena il mesto ciglio" und wirft auch sonst
die Reihenfolge der Oper durcheinander, ist offenbar eine Zusammenstellung von „Schlagern'". Ein Schlager ist ganz besonders die Arie
„Rassarena", die Gluck auf Worte, die sich schon im „Tigranes"
finden, neu für London komponiert und mit der er den musikalischen
Nerv der Engländer getroffen hat. Große Einfachheit, der Ausdruck
der Seelengröße und Gefaßtheit furchtbarem Schicksal gegenüber
ist der Inhalt. Das mit warmem Tonstrom und innigstem Ausdruck
zu singende Hauptthema kehrt immer wieder: der Held, der seine
verzweifelnde Geliebte trösten und aufrichten will, und der sich selber
immer wieder von dem schrecklichen Gedanken an sein Schicksal
losreißt, kann sich gar nicht genug an Eindringlichkeit tun. Der Tonstrom des Hauptgedankens wird häufig unterbrochen durch die ab-
gebrochene, mit rhythmischen Pausen reich ausgestattete Deklamation „non è ver, non vado a morte" („es ist nicht wahr, ich gehe
nicht zum Tode"). Bei „morte" erscheint der erhabene, uns aus der
Gluckschen Deklamation bekannte Oktavschritt. Die Arie verwendet
zur Intensität des Ausdrucks Triller und langsame Koloratur. Der
Mittelsatz steht in e-moll und bringt durch die die Singstimme in der
höheren Oktave süß und wehmutsvoll begleitenden Geigen einen besonders rührenden Ausdruck, der die gewaltige, mit einer Modu-
lation nach h-moll verbundene Endsteigerung auf „che mi porta a
giubilar" („du wahre mir die Treue, diese Hoffnung allein führt
mich zum Jubilieren!") vorbereitet — nach der das Dacapo mit dem
innigen Hauptthema einsetzt. Diese Arie schlug derartig durch, daß
sie bei jeder Aufführung wiederholt werden mußte. Gluck hatte
den ihn mit der englischen Volksseele verbindenden elektrischen
Funken gefunden; diese eine kostbare Arie, vollverstanden, bedeutete einen vollen Sieg des psychologischen Tragikers Gluck. Freilich — über die Volksseele, nicht über die Kritiker. Dr. Burney
und seine Nachschreiber (von denen er sich übrigens vorteilhaft dadurch unterscheidet, daß er die Arie wenigstens kennt, da sie ihm
sogar persönlich vom greisen Gluck in Wien 1772 bei dem historischen noch zu erwähnenden Besuch vorgetragen wurde) hält für
nötig anzukreiden, daß die siebenmalige Wiederkehr des Haupt-
themas, deren psychologischen Sinn und erschütternden Ausdruck er

trotz des persönlichen Vortrags von Gluck offenbar nicht verstanden hatte, um so mehr ein Verstoß sei, als sie durch das Dacapo zu einer vierzehnmaligen Wiederholung werde. Von den anderen Arien will ich nur einige Lichter des Gluckschen Stils herausgreifen, um dadurch der Erkenntnis dieses Stils zu dienen. Die zweite Monticelli-Arie mit den weichen Baßstrichen, den warmen Geigenterzen, der selbständigen Stimmenführung ist ein schönes Beispiel des sympathetischen Kontrapunktes. Man beachte, wie am Ende des Moll-mittelteils in tiefer Lage unvermittelt, wie so oft bei Gluck, das warme Dur in hoher Lage eintritt und ins Dacapo führt. Man beachte die starkem, warmem, heftigem Ausdruck dienenden herzigen und doch grellen Wechsel von f und p als typisch für den warmblütigen und temperamentvollen Meister. Hierher gehört auch in der ersten Arie der Pompeati (Padmane), mit der die Oper beginnt, der Übergang vom Mittelteil in fis-moll zum Dacapo: ein unvermittelter schlagartiger Einsatz des Orchesters, aus dem man Gluck von weitem heraushört. Mein Blick fällt noch auf zwei Typen Gluckschen Ausdrucks: den ungeheuren Intervallschritt zur Wärme des Ausdrucks bei „care" („teure", nämlich Augen des Geliebten), und dann die ausdrucksvolle Verkettung von Septakkorden, die sich in den Fesseln eines Orgelpunktes winden (beim Beginn des zweiten, im Ausdruck gesteigerten Abschnittes: „wenn ihr grausam genug seid, teure Augen, mein Fernsein zu fordern"). Orgelpunkt und besonders auch liegende Oberstimme finden sich zu ähnlichem Ausdruck so oft bei Gluck. Wir werden sie in der „Clemenza di Tito" zu einem weltberühmten Streitfall führen sehen. Die letzte von Jozzi-Cosru zu singende Arie „Già presso al termine" ist von Schmid als ein „sehr ausdrucks- und gefühlvoller, den Abschied vom Leben bezeichnender Gesang" charakterisiert worden, trotz der elektrisierenden Trillerchen in Terzen, der Tonart E-dur. Der Held ist aber voll von prickelnder Erwartung, sich nach seufzend ertragener Trennung wieder mit der Geliebten zu vereinigen (und insofern ist seine Seele „nahe am Ende ihrer Qualen"). Ein Blick in die Metastasiodichtung „Hadrianus", der die Worte entlehnt sind, hätte das gezeigt. Der Mittelsatz dieser Arie, der nach h-moll moduliert, besteht aus einer fast rezitativischen, aus der Wortdeklamation herausgeflossenen ausdrucksvollen Deklamation ohne Vor- und Nachspiel; nach diesem Ausblick auf Seufzer und

Tränen der Geliebten stürzt sich die Arie ins Dacapo der prickelnden Erwartung!

Das aufgefundene Textbuch läßt uns erkennen, daß Gluck auch für den „Artamenes" — den er vielleicht in der Zwischenzeit von ungefähr vier Wochen zwischen den Aufführungen der „Caduta" und des „Artamenes" komponieren und einstudieren mußte — eine große Anzahl alter eigener Musik entlehnt hat. Wir finden außer den schon Wotquenne bekannten Entlehnungen (je einer Arie aus der „Sophonisbe" und aus dem „Demophoon"): im ersten Akt drei Arien aus der „Sophonisbe", und eine Arie aus dem „Demophoon", die uns erhalten sind, im zweiten Akt drei uns erhaltene und zwei uns nicht erhaltene Arien (die erhaltenen rühren aus dem „Tigranes", der „Hypermnestra" und der „Sophonisbe") und im dritten Akt noch je eine uns erhaltene Arie aus dem „Demophoon" und dem „Tigranes". Auch der „Artamenes" ist also ein sogenanntes Pasticcio. Übrigens wissen wir aus des Meisters späteren Unterhaltungen, daß ihm in London aufstieß, wie Arien, deren Durchschlagskraft er in Italien ein dutzendmal erprobt hatte, hier lauen Beifall fanden, und der Meister wurde zu der ästhetisch-theoretischen Erkenntnis geführt, daß das deshalb so war, weil diese Stücke hier losgelöst waren von den Beziehungen zum ursprünglichen Drama und an der neuen Stelle ihr Gehalt darum minder verständlich sein mußte. Die einzigartigen Vorzüge des Gluckschen Stils wurden ihm nachteilig. Man könnte mit einer Umkehrung des bekannten Wortes sagen: „Quod licet bovi, non licet Jovi" — was seine Zeitgenossen ungestraft, ja gut gelohnt, taten, das konnte Gluck nicht, und diese Vertiefung seiner Erkenntnis gehört mit zu den künstlerischen Ergebnissen Englands. Wir finden später bei Gluck kein Pasticcio dieser Art mehr, sondern nur Einzelentlehnungen, die meistens eine sehr interessante psychologisch-dramatische Anpassung zeigen.

Gluck hat einen starken Erfolg in London gehabt. Um ihn zu einem beherrschenden auszubauen, hätte er einige Jahre Zeit und Gelegenheit nötig gehabt. Danken wir der Geschichte, daß sie den jungen Meister, der vielleicht in Anpassung an den nebligen Himmel der Themse und den Rationalismus ihrer Bewohner Schöpfer und Großmeister eines nationalenglischen Musikdramas hätte werden können, abrief zu der Mission, die er in Wien und Paris zu erfüllen hatte!

So bleibt London für den Dramatiker Gluck äußerlich eine Episode, innerlich eine lebhafte Anregung.

Noch eins fällt auf. Wir lesen in der Musikgeschichte, daß Gluck in London den „Artamenes“ von Crema wiederholt habe. In diesem Irrtum steckt insofern ein wahrer Kern, als nicht weniger als acht Musikstücke aus dem „Tigranes“ in London wieder erscheinen.

Das Pasticcio „Pyramus und Thisbe“, das als drittes Londoner Werk Glucks aufgeführt zu werden pflegt, muß in den Bereich der Fabel erwiesen werden. Wir kennen genau das Repertoire des Hay-Market-Theaters, an dem Gluck wirkte.

c) GLASHARMONIKA. TRIOSONATEN

Die hervorragende Stellung, die der Künstler Gluck sich in kürzester Zeit in London errungen hatte, wird am deutlichsten durch das große Konzert der Tonkünstlergesellschaft, das am 25. März 1746 im Hay-Market-Theater, also anstatt einer Aufführung des „Artamenes“, die an diesem Tage ausfiel, stattfand. Zu diesem Konzert sind nämlich außer sämtlichen sechs Opernsängern Glucks zugezogen: Händel und vier konzertierende Instrumentalkünstler. Das vollständige Programm dieses großen Konzerts enthält von Gluck, der wahrscheinlich die Leitung des Orchesters abwechselnd mit Händel hatte, 1. die Ouvertüre zur „Caduta de’Giganti“, 2., 3., 4. und 5. Arien aus dieser „Caduta“, gesungen von Jozzi, Ciacchi, den Damen Imer und Pompeati — merkwürdigerweise außer „Care pupille“ lauter Arien, die nicht in den gestochenen Lieblingsgesängen stehen. Als konzertierende Instrumentalisten finden wir den Fagottisten Carbonelli, ferner Miller, Vincent und Weidemann. Von Händel wurden drei Arien gesungen (durch Monticelli und die Frasi): zwei aus dem Alexanderfest und eine aus „Samson“. Am Schluß spielte Händel selbst ein Konzert.

Zu seinem Benefiz veranstaltete Gluck am 14. April, unterstützt von den besten Kräften der Oper, ein Vokal- und Instrumentalkonzert, bei dem er „namentlich selbst ein Konzert spielen wird auf 26 Trinkgläsern, durch Wasser gestimmt und vom Orchester begleitet, einem neuen Instrument seiner eignen Erfindung, auf dem er alles ausführt, was auf einer Violine oder dem Klavier geleistet werden kann". Die G l a s h a r m o n i k a, das spätere M a t t a u p h o n e! Das Konzert wurde am 23. April im kleinen Theater Hay-Market wiederholt. Wir sehen den unbändigen Musikanten, wie er auf den Klang lauscht. Die Ankündigung sagt nichts darüber, wann Gluck dies Instrument erfunden hat; wohl schon in Böhmen? Und wir bewundern die Naivität des Mannes, dem nichts musikalisches zu unbedeutend ist. Ein Kleinerer hätte die Glasharmonika verschmäht. Leider ist uns auch das von Gluck komponierte Konzert für die Glasharmonika mit Orchester nicht erhalten. Wie lieb Gluck diese Idee der Glasharmonika war, geht daraus hervor, daß der Meister drei Jahre später in Dänemark als Kapellmeister der Mingottischen Truppe wiederum seine Glasharmonika wählte, um als konzertierender Künstler aufzutreten, er, der auf dem Klavier, dem Violoncell, der Geige und fast allen Orchesterinstrumenten Virtuose war.

Gluck ist in London noch in mehreren Konzerten öffentlich und privat aufgetreten. Eines dieser Konzerte bringt uns auf seine mit dem bedeutenden englischen Komponisten A r n e, dem Meister edler Einfachheit, der damals in London lebte und fast gleichaltrig mit Gluck war, angeknüpften Beziehungen. Bei einem Benefizkonzert für Arne kam Glucks berühmte „Rassarena il mesto ciglio" zum Vortrag, und zwar auf besonderen Wunsch. Gerade mit dieser Arie stand Gluck Arne besonders nahe.

Eine ganz besondere Überraschung bietet uns Gluck, der sich auf dem Titelblatt als Opernkomponist bezeichnet, in den im November 1746 bei Walsh in einem sehr schönen Stich erschienenen 6 T r i o s o n a t e n (für Violinen, Baß und begleitendes Cembalo). Durch die Neuausgabe, die Riemann von diesen sechs gestochenen und einer ungedruckten weiteren Triosonate bei Breitkopf & Härtel veranstaltet hat, sind sie uns wieder wesentlich näher gerückt, wenn schon nicht verschwiegen werden darf, daß die an sich verdienstvolle Ausgabe durch eine zu gesuchte und durchgearbeitete, auch in mancherlei Härten und Eigenarten ungluckische Klavierbegleitung hier und da stört. Diese Triosonaten sind wirklich, als was sie angekündigt werden, „in einem neuen gefälligen Geschmack". Sie zeigen die souveräne kontrapunktische Meisterschaft des Komponisten besonders deutlich, aber sie weisen auch schon, viel deutlicher als die meisten zeitgenössischen Werke, auf den neuen gefälligen Stil Haydns hin. Riemann führt zur Charakteristik und zur historischen Bedeutung der Trios in seinem Handbuch der Musikgeschichte treffend aus, daß wir in dieser Instrumentalmusik, wie bei P e r g o l e s i , das „singende Allegro" finden. „In Glucks Trios kommt etwas neues hinzu, nämlich eine stärkere G l i e d e r u n g i n g e g e n e i n a n d e r s i c h a b h e b e n d e E l e m e n t e v e r s c h i e d e n e n C h a r a k t e r s . Das bedeutsame Neue dieser Art von Melodiebildung ist eine schwer mit Worten definierbare v e r s t ä r k t e I n n i g k e i t , Intimität, S u b - j e k t i v i t ä t des Ausdrucks, die ich als eine der schönsten Früchte des Opernstils anzusehen geneigt bin. Vielleicht ist gerade der Hinweis auf Gesänge mit obligaten Instrumenten, welche diesen einen w e s e n t l i c h e n A n t e i l a n d e r A u s d e u t u n g d e r S t i m m u n g z u w e i s e n , geeignet, die Entstehung des instrumentalen singenden Allegros plausibel zu machen." Soweit Riemann, der hier bis hart an unsere Erkenntnis von dem Grundwesen des Gluckschen Stils in formaler Hinsicht, dem sympathetischen Kontrapunkt, streift und mit Recht aus ihm auch die schöne Blüte dieser Trios erklärt. Zu bemerken ist übrigens noch, daß die Stimmen dieser Trios chorische Besetzung mindestens vertragen, wenn nicht fordern. Ich habe sie von Solisten und in orchestraler Besetzung gehört; mir gab nur die letztere ein den Absichten des Komponisten wohl entsprechendes Bild.

Gern weise ich noch auf den Realpolitiker Gluck hin, der das Eisen schmiedet, wenn es heiß ist. In London konnte gestochen werden, in London war die Atmosphäre günstig für diesen „neuen gefälligen" Instrumentalstil, und wir sehen den Meister zum ersten und einzigen Mal als Beherrscher eines ganz andersartigen Stils. Wie reich mußte der Geist sein, der solche Nebenfrucht beiläufig hervorbringen konnte!

2. AUF DEUTSCHEM BODEN

a) HOCHZEIT DES HERKULES

Wie es scheint, schiffte sich Gluck Ende 1746 nach H a m b u r g ein. Damit stand er als Künstler zum ersten Male in Deutschland, das er ungefähr 10 Jahre vorher verlassen hatte, um in Mailand Meister eines großen Stils von außerordentlicher Verfeinerung zu werden. Welche Schicksale standen dem Künstler in seinem Vaterland bevor? Welche Aufnahme bereitete dieses Vaterland dem berühmten, erst 33 Jahre alten Sohne? Sein künstlerischer Dämon trug ihn nach Deutschland, obwohl er es bequemer und besser in Italien gehabt hätte. Die äußeren Anstellungsmöglichkeiten für einen Künstler wie Gluck waren sehr beschränkt: die italienische Oper war auf wenige Fürstenhöfe, besonders Wien, Stuttgart, Dresden beschränkt. In Hamburg war eine deutsch-nationale Oper, wie wir sahen, erst vor nicht langer Zeit in Zote und Unzulänglichkeit erstickt. Die Städte, die sich eine italienische Oper nicht halten konnten, wurden durch einige reisende Operngesellschaften besucht. Die bedeutendsten dieser Gesellschaften waren die der Brüder M i n g o t t i und die von L o c a t e l l i. Gluck vertraute seiner Kraft und seinen Sternen: er konnte etwas, und er hatte den unverwüstlichen Sieger-Optimismus der Jugend. Hatte er sich in kürzester Zeit in London eine achtunggebietende Stellung verschafft, warum nicht erst recht in Deutschland? Sein Traum mochte wohl W i e n sein, die Hochburg der italienischen Oper, das Wien seiner geliebten Kaiserin Maria Theresia, das Wien, das das Bindeglied war zwischen seiner Jugend in Böhmen und seinen hohen Idealen von Mailand.

In Hamburg hielt sich Pietro Mingotti mit seinen Künstlern im Spätsommer 1746 bis Februar 1747 auf. Ihm scheint sich Gluck angeschlossen zu haben, und zwar, da Mingotti in der Person Scalabrinis einen Kapellmeister hatte, zunächst als dessen Vertreter. Mingotti begab sich Ende Februar 1747 mit einem Teil seiner Künstler nach Leipzig zu seinem Bruder, der eine gleichartige Truppe leitete. Dort erfahren wir von einem Konzert, das am 15. Mai gegeben wurde, und in dem Canini, der uns schon bekannt ist, und die Altistin Giacinta Forcellini, die uns als Juno in des Meisters nächstem Werk in Dresden wiederbegegnen wird, auftreten. „Arien von einem großen Maître aus Italien wurden mit größtem Applausu gesungen und musizieret." Es ist wahrscheinlich, daß dieser „große Maître aus Italien" unser Gluck war.

In Dresden fanden im Frühjahr und Sommer 1747 anläßlich der Doppelhochzeit der Prinzessin Maria Anna von Sachsen, der Tochter Friedrich August II., mit dem Kurfürsten Maximilian Josef von Bayern und der Prinzessin Maria Antonia Walpurgis, der ältesten Tochter des bayrischen Kurfürsten, mit dem Prinzen Friedrich Christian von

Sachsen eine Reihe glänzender Festlichkeiten statt, bei denen Mingotti und Gluck mitwirkten. Beide Hochzeiten hatten am 13. Juni stattgefunden, die erstere in Dresden, die zweite in München; am 20. Juni zog das Münchner Paar feierlich in Dresden ein. Während im großen Opernhaus Hasses „Spartana generosa" als Festoper aufgeführt wurde, gab die Mingottische Truppe unter Scalabrini im kleinen Theater im Zwinger Scalabrinis „Merope", „Dido" und „Demetrius". Die Hassesche Festtoper gibt Anlaß zu der Erwähnung, daß der junge Noverre, der spätere große französische Ballettmeister, den wir als Mitarbeiter Glucks in Wien bei der „Alceste" und bei „Paris und Helena" als Nachfolger Angiolinis wiederfinden werden, hier als Tänzer mitwirkte. Er war damals in Berlin angestellt und gab eine Gastrolle in Dresden. Wahrscheinlich, daß Gluck ihn hier sah. Am 28. Juni 1747 siedelte der Hof nach dem Schlosse Pillnitz bei Dresden über, und dort wurde auf einer im Schloßpark errichteten Freibühne am 28. Juni die „Galatea" von Schürer und am 29. Juni Glucks Serenade „Le nozze d'Ercole e d'Ebe" („Die Hochzeit des Herkules und der Hebe") aufgeführt, anscheinend ein einziges Mal, da das Hofinteresse auf eine Aufführung beschränkt war. Daß die (schon 3 Jahre zuvor in Venedig mit Musik von Porpora aufgeführte) Serenade in dramatischer Form von einem unbekannten Dichter*) dem Huldigungszweck diente, und daß sie im Lustpark des Pillnitzer Schlosses auf einer kleinen offenen Bühne gegeben wurde, darf als ästhetischer Rahmen nicht außer acht gelassen werden. Gebrauchsmusik — ja, aber köstliches Getön von überlegener Meisterschaft.

Der erste Teil zeigt uns Jupiter, wie er seinem kühnen Sproß Herkules den Sitz im Olymp anbietet. Herkules schlägt aus, weil er den eifersüchtigen Haß der Juno fürchtet, obwohl diese ihrem Gatten beitritt. „Ich bin nicht die leichtgläubige Semele, der du mit ruchlosem Rat die Ursache zum Verderben werden konntest. Verführe Weiber, aber keine Helden!" Zweiter Abschnitt. Juno

---

*) Außer dem von Abert angeführten italienischen Textbuch befindet sich ein italienisch-deutsches Textbuch zu der Gluckschen Oper nach einer Mitteilung von Mandyczewski in der Wiener Bibliothek der Gesellschaft der Musikfreunde.

führt ihre Tochter Hebe, die als Schäferin verkleidet ist, zur Erde.
Dort trifft Herkules sie und sie wird sein Schicksal, wie die Götter-
mutter gewollt. Ein außerordentlich wertvolles Duett zwischen Herkules und Hebe schließt den Akt: „Laß mich in Frieden, Tyrannin
Liebe" mit reicher sympathetischer Anteilnahme des durcheinander-
wogenden Orchesters, aus dem Oboen und Flöten mit langen Liege-
tönen und solistischen Imitationen der Geigen und der kolorierten
Singstimmen heraustreten. Die Liebe als Fatum im antiken Sinn:
die musikalische Stimmung ist verwandt der bekannten des Duetts der
Gatten aus dem Orpheus im letzten Akt dieses Werkes. Im zweiten
Teil sucht Herkules seine entschwundene Schäferin — ein die Spannung aller Seelenkräfte meisterhaft andeutendes, in die Pausen des Orchesters hineindeklamierendes Rezitativ — und findet sie, findet sie
aber als Hebe, ihm zur Gattin dargeboten von Juno selbst. Jetzt schlägt
Herkules den Sitz im Himmel nicht mehr aus, der Göttervater Jupiter, der mit der mystisch-erhabenen Arie „Saprò dalle procelle serbar si vaghe piante" — es ist die Beschwörungsmusik, die wir in
der „Armida" wiedertreffen werden und als echtes Gluckthema schon
aus der „Sophonisbe" her kennen („Là sul margine di Lete"), —
den Aufstieg zum Himmel einleitet. Ein fröhlicher Schlußchor besingt die „beiden glücklichen und unsterblichen Liebenden", ein Chor
voll von Glucks Kraft jubelnder Volkslust, wie wir sie so oft bei dem
österreichischen Volkskinde Gluck finden! Doch nein, kein Schlußchor: nochmals hebt sich der Vorhang, und in der „Licenza" (Erlaubnis zu reden) wendet sich die Primadonna „deposto il coturno"
(siehe Metastasio, Licenza zur Hypermnestra) direkt an den Monarchen,
in der durch die Aufführung erzeugten begeisterten Stimmung, und
das Werk schließt mit einer das fürstliche Paar besingenden besonders schlagkräftigen und warmen Arie. Man hat anläßlich solcher
Licenza von „plumper Schmeichelei" geredet. Ich weiß nicht, warum
es „plump" sein soll, dem Herrscherhaus, getragen vom Jubel des
Volkes, eine Huldigung darzubringen. Bemerkenswert ist, daß der
Dramatiker Gluck eigentlich erst aufsteht in dieser jubelnden Licenza.
Sie ist der Höhepunkt der Aufführung, und dem paßt sich die ziel-
sichere, durchschlagende musikalische Diktion an. Wir werden dies
wiederfinden in der „Alceste", wo das Volk um seinen sterbenden
König klagt und jammert, wie es den genesenden König mit einem

Volksfest umjubelt — um die arme Alceste herum, die sich den Todesgöttern weihen mußte, um die Genesung des Gatten zu erlangen.
Gluck liebte seine Maria Theres', er war Kind des Volks, und von der
herzlichsten Naivität. So hängt diese „Licenza" mit den so oft unmittelbar der Volksmusik entnommenen und ihre Ursprünglichkeit be-
sitzenden Ballettstücken aus Glucks späteren Werken eng zusammen.
Es gab kaum einen Mann von stolzerem Unabhängigkeitsgefühl, auch
Fürsten gegenüber, wie Gluck, und kein Musiker hat mit einem
jubelnden Volk heller und herzlicher ihnen zugejubelt. Wer denkt
nicht an Paris, als Glucks „Chantons, célébrons notre reine", einer
siegreichen herrlichen Tenorstimme, dem Achilles-Darsteller in den
Mund gelegt, aller Blicke von Iphigenie auf die Kronprinzessin in ihrer
Loge wandten und ihr eine spontane Huldigung des ganzen Theaters
eintrug. Und das war vom Meister Gluck nicht einmal beabsichtigt.
Noch einmal werden wir einer solchen Licenza begegnen: gleich in der
nächsten, zur Verherrlichung Maria Theresias in Wien aufgeführten
Oper. Ihren ästhetischen Gehalt werden wir im Prolog, der ja auch
eine unmittelbare Ansprache an den Herrscher darstellt, wiederfinden,
und wir werden unwillkürlich mit dem ganzen Theater aufstehen,
wenn die Gluckschen Trompeten jubelnd einfallen: „Viva l'eccelsa
prole!" („Es lebe der erhabene Sproß!").

Die Oper zeigt, ihrem Eigenstil angemessen, notwendigerweise
einen mehr konzertanten Stil. Die Musik ist von wundersamer Feinheit und Grazie. Der Text gibt zu dramatisch hervortretender Schärfe
des Ausdrucks kaum Anlaß, doch ist der Ausdruck stets charakteristisch. Mit Recht hebt Abert, der die Partitur neu herausgegeben
hat, hervor, wie in den stets bedeutenden Rezitativen Jupiter überlegene Ruhe, Herkules leicht aufbrausendes Temperament, Hebe
jungfräuliche Zartheit, Juno überlegene Befehlsgewalt als Grundton
beibehält. Herkules, die Hauptrolle, war der Sopranistin Regina
Mingotti anvertraut, den Jupiter sang der Tenorist Canini, die Juno
Giacinta Forcellini und die Hebe Giustina Turcotti. An Entlehnungen
aus früheren Opern Glucks finden wir außer der bereits erwähnten
mystischen Jupiter-Arie (deren Mystik von Abert nicht erkannt und
mit Unrecht in Abrede gestellt wird — charakterisiert sie doch den
höchsten Gott so treffend!) eine Arie der Juno, die einen neuen Text
zu „Rassarena il mesto ciglio" gibt. Ferner besingt Hebe den „Reiz

der süßen Liebe" auf die Töne der Artamenes-Arie „Pensa a serbar — mi, o cara". Eine vierte Entlehnung kennt Wotquenne noch nicht: es ist die auch von Abert übersehene Aufnahme der großen Hippolytus-Arie „Non sò placar mio sdegno", die Abert, wie erwähnt, aufgefunden hat. Sie ist nach E-dur, in die strahlende Würde des Göttervaters, verlegt, und hält dem allzu heißblütigen Herkules die Torheit aufgeregten Rasens vor.

Auf eine der neuen Arien wenigstens muß noch kurz hingewiesen werden, weil sie typisch für Gluck ist: die Juno-Arie „Vöglein kaum befreit" mit ihren reizvollen Naturlauten, die durch trillernde und imitierende Flöten und Hoboen hervorgebracht werden — ein ganz entzückendes Idyll!

Eine Rolle spielt die sehr hübsche, in drei Sätzen gestaltete Ouvertüre — der zweite Satz bringt, wider den Brauch außer den Streichern 2 Oboen beschäftigend, in g-moll eine feine Elegie, bei der man sich in den Lustpark von Pillnitz versetzt denken muß — für die neuere Forschung, seitdem Saint-Foix die Behauptung aufgestellt hat, daß der erste Satz dieser Ouvertüre — wie die Einleitung des zweiten Teiles zum „Streit der Götter" — von Sammartini sei, weil sie sich in einer handschriftlichen Sinfonie dieses Meisters findet. Saint-Foix geht weiter und behauptet, daß gewisse Typen des Gluckschen musikalischen Ausdrucks von Sammartini entlehnt seien, vor allem das, was ich vor Jahren bereits „Lauscheffekte" genannt habe, diese Motive von unendlichem, oft elegischem Klangreiz, die fast wie ein Schauspiel im Schauspiel wirken und von vergangenen Süßigkeiten träumen, wie die Siciliana aus dem letzten Akt der Armida. Wer zuviel beweist, deckt damit den Fehler seiner Beweisführung auf. Gluck kann nicht gut a l l e s abgeschrieben haben. Man sollte aber überhaupt, besonders nach dem blamablen Hereinfall mit der den ersten Akt des französischen „Orpheus" abschließenden „Bertoni"-Arie, etwas vorsichtiger damit sein, einem Künstler von solch stolzem und aufrichtigen Charakter, der außerdem doch unzweifelhaft nicht nötig hatte, sich mit fremden Federn zu schmücken, ein Plagiat vorzuwerfen. Der Fall ist nicht genügend aufgeklärt. Wie bereits gesagt, kann man ebensogut annehmen, daß Sammartini von Gluck entlehnt hat. Diese Möglichkeit wird gestützt durch die Tatsache, daß die Bläserpartie bei Sammartini reicher instrumentiert ist. Gewöhnlich ist doch das Einfache das erste! Dabei wäre — bei dem Freundschaftsverhältnis zwischen Gluck und seinem Lehrer — ohne weiteres zu unterstellen, daß keine Unlauterkeit, sondern Genehmigung des Erstschaffenden vorliegt. Sollte wirklich dieser und der im „Streit der Götter" stehende Satz von Sammartini herrühren, so müssen Umstände vorliegen, die uns unbekannt sind. Es ließe sich zum Beispiel denken, daß es sich um Stücke handelte, die Gluck besonders liebte, und denen er, im Einverständnis mit seinem früheren Lehrer, eine Aufführung verschaffen wollte, deren Ursprung er dann aber ganz sicher auch bekanntgegeben hätte, so daß die Sachen nur durch Nachlässigkeit des Kopisten ohne die Angabe des Komponisten in die Glucksche Partitur geraten sein könnten. Vor vollständiger Aufklärung dieser Angelegenheit ist deshalb vor der These des Franzosen zu warnen.

b) SEMIRAMIS

Gluck scheint mit Mingotti bis September 1747 in Dresden geblieben zu sein. Es läßt sich dies aus einer Verfügung aus dem September 1747 schließen, laut der ihm „412 Thlr. 12 Groschen zu seiner Abfertigung ohne Berechnung gegen Quittung" als Sonderhonorar vom Sächsischen Hofe ausgezahlt wurden. Er scheint sich dann auf die Nachricht vom Tode seines Vaters von Dresden nach Hammer in Nordböhmen begeben zu haben. Ihm fiel aus dem Erbe die Neuschänke zu; diese verkaufte er und eilte dann nach W i e n. Damit war räumlich ein erster Kreislauf vollendet: aus dem Elternhaus war der Jüngling ausgezogen nach Wien, war in Mailand zum Meister erwachsen, hatte Paris und London gesehen, überall, zuletzt auch in Dresden sich einen geachteten Platz verschafft und kehrte nun zur Bahre seines Vaters ins Elternhaus zurück, um es von neuem, nachdem er den erschütternden Schmerz über den Verlust des Vaters überwunden und die Fesseln des unbeweglichen Besitzes abgestreift hatte, schnell und auf immer zu verlassen und auszuziehen, die Welt als Künstler zu erobern, wiederum nach Wien, wohin ihn Freunde riefen, wohin ihn sein Dämon führte, wo er den künstlerischen und auch, da das Schicksal ihm dort seine treue Gefährtin zuführte, den persönlichen Mittelpunkt seines ferneren Wirkens finden sollte. Auch Paris, 1774—1779, ist nichts als eine letzte ungeheure Gipfelung der

Wiener Ideen Glucks, und insofern eine Episode, allerdings gleichzeitig der Höhepunkt seines künstlerischen Wirkens.

Dieses Wien hatte sich seit 1736, wo wir es betrachtet haben, entscheidend geändert. Der prachtliebende Kaiser Karl war tot, ebenso sein Kapellmeister Fux, Caldera und andere. Das Orchester war unter Reutter zurückgegangen. Maria Theresia und ihr Gatte Franz schränkten die ungeheuren Kosten der italienischen Prunkoper ein. Gerade 1748 wurde das alte Opernhaus abgerissen und in ein Ballhaus verwandelt. 1741 war das neue Hoftheater nächst der Burg erbaut worden, das abwechselnd mit dem Kärnthnertor-Theater das Schauspiel beherbergte, aber auch der italienischen Oper und dem Ballett ein Heim bot. Das gesamte Theaterwesen wurde, wie vorausgreifend schon hier gesagt werden mag, 1752 durchgreifend reformiert, und zwar, was wesentlich ist, im künstlerisch ernsten Sinne. An die Stelle von privilegierten Unternehmern, deren Rechte vom Hof abgelöst wurden, trat die Oberleitung durch die vom Hof bestellten Grafen von Esterhazy und von D u r a z z o. Der letztere, seit 1754 alleiniger Leiter, kommt für uns besonders in Frage, weil er später in den reformatorischen Kreis Glucks eintrat, dem sich der Ballettmeister Angiolini, der Theatermaler Quaglio und vor allem der Dichter Calsabigi anschlossen. Durazzo hat auch selber einen Text geschrieben, den Gluck 1755 komponierte: die „Innocenza“, eine Tatsache, die bisher unbekannt war. Im Schauspiel galt der Kampf dem sogenannten Extemporieren mit seinen Roheiten. Es mag hier davon abgesehen werden, darzutun, daß vielleicht manches entwicklungsfähige Volkstümliche damit vernichtet wurde; jedenfalls war Durazzo eine hochernste künstlerische Persönlichkeit und hat das Verdienst, Gluck haben wirken lassen. Die Amtstätigkeit Durazzos dauerte von 1752—1764.

Am 14. Mai 1748 — dem Geburtstag der Kaiserin — finden wir Gluck in Wien an der Arbeit. Er hatte den ehrenvollen Auftrag erhalten, die Festoper zu schreiben. Als Text war Metastasios „Semiramis“ („Semiramide reconosciuta“) gewählt worden; offenbar sollte in der mutigen Königin Semiramis, die vom Volk im Schlußchor jubelnd bestätigt wird, nachdem ihr Geschlecht offenbar geworden, der Kaiserin Maria Theresia als guter Regentin eine Huldigung dargebracht werden. Die Vorstellung fand im neuen Opernhaus nächst der Burg statt. Schon am 4. Mai hatte in Gegenwart der Majestäten und ihres Hofstaates eine Probe stattgefunden. Gluck wird also wahrscheinlich spätestens im März in Wien eingetroffen sein. War bereits der Auftrag, diese Oper zu schreiben, ein Sieg des jungen, vom Ruhm Italiens umkränzten Gluck, so galt es jetzt dem Künstler, das höchste zu leisten. Und in der Tat zeigt dieses Werk ein ganz besonderes Feuer, eine zielbewußte Charakteristik, eine überlegene Meisterschaft. Der Einschlag deutschen Gemütslebens, der auch in Mailand nie fehlte, tritt stärker hervor. Werfen wir zunächst einen Blick in das Textbuch. Es war bereits 1729 in Rom (mit der Komposition von Vinci) entstanden.

Eine fünfzehn Jahre zurückliegende Liebestragödie findet ihren nachträglichen glücklichen Abschluß. Zur ägyptischen Königstochter Semiramis war der indische Prinz Scitalces gekommen, und erste und leidenschaftliche Liebe verband beide. Scitalces hatte es damals für nützlich befunden, seine Fürstenwürde ablegend unter dem Namen Hydrenus die Welt zu durchstreifen, um als Jüngling „vieles zu sehen und zu hören". In Ägypten verlor der heißblütige Jüngling sein Herz an die schöne und edle Semiramis. Die Tragödie wurde durch den infamen Intriganten Sibaris geschaffen, den heimliche Liebe zu Semiramis verleitete. Da Semiramis vom König, ihrem Vater, nicht die Erlaubnis zur Vermählung mit Hydrenus erlangen konnte, beschloß sie, mit ihm zu fliehen. Sibaris, der sich in ihr Vertrauen und die Freundschaft des Hydrenus geschlichen hatte, wollte bei dieser Gelegenheit ihn verderben und sie gewinnen. Als Führer der königlichen Leibwache hielt er sich in der Nähe des vereinbarten Treffpunktes für die Liebenden, deren Flucht er unterstützt hatte, nahe beim Nilufer im Hinterhalt. Gleichzeitig hatte er dem Hydrenus eine schriftliche Warnung zugestellt — der bei Metastasio typische Anachronismus —, Semiramis erheuchle Liebe, um ihn zu verderben und sich selbst in die Hand eines Nebenbuhlers zu spielen; dieser Nebenbuhler lauerte ihnen mit Bewaffneten auf. Wirklich sieht Hydrenus die hinterhältige Schar — die ja eben Sibaris führte —, gerät außer sich vor Zorn, tötet Semiramis mit dem Dolch, wie er glaubt — in Wahrheit verwundet er sie nur —, und stößt die vermeintliche Leiche der Verräterin in den Nil, verbirgt sich dann vor den Feinden, denen er auch entgeht. Inzwischen war Semiramis entkommen, ist nach Babylon gelangt, hat den assyrischen König zur Liebe entflammt, als seine Gemahlin den Ninus geboren, hat dann nach dem Tode ihres Gatten an Stelle des weichlichen Sohnes in Männerkleidern selber die Herrschaft unter dem Namen Ninus geführt. In Babylon hat Tamiris, die Erbprinzessin von Baktrien, Vasallin des Ninus, eine Gattenwahl ausgeschrieben. Bei dieser ist Semiramis (König Ninus) als Ehrenvorsitzender der Festlichkeiten zugegen. Erschienen sind die Prinzen Scitalces aus Indien, der immer noch von alter Liebe zu Semiramis gequält wird, ferner Myrthäus von Ägypten, der unbekannte Bruder von Semiramis, den Zoroaster, der König von Baktrien erzogen hatte, ein Scythenprinz Hirkanus und Sibaris, letzterer nicht als Brautwerber, sondern als Zuschauer der Festlichkeiten, sogleich in Ninus die Semiramis erkennend, wiederum zu ihr entbrennend, und entschlossen, sich jetzt in ihren Besitz zu setzen. Die Intrigen des Sibaris gefährden Scitales und Tamiris, führen aber schließlich zur Lösung: Sibaris verrät öffentlich, um sich für die Offenbarung seiner Schändlichkeiten zu rächen, das Geschlecht der Semiramis. Diese appelliert mutig an die Entscheidung des Volkes, und das Volk, das Zeuge ihrer starken und wohlwollenden Regierung gewesen war, jubelt ihr zu:

> Viva lieta e sia Regina
> Chi fin' or fù nostro Rè!
> (Lebe in Freude und sei uns Königin,
> die du bis jetzt warst unser König!)

Semiramis reicht nach so vielen Prüfungen Scitalces die Hand, Tamiris dem Myrthäus. Eine bereits erwähnte Licenza huldigt dann noch direkt der Kaiserin Maria Theresia.

Das Spiel ist besonders dadurch interessant und für die Erkenntnis des Gluckschen Stils ebenso wie für die innere Entwicklung des Meisters wertvoll, daß die Charaktere besonders scharf gezeichnet sind und auf dieser Zeichnung der Bau der Handlung beruht. Tamiris charakterisiert die ihr vorgestellten Prinzen mit zwei Worten leise zu Semiramis: Myrthäus: molle, e noioso (zu weichlich und langweilig), Hirkanus: barbaro, e strano (barbarisch und seltsam). Sibaris charakterisiert sich selbst (III, 3): „Dieses süße Liebesspiel zieht mich von Schandtat zu Schandtat! Was hilft aber nun die Reue? Der erste Frevel zieht den andern notwendig nach sich." Semiramis ist

die edle, liebende, großdenkende Frau, Tamiris ein noch etwas über-
mütiges Prinzeßchen, das den wahren Wert des edlen Myrthäus
erst später erkennt, Scitalces ein edler, aber sehr leidenschaftlicher
Mann, den die Leidenschaft zu Fehlern führt. In der letzten Szene
gesteht er, zu Tamiris gewandt: „O Dio! Tamiri, coll' idol mio sde-
nato io ti promisi amor!" (O Gott, Tamiris, im Zorn gegen meinen
Abgott habe ich dir Liebe versprochen!).

Die Charakterzeichnung fällt durch ihre Schärfe auch demjenigen
auf, der Glucks Eigenart nicht kennt. Besonders sind die dem Hirkanus in den Mund gelegten Arien von Scythen-Wildheit erfüllt, oft
von eigenartiger Einfachheit, „roh" durch Begleitung von Trompeten
zum rasenden, den Sturm malenden Streichorchester (Schluß des
ersten Aktes) usw. Wir haben hier einen sehr interessanten Vorläufer
von Paris und Helena vor uns, dem feinsten Charakterspiel aus Glucks
letzter Stilperiode.

Die männliche Hauptrolle, den Scitalces, sang der Sopranist
Monticelli, die beiden Frauen Semiramis und Tamiris wurden durch
Altstimmen, die berühmte Vittoria Tesi-Tramontini und die Girolama
Giacometti dargestellt. (Die Tamirisrolle ist als Sopran notiert und
verwendet auch die hohen Register.) Der „weiche" Myrthäus wurde
durch den Tenoristen Amorevoli, den Theseus-Darsteller aus dem
Hippolytus, der barbarisch-seltsame Hirkanus durch den Sopranisten
Rochetti dargestellt, der Intrigant Sibaris aber durch die So-
pranistin Marianna Galeotti. Interessant ist die Verwendung der
Tenorstimme für das edel-weiche, die Verwendung der scharfen Sopranstimme für das barbarisch-bizarre. Von den 6 Rollen waren 4
durch Künstler besetzt, die schon an einer oder mehreren andern
Bühnen unter Gluck gesungen hatten.

Das Werk errang einen durchschlagenden Erfolg und wurde „oft-
mals" wiederholt.

Die Ouvertüre gibt uns in drei Sätzen die italienische Sinfonia,
aber gluckisch gefärbt, mit dem deutlichen psychologischen Hintergrund der Handlung: der erste Satz das festliche Gepränge der Braut-
wahl (mit Hörnern und Hoboen), der zweite Satz in g-moll das zarte
und leidvolle Liebesspiel, ein Stück von außerordentlichem Klangreiz
— seine Intimität wird durch das Fehlen der Bläser unterstrichen —
und der dritte Satz, eine Giga von bacchantischer Lust, ein wirbeln-

des Presto-Thema, voll von der feinsten Grazie. Gluck verwendet
diesen Satz wieder im Schlußballett der „Cythère assiégée" in Paris
1775.

Von den Musikstücken der Oper sind uns am interessantesten
diejenigen, die den Hauptrollen der Semiramis und Scitalces angehören. Bei der Semiramis ist die dunkle Leidenschaft der weiblichen Altstimme und gleichzeitig, da eine Verkleidungsrolle vorliegt,
ihre Annäherung an die Tenorstimme, dramatisch ausgenutzt. Zwei
Arien geben die hochpathetische Leidenschaft der verratenen und zer-
tretenen Liebe: gegen Ende des zweiten Aktes als Ergebnis eines
langen, im ausdrucksvollsten Obligatrezitativ mit Orchester sich ge-
staltenden seelischen Ringens mit Scitalces „Tradita, sprezzata, che
piango! che parlo!" Die Arie setzt ohne Ritornell ein und rast ohne
Dacapo bis zum Ende durch. Ich hebe die unheilvoll lastende
grabende Fagottfigur in den Bässen hervor bei „che possa provarlo
quell'anima ingrata, quel petto di scoglio". Das Ungeheuerliche, das
die Unglückliche zu dulden hat, kommt damit erschütternd zum
Ausdruck. Dieser Baß wird uns — eine sehr interessante, bisher unbeachtet gebliebene Entlehnung — in der „Iphigenie auf Tauris" in
der ersten unglücksschwangeren Thoas-Arie wiederbegegnen: „Je
crois sous mes pas la terre s'entrouvrir, et l'enfer prêt . . ." Aus dem
dritten Akt gehört in dieses hochpathetische Stimmungsgebiet die
Semiramis-Arie „Fuggi dagl'occhi miei" in e-moll, gleichfalls ohne
Dacapo durchgearbeitet, äußerlich gefaßter — man beachte den
synkopierten Rhythmus —, innerlich noch zerrissener und schmerz-
licher durch die Erkenntnis des liebenden Weibes — diese Erkenntnis stellt sich am Ende der Oper als Irrtum heraus —, daß das
Schicksal es verurteilte, allen Gehalt ihrer Seele an Liebe und Treue
einem Unwürdigen zuzuwenden. Von außerordentlichem Klangreiz
ist eine Semiramis-Arie gegen Ende des ersten Aktes. Sie gibt den
erfolglosen Freiern (um Tamiris), Myrthäus und Hirkanus, eine
Art ars amandi: „Wenn ihr lieben wollt, unglückliche Liebhaber, dürft
ihr Seufzer und Klagen nicht sparen. Wer Mitleid zu erregen weiß,
kann auch ein widerstrebendes Herz zum liebenden machen." Die
dunkle Altstimme ist unterstützt von geteilten Bratschen, die von gedämpften Geigen umspielt werden, und in der höheren Oktave von
wesenlosen süßen Flöten, die gleichsam die Obertöne der Altstimme

geben, dazu weiche Horntöne. Äußerlich gekleidet ist die ars amandi in ein graziöses Menuett. Die verhaltene dunkle Leidenschaft der Semiramis — die ja ihre eigne vermeintliche Aufgabe gegenüber Scitalces erzählt, ohne daß dies ihren beiden Zuhörern erkennbar wäre — steht im Hintergrund und ist der Sinn dieses Klangzaubers. Die Arie würde heute im Konzertsaal zwar volle Wirkung tun, aber leider gerade dieses feinsten psychologischen Reizes, daß Semiramis lächelnd ihre Schmerzen erzählt, entbehren, wie regelmäßig ein gluckisches Opernstück. Diese Arie hat, als Menuett, ebenfalls nicht die Dacapo-Form.

Der eigengeartete Charakter des Scitalces ist von Gluck, dem „Kenner jeder Falte des menschlichen Herzens", meisterhaft gezeichnet. Am deutlichsten kommt der Gehalt dieser Rolle in der großen Schlußarie des zweiten Aktes — hinter der erwähnten Szene „Tradita, sprezzata" — zum Ausdruck, in einem langen, sich gar nicht genug tun könnenden Musikstück, das der Singstimme außer weichen Hörnern die Sologeige und das Solovioloncell beigibt und damit die intimste Zartheit und innere Zerrissenheit der leidenschaftlichen Seele des Helden aufdeckt. Scitalces legt in diesem Monolog, dessen Text nicht von Metastasio, sondern umgearbeitet ist, seine Seele bloß: wie der grausame Verrat, an den er glaubt, seine Liebe zu Semiramis doch nicht hat ertöten können. Und etwas weiteres sagt die Musik, was der Text nicht sagt: wie die leidenschaftliche Tat, die Geliebte in jener unheilvollen Nacht am Nil töten zu wollen, auf seiner Seele lastet und sie zerreißt. Wer dächte nicht an den gewaltigen Monolog des Agamemnon, der schließlich der Stimme der Natur folgt — ein Stück freilich noch ganz andern Ausmaßes. Man beachte auch die pathetische Dramaturgie: wie am Ende des zweiten Aktes die beiden Hauptrollen ihrem übergroßen Leiden unentrinnbar fatalistisch gegenüberstehen, mit ihm kämpfen, ohne Siegeshoffnung: ein Stück Antike, das bei Gluck typisch ist. Ich verweise als Vergleichsstück auf das Duett von Orpheus und Eurydice im dritten Akt. In einer anderen Arie des Scitalces am Anfang des zweiten Aktes sehen wir die empfindsame Leidenschaftlichkeit dieses Mannes. Semiramis hat ihn zu seinem eignen Schutz entwaffnen lassen, er ist außer sich über diesen Bruch des heiligen Gastrechts: „fuggite! qui legge non s'intende!" Man beachte den prachtvollen Temperamentausbruch der

wogenden Achtel in den Streichern, denen der mit derartigen Vor-
schriften so sparsame Meister hier „passionato" zusetzt.

Sibaris, der mit den Leidenschaften und Interessen anderer Fang-
ball spielt, singt im Tanz-Rhythmus, und wird von einer weiblichen
Sopranstimme gegeben.

Der kultivierte edle Jüngling Myrthäus, den das etwas übermütige Prinzeßchen Tamiris „weich und langweilig" findet, aber zuletzt besser versteht und wählt, wird von einem lyrischen Tenor gegeben, dessen Klanggehalt voll ausgenutzt wird. Auf den Scythen
Hircanus, den ein Kastratensopran gibt, wurde schon hingewiesen.
Ein prachtvolles Bild gibt die Schlußarie des ersten Aktes, in der
Hircanus ähnlich einem Orkan jeden Widerstand niederwerfen will.
Der Sturm wird gemalt u. a. durch rollende Streichbässe, die aus-
setzend (!) zu den Geigen treten, durch siegreiche Trompeteneinsätze,
synkopierten Rhythmus usw. Und dabei fühlt man, wie dies für den
sicheren Pinsel des Meisters eine Nebenaufgabe ist, und ahnt, was
dieser Pinsel malen wird, wenn seine Stunde gekommen ist . . .

Ich kann nicht von dieser Partitur scheiden, ohne noch auf das
wundersame Naturidyll, in dem Myrthäus den Bach besingt, dessen
Murmeln kaum hörbar ist, hinzuweisen. Die Bässe zupfen, gedämpfte Geigen synkopieren, Bratschen mit den Violoncellen geben
ihre rastlosen Achtel, Solohorn und Solohoboe werfen gelegentlich
einen der belebten Natur abgelauschten Gesangszug hinein, und Myrthäus besingt das Bächlein, das Symbol seiner Liebe. Hier spricht
Gluck, der seine Jugend am deutschen Bach verlebt, und der dem
Ruf seiner Zeit „zurück zur Natur" einen so überwältigenden Ausdruck zu geben berufen war. Es gibt in der musikalischen Literatur
wenig Ähnliches. Vor allem gehört zu dem „Ähnlichen" Glucks
Naturpoesie aus seinen späteren Werken, so die berühmte Arie
des Malers am Ende des dritten Aktes der „Pilger von Mekka" „Einen
Bach, der fließt".

Am Ende des dritten Aktes tritt die geschlossene musikalische
Form immer mehr zurück. Wir finden in die Rezitative eingestreut eine
achttaktige Arie der Semiramis (von Wotquenne nicht erwähnt) „Fra
tanti affanni miei" und dann einen zwanzigtaktigen ungestümen Gesang des Hirkanus. Im Schlußchor hebe ich zwei besonders gluk-
kische Züge hervor (Lebe in Freude und sei unsere Königin, die du

bisher) fù nostro rè! Eine so oft wiederkehrende typische Wendung von soviel Herzlichkeit, Treue und Wärme! Dann das „Viva" im Unisono, dem für Chor und das übrige Orchester eine Generalpause folgt, während die Geigen mit einer die Volksfreude malenden jubelnden Sechzehntelpassage auf das folgende losstürzen! Der Anfang des zweiten Aktes bringt einen Chor, in dem Hymens Fackel besungen wird, durch a-moll und die Trompeten ein wenig ins Erhabene und Mystische gezogen. Ich erwähne ihn, weil ein Gluck-Biograph diesen Chor ästhetisch gründlich mißversteht und von einer „fast traurigen" Stimmung spricht!

Sieht man, was Gluck aus dem Metastasiostück herausgeholt hat, so ergibt sich ein überwältigendes Bild seiner Meisterschaft. Soviel Können, soviel — was nachgetragen sein mag — Ausnutzung der Technik des Sologesanges, soviel seelischer Gehalt, soviel Klangreiz mußte den Wienern, wenn es ihnen verständlich werden konnte, wie die reine Zauberei erscheinen. Und vielfache Wiederholung und „der glänzendste Beifall" können uns darauf schließen lassen, daß der Künstler in seiner deutsch-österreichischen Heimat verstanden wurde.

Glucks Ruhm aus Italien, der durch den starken Erfolg seiner „„Semiramis" neue Nahrung gewann, seine künstlerischen und persönlichen Eigenschaften, nämlich sein urmusikalischer Sinn und seine Virtuosität als Sänger, Geiger, Violoncell-, Klavierspieler, seine offne Gradheit und Heiterkeit, sein „argloser deutscher Sinn", wie es Schmid treffend nennt, öffneten dem 34jährigen Meister in Wien Herzen und Türen. Die Opernverhältnisse in Wien ließen aber damals noch keine Aussicht auf dauernde Tätigkeit erkennen, und dieser Umstand trieb Gluck vorübergehend wieder in die Ferne.

c) DER GÖTTER STREIT

Im Herbst 1748 finden wir Gluck wieder bei der Truppe von Pietro Mingotti, mit der er anderthalb Jahre zuvor in Dresden seine „Hochzeit des Herkules" aufgeführt hatte. Die Hamburger Presse schreibt am 3. Oktober 1748, offenbar kurz nach der Eröffnung der dortigen Spielzeit, daß der „wegen der Tonkunst so bekannte Herr Gluck" jetzt anstatt des Herrn Scalabrini, welcher in königlich dänische Dienste getreten, Kapellmeister sei. In dieser Hamburger Spielzeit,

die von Ende September bis zum 7. November währte, ist Gluck mit
einem eignen Bühnenwerk nicht hervorgetreten. Ende November begab sich die Truppe zu Schiff nach Kopenhagen, auf Einladung des
dänischen Hofes. In Kopenhagen finden wir Gluck als Kapellmeister,
aber auch als konzertierenden Künstler, und als Komponisten einer
neuen dramatischen Serenade „La contesa de' Numi" („Der Götter
Streit"), die anläßlich der Geburt des späteren Dänenkönigs Christians VII. im Charlottenborger Schloß zuerst am 9. April 1749 aufgeführt wurde. Um das vorweg zu nehmen, finden wir ihn auch als
Virtuosen auf dem Cembalo und auf der Glasharmonika, wie in London mit viel Wärme aufgenommen.

Die „Contesa de' Numi" ist eine Serenade mit Bühnenbildern
in zwei Teilen. Wir sehen den Olymp in Aufruhr. Jupiter fragt
zürnend nach der Ursache des Streits, und die Götter erklären, daß
sie aufeinander eifersüchtig seien, wer die Sorge für den jungen
Sproß des Königshauses übernehme. (Das Spiel war von Metastasio 1729 in Rom auf die Geburt des französischen Dauphins gedichtet und dort mit Musik von Vinci aufgeführt worden; der Text
mußte natürlich für Kopenhagen leicht abgeändert werden.) Jupiter
läßt die Götter ihre Verdienste um das Königshaus vortragen, was
Veranlassung zu Huldigungen für dieses in Gestalt einer Anzahl
von verschieden charakterisierten Arien gibt, behält sich die Entscheidung vor, läßt in einem Schlußchor des ersten Teils aller Götter
teilnehmende Freude an dem zarten Schößling verkünden. Im zweiten
Teil führen die Götter einzeln vor, was in ihrer Schule der Prinz
lernen würde: Mars, die Göttin des Friedens, des Glücks, der Gerechtigkeit, Apollo; und Jupiter entscheidet, daß sie alle zusammenwirken müßten, allzu hart wäre die Schule des Prinzen, wenn nur
Mars ihn unterrichtete usw. Schlußchor. Die Dichtung bietet Anlaß
zu prächtigen Bühnenbildern, zu reizvoller und feiner Musik, vor allem
zur abweichenden Charakterisierung der einzelnen Götter. Jupiter,
der Göttervater, und Mars sind Tenöre. Apollo ist einem männlichen Sopran anvertraut. Wir kennen nicht genau die Ausführenden.
Die Angaben von Wotquenne darüber sind unrichtig. Es scheint,
daß die weiblichen Gottheiten durch Marianna Pirker, Theresa Pompeati (die uns aus London her bekannt ist) und Maria Masi verkörpert
wurden, den Apollo mag Casati gesungen haben. Wer die Tenöre

waren, weiß ich nicht. Wir hören, daß die Proben schon im Februar begannen; der Kronprinz war am 29. Januar geboren, und die Aufführung fand beim ersten Wiedererscheinen der Königin in ihrer Gegenwart statt.

Die Anlage des Spiels ist feingegliedert: jeder Teil beginnt mit einer einsätzigen Ouvertüre, die in ein vom Orchester begleitetes Rezitativ ausläuft. Es schließen sich daran für jede Gottheit je ein Sologesang in jedem der beiden Teile, und sowohl der erste, wie der zweite Teil endet mit dem „Chor", einem chorartigen Ensemblestück für alle Solosänger. Die Tonsprache ist ganz Gluck: im Rezitativ kraftvoll, stets bedeutsam und charakteristisch aus dem Wort herausgewachsen, in den Arien mit einer gleichfalls aus dem Worttext gewonnenen Thematik und tiefempfundener Charakteristik, die so unauffällig und selbstverständlich hingeworfen ist, daß man eher Gefahr läuft, sie zu übersehen, als sie als absichtlich zu empfinden. Asträa, die Göttin der Gerechtigkeit, hat im ersten Teil eine wundersame Arie in A-dur mit gedämpften Geigen, die sich bald ins ausdrucksvolle Moll wendet; sie fleht wie in einem Gebet „mit bescheidenem Gesicht den Göttervater an, dem Kinde Nährerin sein zu dürfen, sie, die es dem königlichen Vater war". Von starker Wirkung ist, wie am Ende des ersten Teils die Geigen die Dämpfer abheben und forte ins warme D u r fallen. Ein entzückendes Bild gibt die Göttin des Friedens, die von sich sagen darf, daß unter ihrem Schutz ohne Sorge die liebende Schäferin ihrer irrenden Herde folgt. Bei den weichen gebundenen Achteln, mit reizvollen Imitationen (Violoncell ohne Baß) sieht man die Herde unwillkürlich vor sich. Die Glücksgöttin Fortuna bringt im ersten Teil mit dem neuen Text „Perchè viva felice", was man bisher nicht wissen konnte, die schelmische, von mir wieder aufgefundene und bei der Besprechung der Sophonisbe erwähnte Arie „Tornate, sereni", jedoch trochäisch, nicht jambisch. Der Mittelteil ist weiter ausgearbeitet, anläßlich des bedeutsamen Textes („Nicht begleitet vom Glück sieht sich die Tugend ohne Lohn"). Interessant ist vor allem die Uminstrumentierung: in der Sophonisbe ist die Arie für Streichorchester mit solistischen Bläsern instrumentiert, für deren Farbe sie offenbar konzipiert ist. Hier finden wir, wie in der ganzen „Contesa", nur Streicher. Im zweiten Teil fällt dies bei der ersten Arie des Mars auf, deren Thema, im voraufgehenden Rezitativ bereits viermal gebracht (!), ein eigentliches Trompetenthema ist. In diesem Rezitativ schreit der Text geradezu nach Bläsern, und Gluck imitiert durch Sforzati und Tremolo der Primgeigen, Unisonoschläge der übrigen Streicher, kriegerische Instrumente. Das bringt uns darauf, daß er wohl nicht freiwillig auf Bläser verzichtet, sondern keine zur Verfügung hatte. Und dieser Umstand wirft plötzlich ein Schlaglicht auf die Tatsache, daß Gluck, den wir als den Schöpfer eines Werkes, wie es die Semiramis ist, soeben kennengelernt haben, sich in der dänischen Hauptstadt damit begnügt, diese Serenade zu schreiben und auch keines seiner älteren Werke zur Aufführung zu bringen. Gluck war künstlerischer Realpolitiker, wenn dieser Ausdruck erlaubt ist. Er paßte sich den technischen Gelegenheiten wie ein echter Künstler mit einem Stilgefühl, wie es die Kunstgeschichte selten zeigt, an. In der Tat sagen uns die dänischen Archive, daß die Hofvioloner, die Gluck zur Verfügung standen, eine Orchestertruppe von zehn Spielern waren, und daß für die Aufführungen der Mingotti-Truppe noch acht Spieler zur Verstärkung zugezogen wurden. Das gab freilich nur ein anständiges Streichorchester.

Ein wunderbar schönes Musikstück ist die Apollo in den Mund gelegte Arie „Fra le memorie". Es ist schade, daß dieses Stück nicht unsern Sängern im Druck zugänglich ist. Sein Inhalt gilt dem Gedächtnis der Helden, festgehalten von der Kunst Apollos. Die Arie finden wir dramatisch erschütternd wieder im „Aëtius", dem nächsten Bühnenwerk des Meisters. Dort ist sie dem Helden als Ausdruck der Treue in dem Augenblick in den Mund gelegt, wo die feige Falschheit des Tyrannen ihn mit dem Untergang bedroht. Das psychologisch-verwandte der Situationen gesehen zu haben, ist ein Genieblitz.

Unstreitig die schönste Arie ist die letzte des Jupiter. Wir haben den Göttervater in gemessener Hoheit, aber voll, übervoll von Empfinden und innerer Bewegung vor uns mit jenem Stich ins Mystische, der Gluck eignet. Bei den Worten „che lento ravolga lo stame reale la parca servera mia cura serà" („daß nicht zu eilig die strenge Parze den königlichen Faden abschneide, soll meine Sorge sein") finden wir zu den ausdrucksvollen Gesangtönen das Orchester in gestrichenen Achteln mit Akkorden, die man (wie F-dur mit es, aus dem d-moll-

Akkord hervorkommend, und später das mystische Dur bei „Parca servera") leicht als verwandt mit der Beschwörungsmusik der „Armida" erkennt. Besonders schön ist der aus überquellendem Herzen fließende Mittelteil der Arie in e-moll mit den sich nicht genug tun könnenden Imitationen.

Auch die zweite Arie der „Fortuna" ist eine Entlehnung aus einem früheren Werk, nämlich aus der Arie „Varca il mar superba nave" aus dem Hippolytus. In der „Contesa" ist aber die Triolenbewegung, die das Schaukeln des Schiffes auf den Wogen schildert, zu einer heftigeren Bewegung: zwei Sechzehnteln mit folgendem Achtel, geworden. Damit ist die Anschaulichkeit des Bildes gewachsen.

d) AËTIUS. HOCHZEIT

Die Kopenhagener Spielzeit dauerte bis zum 13. April 1749. Von Kopenhagen scheint sich Gluck wieder nach Wien begeben zu haben. Es wird uns berichtet, daß er, in den guten Familien Wiens ein gern gesehener Gast, auch im Haus eines Großkaufmanns und Bankiers namens Joseph Pergin verkehrte. Dieser hatte zwei Töchter, und die ältere, Marianna, war Gluck zur Seelenfreundin und Gefährtin seines Lebens beschieden. Sie war ein edles Mädchen von warmer Empfindung und leidenschaftlicher Neigung zur Musik. Dazu wissen wir aus zahlreichen Einzelzügen, daß sie eine aristokratische Erziehung genossen hatte und vor allem den feinsten Takt des Herzens besaß. Nicht ohne Kampf eroberte der Meister diese Braut. Ihrer Liebe gewiß — und das Mädchen hatte die Mutter auf ihrer Seite — warb er um sie beim Vater, erlitt aber in seinem einem einzigen Siegeslauf gleichenden Leben die erste Niederlage: seine Lebensstellung, die eines Musikers, gebe keine genügende Bürgschaft für die anständige Versorgung eines vornehmen jungen Mädchens, oder, wie die Sprache des 18. Jahrhunderts es ausdrückte, eines Fräuleins. Da war vorläufig nichts zu machen, aber Marianna schwor dem Geliebten ewige Treue. So war das Jahr 1749 das „glücklichste und zugleich unglücklichste" seines Lebens.

Gluck scheint darauf Wien verlassen zu haben. Es besteht über seinen Aufenthalt in der Zeit, die zwischen Kopenhagen und der „Hypsipyle" in Prag (1752) liegt, ein nur streckenweise gelichtetes

Dunkel. Vor allem spielt eine Reise nach Rom oder Neapel und das bisher ungelöste Rätsel der Urfassung des „Telemach" eine Rolle. Wir hören, daß der Vater von Marianna Pergin Anfang 1750 starb, und daß Gluck auf diese Nachricht wieder nach Wien eilte, sobald er sich frei machen konnte, und zwar wird uns erzählt, daß er aus Italien herbeieilte. Urkundlich steht fest, daß in P r a g in der Karnevalsspielzeit im dortigen Neuen Theater der Aëtius aufgeführt wurde, ohne jeden Zweifel unter Glucks persönlicher Leitung — denn keins seiner Werke überließ er in der Uraufführung einer andern Leitung im Vollgefühl der Einzigartigkeit seiner Kunst, einem Gefühl, das ihn später aussprechen ließ, daß bei Werken „dieser Art" ihr Schöpfer in der Aufführung so nötig sei, wie die Sonne der Erde. Dieser Aëtius ist so voll von jubelnder Siegesgewißheit, von selbstbewußter Gestaltungskraft eines auch den bisherigen Werken Glucks gegenüber unerhörten Grades, daß man ihm wohl anhört, wie Gluck seines persönlichen Lebens größten Sieg errungen. Am 15. September 1750 fand in Wien seine Trauung mit Marianna statt. Wieder schwindet uns der Meister aus den Augen, bis Anfang 1752. In Wien hat er allem Anschein nach nicht gelebt, obwohl uns berichtet wird, daß er nach der Heirat im Hause seiner Schwiegermutter, dem ehemaligen Lauranischen Hause in der Vorstadt Neustift, Wohnung genommen habe. Hätte Gluck in Wien gelebt, so wäre es unverständlich, daß der Prinz von Sachsen-Hildburghausen Ende 1752 darauf brennt, den berühmten Mann, dessen „Titus" damals in Neapel gegeben wurde und Italien mit dem Ruf des Unerhörten durchhallte, persönlich kennenzulernen und zur Mitwirkung bei seinen „Akademien" heranzuziehen, wie uns durch Dittersdorf überliefert ist.

Glucks „Telemach" ist 1765 in Wien aufgeführt worden und kann in der Fassung, in der uns die Partitur erhalten ist, nur eine Frucht der ästhetischen Grundanschauung sein, zu der Gluck etwa 1760 gelangt war. Der handelnde Chor, von allem andern abgesehen, zeigt uns von fern die „Iphigenie in Aulis", weist auf Rameau, und kann nicht 1750 und nicht für Rom entstanden sein. Anderseits ist die Oper ohne jeden Zweifel, wie schon die Zweiaktigkeit zeigt, überarbeitet. Alle älteren Biographen berichten übereinstimmend, daß Gluck den „Telemach" 1750 für R o m geschrieben habe — wo sich urkundlich doch keine Spur eines Gluckschen Werkes findet, abgesehen vom „Antigonus" 1756. Wir haben im Verlauf dieser Darstellung bereits wiederholt gefunden, daß derartige alte Berichte auch dann, wenn sie zweifellos falsches enthalten, nicht einfach zu übergehen sind, daß vielmehr in der Regel etwas daran ist, verbrämt mit Mißverständnissen und hinzugefügten Kombinationen. Es müßte seltsam zugehen, wenn uns nicht ein italienisches Archiv eines Tages den urkundlichen Nachweis über diese Zauberoper, die Vorläuferin der Armida, bringen sollte! Die alten Biographen erzählen uns auch noch die Einzelheit, daß Gluck, nachdem ihn der Vater seiner Marianna abgewiesen, die Abreise nach Italien überstürzt habe. Die Paßformalien hätten ihn verdrossen, und er hätte sich unerkannt in eine Kapuzinerkutte gehüllt und so schneller Wien hinter sich gebracht.

Die Ehe Glucks war, wie vorausgenommen werden mag, eine überaus glückliche, obwohl sie kinderlos blieb. Marianna liebte ihren Gatten auf das herzlichste, umgab ihn mit dem Behagen des gutgeleiteten vornehmen Heims, begleitete ihn vielfach auf seinen Kunstreisen, repräsentierte mit österreichischer Herzlichkeit das auf aristokratischen Verkehrston gestellte Haus, und nahm leidenschaftlichen Anteil an seiner Kunst. Ihr Reichtum gab dem Künstler Gluck die Möglichkeit, seine bisherige Lebensführung, die auf den dauernden Verkehr an Höfen und mit dem Adel eingestellt war, ohne Sorgen und Einschränkungen weiterzuführen. Der feine Takt dieser Frau hat vielfach Härten ihres Vollblutgatten, der zwar ein Mann von Welt war, aber den Stier bei den Hörnern zu fassen liebte und sich auch, besonders im Alter, gerne gehen ließ, überbrückt. Wenn die „Alceste" eigentliche Hausmusik bei Gluck wurde, dieses Hohelied der Gattentreue über den Tod hinaus, so mag uns das einen Blick gestatten in dieses glückliche Haus.

Wir finden also den glücklichen Bräutigam Gluck in P r a g in der Karnevalsspielzeit 1750, wie er sein Brautlied, seinen Aëtius, aufführt. Das Textbuch zu diesen Aufführungen — wie die meisten der italienischen Textbücher der Zeit, die außerhalb des italienischen Sprachgebiets gedruckt wurden, ist zweisprachig: links mit dem gesungenen italienischen Text, rechts für die des Italienischen nicht oder minder Kundigen mit einer Übersetzung in die Landessprache, hier ins D e u t s c h e (nicht etwa ins Tschechische, was ich Denen unterstreiche, die aus Gluck aus törichtem Chauvinismus einen Tschechen

machen wollen!) — enthält hinter dem Personenverzeichnis eine ungewöhnliche Bemerkung: „Die Music ist eine deren siechreichesten
Compositionen des Hrn. Kluck. NB.: Wer einige Arien, oder ganze
Spartituren verlanget, hat sich bey Hrn. Jacob Calandro ersten Vio-
linisten der Opera zu melden." Diese Bemerkung beweist den ungeheuren Erfolg dieses Werkes, das Gluck dreizehn Jahre später in
Wien unmittelbar nach seinem „Orpheus" wieder aufführte, und das
in der Tat auch heute mit winzigen textlich-dramaturgischen Eingriffen, gute Aufführung des Gesanglichen und Dramatischen vor-
ausgesetzt, die allerdings bei dem Zustand unseres heutigen Sologesangs fast ausgeschlossen ist, noch wirksam sein würde.

Die Aufführung wurde in Prag durch die Truppe des Direktors
der italienischen Oper, Giovanni Battista Locatelli, bewirkt, eine
der berühmtesten, der uns bekannten Mingotti-Truppe gleichwertige
Künstlergesellschaft. Den Aëtius sang der Altist Nicola Reginelli,
die Fulvia die Sopranistin Elisabetta Rochetti. Für den Maximus
finden wir den Tenoristen Settimio Canini wieder. Die kleineren
Rollen sind besetzt: Valentinian der Sopranist Antonio Francia, Honoria Leonilda Burgioni und Varus der Sopranist Franz Werner.

Metastasio hat in der Rolle des Aëtius sich selbst übertroffen
und einen Mann und Helden folgerichtig gezeichnet. Seine Züge
sind: Kraft, Größe, Arglosigkeit, Aufrichtigkeit, Treue, Stolz und Gefaßtheit gegen das furchtbarste Schicksal. Daß dieser Charakter Gluck
liegen und ihn zum Außerordentlichen anfeuern mußte, versteht sich:
es war ja sein eigener Charakter. Seine Partnerin ist die edle Fulvia. Beiden gegenüber steht der weibisch feige Kaiser Valentinian,
und dessen heimlicher Todfeind, Maximus, der Vater der Fulvia,
Intrigant, weil „der Haß, wenn er offenbar wird, die Gelegenheit
zur Rache verliert". Maximus ist die eigentliche Triebfeder der Handlung: sein Leben ist Rache für eine Beleidigung, die seiner verstorbenen Gattin vom Kaiser angetan war. Der siegreiche Feldherr Aëtius,
der soeben den gewaltigen Attila auf den katalaunischen Feldern
geschlagen, ist der Geliebte seiner Tochter Fulvia. Auf diese hat
aber auch Valentinian ein Auge geworfen, und Maximus, der sich in
das Vertrauen seines Todfeindes geschlichen hat, begünstigt diese
Neigung des Kaisers, weil er in ihr Angriffsmöglichkeiten sieht. Er verhöhnt unbemerkt den weibischen Schwächling: (I, 8 „Es haben die Mon-

archen ein Licht der Vernunft, das uns fehlt"). Die Oper beginnt mit dem festlichen Empfang des Helden Aëtius durch Valentinian. Dann begrüßt Maximus mit seiner Tochter Fulvia den Helden. Maximus enthüllt ihm, daß bisher die Furcht den Kaiser einigermaßen zurückgehalten habe, nun aber mache ihn der große Sieg über Attila zum schrankenlosen Tyrannen. Aëtius: „Ich halte ihn nicht dafür! Was verlangt er denn?" Maximus: „Deine Braut!" Aber der Anschlag mißglückt. Aëtius will „alle Wege, nur keine Untreue". Es sei der Fehler, dem Kaiser nicht offen die Sachlage zu schildern. Tröstend zur geängstigten Fulvia: „Ich bin Sieger! Du weißt, daß ich dich anbete, und du weinst?" Und die wundersame C-dur-Arie in ausdruckvollster Cantilene mit Streichorchester: „Pensa a serbarmi, o cara, i dolci affetti tuoi: Amami, e lascia poi ogni altra cura a me" („Sei nur darauf bedacht, Geliebte, mir deine süße Neigung zu bewahren: liebe mich, und überlaß jede andere Sorge mir!"). Das war etwas für Gluck, der dieser Heldenstimmung den ernstesten Ausdruck zu geben wußte. Wir wissen übrigens, daß der Meister gerade diesen Text schon einmal, im „Artamenes" komponiert hatte, auf eine andere Weise. Als Aëtius abgegangen ist, ein anderes Bild: Fulvia empfängt vom Vater die Erklärung, daß sie sich dem Kaiser antragen solle, um dem Vater Gelegenheit zu verschaffen, den Kaiser zu ermorden. Die furchtbarsten Seelenqualen offenbart uns die d-moll-Arie der Fulvia „Caro padre, a me non dei rammentar che padre sei". Die Streicher mit den keuschen, scharfen Oboen führen imitierend mit Dissonanzen, die wie immer neue Dornenstiche wirken, das herbe Gesangsthema durch und begleiten es umspielend. Maximus wird erregt: ein (von Wotquenne nicht angeführtes), vom Orchester begleitetes Monolog-Rezitativ: „Bevor die Morgenröte sich erhebt, sterbe der Kaiser!" Die Oper bringt an drei Stellen ein Obligatrezitativ. Hier wird dadurch das die Handlung entscheidend ins Rollen bringende psychologische Moment erschütternd herausgehoben. Der rücksichtslose Intrigant Maximus macht, um seine Rachepläne vorzubereiten, den Kaiser argwöhnisch gegen den Ruhm des Aëtius: die berühmte, später von Gluck in den elysäischen Feldern des Orpheus wieder verwendete Arie: „Se povero il rucello", eines jener unvergleichlichen Naturbilder vom Bach, ein Schulbeispiel des sympathetischen Kontrapunktes. Die erste Geige hat das unaufhör-

liche Murmeln, einen durch die ganze Arie festgehaltenen Rhythmus,
— wie ihn Gluck so oft und gern verwendet. Die Solooboe gibt
dazu, im Wetteifer mit der Singstimme, eine zart-sehnsüchtige Melodie mit pastoraler Farbe, weiche, langgezogene Horntöne hallen dazu, die Bratschen halten unaufhörlich ihren Achtelrhythmus fest,
Bässe und 2. Geigen geben alternierend die für Gluck so charakteristischen weichen Striche — kurz, die Natur ist aufgelöst in vielstimmigen
sympathetischen Klang. Im Mittelsatz dann das Bild des gefährlichen Anschwellens: die Bässe imitieren jetzt in drohendem Rollen
das bisher so sanfte Murmeln, Horn und Hoboe sind verschwunden,
und 2. Geige und Bratsche verlassen ihren idyllischen Rhythmus.
Das köstliche Naturbild wird Maximus in den Mund gelegt, der mit
der langen, ihren eigentlichen Sinn zurückhaltenden Schilderung
sehr dramatisch den Argwohn des Tyrannen allmählich wecken will.
Es ist behauptet worden, daß diese Naturschilderung undramatisch
sei: der behauptende Literat hat Gluck nicht verstanden. Maximus, der Teufel, spannt ja den Kaiser, der in wachsendem Argwohn zuhört, auf die Folter und spielt mit ihm. Das lang ausgesponnene Naturbild an dieser Stelle ist ein Genieblitz Glucks. Es
naht Aëtius und stellt dem Kaiser offen seine Liebe zu Fulvia vor. Der
Kaiser hört ihn kalt an und antwortet mit einer Festigkeit, zu der er
sich ausnahmsweise aufrafft: „Der Kaiser hat gehört, er wird entscheiden!“, eine Arie ohne Ritornell und Dacapo, ganz auf den Wortakzent homophon aufgebaut.

Der zweite Akt bringt den von Maximus angestifteten Mordver-
such. Der gedungene Diener Ämilius wird von dem rechtzeitig aus
seinem Bett aufspringenden und das Schwert ergreifenden Kaiser
schwer verwundet und entkommt. Der Kaiser sucht Rat und Hilfe
bei — Maximus; dieser weiß den Verdacht auf Aëtius zu lenken
(in der Hoffnung, daß der Fall des Aëtius das Volk gegen den Kaiser
empören und Gelegenheit zu einem neuen und erfolgreicheren Atten-
tat geben möge). Der Kaiser läßt durch Varus, den Befehlshaber
seiner Leibwache und Freund des Aëtius, diesem den Degen ab-
fordern. Aëtius übergibt seinen Degen mit der prachtvollen Arie
(ohne Ritornell und Dacapo): „Überbring ihm diesen Degen, der ihm
den Thron verteidigt hat!“ Der zweite Akt bringt als Höhepunkt den
Empfang des Aëtius durch den Kaiser in Gegenwart von Maximus

und Fulvia. Fulvia hat sich entschlossen, die Geliebte des Kaisers zu
scheinen, um Aëtius zu retten. Sie flößt dem feigen Herrscher den
Gedanken ein, daß sie um sein Leben besorgt sei: das Volk werde
die Bestrafung des Aëtius rächen. Valentinian antwortet, daß auf
seinen Befehl Aëtius zur Vernehmung erscheine. Fulvia will sich entfernen; sie darf nicht. Der Kaiser fordert Aëtius auf, den gegen ihn
bestehenden dringenden Verdacht zu beseitigen oder Verzeihung zu
verdienen, falls er schuldig sei, und stellt Fulvia als die künftige
Kaiserin vor. Aëtius verteidigt sich mit kühnem Freimut, so daß
„diese Verteidigung ein neues Verbrechen ist". Die Situation zwingt
Fulvia zur Lüge, daß sie Valentinian liebe und stets geliebt habe.
Das Übermaß des Schmerzes, das diese Enthüllung in Aëtius erregt,
läßt sie jedoch rücksichtslos die Wahrheit bekennen: daß sie aus
glühender Liebe zu Aëtius den Kaiser getäuscht. Und nun wiederholt
Aëtius auf dem Höhepunkt in höchster Erregung, die Worte, die ihm
kurz zuvor der Kaiser höhnend zugerufen: „Sieh, ob deine Hoffnung
dich betrogen hat!" und aufflammt das ganze Orchester, aus dem
Seccorezitativ wird ein Obligatrezitativ, das zweite der Oper. „Ah te-
merario!" ruft der Tyrann, als geschlagener Liebhaber an der empfind-
lichsten Stelle verwundet. Der Befehl des Kaisers, Aëtius in den furchtbaren Kerker zu werfen, entlockt diesem nur die Antwort: „Deine
Raserei ist das Zeichen meines Triumphes", und nun, ohne Ritornell
und Dacapo, sich mit glühender Empfindung unmittelbar an das Rezitativ anschließend, die berühmte Abschiedsarie „Ecco alle mie catene"
in E-dur mit Hörnern. „Ich gehe zum Tode, aber dies Herz gehört
mir! Verzeihe dem, der dich anbetet, daß er an dir zweifelte! Dies
Herz gehört mir: ich siege über dich (zu Valentinian!)" Das Ende ist
fanfarenmäßig. So lange es eine Kultur des Gesanges geben wird,
wird diese Arie erschüttern und rühren. Man kann sagen, wo sie
nicht mehr wirkt, da ist unser Sologesang vollkommen im Schutt der
instrumentalen Barbarei untergegangen. Von dieser Arie ist uns
auch ein Autograph Glucks erhalten, das aus Klopstocks Nachlaß zur
Berliner Bibliothek kam. Ich erwähne, daß die Arie, was weniger bekannt ist, als es sein sollte, leider ohne das vorausgehende Rezitativ,
daher dramatisch unverständlich, auch mit irreführender und fehler-
hafter deutscher Übersetzung, im Verlag von Leuckart in Leipzig im
Druck erschienen ist, und zwar in der Sammlung älterer Arien,

die unter dem Gesamttitel „Orion" erschien. In derselben Sammlung ist die hochdramatische letzte Arie der Fulvia, und zwar mit dem vorausgehenden Obligatrezitativ, „Misera, dove son" erschienen. Der Mittelsatz der Ouvertüre, in d-moll — ein leidenschaftliches Stück von intimem Ausdruck, erinnernd an den Mittelsatz der Hypermnestra-Ouvertüre, und das schönste Stück dieser Sinfonia — ist im Klavierauszug von Rust bei Schlesinger in Berlin in der „Anthologie classique" erschienen. Es wäre sehr an der Zeit, daß der „Aëtius" vollständig herausgegeben würde. Daß das bisher nicht geschehen ist, muß als eine Unbegreiflichkeit angesehen werden.

Letzter Akt. Der Tyrann Valentinian gibt Varus den Befehl, den Aëtius, den nochmals zu hören er sich von seiner Schwester Honoria (die den Aëtius liebt) raten läßt, zu töten, falls Aëtius unbegleitet vom Kaiser herauskommen sollte. Dem gefesselten Aëtius will der Tyrann ein Geständnis des Anschlags entlocken, indem er ihm Straflosigkeit in Aussicht stellt und sogar die Fulvia verspricht. Aëtius weist das Ansinnen mit Hochmut zurück. Der Kaiser ruft die Wache — man erinnere sich des vorher erteilten Befehls —, läßt überraschend dem Aëtius die Fesseln abnehmen, erklärt ihm, daß er seine Unschuld erkenne und ihm verzeihe, auch ihm seine Fulvia gebe. „Gehe nur, Aëtius, du wirst erkennen, wer ich bin!" Und nun das Lied der Heldentreue — wir kennen die herrliche Arie bereits aus der „Contesa" — „Per la memoria del tuo perdono". Der überraschte und beschämte Aëtius weiß sich nicht genug zu tun in Heldentreue gegen seinen von ihm verkannten Kaiser, dessen edle Größe in diesem Augenblick den Funken der seelischen Verbindung zwischen beiden vermittelt . . . Der Held geht jubelnd hinaus, und — Varus erscheint zum Bericht: „Ausgeführt ist der Befehl: Aëtius lebt nicht mehr!" Fulvia verhüllt im äußersten Schmerz ihr Antlitz, und jetzt erscheint Honoria: „Fröhliche Nachricht, Kaiser . . . Aëtius ist unschuldig!" Der schwer verwundete Ämilius hat sich in ihr Schlafgemach geflüchtet, wollte gestehen, starb, bevor er den Namen seines Anstifters nennen konnte, der nicht Aëtius, sondern . . . Der letzte Seufzer des sterbenden Ämilius verschluckte den Namen, den er nennen wollte. Nun die außerordentliche, bereits erwähnte hochdramatische d-moll-Arie der Fulvia mit vorausgehendem großartigem, durchaus im Stil der letzten Werke Glucks gehaltenen Obligatrezitativ, mit Hörnern und Oboen. Man beachte die Verwendung der tonlosen tiefsten Lage des Soprans zum hochdramatischen Ausdruck der vollständigen Vernichtung — bei Klytämnestra werden wir ähnliches wieder finden —, man fühle, wie im Beginn aus dem tiefsten d die Stimme zum schneidend hohen f auffährt: „Ah non — son io — non son io", wie bei dem dritten „non son io" der Rhythmus doppelte Schnelligkeit annimmt. Man höre die grausen Hörner, die a dissonierend festhalten, bei barbaro dolore, man lasse sich die Seele durch die scharfe, schmerzlich keusche Farbe der mit der Singstimme imitierenden Oboe zerschneiden! Der gesponnene Ton mit dem Ausbruch in den Schrei des hohen a bei delirar (rasen)! Dabei fällt einem ein, wie Gluck (in Paris) einem jungen Komponisten, der ein schüchternes Opus von ihm begutachten ließ, das recht nett konzertmäßig gearbeitet war, riet: „Für das Theater müssen Sie f a u s t d i c k e Noten schreiben ... s o dicke!" (die Faust machend) ... Und dann nach dem Mittelteil, — der mit starken Strichen in völlig anderm Rhythmus beginnt und schließlich die zum ausdrucksvollen Gesang von Gluck als Begleitung so geliebten fortgesetzten Orchesterachtel bringt — beginnt plötzlich, als ob die Bilder des Wahnsinns wieder vor der Unglücklichen aufstiegen, die rasende Begleitfigur des Hauptteils, dessen (teilweise) Wiederholung einleitend, eine psychologisch meisterhafte Verwendung der Dacapo - Arie zum hochdramatischen Ausdruck. Schluß: Maximus stürzt mit dem Schwert auf das Kapitol und reizt das Volk auf durch die Erzählung, daß der Kaiser den Aëtius ermordet habe. Der Kaiser kommt, kämpfend gegen zwei Verschworene, sieht Maximus, ruft ihn zu Hilfe. Maximus zu den Verschworenen: „Haltet ein! I c h will den Tyrannen töten!" Fulvia deckt den Kaiser mit ihrem Leib. Der totgeglaubte Aëtius, von Varus nicht getötet, sondern „zur Rettung des Kaisers aufgespart", tritt den Verschworenen entgegen. Schlußchor: „Im dunklen Weg des Lebens verirrt sich menschlicher Sinn. Die Unschuld allein ist der göttliche Stern, der das Dunkel erhellt!" — ein prachtvoller Chor, den Gluck später so charakteristisch wieder für die „Innocenza giustificata" verwandt hat.

Dieser Text ist wohl der beste, den Metastasio geschrieben hat, wenn man den dramatischen Gesichtspunkt anlegt. Gluck hat eine große Zahl von Eingriffen und Strichen vorgenommen. Es ist

überaus bezeichnend, wie er stets die Bilder und Wortspiele streicht
und die Handlung selber bringt. Man nehme gleich die erste Szene
des festlichen Empfanges des Aëtius durch Valentinian. Bei Metastasio erzählt Valentinian vieles: „Du hast der Tiber den Helden-
preis zurückgegeben usw." Gluck streicht die vielen zierlich ge-
setzten Worte bis zu der Stelle: „In diesen Armen (vom Throne stei-
gend) empfange ein Pfand der Liebe!" Das ist deutlich die Tendenz
der späteren Reform: Wortspiele zu vermeiden, dafür die Seelenvor-
gänge selber zu geben. Rem, rem! Ganze Szenen, wie die über-
flüssige erste Szene des dritten Aktes, sind entfernt. In andern Fällen
hat Gluck den Arientext durch einen andern, viel treffenderen, ersetzt,
wie in der Aëtius-Arie „Per la memoria del tuo perdono". Der zweite
Akt schließt bei Gluck mit einem Terzett der nach der Abschiedarie
„Ecco alle mie caterna" auf der Bühne Gebliebenen: Valentinian,
Maximus, Fulvia, während bei Metastasio noch drei Szenen mit je
einer Soloarie folgen usw.

Kleine Bildchen finden sich in Fülle, auf die erschöpfend einzu-
gehen den Raum einer Spezialuntersuchung erfordern würde. Eins
drängt sich mir gerade auf: der eifersüchtige Streit, den Honoria mit
Fulvia am Ende des ersten Aktes vom Zaune bricht: „Ancor non premi
il soglio". Man beachte die Sforzati der höhnenden schwirrenden
Geigenterzen bei der mehrmaligen Wiederholung „und schon beginnt
in deinem Antlitz der Hochmut zu erscheinen". Ein bekanntes Gemälde zeigt uns italienische Mädchen, von denen die eine mit über-
einandergeschlagenen Armen in hochmütiger höhnender Stellung die
andere erwartet, die in Erregung gegen sie losfahren will … ein
ähnliches Bild malen uns sogleich diese schwirrenden Geigenterzen
mit ihrer höhnenden Eifersucht.

Eine Nachwirkung des starken Erfolges, den dieser Aëtius in Prag
gehabt hat, ist die Aufführung der „Hypermnestra" durch die Locatelli-Truppe im Herbst 1750 auf der gleichen Bühne. Wie sich aus
dem Textbuch mit höchster Wahrscheinlichkeit ergibt, hat Gluck
diese Aufführung nicht geleitet, da in die Partitur fremde Musik
aufgenommen und das Werk wesentlich „bearbeitet" war.

Weiter finden wir 1751 in L e i p z i g den „Aëtius" von Gluck im
Neuen Theater am Rathause durch die Locatelli-Truppe wiederholt.
Fulvia wurde durch dieselbe Künstlerin gegeben, wie in Prag, die

andern Rollen waren anders besetzt. Aus dem Textbuch ergibt sich, daß auch hier die Glucksche Musik zum Teil durch fremde ersetzt wurde.

Aus diesen Aufführungen der verballhornten „Hypermnestra" und des verballhornten „Aëtius" kann biographisch der Schluß gezogen werden, daß Gluck damals nicht als Kapellmeister bei Locatelli tätig war, und daß also das Dunkel seines Aufenthalts bis zur „Hypsipyle" nicht durch die Hypothese gelichtet werden kann, er sei, wie früher bei Mingotti, so jetzt bei Locatelli Kapellmeister gewesen.

C. WIEN. DAS ABENDROT DER ROKOKO-OPER. BIS 1756
1. HYPSIPYLE

Wir haben Gluck sich verheiraten und nach Wien, seinem heimatlichen und — trotz Paris — endgültigen Wirkungskreis gelangen sehen. Freilich tun uns die Lebensmächte nicht den Gefallen, dies Künstlerleben so scharf schematisch zu gliedern wie unsere Überschriften dies tun: natura non facit saltum. Noch fehlte Gluck der Wirkungskreis in Wien; er errang ihn Ende 1752. So gehört die „Hypsipyle", die in Prag zwei Jahre nach dem Aëtius, in der Karnevalsspielzeit 1752 aufgeführt wurde, mehr dem vorhergehenden Lebensabschnitt an. Der Streit ist ästhetisch unaustragbar, weil uns leider von der Partitur dieser Oper lediglich drei Arien — und das Hauptthema einer vierten — erhalten sind. Das Textbuch bezeichnet Gluck als Maestro di Capella. Aus anderer Quelle wissen wir, daß Gluck, als er die Einladung erhielt, für Neapel die Festoper zur Feier des Namenstags König Karls III. zu komponieren und aufzuführen, in Prag wohnte („risiede"). Es scheint also, daß er damals als Kapellmeister bei Locatelli tätig war.

Die Hauptrolle der Hypsipyle wurde von Caterina Fumagalli gesungen, derselben Künstlerin, die im Herbst 1750 die Glucksche Hypermnestra dargestellt hatte, also einer Altistin. Ihr Partner Jason wurde von einem Tenoristen, dem Römer Giuseppe Rieciarelli, gesungen.

Der Metastasio-Text ist von Gluck, wie das Prager Textbuch beweist, mit ähnlicher reformatorischer Freiheit behandelt worden wie der „Aëtius"-Text.

Der Stoff führt uns in die alte Sage, auf die Weiber-Insel Lemnos. Die Männer waren in den Krieg nach Thrazien gezogen und dachten nicht an Rückkehr, da sie sich im Besitz nicht nur des eroberten Landes, sondern auch ihrer schönen Feindinnen wohler fühlten als in Lemnos. Diese bittere Verachtung verwandelte die schlecht belohnte Liebe der Bewohnerinnen von Lemnos in den grausamsten Zorn. Die Königstochter Hypsipyle von Lemnos will sich mit Jason von Thessalien, dem Argonautenführer, vermählen. Wenigstens jetzt glückte es dem König Thoas, ihrem Vater, der der Vermählung beiwohnen wollte, seine Mannen zur Rückkehr nach Lemnos zu bereden. In Lemnos ging ihm das Gerücht voraus, daß die Männer ihre schöne thrazische Kriegsbeute mitbringen würden. Und nun faßten die Weiber, in der Grausamkeit, die der Schwäche mehr als der Kraft eignet, den wilden Plan, sie alle bei der Ankunft zu ermorden. Ein Bacchusfest wurde veranstaltet, die rasenden Weiber täuschten Zärtlichkeit vor und in der Unordnung und dem Lärm des Festes töteten sie ihre treulosen Gatten — bis auf die Königstochter Hypsipyle, der die Ermordung des Vaters zugefallen war. Sie verbarg ihn, täuschte seine Ermordung vor, um ihn zu retten, wird durch die vermeintliche Schandtat des Vatermordes ihrem Geliebten, Jason, verhaßt, ja von ihm bei einem Mordanschlag auf ihn, den sie verhinderte, mit dem Dolch betroffen, den sie seinem Feind, dem Intriganten Learchus abgenommen, verdächtig, auch ihn haben ermorden zu wollen. Ihre Mühe aufzuklären ist vergeblich: „Höre mich!“ „Ich will nicht!“ „Töte mich!“ „Ich kann nicht!“ „Einen einzigen Blick!“ „Dich anzusehen ist ein Verbrechen!“ „Mein Geliebter, mein Abgott!“ „Gehe, oder ich gehe.“ Und nun folgt die Arie, die uns in Glucks eigener Handschrift erhalten ist, ohne Ritornell mit leidenschaftlichem Tonstrom beginnend: „Ich gehe, weil du es so willst ... den Irrtum wirst du einst erkennen, doch wird dein allzu später Schmerz für mein gequältes Herz kein Trost mehr sein.“ Die Arie, nur vom intimen Streichorchester begleitet, ist von hoher Schönheit. Es ist natürlich kein Zufall, daß Gluck, sicherlich für einen Freund, gerade von ihr eigenhändig eine Abschrift anfertigte. Dies Autograph gelangte 1901 durch Versteigerung in englischen Privatbesitz; durch Vermittlung Josef Liebeskinds erhielt ich eine Abschrift davon. Wenn von den Schönheiten dieses, einen Höhepunkt der Oper darstellenden

Musikstückes erlaubt ist, Einzelheiten herauszuheben, so ist es die
große None zweigestrichen a hinter dem B-dur-Akkord bei „crudeltà"
(Grausamkeit) zum Ausdruck des unerträglichen Schmerzes im ersten
Teil

und im Mittelteil jenes fatalistische überlegene Aufsteigen der Bässe
f — g — a — b bei liegendem d in der 1. Geige und Singstimme mit
scharf schmerzlichem Einsatz der hohen 2. Geige, das uns die Dinge
dieses Lebens von höherer Warte sehen läßt: wie die Beiden, Jason
und Hypsipyle, in diesem Leben nicht zusammenkommen können
(nach der schmerzlichen Befürchtung ihrer Liebe), weil der Irrtum
sie die wahren Zusammenhänge nicht sehen läßt. Dieser antike
Fatalismus und diese Überlegenheit sind echter Gluck!

2. TITUS

„Der göttliche Böhme".

Aus dem Briefwechsel zwischen Don Diego Tufarelli, dem Direktor des San Carlo-Theaters in Neapel, mit dem Minister Fogliani erfahren wir, daß Tufarelli bereits im März 1752 Gluck den Antrag
machte, nach Neapel zu kommen, um eine Oper für dieses berühmte
Theater zu schreiben. Tufarelli redet von dem „berühmten (famoso)
Kluck, der in Prag wohnt" und erwartet von ihm eine Musik ganz
abweichenden, noch nicht gehörten Stils, da Gluck — was wichtig
ist für das Rätsel seines Aufenthalts von 1749—1752 — in Neapel
neu und überaus gelehrt in seinem Fach (oltremodo dotto nel suo

mestiere) sei. Wir lesen hier ein zeitgenössisches Urteil, und wir sehen, wie die Zeitgenossen sehr wohl, was erst von Unwissenden unserer Zeit bestritten wird, das Eigene, von der Hasse-Schule völlig Abweichende des Gluckschen Stils erkannt haben. Wir erfahren auch aus diesem Briefwechsel, daß Gluck im März 1752, also zu der Zeit, als seine „Hypsipyle" in Prag gegeben wurde, in Prag weilte und also ohne jeden Zweifel die Hypsipyle selber geleitet hat.

Gluck reiste mit seiner Frau nach Neapel und traf dort im August 1752 ein. Wir erfahren, daß ihm der Arsaces von Salvi als Textbuch angeboten wurde, daß Gluck es jedoch glatt ablehnte, diesen Text zu komponieren (von dem er, wie wir wissen, in Mailand den ersten Akt komponiert hatte), vielmehr darauf bestand, den „Titus" von Metastasio zu bekommen, und zwar „mit klugen Gründen und gewichtigem Nachdruck". Gluck setzte auch seinen künstlerischen Willen durch, obwohl die Leitung den Titustext bereits als zweite Oper der Spielzeit an den Komponisten Gerolamo Abos vergeben hatte. Es belustigt uns ein wenig zu hören, daß nun Abos, der wohl etwas vom großen Gluck gelernt zu haben glaubte, gleichfalls den „Arsaces" ablehnte und „Lucio Vero" von Zeno erhielt, während als drittes Werk Metastasios „Verlassene Dido", von Lampugnani komponiert, vorgesehen war. Hinsichtlich des Arsaces-Textes tauchte auch die uns interessierende Erwägung auf, daß zwei Opern mit tragischem Ausgang hintereinander („Arsaces" und „Dido") ein schlechtes Programm seien. Glucks Oper sollte als erste zum Namenstage des Königs Karl III., am 4. November, zum erstenmal aufgeführt werden, das zweite Werk am 18. Dezember zu Ehren der spanischen Königin, einer Schwägerin des Königs, und das dritte zum Geburtstag des Königs, am 20. Januar.

Noch ein Zug von ungewöhnlichem Selbstgefühl wird uns berichtet. Am San Carlo-Theater wirkte der hochberühmte Sopranist C a f f a r e l l i (Gaetano Majorano, genannt Caffarelli), der „Vater des Gesangs", auf dem Höhepunkt seines Ruhms. Seine einzigartige Stimme und Gesangskunst sollte Gluck als Instrument dienen. Caffarelli war eine Berühmtheit, der alle Tonkünstler ihre Ehrfurcht bezeugten. Gluck aber war der Meinung, daß es ihm als dem Komponisten und Leiter der Festoper nicht gezieme, Caffarelli den ersten Besuch zu machen. Wir sehen in dem Gedanken von der Überordnung des Komponisten und Dirigenten über den Sänger einen Vorboten der späteren Reform Glucks. Caffarelli war über das Verhalten Glucks erstaunt, sah sich aber schließlich genötigt, seinerseits den ersten Besuch zu machen. Die dadurch entstandene Spannung währte so lange, wie sie bei dem herzlich offenen Charakter Glucks währen konnte: sie verschwand bald, und Beide wurden Freunde. Wir beobachten immer wieder und können daraus Schlüsse auf das Menschentum Glucks ziehen: er hatte keine Feinde und entwaffnete stets seine Gegner.

Es ist unschwer zu sehen, was Gluck am Titus-Text, den bekanntlich der sterbende Mozart auch komponiert hat, so anziehend fand: eben die Figur dieses Edelmenschen Titus Vespasianus, der Kaiser war und der, ganz ausnahmsweise, von der Natur selber dazu bestimmt war, es zu sein. Das Metastasiosche Buch, das man gern mit dem Urteil „bedenkliche Großmutsoper" abtut, erschöpft die Charakteristik nicht, läßt aber wenigstens Raum für den Tondichter. Wir sehen in Titus einen Mann, der schon körperlich durch seine edle Menschlichkeit jeden Mann zum Freunde, jedes Weib zur Liebe gewann, und dessen milder, tiefer Blick so oft hinter den „Schleier der Maja" sah, der Menschen gewöhnlicher Art, die durch den Egoismus voneinander getrennt sind, am Erkennen der innersten Zusammenhänge hindert.

Auf dieses Edelmenschentum zielt gleich in der Ouvertüre — einer dreisätzigen Sinfonie, deren erster und dritter Satz der Aëtius-Ouvertüre entnommen sind — der zweite Satz in G-dur mit seinen weichen akkordischen Baßstrichen, die vom Horn unisono unterstüzt werden, eine bei aller Unscheinbarkeit außerordentliche Klangkombination.

Gluck hat die Oper in ungefähr zwei Monaten komponiert. Titus ist einer Tenorstimme anvertraut. Den Namen des Sängers weiß ich nicht. Alle andern Rollen sind Sopranstimmen: die schöne, aber nicht im gleichen Grade edle Vitellia ist der Primadonna Caterina Visconti gegeben, ihr Liebhaber und Spielball Sextus dem Primo uomo Caffarelli. In Servilia, der Schwester des Sextus, finden wir Maria Masi wieder, die in der „Contesa" mitgewirkt hatte und als eine der schönsten Stimmen Italiens bezeichnet wird, während ihren Bräutigam Annius, den Freund des Sextus, der Sopranist Cornacchini sang. Auch die kleine Rolle des Publius war einem Sopranisten anvertraut.

Die Oper beginnt mit einer Unterredung der leidenschaftlichen Vitellia, die von Sextus, der rettungslos im Bann ihrer Schönheit liegt, die Ermordung des Titus fordert, dessen größtes Verbrechen es ist, daß er sie „fast dahin gebracht, ihn zu lieben", obwohl er sie nicht begehrte. Sextus möchte ihr dienen, kann Titus, seinen edlen Freund, nicht verraten, kann nicht leben, wenn er sie verliert, und wenn er sie erobert, so wird er sich selbst verekelt. Als Vitellia hört, daß der Kaiser die Königin Berenice, die allgemein als seine künftige Gemahlin angesehen wurde, habe von Rom wieder abfahren lassen, hält sie wieder Sextus zurück. Titus begehrt von Sextus dessen edle Schwester Servilia zur Gemahlin in dem Augenblick, als Sextus für seinen Freund Annius den Beifall des Kaisers zu dessen Verbindung mit Servilia erbitten wollte. Annius tritt voll Schmerz aber entschlossen vor, um Sextus am Reden zu hindern, und wird vom Kaiser selber als Liebesbote zu Servilia gesandt. Servilia aber ist andern Sinnes: sie eilt zum Kaiser, eröffnet ihm in Demut die Wahrheit, und Titus verzichtet, um sie mit Annius zu verbinden. Vitellia hat erfahren, daß der Kaiser nicht sie, sondern Servilia erwählt, und fordert in äußerster Heftigkeit von Sextus wiederum die Ermordung des Titus. Sextus kann nicht widerstehen und eilt fort; da erscheint Publius und kündigt den Kaiser an, der um Vitellia werben wolle ... Inzwischen ist der rasende Sextus davongeeilt und hat unter Seelenqualen das verräterische Unternehmen eingeleitet. Der Kaiser entgeht durch einen Zufall dem Anschlag. Von dem weiteren Verlauf der Handlung mag der Höhepunkt herausgehoben sein: der Monolog des Kaisers, in dem er zu dem Ergebnis kommt, das Todesurteil gegen den Sextus nicht zu bestätigen, mit der Arie: „Se all'-impero, amici dei", und dann die innere Umkehr der Vitellia, die durch das Opfer des Sextus am Ziel ihrer Pläne sich freiwillig entschließt, zu seiner Rettung auf alles zu verzichten, indem sie dem Kaiser die eigne Schuld gesteht, ein Monolog, dem die wunderbare Arie „Getta il nocchier" folgt, dieses Lieblingsmotiv Glucks, wenn es sich um Mystisches und Hochdramatisches handelt. Wir kennen die Arie bereits als Jupiterarie aus der „Hochzeit des Herkules" (Saprò dalle procelle) und aus der Sophonisbe (Là sul margine di Lete), und sie ist jedermann aus der Beschwörungsmusik der „Armida" bekannt. Eigentümlich, wie Gluck hier die innere Umkehr der Seele zu den wahren Gütern des Lebens mit dieser mystischen Musik ausstattet. Gluck kannte wohl nicht die indische Philosophie, aber hier hat er als Künstler intuitiv gesehen und dargestellt, was Schopenhauer die Durchbrechung des principium individuationis nennt. Mindestens wird durch diese Musik der Entschluß der Vitellia ins hochdramatische gehoben. Ein Schriftsteller unsrer Tage meint, daß diese Entlehnung deplaciert sei, weil die Handlung keinen mystischen Vorgang enthalte . . .

Ein allgemeines Kennzeichen des Gluckschen Stils dieser Epoche, die wir als Abendrot empfinden, ist, daß Gluck nicht mehr in diesem Stil steht, sondern mehr über ihm, ihn nach rückwärts sieht und das Gefühl hat, wie das letzte und höchste zu sagen, was in diesem Stil überhaupt gesagt werden kann. Es spricht hier ein Künstler, der mit dem Nymbus des Außerordentlichen umstrahlt erscheint, und der „Titus", ebenso wie der „Antigonus", den er 1756 in Rom gab, zeigen eine Überlegenheit, die in ihnen die edelsten Erzeugnisse der höchstentwickelten Gesangskunst auf dem Grunde tief empfundenen Lebensgehaltes erkennen lassen. Titus und Antigonus sind Höhe und Abschluß eines Zeitalters. Wenn Gluck, der „göttliche Böhme", wie ihn die Italiener nannten, sich der unvergleichlichen Stimme Caffarellis bedienen konnte, so fand diese einzige Stimme hier die Wirkungsmöglichkeit, die das stolze Wort des Sängers, das er über seinen Palast schrieb, rechtfertigte: Amphion Thebas, ego domum.

Dem oberflächlichen Betrachter könnte fast scheinen, als ob der „Titus" weniger den dramatischen Fortschrittler zeige, als frühere Werke. Wir finden die Gesangskunst voll ausgenutzt, und wenn wir einst wieder Sänger haben werden, so wird man deutlicher als heute sehen können, wie ein musikalisches Zeitalter in diesem Titus seinen Höhepunkt hat. Einen Zug von leicht hingeworfener Grazie zeigt hier Gluck, der vom italienischen Klima inspiriert erscheint. Man beachte z. B. das aus zwei Vierteln und vier Achteln auf demselben Ton bestehende durchgehende Begleitmotiv, das so belebend wirkt, in der ersten Sextus-Arie.

Im Orchester fällt das Vorherrschen des Streichorchesters auf. Es scheint, daß der dadurch gewonnene Edelklang der „Hellenen des Orchesters" mit dazu dient, um dem ganzen Werk die besondere

Färbung zu geben, die der Titus-Charakter erfordert. Im ganzen zweiten Akt erscheinen nur in einer Arie, der berühmten noch zu besprechenden des Sextus: „Se mai senti spirarti", Blasinstrumente (Hoboen und Hörner), im ersten Akt nur in der Schlußarie.

Von außerordentlicher Wirkung ist das Obligatrezitativ. Wir finden es als dramaturgisches Mittel an Höhepunkten: vor der Schlußarie des ersten Aktes mit folgender Arie der schuldgequälten Vitellia, und dann zweimal — bei Wotquenne nicht erwähnt — ohne folgende Arie. Das erstemal zur Eröffnung des zweiten Aktes mit dem Monolog des Sextus, der in tätiger Reue den Erfolg seines Anschlags noch hindern möchte, aber zu spät kommt. Dies Rezitativ verwendet durchgehend ein Motiv von einem jener starren Rhythmen, aus denen das Schicksal selber zu sprechen scheint, und mit denen der Meister uns sogleich wieder beim Heben des Vorhanges in medias res der tragischen Handlung führt. Ich bitte, hiermit andere Aktanfänge, wie den dritten im Orpheus, den 3. und 4. in der Iphigenie auf Tauris, zu vergleichen, um das Typische und für den Meister Charakteristische zu erkennen. Aus diesem Obligatrezitativ des „Titus" möchte ich noch eine ungewöhnliche Wirkung hervorheben: den Baßtriller mit dem verminderten Septimenakkord in dem Augenblick, als Sextus sehen muß, daß das Kapitol bereits brennt! Ein Genieblitz! Das andere Obligatrezitativ kleidet den großen, bei der Darstellung der Handlung bereits erwähnten Monolog des Titus ein, ein hochdramatisches Musikstück von der hoheitsvollen Haltung, die wir vom letzten Gluck her kennen. Ihm folgt, dramatisch sehr fein, ein Seccorezitativ beim Eintreten des Publius, und dann die herrliche Arie, voll von überströmender Wärme, des Titus „Se all' impero", deren Inbrunst durch die Instrumentierung — Flöte und Horn — unterstützt wird.

Das großartigste Stück der Partitur ist uns allen bekannt, da Gluck es in seiner „Iphigenie auf Tauris" wieder verwendet hat („O malheureuse Iphigenie"): die Arie „Se mai senti spirati", in der Sextus, der seine Verurteilung zum Tode voraussieht, von Vitellia, seiner Verführerin, Abschied nimmt („Wenn du je auf dem Antlitz fühlest, wie ein Lüftchen sanft sich rührt, sprich: das sind die letzten Seufzer meines Getreuen, der für mich in den Tod ging"). Jedes Instrument geht — ein Wunderwerk des sympathetischen Kontrapunktes — seinen Weg: die Oboe konzertiert mit der Singstimme,

die erste Geige synkopiert durchgehend, der Baß zupft, die zweite
Geige hat ein unermüdliches aufwärts- und abwärtswogendes Viertel-
motiv, die Bratschen geben ihre Achtel, das Horn lange Töne. Wir
sind im Allerheiligsten dieses Stils. Und auf dem Höhepunkt jene
Stelle, die Italien in Aufruhr versetzte: der lange, endlose Halt der
Singstimme auf dem zweigestrichenen G als orgelpunktartige Liege-
stimme („sprich: das sind die letzten Seufzer") mit dem wogenden
Orchester, den herben Dissonanzen der Oboen, dem dumpfen Schmerz
der Hörner. Die Stelle erregte, da damals die Theorie der orgelpunkt-
artigen Oberstimme noch nicht durchgebildet war, die Theorie vielmehr den Orgelpunkt nur als Baßstimme anerkannte, wegen ihrer
hinreißenden Wirkung das ungeheuerste Aufsehen. Es wird uns erzählt, daß die neapolitanischen Tonsetzer sich darüber ärgerten, daß
zahllose Partiturabschriften von dieser Arie bestellt wurden, daß sie
sich vereinigten und diesen „unlautern Wettbewerb", dem sie nicht
gewachsen waren — denn von ihren Arien wurden keine Abschriften
bestellt —, D u r a n t e vortrugen, dem greisen allverehrten autoritativen Meister. Dieser große Harmoniker prüfte sorgfältig und ent-
schied: „Non decido, se questa nota sia in regola o no, ma quel che
posse dire, è, che se l'avessi scritta io, mi contarei grand huomo!"
(„Ich will nicht entscheiden, ob diese Note der Regel gemäß sei oder
nicht; was ich aber sagen kann, ist, daß, wenn ich sie geschrieben
hätte, ich mich für einen großen Mann halten würde!"). Die Entwicklung der Musiktheorie hat diese Meinung bestätigt; heute sind
uns auch theoretisch die Liegetöne in den Oberstimmen, die nicht zur
Harmonie gehören, bekannt. In der „Iphigenie" ist die Wirkung
noch dramatisch verschärft. Es handelt sich um das zweigestrichene
g, wo Iphigenie ihre Priesterinnen auffordert: „Mêlez vos cris plaintifs." Der Priesterinnenchor fällt unisono, dieses hohe g, diesen „Cri
plaintif", fortspinnend und grausam verschärfend, gerade da ein,
wo alles durcheinander tönt. Dieses „Durcheinandertönen" ist echtester Gluck. Übrigens ist die Harmoniekette, die Gluck bei der berühmten Stelle verwendet, eine Lieblingswendung bei ihm. Ich verweise auf folgende Stellen: „potessi almen parlar" in der e-moll-Arie
der Dircea „Padre, perdona" im Demophoon (1742), auf die Furien des
Hasses in der Armida (1777) im dritten Akt („Non, tout l'enfer n'a
rien de si cruel que toi"), ich zitiere das in die achtziger Jahre fallende

„De profundis", Takt 18—20, ich führe noch als das vielleicht bekannteste Beispiel die Einleitung zum zweiten Akt des „Orpheus", (1762), an, wo wir nach der dreimaligen Fanfare der Trompeten über dem Orgelpunkt g das Wimmern der Verdammten hören.

Da die Rede war von dem echt Gluckischen Durcheinandertönen, so muß noch ein für Gluck typisches, gleichfalls bisher nirgend erörtertes rhythmisches Durcheinandertönen erwähnt werden, das mit dem Stilprinzip des sympathetischen Kontrapunkts zusammenhängt und zuweilen so auffallend ist, daß der „korrekte Musiker" den Eindruck des Schreibfehlers gewinnt. Mein Blick fällt auf die letzte Arie (der Vitellia) des zweiten Aktes, die jener großartigen Arie: „Se mai senti" folgt: Tremo fra dubbi miei. Das miei singt die Singstimme in 2 Achteln und 1 Viertel, die die Singstimme umspielende Geige aber verkürzt gleichzeitig den Rhythmus auf 2 Sechzehntel und 1 Achtel.

Das Umspielen der Stimme durch die Geigen verschafft dem Schlußchor besonderen Reiz und Glanz.

Noch ein Wort über die Rollenverteilung, weil sie den dramatischen Instinkt des Meisters auch in diesem Punkt offenbart. Titus, der edle, ist nur passiv der Held — notwendigerweise, denn er ist eine undramatische Figur. Seine Größe spiegelt sich im Handeln und Leiden der beiden irrenden Menschenkinder Sextus und Vitellia. Diese beiden Rollen hat Gluck den ersten Sängern, Caffarelli und der Visconti gegeben. Er rückt aber den Titus ins Übermenschliche, indem er ihm den einzigen Tenor in den Mund legt. Ich weiß nicht, wer den Titus singen durfte. Die Behandlung des Gesangs zeigt, daß es ein Sänger ist, der Caffarelli sicher nicht das Wasser reichen konnte. Die Caffarelli in den Mund gelegten Musikstücke nützen die unerhörte Kunstfertigkeit, die Höhe (bis zu e^3), die Kraft und den Glanz dieser einzigen Stimme aus, ebenso wie die Stücke, die der leidenschaftlichen Vitellia zum Ausdruck ihrer Stimmung dienen, die Kunst der Visconti.

Sehr auffallend ist auch bei diesem Werk etwas bei Gluck Typisches und für ihn Charakteristisches: der letzte Akt stürzt ungestüm auf das Ende zu, ist bei weitem der kürzeste, während der erste Akt in ausführlicherer Breite die Exposition bringt, alle Charaktere vorführt und dem nach- und vorfühlenden Zuschauer die Möglichkeit gibt, alles bis auf den letzten Grund zurückzuführen. Im dritten Akt finden wir besonders häufig ein Verlassen der Dacapo-Arie.

Von der Musik sind zwei Arien und die Ouvertüre dem Aëtius entlehnt; die Arie „Tremo fra dubbi miei" ist uns aus „Herkules und Hebe" bekannt, über die mystische, der Sophonisbe entstammende letzte Arie der Vitellia wurde bereits gesprochen.

Wenn man diese Partitur betrachtet, so versteht man, daß ganz Italien vom Ruhm des „göttlichen Böhmen" widerhallte, und wie die Kunde von dem Meisterwerk über die Alpen drang und dem nach Wien zurückkehrenden Meister vorausgeeilt war.

3. DIE „NEUN SINFONIEN". KONZERTMUSIK

Dittersdorf erzählt uns in seiner Selbstbiographie, daß Gluck im Dezember — er sagt 1751, es muß 1752 heißen — nach Wien kam. Dort unterhielt der Prinz Joseph Friedrich von Hildburghausen, k. k. Feldmarschall, eine „ansehnliche Kapelle", die sich dreimal in der Woche um 11 Uhr vormittags zum Üben versammelte und die den ganzen Winter hindurch, jeden Freitag „Akademien" gab, zu denen der Adel eingeladen wurde. Diese Konzerte galten als die besten in Wien. In ihnen traten die bedeutendsten Sänger und Spieler Wiens und die Wien besuchenden fremden Künstler auf. Dittersdorf berichtet, daß gewöhnlich Frau Vittoria Tesi-Tramontini sang, dann eine Sopranistin Theresia Heinisch, die „eine wunderschöne Sopranstimme hatte und dabei noch bildschön war. Ungeachtet man ihr die größten Anerbietungen machte, so war sie doch nie zu bewegen, sich auf einem öffentlichen Theater zu engagieren; bei Kammermusiken aber ließ sie sich für ein Douceur hören. Der Prinz hatte sie ein für allemal für seine Winterkonzerte engagiert". Ferner stand der Tenorist Joseph Fribert in Diensten des Prinzen. Auch eine Reihe auswärtiger erster Künstler werden uns genannt. Bonno, der Kapellmeister des Prinzen, hatte den allgemeinen Auftrag, sich mit fremden, Wien besuchenden Künstlern wegen ihres Honorars in Verbindung zu setzen und die Sache dann dem Prinzen zur Einladung des Künstlers vorzulegen.

Dieser Prinz von Hildburghausen hatte bereits aus Neapel durch seinen Korrespondenten von dem Aufsehen gehört, das Glucks

„Titus" dort erregte, und auch eine Abschrift der Partitur der Arie „Se mai senti spirarti" erhalten. Er ließ sie durch die erwähnte Theresia Heinisch in seinen Konzerten vortragen, und das Stück erregte auch in Wien allgemeine Bewunderung. Der Prinz verlangte, Gluck persönlich kennenzulernen, und Bonno stellte ihn vor. So wurde auch der junge Dittersdorf, den der Prinz bei sich erziehen und im Geigenspiel ausbilden ließ, mit ihm bekannt und beschreibt nach seinen Jugendeindrücken den Meister: „Gluck war im Umgang ein jovialer Mann und besaß auch außer seinem Fache Welt und Lektüre, daher wurde er bald ein Hausfreund des Prinzen. Bei den Akademien, von welchen immer des Abends vorher eine Probe gehalten wurde, damit alles, besonders neue Sachen, recht ordentlich und akkurat gehen sollte, setzte sich Gluck mit der Violine à la tête. Am Probe- und Konzerttage wurde des Prinzen Kapelle mit einer beträchtlichen Anzahl der gewähltesten Orchesterspieler verstärkt."

Gluck erhielt kurz darauf den Titel eines Herzoglich Sächsischen Kapellmeisters. Wir erfahren noch, daß er für den Prinzen „viele seiner Kompositionen, als: Symphonien und Arien, abschreiben ließ, und jedes Stück... war ein neuer und delikater Ohrenschmaus für uns."

Ich weiß nicht, wohin die Bibliothek des Prinzen geraten ist. Es sind uns in verschiedenen Bibliotheken, die ihre Reste aufgenommen zu haben scheinen, nämlich der Bibliothek der Gesellschaft der Musikfreunde in Wien, der Bibliothek in Wolfenbüttel, der Dresdner Hofbibliothek, der Wiener und Berliner Hofbibliothek, in handschriftlichen Orchesterstimmen 9 mehrsätzige „Sinfonien", d. h. Opernouvertüren, erhalten, von denen wir nicht wissen, zu welchen Opern sie gehören. Die Notiz von Dittersdorf, Gluck habe viele seiner Kompositionen, Arien und Sinfonien, für den Prinzen von Hildburghausen „abschreiben lassen", hätte die Vermutung, daß es sich um Konzertsinfonien handle, unterdrücken müssen. Daß es sich um die Ouvertüren der Gluckschen Opern, von denen die vollständige Partitur bisher nicht aufgefunden worden ist, handeln muß, geht auch daraus hervor, daß ungefähr neun Opern in Frage kommen, wie sich aus den bisherigen Darstellungen ergibt. Drei der Ouvertüren sind nur für Streichorchester instrumentiert, eine hat außerdem Hörner, Oboen, Fagotte, die letzten fünf neben den Streichern zwei Hörner.

Die ästhetische Auffassung ist für diese Werke natürlich durch den Umstand außerordentlich erschwert, daß sie von ihrem Standort, dem Drama, das sie einleiten, losgerissen sind. Wer Gluck als Instrumentalkomponisten kennenlernen will, wird ihn zweckmäßigerweise erst aus den Ouvertüren kennenlernen, die wir aus vollständigen Opernpartituren haben, und aus den Londoner Trios, die bereits besprochen sind.

Diese Sinfonien haben von je zu einem Vergleich mit Haydnscher und Vorhaydnscher Konzertmusik herausgefordert. Der Vergleich ist unmöglich, weil diese Gluckschen Sinfonien mit dem Blick auf die Bühne und mit der Begrenzung, die diese Sonderaufgabe gibt, konzipiert sind. Es kann im allgemeinen verwiesen werden auf das anläßlich der Besprechung der übrigen, zu bekannten Opern gehörigen Ouvertüren Gesagte, an die sie oft außerordentlich anklingen — z. B. der reizvolle Mittelsatz der prunkvollen F-dur-Sinfonie mit seinem zarten Mädchenthema in A-dur erinnert sogleich an den Mittelsatz der noch zu besprechenden Ouvertüre zur „Innocenza giustificata". Für den Gluckschen Instrumentalstil überhaupt ist der Zweck entscheidend. Es muß aber noch ein Grundsätzliches hier gesagt werden: Haydn hat uns die „thematische Arbeit" gebracht, d. h. die Technik, die Motive in ihre kleinsten Bestandteile zu zerlegen und dann große Formen damit aufzubauen. Seine (und Mozarts tiefergehende) Kunst steht im Zeichen der feinen Konversation des 18. Jahrhunderts. Diese Technik hat einen Ausbau erfahren, in dem wir heute noch leben: über Beethovens tiefgründige Instrumentalmonologe mit ihrer Subjektivität, über Wagners Leitmotiv mit dem symphonischen Aufbau einer ganzen Szene zur symphonischen Dichtung von Strauß. Gewisse Anzeichen der neuesten Zeit weisen darauf hin, daß diese Entwicklung ihren Höhepunkt bereits überschritten hat, daß alles gewonnen ist, was an Ausdrucksmitteln und an Technik für die Musik auf diesem Wege gewonnen werden konnte, und daß deshalb vielleicht eine Zukunft nicht fern ist, in der man auf die alte Technik des Aneinanderreihens und Wiederholens zurückkommt, in ihr Ausdruckswerte findet und sie nicht lediglich als primitive Vorstufe zum Stilprinzip der thematischen Arbeit ansieht. Welche Ausdruckswerte in diesem nachdrücklich einschärfenden, mehr und mehr erschütternden Aneinanderreihen und Wiederholen liegen, hat auch

ein in der thematischen Arbeit so befangener Künstler wie Wagner
voll erkannt, wie aus seiner Analyse der Ouvertüre zur „Iphigenie
in Aulis" — die übrigens auch thematische Arbeit verwertet — ersehen werden kann. Komponisten unserer Tage suchen hier Neuland, empfinden die stereotype Anwendung der thematischen Arbeit
als künstlich und kleinlich. Eine künftige Zeit, die über diesem
technischen, wie es scheint, bis zum äußersten durchgelebten Prinzip
der thematischen Arbeit steht, wird für das knappere Glucksche Prinzip, das die thematische Arbeit nur beschränkt und gelegentlich
verwendet, erst wiederum Verständnis und Voraussetzung haben.
Sie wird verstehen, daß eine Glucksche Ouvertüre und eine Haydnsche
Konversations-Sinfonie inkommensurabel sind. Gluck war ein zu
tiefgründiger Künstler, um das bei Haydn vorherrschende Element
der feinsinnigen Unterhaltung mehr als ganz gelegentlich zu Wort
kommen zu lassen. Diese künftige, nicht mehr in der autokratischen
Diktatur der thematischen Arbeit befangene Ästhetik wird uns auch
davon befreien, in der Wagnerschen symphonischen Szene mit Leitmotiven das alleinige Heil zu erblicken, und führen zurück zu Gluck,
dem unbekannten Gewaltigen, diesem Seher von unfaßbarer Erhabenheit. Will man die Potenz unserer Musik mit der Glucks vergleichen, so muß man unser Riesenorchester mit Glucks dramatischem Sologesang vergleichen.

Ist es als ausgeschlossen zu betrachten, daß diese 9 Sinfonien
etwa für die Akademien des Prinzen von Hildburghausen komponiert sind, so ist das bei einigen Gluckschen Gesangstücken, die uns
einzeln erhalten sind, immerhin denkbar; sie können als kleine Szenen
ohne Bühne oder mit improvisierter Bühne gedacht und aufgeführt
worden sein. Dahin könnte z. B. die aus der Metastasioschen Kantate L'amor prigioniero (Der gefangene Amor) entnommene Arie
„Pace, Amor, torniamo in pace" gehören, die Wotquenne als nicht
erhalten anführt, von der ich aber die Partitur in der Bibliothek der
Gesellschaft der Musikfreunde in Wien fand (Abschrift in meiner
Bibliothek und durch meine Vermittlung in der Liebeskindschen Gluckbibliothek in Leipzig). Die Metastasiosche Kantate war 1741 mit
Musik von Reutter privatim am Kaiserlichen Hof aufgeführt worden.
Sie führt uns Diana und Amor vor. Amor hat sich in ihren Jagdschlingen im Walde von Delos gefangen, bereitet ihr aber vor ihren

schönen Begleiterinnen allerlei Verlegenheiten durch Enthüllungen, und Diana unterwirft sich seiner „süßen Herrschaft". Es handelt sich um eine reizvolle Rokoko-Arie mit Koloratur in B-dur, mit einem in anderer Taktart ($^3/_8$) und in g-moll stehenden, die Leiden der Liebe, natürlich im zarten Rahmen des Rokoko, darstellenden Mittelteil, dem im befreienden Dur der hingebende Hauptteil als Wiederholung folgt, Sopran bis d³ und an einer Stelle in leichtem Pathos mit den Bässen hinab bis zum kleinen h gehend, vom Streichorchester begleitet, dessen Instrumente stellenweise ganz ihre eignen Wege gehen, — reizende Musik, heute außerordentlich geeignet für Rokoko-Abende und ihren intimen Zauber.

Vielleicht weist diese Arie auf die Spur einer etwa in den fünfziger Jahre von Gluck für den Kaiserlichen Hof verfaßten vollständigen Kantate „L'Amor prigioniero". Darüber müßten die Wiener Archive und Zeitungsberichte jener Zeit Aufschluß geben. Es besteht aber auch die Möglichkeit, daß diese Arie in ein anderes Glucksches Bühnenwerk gehört, da wir ja (besonders aus Sophonisbe und der noch zu besprechenden „Innocenza giustificata") wissen, daß Metastasiosche Arien in andere Dramen an passender Stelle vielfach eingefügt wurden.

Eine ähnliche Bewandtnis mag es haben mit der durch die Reineckesche Instrumentierung und Neuausgabe bekannten Szene, „Berenice, wo bist du?" (Rezitativ mit folgender Arie), die als Gluckautograph einen Schatz der Berliner Bibliothek bildet, und mit einigen andern einzelnen Gesangstücken, deren genaues Verzeichnis folgen möge, und deren sich die Forschung noch annehmen muß:

1. Duett für Sopran und Alt: Ah pietà se di me senti (Partitur in Dresden;
2. Arie auf den Text: Oh Dei che dolce incanto (aus Temistocle von Metastasio), für Sopran (Domenico Negri), ebenda;
3. Che legge spietata (aus Catone in Utica von Metastasio) für Sopran mit obligater Flöte (Konservatorium Paris);
4. Neue Musik zu der Aëtius-Arie „Per tutto il timore" (Konservatorium Paris);
5. Và, ti sarò fedele, Konservatorium Mailand.

4. DIE CHINESINNEN

Der Gluck dieser Periode, die wir von seiner Heirat bis 1756 begrenzen, zeigt zwei Gesichter: ein rückwärtsschauendes, über dem Stil der neapolitanischen Oper stehendes, von außerordentlicher Überlegenheit — dahin gehört „Titus", „Antigonus", diese Gipfelpunkte des Stils, dahin gehören aber auch die kleinen intimen Rokokosachen, wie La danza, sofern sie den Meister diesen Stil als ein wenig antiquiert, als einen zarten Schmuck, als ästhetisch innerlich überwunden, benutzen lassen — und ein vorwärtsschauendes, den künftigen Revolutionär andeutendes. Dahin gehört vor allem „Die gerechtfertigte Unschuld", aber auch einigermaßen die „Chinesinnen", die uns Gluck als Kunstphilosophen und Ästhetiker mit Hilfe einer k o m i s c h e n Oper vorführen. Zum erstenmal finden wir hier das im 18. Jahrhundert vielfach beliebte chinesische Kostüm, das der Meister etwa ein Jahrzehnt später nochmals verwandte bei der Ballettpantomime „Der Prinz von China".

Die Handlung der Chinesinnen ist folgende: Es sitzen drei vornehme chinesische Mädchen zusammen, Sivene und Tangia bei ihrer Freundin Lisinga, trinken Tee und überlegen, wie sie sich auf originelle Art vergnügen könnten. Silango, der Bruder der Lisinga und Liebhaber der Sivene, von einer europäischen Reise, die auch Paris berührt hat, soeben zurückgekehrt, hat eine Weile unbemerkt zugehört und bietet plötzlich den Mädchen, wenn er nicht lästig sei, auch seine Meinung an. „Ein Mann!" „Was wird man von uns sagen in der ganzen Stadt!" Silango versucht die Mädchen vergeblich durch den Hinweis auf europäische Sitten zu beruhigen; er soll gehen. Schließlich erscheint es das rätlichste (und ist natürlich den Mädchen, besonders Sivene, auch heimlich das erwünschteste), daß er, um Aufsehen zu vermeiden, sein Aufbrechen bis zur Dunkelheit aufschiebt. Lisinga schlägt als Unterhaltung dramatische Darstellung vor. Sie würde ein tragisches Sujet bevorzugen, Sivene ein pastorales, Tangia ein komisches. Man tauscht Bemerkungen über die Stilwirkungen: die Tragödie erweckt große Empfindungen, ethisches Wollen, erhabene Gedanken. Die pastorale Handlung ist unschuldiger, natürlicher, belastet weniger; die Komödie verlangt scharfen Witz. Lisinga stellt Andromache, die treue Witwe Hektors dar. Pyrrhus, rasend vor Begierde, stellt ihr die Wahl, ihren Sohn Astyanax töten zu sehen, oder seine Hand anzunehmen. Im Obligatrezitativ mit hochpathetischer Arie in h-moll stellt Gluck den Seelenzustand der Unglücklichen dar: „Welch grausamer Schmerz! Der Unhold fordert Liebe, der Gatte Treue, Hilfe mein Kind!" Sivene will eine Schäferszene aufführen, Silango: „Schönste Sivene, hier fehlt der Schäfer: wenn es mir erlaubt wäre . . ." Nun macht er seiner Schäferin Vorwürfe, daß sie ihn nicht genug liebe; wenn er fern sei, so ersehne sie ihn nicht, sei er bei ihr, so seufze sie nicht . . . sie wisse nicht, für ihn nicht, was Liebe sei. Sivene fragt, was er denn wolle, nach ihrem treuen Hund und ihren geliebten Schäfchen habe er doch den ersten Platz in ihrem Herzen . . . Sie wolle ihn lieben, aber keine Überspanntheit markieren; wenn ihm das nicht genüge, so müßte sie wieder ihre Schafe und er seine Rinderherde weiden, ohne diese ihm nicht genügende Liebe . . . Tangia verfällt darauf, einen affektierten jungen Mann, der in Paris war, darzustellen — natürlich als kleine Bosheit gegen Silango, und aus einer leichten Eifersucht heraus. Man plaudert über die Stilarten: Der pathetische ist ernst, der pastorale leicht eintönig, der komische kann persönlich verletzen. Darum soll — Schlußquartett — Gesang und Tanz den Bund von Unschuld und Freude feiern.

Der Schwerpunkt liegt offenbar in der Darstellung der verschiedenen Stilarten. Und das war eine Gluck reizende Aufgabe, eine Aufgabe, die er mit Wärme und künstlerischer Anteilnahme aufgreift.

Übrigens mag noch hervorgehoben werden, daß das ursprüngliche Textbuch, wie es 1735 mit Reutters Musik als Privatvorstellung des Kaiserlichen Hofes — Maria Theresia, die spätere Kaiserin, wirkte mit — aufgeführt wurde, nur die drei Mädchenrollen enthielt. Dittersdorf erzählt uns, daß der Prinz von Hildburghausen von Metastasio die Einfügung einer männlichen Rolle begehrte, um die Handlung zu beleben. (Metastasio erzählt selbst, daß er die vierte Rolle „ad altrui instanza" für Schloßhof hinzugefügt habe.) Es ist wahrscheinlich, daß hinter diesem Gedanken Gluck stand. In der Tat ist damit wenigstens die Steifheit und unpersönliche Lehrhaftigkeit beseitigt, die die kleine Dichtung ohne die Figur des Silango haben würde. Daß Gluck dahintersteht, wird besonders wahrscheinlich daraus, daß der

Prinz von Hildburghausen schon im April 1754 mit seiner Künstlerschar von Wien nach Schloßhof reiste, Gluck aber mit Rücksicht auf die Umdichtung des Textes erst im Mai nachkam. Er hatte in Wien Beratungen mit Metastasio.

Die äußere Veranlassung der Aufführung war ein glänzendes Fest, das der Prinz von Hildburghausen auf seiner Besitzung Schloßhof dem Kaiserpaar und seinem Gefolge, das ihn dort besuchte, gab. Anläßlich dieses Festes wurden auch Glucks „Chinesinnen" aufgeführt, dieses Spiel, in dem einst die Kaiserin selber mitgewirkt hatte, dessen Aufführung sie daher als eine besondere Aufmerksamkeit empfinden mußte. Dittersdorf beschreibt die Aufführung: „Die Dekoration war völlig im chinesischen Geschmack und transparent. Lackierer, Bildhauer und Vergolder hatten sie reichlich mit alledem, was ihre Kunst vermochte, ausgestattet. Aber was der Dekoration den größten Glanz gab, waren prismatische gläserne Stäbe, die in böhmischen Glashütten geschliffen worden waren und, genau ineinandergepaßt, in die leergelassenen Flecke gesetzt wurden, die sonst buntfarbig, mit Öl getränkt werden. Es ist unbeschreiblich, welchen prächtigen, höchst überraschenden Anblick diese von unzähligen Lichtern erleuchteten Prismen, die schon im bloßen Licht- und Sonnenschein eine große Wirkung tun, auf das Auge hervorbrachten. Man stelle sich den Spiegelglanz der azurfarblackierten Felder, den Schimmer des vergoldeten Laubwerkes und endlich die regenbogenartigen Farben, sie so viele hundert Prismata mannigfaltig, gleich Brillanten vom ersten Wasser, spielten, vor, und die stärkste Einbildungskraft wird hinter diesem Zauber zurückbleiben müssen. Und nun die göttliche Musik von einem G l u c k! — Es war nicht allein das liebliche Spiel der brillanten Symphonie allein, die stellenweise von kleinen Glöckchen, Triangeln, kleinen Handpauken und Schellen u. dgl., bald einzeln, bald zusammen, begleitet wurde, welches die Zuhörer gleich anfangs, ehe noch der Vorhang aufgezogen war, in Entzücken versetzte; die ganze Musik war durch und durch Zauberwerk." Übrigens erfahren wir, daß Gluck bei der Vorbereitung des mehrtägigen Festes, und zwar nicht nur, soweit seine Oper in Frage kam, beratend mitgewirkt hat.

Beim Anblick der uns erhaltenen Partitur, die keine Dekorationsangaben enthält, aber auch in der Ouvertüre nicht das von

Dittersdorf erwähnte, das chinesische Kolorit gebende Schlagzeug, kann man sich des bedauernden Eindrucks nicht erwehren, wie wenig uns eigentlich mit einer solchen Partitur vom lebendigen Werk erhalten ist, und wieviel künstlerische Arbeit aufgewendet werden muß, um die Partitur nur zu verstehen, geschweige denn, wieder lebendig zu machen. Die Aufführung fand nach vielen sorgfältigen Proben am 24. September 1754 statt. Die Besetzung war: Silango Friberth, Lisinga Frau Tesi-Tramontini, Sivene Theresia Heinisch und Tangia (Alt, nicht Sopran, wie Wotquenne angibt) Katharina Starzer, eine Schwester des Wiener Ballettkomponisten, also die glänzendsten Stimmen und Darstellungskräfte, schauspielerisch gebildet von der Meisterin Tesi-Tramontini, wie Dittersdorf ausdrücklich erwähnt.

Der komische Stil hat in der Kunstgeschichte die Aufgabe erfüllt, die Kunsttechnik zu verfeinern. Gluck gab der komische Stil Gelegenheit, eine Feinheit und Beweglichkeit zu zeigen, die in der Tragödie nicht am Platze sind. Schon darum ist uns dies Werk, wie die späteren kostbaren komischen Sachen des Meisters, von unschätzbarem Wert. Gleich der erste Takt der Ouvertüre mit den hurtig huschenden Sechzehnteln der Geigen — die nur ja nicht zu langsam zu nehmen sind (alla breve!) — und dem Murky-Baß gibt uns chinesisches Kolorit, selbst ohne das in der Partitur leider nicht aufgezeichnete von Dittersdorf beschriebene Schlagzeug. Die Entwicklung dieses Satzes ist äußerst interessant. Der Mittelteil — in h-moll, nur für Streicher, während die Ecksätze Hörner und Hoboen dazu nehmen — gibt den Geigen Gelegenheit, Ton zu ziehen; er klingt offenbar an den pathetischen Stil an. Der letzte Satz gibt fröhliche Lust im $^3/_8$, D-dur, wie der erste Satz. Die tragische und hochpathetische Arie der Lisinga hat ein vorausgehendes Obligatrezitativ. Sie unterstreicht das hochpathetische. Man beachte die starke Verwendung der Sechzehntelstriche in den Streichern, die man sonst bei Gluck in dieser Periode noch nicht in solcher Häufung findet, die „blutrünstigen" Hörner, das Durchrasen und abrupte Abbrechen ohne Dacapo. Übrigens bringt der Text einen interessanten Hinweis darauf, daß diese Anlage ohne Dacapo als besonders aufreizend empfunden wurde: als Lisinga geendet, sagt ihr Silango — die für Gluck zugedichtete Person —: „Ah non finir sì presto, germana amata." Lisinga: „Jo la mia scena ò fatta, faccia un' altra la sua." Damit sind wir mit einem Schlag wieder bei den Chinesinnen in einer komischen Oper. Historisch ist diese ästhetische Wirkung der Dacapo-Losigkeit einer Arie auf Hörer von 1754 wertvoll. Silango macht — nur Streichorchester — mit seinem ausdrucksvollen weichen Tenor in der folgenden Arie, die auf die Kantilene abgestellt ist, die erwähnten Vorwürfe, kommt im Mittelsatz, mit demselben thematischen Material, in fis-moll zu den „Martern" seiner Liebe, die natürlich dem Rokokostil angepaßt, nur leicht angedeutet sind. Sivene antwortet in einer drolligen F-dur-Arie: sie liebt ihn ja, aber sie will kein „Rasen". Übrigens fällt sie gegen ihren Willen — denn sie liebt ihn ja wirklich — chromatisch in große Wärme, andrerseits bleibt sie bemüht, ihn leicht zu höhnen. Ein chromatisches, eine Quart aufwärts und wieder abwärts gehendes Begleitmotiv, das wiederholt in den Geigen erscheint, ist von einer sprechenden Komik, besonders einmal, wo es in tiefster Lage auf der g-Saite der Geige in drolligem forte auftritt. (Das Motiv verfolgte mich nach dem bloßen Durchlesen der Partitur gegen meinen Willen!) Folgt die Alt-Arie der Tangia, mit Hörnern und der höhnenden Flöte, die den Stutzer in Paris schildert, der sich für unwiderstehlich hält. Man beachte die Trillerchen, im Mittelsatz das komisch-gespreizte Schreiten des Gecken bei „passeggiar su questo stile" mit dem Staccato der Begleitung. Das Finalquartett endlich, wieder mit Hoboen und Hörnern, bringt uns einen elektrisierenden Rhythmus, an dem man Gluck sogleich erkennt: „Es fliege der Fuß in fröhlichen Kreisen." Dazu einen außerordentlichen Glanz der vier Singstimmen, die durch das Orchester auf das wirkungsvollste gehoben werden.

Dittersdorf hat recht: Das Werk ist durch und durch Zauberei und hält uns ganz eigentümlich im Bann. Sein Erfolg war ein derartiger, daß der Kaiser, der sich nach der Vorstellung auf die Bühne begab und sich die Dekoration zeigen ließ, sogleich eine öffentliche Aufführung in Wien in Aussicht nahm. Die erste fand am 17. April 1755 im Hoftheater nächst der Burg statt. Auch dort war der Erfolg so stark, daß das Werk oft wiederholt werden mußte. Dittersdorf schreibt hierüber: „Die Dekoration erregte allgemeine Sensation bei dem Wiener Publikum. Ich habe dieses Stück oft in Wien aufführen sehen; allein ich muß zur Steuer der Wahrheit sagen, daß die Wiener

Dekoration ohnerachtet sie nach den nämlichen Farben, nach derselben Zeichnung und mit ebendenselben Prismaten verfertigt war, doch bei weitem das nicht war, was die zu Schloßhof gewesen ist. Woran das lag, weiß ich nicht. Übrigens fielen die Akteurs, nicht als Sänger, denn es sangen die große Gabrieli und andere von gleichen Verdiensten dabei, sondern im Agieren, sehr gegen die unserigen ab. Tesi hatte sie nicht wie diese gebildet." Gluck erhielt vom Kaiser in Schloßhof eine goldene Dose, in der hundert Dukaten lagen.

Aber eine noch viel wichtigere Folge hatte die Aufführung. 1754 übernahm der Graf Durazzo allein die Oberleitung der Wiener Hoftheater. Dieser kunstsinnige Mann wird uns bald als Förderer, ja Mitarbeiter an den reformatorischen Ideen, die in Gluck langsam reiften, begegnen. Gluck wurde, wie uns Schmid erzählt — was übrigens in einiges Dunkel gehüllt ist, aber archivalisch durch einen Bericht des Obersthofmeisteramtes in Wien an die Kaiserin vom Januar 1761 in dem Streit zwischen dem Grafen Durazzo und dem Hofkapellmeister Reutter belegt wird — mit einem Gehalt von 2000 Gulden jährlich 1754 beim Hof angestellt, und zwar als Kapellmeister, beauftragt mit der Komposition der „Theatral- und Kammermusiksachen" für den Hof. Durch diese Anstellung erwarb Gluck in Wien auch seine k ü n s t l e r i s c h e Heimat.

5. DER TANZ

Als erste Frucht dieses Auftrags zu „Komponierung der Theatral- und Kammermusiksachen" finden wir am 5. Mai 1755, also unmittelbar nach der ersten Wiener Aufführung der „Chinesinnen" und offenbar als Auswirkung ihres Erfolges im Kaiserlichen Lustschloß Laxenburg die Schäferkantate „Der Tanz". Es treten nur zwei Personen auf, der Schäfer Tirsi, der wieder von der herrlichen Tenorstimme von Joseph Friberth gesungen wurde, und seine Schäferin Nice, die — wie die Sivene aus den Chinesinnen — von Katharina Gabrieli gegeben wurde. Diese Pastoralkantate bildet die auf der Bühne gesungene Einleitung zu einem Hofball. Der Schäfer Tirsi beginnt: Ach, Nice, schon dämmert der Abend. Geh! Wir müssen uns trennen. Die Stunde des Tanzes ist da; schon erwartet dich die festliche Schar. (Arie in $^6/_8$, B-dur, mit englischen Hörnern.) Freilich „als die Meine gehst du, aber ob du als die Meine zurückkehrst, wer weiß es?“ Nice, er kenne doch ihr ganzes Herz (Arie in G-dur). Tirsi, ja, aber ihre Schönheit versammle Anbeter um sie (Arie mit zwei Hörnern). Nice, was er wolle, wenn sie ihn nicht zufrieden zurücklasse, sei ihr das Vergnügen Qual (Arie G-dur mit obligatem Fagott). Tirsi: Nein! Sie möge ihn nicht wegen seiner unbegründeten Eifersucht erröten machen! Schlußduett. Nice: „Ach, wenn ich auch wollte, ich könnte meinen Tirsi nicht verlassen!“ Tirsi: „Ach, wenn ich auch könnte, ich wollte meine Nice nicht verlassen!“

Hier haben wir das Abendrot des Rokoko für Gluck. Er sieht diese Kunst, über die er innerlich fast schon hinaus ist, nach rückwärts und nützt sie künstlerisch aus als Festesschmuck. Das ist unser heutiger Standpunkt. Und darum stehen uns Werke wie die „Chinesinnen“ und der „Tanz“, ästhetisch betrachtet, nahe, sind in ihrem Standpunkt für das große Publikum von heute voraussetzungslos verständlich. Die Musik Glucks ergießt ihre ganze Süße, ihren ganzen Zauber über dieses feine Rokoko.

Das Werk wurde in der Woche darauf, am 13. Mai, zur Vorfeier des Geburtstages der Kaiserin im Wiener Hoftheater nächst der Burg wiederholt.

Ein Irrtum muß hier richtiggestellt werden, der sich noch bei Wotquenne findet. Sowohl auf die „Chinesinnen“ (in den Wiener Aufführungen), als auf den „Tanz“ folgte ein Ballett. Es ist fälschlich behauptet worden, daß Gluck diese Ballette komponiert habe, und zwar den „Orfano della China“ („Prinzen von China“) als Beschluß der „Chinesinnen“ und den „Alexander“ hinter dem „Tanz“. Das von mir (in der Dresdner Hofbibliothek) aufgefundene, bisher und insbesondere Wotquenne unbekannte Textbuch des „Tanzes“ aber sagt uns, daß die Ballettmusik von S t a r z e r , dem Wiener Ballettkomponisten, geschrieben ist. Der Glucksche „Alexander“ ist mehr als ein Jahrzehnt später entstanden. Der „Prinz von China“ kann gleichfalls nicht 1755 geschrieben sein, da Angiolini, der Verfasser des Szenariums, in der Einleitung, die er seinem von Gluck komponierten Don-Juan-Ballett vorausschickt, dieses 1761 als den ersten Versuch einer derartigen Ballettpantomime bezeichnet, und in dem von mir kürzlich aufgefundenen Semiramis-Szenarium die am 31. Januar 1765 aufgeführte Semiramis-Pantomime als zweiten Schritt auf dieser Bahn.

Semiramis und Prinz von China sind nach Voltaire gearbeitet. Der „Prinz von China" fällt in die Zeit nach dem 31. Januar 1765, der „Alexander" ist noch später, vor 1772, geschrieben, denn Burney erfährt 1772 das Szenarium des „Alexander" von Gluck.

6. DIE GERECHTFERTIGTE UNSCHULD

Den vorwärtsschauenden Gluck sehen wir in der tragischen einaktigen Oper „L'innocenza giustificata", die in Wien am 8. Dezember 1755 ihre Uraufführung erlebte. Der Text ist vom Grafen von Durazzo geschrieben, was Wotquenne entgangen ist — (La Borde, Essai sur la musique ancienne et moderne, Band 3, S. 268) — und von Gluck wesentlich beeinflußt. Und zwar sind die Arien, also die lyrischen Ruhepunkte, verschiedenen Dramen Metastasios entnommen, während Durazzo in den Rezitativen auf das Glucksche Programm einging: eine knappe, stetig vorwärtsschreitende, durch Rankenwerk von Nebenhandlungen und Nebenfiguren, von Liebesintrigen, schönen Wortspielen, nicht aufgehaltene einheitliche Handlung zu geben: rem, non sermones, das simplex et unum. Trotz der Verbeugung vor dem einflußreichen Hofpoeten Metastasio, die in der Benutzung seiner Verse an unschädlicher Stelle liegt, haben wir zum ersten Male eine glatte Absage an diese Kunst, deren Fesseln Gluck in zunehmendem Grade unerträglich wurden, die ihn an der Entfaltung aller Hilfsmittel seiner Kunst hinderten, vor uns.

Betrachten wir die Handlung. In der ersten Szene sehen wir den römischen Konsul Valerius (in der Uraufführung durch den Tenoristen Carlani dargestellt) mit dem Ritter Flavius (Sopranist Tommaso Guarduci). Flavius soll die Priesterin Flaminia herbeirufen, die Tochter des Konsuls und Schwester der Vestalin Claudia. Zögernd erbittet Flavius Aufklärung der düsteren Verwirrung, die aus der mannhaften Gefaßtheit des Konsuls durchblickt, erfährt aber eine kurze herbe Abwehr — erst recht, als er, sich auf seine brüderliche zarte Freundschaft zu Claudia bezieht und bittet, daß diese herkomme, um nicht durch die Erscheinung der Liktoren und den Waffenlärm erschreckt zu werden. Die Szene gipfelt in der von je bewunderten Arie des Flavius „D'atre nubi", die übrigens aus der „Hypsipyle" entlehnt ist. Dieser Arientext ist, wie die Texte zu sämtlichen geschlossenen Musikstücken außer den drei Chören und dem Gebet im Finale, einer Metastasioschen Dichtung entlehnt. Da diese Metastasioschen Arientexte damals allgemein bekannt waren, so war mit solchem Zitat sogleich die typische Grundstimmung der dramatischen Situation festgelegt — anklingend an den Zweck des Chores in der antiken Tragödie. Von je ist in dieser Arie der Instrumentator Gluck bewundert worden anläßlich der einen unsicher schwankenden Baß mit Hilfe des Stopfens bildenden tiefen Horntöne A B A B bei „luce infausta" („unheilvolles Licht färbt den Himmel") über b cis e g. Flavius sieht Unheil, aber er läßt die Hoffnung nicht fahren. Er geht ab; zu dem düster brütenden Konsul tritt Flaminia (Sopran, Marianna Beneventi): das heilige Feuer der Vesta ist erloschen, die Auguren beschuldigen die Vestalin Claudia sträflicher Leidenschaft zu Flavius. Flaminia tritt für die Unschuld der Schwester ein, deren Reinheit sie kennt; nichts spreche dafür, daß nicht des Volkes Verfehlung, sondern eines Einzelnen Schuld vorliege; ihr, der Priesterin allein komme es zu, über Vestalinnen zu richten. Der Konsul: . . . aber nicht über die eigene Schwester. Der Senat soll sie hören und richten, Flaminia der Schwester den Befehl des Konsuls überbringen. Der für Claudia zitternden Flaminia hält der starkmutige Vater, ein Römer, der felsenfest auf das Recht baut, in der folgenden Arie entgegen: Sempre è maggior del vero L'idea d'una sventura (stets ist stärker als das Unglück die Vorstellung davon). Der Konsul entfernt sich. Zur erschütterten Flaminia tritt die Vestalin Claudia (die große Caterina Gabrieli): „Ah, Flaminia, Schwester, und du kannst hier allein bleiben? Hörst du nicht; welcher Aufruhr den heiligen Tempel umtost?" Und Flaminia eröffnet der Schwester, was ihr geboten: daß das Volk gegen sie wütet, sie vor das Gericht zerren will, daß der Vater und Konsul sie vorfordert, der Senat sie zum Verhör erwartet. Flaminia ruft das Mitleid der Götter an: „Bei meinem Klagen — hier treten zum Cembalo die Streicher! — habt Mitleid, ihr Götter." Claudia: Wie? Du versicherst meine Unschuld und klagst — und ohne Ritornell (subito l'Aria) folgt der ausdrucksvolle edle Gesang „Guarda pria" („Sieh erst, ob du auf dieser Stirn ein Vergehen geschrieben findest! Mein Los verdient Neid, nicht Mitleid!") Sie geht ab, um sich dem Senat zu stellen. Flaminia bleibt in Angst und Zagen zurück. (Arie.) Mit der Schwester hat sie gelebt, mit ihr will sie, sollte sie sie verlieren, sterben. Man

beachte die, dem Gefühlsüberschwang entstammende stürmische
Überleitung in den Mittelteil der Arie! Nach dem Abgang der
Flaminia folgt die Auseinandersetzung zwischen Flavius und der
kurz darauf zurückkehrenden Claudia. Sie fordert ihn auf, zu
gehen. „Was wird man sagen, wenn jemand dich hier findet?"
Er will sie nicht verlassen ohne Schutz. Ihre Verteidigung sei
seine Aufgabe. Als er wegstürmen will, hält sie ihn zurück:
„Höre mich, wohin willst du?" Er will sie, wenn es nötig ist,
mit der Schar seiner Freunde mit Waffengewalt schützen, da er
die Unterdrückung ihrer Unschuld nicht dulden könne. Sie schlägt
das aus, schon, da jeder diesen Eifer für eine Wirkung der Liebe
halten würde. Er solle den Göttern ihren Schutz überlassen. Und
obwohl nur unschuldige Freundschaft zwischen ihnen bestehe, fürchte
sie jetzt seine Gegenwart als gegen ihre Pflicht verstoßend. Sie
bittet ihn — hier treten die Streicher zum Cembalo! — bei allem,
was ihm teuer auf Erden und heilig im Himmel, sie auf immer zu
meiden. Flavius fügt sich seufzend: „o barbara sentenza, o legge
amara!" Ein Duett von edlem Ausdruck, ein außerordentlich klang-
schönes, imitatorisch gearbeitetes Musikstück, hält die Situation und
ihre Einwirkung auf die beiden Charaktere fest. Er entfernt sich.
Zu ihr kehrt die schwächere Schwester Flaminia in liebender, angst-
voller Anhänglichkeit. Der Konsul naht und verkündet den Jung-
frauen die furchtbare Entscheidung: Der Senat hat Claudia zum Tode
verurteilt — auf Grund lediglich der Stimme der Auguren ... Claudia nimmt den Spruch mit Hoheit auf: „Fordert ein widriges Geschick oder das Schicksal Roms, daß unschuldiges Blut vergossen
werde, so sei's drum!" Und nun folgt jene wundersame seherhafte
„Cavata" „Eine unbekannte Flamme fällt in meine Seele ... ich
spüre den Gott ... er begeistert mich, macht mich über mich selbst
wachsen." Es ist eine hochdramatische heilige Musik, die wir in der
„Armida" wiederfinden werden und bereits aus dem „Tigranes" her
kennen, eine Musik, die auch uns noch Schauer über Schauer
einrieseln läßt, mit dem obstinaten Baß, den ewigen Triolen der
mystisch gedämpften Geigen, den „heiligen" Oboen, den geweihten
Hornklängen, in freier Form, ohne Dacapo, daher als „Cavata" bezeichnet.

Man beachte für diesen hochpathetischen Stil u. a. auch die plötzliche Verlegung des Schlußtons einer Gesangphrase in die höhere Oktave, die Gluck überhaupt liebt. Das blutvolle Leben, das hier seinen heftigen Ausdruck findet, darf ja nicht durch einen matten Vortrag kastriert werden. Freilich setzt Gluck hier, wie unausgesetzt in seinen Werken, eine Register- und Tonbildungstechnik voraus, die wir erst wieder bei ihm lernen müssen.

Es erscheint erregt Flavius: Die Götter nehmen den Beweis der Unschuld Claudias in die Hand: Das Schiff, das aus Phrygien das Bild der Idäischen Mutter gebracht hat, kann nicht in die Stadt gebracht werden; unbeweglich wie ein Fels im Meer trotzt es jeder menschlichen Kraft. Begeistert greift Claudia das Wunder auf: die sie durchleuchtende Gottheit läßt sie den Gedanken fassen und aussprechen, sie wolle zum Beweis ihrer Unschuld mit Hilfe der Götter allein das Schiff, das hundert Armen trotzt, ans Ufer ziehen. Valerius eilt (mit heroischer Arie — Trompeten! —, die uns in der „Armida" wieder begegnen wird), den ganzen Senat als Zuschauer herbeizurufen. Während Flavius und Flaminia zagen und fürchten, erwartet Claudia, die völlig über ihre Umgebung hinausgewachsen ist, „la meritata palma" (Arie ohne Dacapo, mit Hörnern, Hoboen, Fagotten, geteilten Bratschen) und eilt zum Fluß. Zitternd ruft der zurückbleibende Flavius den Beistand der Götter an; seine Arie ist durch ein Ritornell mit dem folgenden Chor des Volkes verbunden. Das Volk will Sühne des vermeintlichen Frevels. Vergebens tritt ihm der Konsul entgegen mit dem Hinweis, daß die Idäische Mutter die Mauern des ungerechten Roms verschmähe. Chor: „Noto è il reo! ... Mora Claudia!" („Es sterbe Claudia!") Man beachte bei diesen Volkschören die dramatische Schlagkraft, den zündenden Rhythmus, den tiefen Groll der rasselnden Oboen, die wie Meeresgischt wirkenden Anläufe der Geigen, den majestätischen Oktavschritt, das stürmische Unisono von Chor und Orchester. Da tritt die Gottbegeisterte selber vor das tobende Volk: „Ja! Es sterbe Claudia, wenn das Rom nützt! Nicht um mein Leben zu retten, sondern meine Ehre als Vestalin, rufe ich die Hilfe der Gottheit an, Quiriten! Wenn meine Hand unschuldig ist, so wird sie mit Hilfe der Gottheit allein das unbewegliche Schiff zum Ufer ziehen." Es folgt das heiße Gebet, von dem intimen Streicher-Pizzicato in den grellen Gegensatz zu den voraufgehenden und folgenden vom Blech unterstützten Chormassen gestellt: „Ah, neige, keusche Göttin, gnädig dein Antlitz meinem Gebet ... Verteidige du meine Reinheit ...“ Und das Gottesurteil spricht für die Seherin. Die Preghiera wird abgerissen und in das Rezitativ überführt. Ein unerhörter musikalischer Effekt, ganz nebenbei und sorglos vom Genie hingeworfen: die letzten Rezitativworte „Ecco la nave al lido!“ werden t u t t i von dem der Handlung mit gebannter Aufmerksamkeit folgenden ganzen Volk gesungen. Valerius gibt zuerst der Stimmung Aller Ausdruck: „Claudia! Tochter! Wir sind in deiner Schuld!“ Sie wehrt ab: „Nein ... nur dem Himmel müssen wir danken!“ Es folgt jener schöne Schlußchor, mit dem schon „Aëtius“ schloß, und der hier womöglich noch besser paßt.

Betrachtet man diesen Text, diesen dramatischen Aufbau, so hat man den R e v o l u t i o n ä r Gluck, den gewaltigen Erneuerer der musikalischen Tragödie, in voller Rüstung vor sich. Dieser Text sollte auch in der lächerlichen Kontroverse, ob Gluck oder Calsabigi an der Reform der musikalischen Tragödie den größeren Anteil habe, berücksichtigt werden! Er entspricht in allen Punkten den später von Gluck bei den verschiedensten Gelegenheiten geäußerten Anschauungen, und es ist ganz offensichtlich, daß Durazzo lediglich die äußere Form gab, daß Gluck selber im Großen und Kleinen das Drama entworfen hat.

Besonders interessant sind die Metastasioschen Verse als Texte der geschlossenen Musikstücke. Sie sind nicht ganz adäquat der Handlung, ohne ihr direkt zu widersprechen, und erhalten erst durch die Musik ihre charakteristische Farbe. Am Schluß des Dramas aber kommt es Gluck auf volle Schärfe an: mit dem handelnden Chor verschwindet Metastasio. Stilistisch bedarf es vor allem der Hervorhebung des handelnden Chors. Hier haben wir die Ideen der „Iphigenie in Aulis“ vorausgeahnt! Das ist nicht mehr der Metastasiosche dekorative Chor, sondern es ist der Chor der französischen Oper. Auffallend ist die starke Instrumentierung. Doch möchte sie, die natürlich auf die Zuhörer besonders aufreizend wirken mußte, durch den Römer-Heroismus und den Gegensatz der zarten Jungfrau und des Volks zum Teil ihre Erklärung finden. Die dreisätzige Ouvertüre bringt in den Ecksätzen diesen Heroismus, im Mittelsatz — der im Schlußballett den französischen Alceste wieder verwandt ist —

das liebliche Bild der Jungfrau. Auffallend ist auch die starke und freie Anwendung des Obligatrezitativs.

Doch das größte ist der Bau des einaktigen, wohl bewußt auf die antike Tragödie zurückgreifenden Textes.

In Gluck wuchsen damals die großen Ideen seiner Zeit. Unmittelbar vor der „Innocenza giustificata" waren, was man bisher völlig übersehen hat, Winckelmanns „Gedanken über die Nachahmung der griechischen Werke in Malerei und Bildhauerkunst" erschienen, die Gluck ohne jeden Zweifel mit Anteilnahme gelesen hat. Es wird uns ausdrücklich berichtet, daß Gluck sich gerade in den fünfziger Jahren literarisch besonders interessierte. Die „Innocenza" sieht fast aus wie die Verkörperung der Winckelmannschen „edlen Einfalt und stillen Größe" und wie direkt von ihm angeregt. Aus Paris ertönten damals die Stimmen Rousseaus und Voltaires mit ihrer ätzenden Kritik der bestehenden Kultur und ihrem Schrei „Zurück zur Natur!". Rousseau hatte 1750 in seinem berühmten „Discours sur les arts et les sciences" die Zivilisation als die Ursache der Verderbtheit bezeichnet. Voltaires, des geistigen Führers der „Aufklärung", französische Tragödien sah Gluck in Wien, und zweimal entnahm er einer Voltaireschen Tragödie später den Stoff zu einer tragischen Ballettpantomime. Das Zeitalter Metastasios war reif zum Untergang.

Die „Innocenza" hat, wie festzulegen ist, die Koloraturarie im Gluckschen Sinn, das heißt unter Einstellung der Wirkung der Koloratur in die ästhetische Rechnung, sie hat das Secco-Rezitativ, begleitet vom Cembalo, und den männlichen Sopranisten. Die letzteren beiden Punkte hat auch noch die Wiener Reformoper Glucks (nur „Alceste" verzichtet auf die Kastraten, aber nicht grundsätzlich). Ich vertrete die Meinung, daß Gluck auch auf die Koloratur als Ausdrucksmittel nie hat verzichten wollen, denn er verwendet sie in Paris. Überhaupt will ein Künstler nie auf ein technisches Mittel verzichten, sondern er will es richtig anwenden. In Paris fielen die Kastraten und wurde das nur vom Cembalo begleitete Rezitativ weiter zurückgedrängt — in Anpassung an die Umgebung. So gibt es keine Scheidewand mehr zwischen der „Innocenza" und dem „Orpheus" — es sei denn das konzentriertere Bewußtsein des Neuen, das aus dem Orpheus spricht, der Geist des künstlerischen Propheten.

Für den Erfolg dieser „Gerechtfertigten Unschuld" — lieber würde ich bei einer deutschen Ausgabe des herrlichen Werkes den freieren Titel „Die Vestalin" sehen — spricht, daß mehrere Arien später mit veränderter Textunterlage in Wien als Kirchenmusik verwertet wurden, so die erste Valerius-Arie mit ihrem starkmütigen Gottvertrauen.

7. ANTIGONUS

Ein ganz anderes Bild gibt uns der „Antigonus", der unmittelbar nach der „Innocenza" für Rom geschrieben wurde. Es scheint, daß die römischen Beziehungen des Prinzen von Hildburghausen, dessen Kapellmeister Gluck noch weiterhin war, mitgewirkt haben, dem „Divino Boëmo" eine Einladung in die ewige Stadt zu verschaffen. Die Uraufführung des „Antigonus" fand bereits am 9. Februar 1756 im Teatro di Torre Argentina statt.

In Rom konnte es sich für Gluck, wie dreieinhalb Jahre zuvor in Neapel, nicht darum handeln, stilistische Revolutionsideen zu betätigen. Das versprach Erfolg in Wien, wo Gluck sein Publikum kannte und dauernden Konnex mit ihm hatte, nicht aber an dieser Stätte, wo er nur mit einem einzigen Werk als Gast auf sein Auditorium einwirken konnte. Wir sehen hier wiederum die Abendröte der Rokoko-Oper und Gluck mit einer außerordentlichen Überlegenheit diesen Stil meisternd, aus ihm das Edelste herausholend, was in ihm überhaupt geleistet werden konnte. Dieses Werk und der neapolitanische „Titus" stellen die letzten Möglichkeiten der neapolitanischen Oper dar.

Der Metastasiosche, 1744 für den Dresdner Hof gedichtete und dort damals mit der Musik Hasses aufgeführte Text zeigt uns die liebreiche und edle ägyptische Prinzessin Berenice als Brandfackel für zwei Könige und ihre Heere. Daher konnte Gluck die Ouvertüre der „Innocenza" auch diesem Werk vorausstellen: die Ecksätze zeigen das Heeresgewühl, der Mittelsatz das anmutige Bild der Berenice. In die Handlung führen uns gleich die ersten Worte der ersten Szene mit der bei Metastasio meist anzutreffenden Schärfe der Exposition ein: Berenice ist nach der makedonischen Residenz Thessalonike gekommen, um den König Antigonus zu heiraten. Der König wirft seine Eifersucht sofort auf seinen Sohn Demetrius, den edlen

Prinzen, den wirklich eine starke Neigung, den Liebenden zunächst
unbewußt und von beiden bekämpft, mit Berenice verbindet. Der
König Alexander von Epirus, dessen Bewerbung Berenice ausge-
schlagen hatte, zieht zur Rache mit seinem Heer gegen Antigonus.
Dieser hat seinen Sohn verbannt. Das Drama zeigt im weiteren Verlauf, wie Sohnestreue und Charakterstärke der Berenice den Antigonus retten, und wie er schließlich die Braut dem Prinzen über-
läßt, dem sie vom Schicksal bestimmt ist.

Wenn wir die ausführenden Künstler betrachten, so fällt eine
sonst bei Gluck nicht auftretende Verwendung der Kastraten auf:
auch die beiden Frauenrollen, Berenice und Ismene, die Tochter des
Antigonus, sind männlichen Sopranisten in den Mund gelegt (Belardi
und Caselli). Der Prinz Demetrius wird durch den Sopranisten Mazzanti, der eifersüchtige König Alexander durch den Sopranisten Ghirardi dargestellt. Selbst der Feldhauptmann Alexanders, Clearchus,
ist einem Kastraten, dem Altisten Apolloni, gegeben, während diese
typische Nebenrolle gewöhnlich einem Tenor zufällt; die Tenorstimme
ist dafür dem Antigonus vorbehalten. Sicher hat Gluck bei dieser
eigenartigen Rollenbesetzung an die gegebenen Verhältnisse ange-
knüpft. Da aber der Meister stets aus gegebenem Material künstlerisches Gold gewinnt, so ist sehr beachtenswert, daß Gluck hier durch
die Kastraten den Zustand des antiken Theaters rekonstruiert, daß
sämtliche Rollen durch Männer dargestellt werden.

Anläßlich der „Innocenza" war bereits von Winckelmann die
Rede. Winckelmann weilte jetzt in Rom und wurde später vom Kardi-
nal Albani in sein Haus aufgenommen, diesem hochbedeutenden
Sammler und Kunstkenner. Zu Albani trat auch Gluck in Beziehungen. Trotz der persönlichen Schlichtheit und Treuherzigkeit des deutschen Meisters erregte der aus dem „Antigonus", wie dem „Titus"
mit nicht verkennbarer Deutlichkeit strahlende unwillkürliche Anspruch, der größte unter den lebenden Tonsetzern auf dem Gebiet
der musikalischen Tragödie zu sein, den Neid der römischen Komponisten, und wir lesen beim treuen Schmid von einer Intrige, deren
Einzelheiten uns nicht bekannt sind — übrigens auch nicht bekannt
zu sein brauchen. Albani „erbot sich, sein ganzes Ansehen anzuwenden, um eine schändliche Kabale zu zerstören, die gegen den
deutschen Tonsetzer angesponnen worden war, um seinen bereits er-

worbenen Künstlerruhm böswillig zu untergraben. Gluck aber, ohne für dieses ehrenvolle Anerbieten undankbar zu sein, schlug es aus, sich dessen zu bedienen; er wollte lieber durch das Übergewicht seines Genius über den Neid und die Bosheit triumphieren, und sich nur durch seine Schöpfung den Beifall des verständigeren Teiles der römischen Kunstwelt erwerben. Und so geschah es!"

Daß Gluck sich mit Winckelmanns Ideen beschäftigte, wird noch wahrscheinlicher gemacht durch das Studium der Gemälde in den römischen Galerien, von dem er in Paris erzählt — siehe Mannlich. Er preist sich aber glücklich, Musiker zu sein, denn dem Gemälde ist das Schönste der Musik versagt: die Bewegung. In diesem einen Wort haben wir den ganzen Laokoon von Lessing und sehen den geborenen Dramatiker. Der Musiker, der mit solchen Augen antike Schönheit schaute, wälzte im Herzen die ästhetische Revolution der musikalischen Tragödie.

Gluck wurde für die außerordentliche künstlerische Tat seines „Antigonus" vom Papst Benedikt XIV. geadelt. Man wagt heute die Lächerlichkeit ,diesen Adel zu bezweifeln, nachdem er amtlich am Wiener und Pariser Hof von 1756 bis zu Glucks Tode geführt und auf Glucks Nachkommen übergegangen ist! Man pflegt auch eine schiefe Parallele zu Mozart aufzustellen, der denselben Adelstitel erworben und nicht gebraucht habe. Dabei vergißt man aber, daß Gluck in einer Umgebung lebte, in der dieser Adel zur Geltung kam und es dem Künstler bequemer machte, die Stellung einzunehmen, die ihm als Künstler zukam, während Mozart in solchen äußeren Verhältnissen lebte, daß ihm der Gebrauch des Adelstitels eher hinderlich gewesen wäre. Hervorzuheben ist, daß Gluck die Ursprünglichkeit und Natürlichkeit seines Wesens als Cavaliere und Chevalier Gluck behielt. Gewiß besah er sich Menschen erst und nutzte höfische Sitte, sich Lästige und Minderwertige fernzuhalten, aber wer die Prüfung bestanden hatte, wurde mit der großen Wärme des österreichischen Naturkindes von Gluck behandelt.

Datum und Veranlassung der Adelsverleihung stehen übrigens, wie gegenüber der bisherigen biographischen Einhelligkeit hervorzuheben ist, nicht einwandfrei fest. Die Partitur des am 8. Dezember 1756 im Wiener Hoftheater aufgeführten „Königs als Schäfer" nennt als Komponisten „Christoph Gluck", dagegen die späteren Text-

bücher und Partituren den Chevalier oder Cavaliere Gluck. Danach
scheint es nicht ausgeschlossen, daß die Adelsverleihung nicht in
Rom 1756 erfolgt ist, sondern erst 1757. Daß der Adel spätestens
1757 verliehen ist, beweist das Répertoire des théâtres de la ville
de Vienne de l'Année 1752 jusqu'à l'anne 1757, wo der Titel aufgeführt erscheint. Genaue Nachforschung in der Wiener Presse
und in den Wiener Archiven der Jahre 1756 und 1757 verspricht,
dieses Dunkel zu lichten; sie ist mir zur Zeit nicht möglich.

Anläßlich der Antigonus-Aufführung scheint das in dem Brief
Glucks an den Padre Martini vom 26. 10. 1773 erwähnte Gluck-Por-
trät gemalt worden zu sein, das ich leider nicht auffinden konnte.
Sollte nicht eine Kopie in Rom sein?

Die Partitur des Antigonus entlehnt aus der „Innocenza" außer
der Ouvertüre noch zwei Arien, darunter das Gebet der Claudia aus
der Schlußszene „Ah rivolgi", eine Arie aus den „Chinesinnen" und
zwei aus dem Aëtius. Die schönste letzte Arie der Bernice, die
ihre Seelenqualen unmittelbar vor der glücklichen Schlußwendung
bloßlegt, kennen wir aus der „Iphigenie auf Tauris" (Anfang des
letzten Aktes). Sie wurde schon erwähnt und ist, weil nach einer
Klavier-Gige von Seb. Bach gearbeitet, bemerkenswert.

Es muß hier noch eines angeblichen Werks von Gluck Erwähnung
getan werden, das in allen älteren Biographien spukt: des „Trionfo
di Camillo", der angeblich mit dem „Antigonus" für Rom geschrieben
ist. Offenbar liegt hier eine Verwechslung mit dem „Trionfo di Clelia" vor, einem Werk, das Gluck, wie wir noch sehen werden, als Festoper zur Eröffnung des neuen Theaters nach dem „Orpheus" für
Bologna schrieb, und das gleichfalls einen Stoff aus der altrömischen
Geschichte behandelt.

8. SCHÄFER KÖNIG

Genau ein Jahr nach der „Innocenza", also zu Kaisers Geburtstag
am 8. Dezember 1756, erschien das letzte Metastasio-Drama Glucks
vor dem „Orpheus", das Werk, mit dem wir Gluck, den Reorgani-
sator, enden sehen. Metastasio hatte die Dichtung ein halbes Jahrzehnt zuvor für eine kaiserliche Privataufführung in Schönbrunn —
Musik von Bonno — geschrieben. Diese Entlehnung erklärt vielleicht
die einfachere und übersichtlichere Handlung des von Metastasio als

Pastorale gedachten, von Gluck mit echtem Naturgefühl durchglühten Dramas:

Alexander der Große hat auf seinem Siegeszug Sidon erobert. Der Tyrann von Sidon, Strato, hat sich, um nicht in des Siegers Hand zu fallen, selbst getötet. Alexander beschließt, den Sohn des letzten rechtmäßigen Königs, der, von treuen Dienern vor dem Tyrannen gerettet unter Schäfern mit dem Namen Amintas aufgewachsen ist und von seiner Herkunft nichts weiß, aufsuchen zu lassen und auf den Thron zu erheben. Die einsätzige, mit thematischer Arbeit wirkende, aber die Themagruppen gegenüberstellende und wiederholende, stark instrumentierte Ouvertüre scheint auf die Kriegsscharen Alexanders zu deuten: wir finden außer Flöten das ganze damalige Orchester: Hoboen, Fagotte (die in der Baßstimme stillschweigend notiert sind), Hörner, Trompeten und Pauken. (Die Meinung des Grafen Waldersee, der die Ouvertüre in seiner Ausgabe des „Prologs" mit abdruckt, die Paukenstimme sei apokryph, ist offenbar unrichtig.) Die Ouvertüre läuft in die erste Szene hinein, ein Naturidyll, wo wir Amintas mit seiner Herde, sein Bächlein besingend, finden. Hier wird der Hörnerklang zum Idyll, und die in der Ouvertüre absichtlich fehlenden Flöten erscheinen. Die Geliebte des Amintas, die schöne Elisa, aus altem phönizischen Geschlecht stammend, das seinen Ursprung auf Kadmus zurückführt, erscheint. Stören wir die Liebenden und ihre Aussichten nicht. Alexander, geführt von Agenor, einem sidonischen Adeligen, tritt auf, um in Amintas den Thronerben zu entdecken. Er erscheint in seiner Arie mit Hoboen, Hörnern und Trompeten, der junge Weltenbeherrscher, „jeder Zoll ein König". Nach seinem Abgang stürzt zu Agenor die flüchtige T a m i r i s , die Tochter Stratons: sie hat alles verloren, ist aber beglückt, ihren Geliebten, Agenor, treu zu finden. Im zweiten Akt kommt Alexander, auf Agenors Vortrag, ohne die Zusammenhänge zu kennen, auf den Gedanken, die Prinzessin Tamiris, deren Unglück er bedauert, wieder in ihre früheren Verhältnisse zu bringen, indem er sie dem neuen König vermählt. Der Akt schließt mit einem Quartett der beiden unglücklichen Liebespaare. Der dritte Akt bringt die Lösung: Elisa nimmt sich das Herz, dem großen Alexander den Zusammenhang aufzudecken, und dieser eilt, die treue Elisa mit Amintas zu verbinden, Amintas, der, um seiner Schäferin treu bleiben zu können, soeben

auf den Thron verzichten will und in seinen wieder angelegten Schäfer-
kleidern vom jubelnden Volk zum Thron geführt wird.

Darsteller: Alexander (Tenor) Pietro di Mezzo, die übrigen
Rollen Soprane, nämlich Elisa Caterina Gabrieli, Tamiris Francesca
Gabrieli, Amintas Mazzanti, der in Rom soeben den „Demetrius"
im „Antigonus" gesungen hatte, und Agenor Bareggi.

Entlehnungen: Der Schlußchor des „Antigonus" ist auch hier als
Schlußchor verwendet, 2 Arien sind Musikstücken aus dem „Antigonus", dem „Titus" und dem Aëtius" nachgebildet. War schon
bei der „Innocenza" die stärkere Instrumentierung auffallend, so ist
hier unverkennbar, daß der Meister das Orchester seiner Revolutions·
oper heranbildet. Unerhört ist, wie er Amintas am Anfang des
letzten Aktes mit Flöten und Trompeten singen läßt, wie er der
letzten Arie des göttlichen Alexanders (neben Hörnern, Trompeten,
Hoboen, Fagotten) Pauken beigibt, der Arie des Amintas im zweiten
Akt englische Hörner, Fagotte und Naturhörner. Wir finden, wie
schon früher, geteilte Bratschen, Violoncelle, die vom Kontrabaß getrennt gehen, gedämpfte Geigen, das Pizzicato, das Tremolo. Wir
sehen, wie das Orchester in der Hand des größten Instrumen-
tators, den die Musikgeschichte kennt, zum divinatorischen Gewissen des Dramas wird. Es kann hier leider nicht diese unvergleichliche Instrumentierungskunst, der Berlioz in seiner berühmten
Instrumentslehre, die Hälfte seiner Partiturbeispiele Gluck entlehnend,
ein Denkmal gesetzt hat, im einzelnen dargelegt werden. Kretzschmar findet für die divinatorischen Akzente des großen Tragikers ein
glückliches Wort, wenn er von der Kunst Glucks redet, „mit einem
Ton eines bekannten Orchesterinstrumentes Schauder zu erregen".
Lediglich auf einen Punkt soll hier noch hingewiesen werden, weil er
kaum bei einem andern Meister in dieser Schärfe ästhetisch herausgearbeitet erscheint, deshalb überaus charakteristisch für Gluck, aber
bisher kaum formuliert worden ist: das, was ich negative Farben
nennen möchte. Es ist das die wundersame Kunst, einmal gewisse
Orchesterfarben durch ihr streckenweises Fehlen aufzusparen — also
negativ im relativen Sinn —, dann durch ihr Fehlen im absoluten Sinn
zu wirken. Das letztere liegt uns näher. In seinem „De profundis"
aus den achziger Jahren läßt der Meister alle hellen Farben des Orchesters fehlen: die Flöten, die Klarinetten, die er damals hatte, und,

unerhörterweise, die Geigen. Das Streichorchester hat nur Bratschen, Violoncelle und Bässe. Die Holzbläser sind nur die herben Hoboen und das Fagott mit seinem hilflosen Schmerz. Vom Blech fehlen die Trompeten, aber zu den Hörnern treten die majestätischen Posaunen. Dieses Orchester „schreit aus der Tiefe" zum Herrn. Ich will nicht unerwähnt lassen, daß Rust es für nötig gehalten hat, die Instrumentation durch Hinzufügung von — Geigen zu „modernisieren"! Das andere, die relativen negativen Farben, ist die Methode Glucks, ein charakteristisches Instrument längere Zeit vorher fehlen zu lassen. Jeder kennt die elektrisierende Trompeten-Arie des Achilleus aus der „Iphigenie in Aulis", von der man erzählt, daß sie bei der Pariser Uraufführung anwesende Offiziere aufspringen und an ihre Degen greifen machte. Nun besehe man sich die sanfte Instrumentierung der voraufgehenden Gesänge Iphigeniens. Ähnliches bietet der „König als Schäfer", wenn er am Anfang des zweiten Aktes die beiden Arien der leidenden, unglücklichen Mädchen nur vom Streichorchester begleitet erscheinen läßt, dann aber, als Agenor den Amintas auffordert: es spreche der König, es schweige der Liebhaber", glänzende E-dur Hörner, das erste Blasinstrument im Akt, auftreten läßt! Ein anderes Beispiel wurde bereits erwähnt: die Ouvertüre entbehrt der pastoralen Flöte im vollen Orchester, und die Flöte beherrscht mit ihrer deshalb um so stärker wirkenden Farbe die erste Szene.

In einem andern Punkt noch zeigt der „König als Schäfer" den vorwärtsschauenden Gluck: der Ausdruck ist von besonderer Herzlichkeit, Natürlichkeit, stürmischer Stärke. Rücksichtslos chromatisch aufstrebende Sequenzen gehören hieher (so z. B. die vierte und dritte Arie des letzten Aktes), aber auch das glückselige Auswirkenlassen von Melismen in Terzen und Sexten, Doppeltriller mit Sequenzführung, jubelnde Koloratur in dem Schlußduett des ersten Aktes.

GLUCK, DER REVOLUTIONÄR

1756—1774

1. DIE SCHÖPFUNG DER DEUTSCHEN KOMISCHEN OPER

Wenn wir ins Auge fassen, was uns von der Ästhetik der neapolitanischen Oper trennt, so erscheint es voll verständlich, daß sie auch in der hochbedeutsamen künstlerischen Regeneration durch den Tragiker Gluck uns kaum erfaßbar erscheint. Die Sprache der Tragödie ist die italienische. Sie erscheint gleichsam als Kothurn, als Erhebung über alle andern Sprachen, ein Anspruch, der natürlich durchaus fiktiv ist. Die Fiktion ist am auffallendsten gerade bei den großen tragischen Werken Glucks, weil die ganze Musik im Wortakzent und Wortsinn wurzelt. Diese tragische Kunst ist durchaus aufgebaut auf einer Gesangskunst, die unsere Sänger erst wieder in Jahrzehnten, eben durch das Studium Glucks, lernen könnten. Die Stoffe sind der Antike entlehnt. Ihre ethischen Anschauungen liegen uns vielfach fern und erfüllen uns andrerseits nicht völlig. Die Antike ist in ihrer Ethik von einem starren Fatalismus beherrscht, aus deren Irrgarten oft nur das unmittelbare Eingreifen der Gottheit herausführt. Technisch finden wir die Stimmen der Kastraten, ein Kunstmittel, das uns fehlt. Wir finden das Cembalo, das den größten Teil der Rezitative ausschließlich begleitet, und das wir erst wieder anfangen zu bauen. Wir finden musikalische Formen, die ausschließlich auf dem dramatischen Sologesang aufgebaut sind, nicht aber einem symphonischen Orchester die Möglichkeit voller Entwicklung gewähren. Es bedarf einer ungeheuren künstlerischen Arbeit, diese Hindernisse zu überwinden und uns den Gluck der „Hypermnestra", der „Semiramis", des „Aëtius", des „Titus", des „Antigonus" wieder zu schenken. Die Aufgabe ist aber lösbar und ihre Lösung künstlerisch notwendig — wenn nicht im Rahmen des gewöhnlichen Bühnenspielplanes, so doch im Rahmen von Sonderveranstaltungen. Wir müssen die italienische Sprache durch die Landessprache ersetzen. Viel geht damit verloren, aber Gluck selber hat italienische Werke in Paris französisch, französische in Deutschland deutsch bearbeitet. Der Stil Glucks erfordert eine besondere Kunst der Übersetzung. Kastraten haben wir nicht. Wir müssen sie also durch Frauenstimmen ersetzen, wie dies auch im Notfall im 18. Jahrhundert geschah. Das Cembalo haben wir wieder, hüten wir uns, es durch eine moderne Orchesterinstrumentierung zu ersetzen. Und die Antike ist uns eben durch Glucks Kunst, ewige Menschheitswerte herauszuarbeiten, nahe gerückt. Unsere Sänger müssen singen lernen, unsere Konservatoristen aber die edle Gesanglinie und den divinatorischen Ausdruck sehen lernen, ohne nach der Sonatenform, dem Vorherrschen des Harmonischen, dem Leitmotiv und dem modernen Orchester zu suchen.

Und nun sehen wir Gluck die Fesseln abschütteln, die ihm die Ästhetik seiner Zeit anlegte. Zurück zur Natur! ertönte es aus Paris, und Rousseau errang auch mit seiner komischen Oper „Der Dorfwahrsager" 1752 entscheidenden Erfolg.

.Plötzlich finden wir Gluck bei der komischen Oper, mit der er während der ernsten Zeit des Siebenjährigen Krieges fast ununterbrochen beschäftigt ist. Da es galt, einen neuen Stil zu .schaffen und zu befestigen, war es notwendig, eine Anzahl von Werken gleichen Stils zu schaffen. Und so stehen sie vor uns, diese Gebilde heiterer Grazie, deutschen Gemütslebens, die uns heute voraussetzungslos genießbar sind und die eine fröhliche Wiederkehr zu unserer Bühne haben müssen und werden. Merkwürdig, daß man immer noch davon fabelt, daß H i l l e r und D i t t e r s d o r f die komische deutsche Oper geschaffen hätten! Gluck hat sie geschaffen! Die Texte sind zunächst französisch — für die Bedürfnisse des. Wiener Hofs —, aber diese Kunst ist durchaus deutsch, da sie den Akzent legt auf einheitliche Charakterisierung und auf das Gemütvolle! Die französische Sprache des Textes ist etwas äußerliches und nebensächliches.

Um den ungeheuren Schritt zu sehen, den Gluck, der Meister der tragischen italienischen Oper, getan hat, als er diese Werke schuf, vergegenwärtige man sich den Wechsel des ästhetischen Apparats: aus der antiken Mythologie und Geschichte sind wir in die Gegenwart versetzt. Nicht die Fürsten und Großen der Welt, sondern die Kleinen kommen zu Wort. Nicht das Italienische, die Sprache des tragischen Kothurns, sondern die Landessprache, zunächst das Französische, erscheint. Die Kastraten verschwinden, und Tenöre und Bässe treten an ihre Stelle. Das vom Cembalo begleitete Secco-Rezitativ verschwindet, und an seine Stelle tritt, in reizvoller Abwechselung zu den gesungenen Teilen, das gesprochene Wort in hübschen neckenden Versen oder in Prosa. Die Sänger agieren in erster Linie; der Prunk der Gesangkunst wird auf ein bescheidenes, wennschon für uns sehr anspruchsvolles Maß reduziert. Kurz: Gluck steht plötzlich mitten unter uns. Dabei ist der Künstler stets bedeutsam: das reich instrumentierte Orchester enthält so viele „fremde Akzente", die menschlichen Schwächen, Kleinheiten, Liebenswürdigkeiten werden von höchster Warte gesehen. Das macht diese kleinen Meisterwerke köstlich und unersetzlich, und gerade d a s ist bisher kaum gesehen worden. Es ist hohe Zeit, daß wir aufhören, in Musikgeschichten ein halbe Seite darüber zu schreiben, daß Gluck einige fränzösische Operetten geschrieben, dabei eine auffallende Grazie und Meisterschaft in der Behandlung der französischen Sprache zeige und sich offenbar durch diese Tätigkeit vorbereitet habe für seine großen französischen Tragödien. Das ist allzu dürftig und billig. Schon, daß Gluck als dem Schöpfer der komischen Oper dieselben Vorwürfe gemacht wurden, wie dem Tragiker Gluck, nämlich lärmende, überladene Instrumentierung, zu große Kompliziertheit, sollte zu denken geben. Man vergleiche zu diesen wenig beachteten, uns so interessanten, Vorwürfen Grétrys Mémoires ou Essais sur la musique.

Freilich hat diese Dürftigkeit ihren Grund nicht nur in der mangelhaften Erkenntnis vom Wesen der komischen Oper Glucks, sondern auch in dem ungelichteten Dunkel, das über zahlreichen Einzelheiten der ganzen Periode liegt. Spezialforschung in Wien, die mir von Deutschland aus zur Zeit unmöglich ist, wird zweifellos Licht verbreiten über die Frage, welche Werke Gluck komponiert hat, was er zu andern beigesteuert hat, wann, wo, wie oft, in welcher Sprache, Fassung, Rollenbesetzung diese Werke aufgeführt worden sind, wo sich die Orchesterpartituren befinden, welchen Eindruck die Aufführungen gemacht haben, welche Nachfolge Gluck gefunden hat, und vieles mehr.

Ein weniges zu diesen Zweifelsfragen will ich an dieser Stelle, in Berichtigung und Ergänzung des Thematischen Katalogs von Wotquenne, zusammenstellen: Die Urtextbücher zur „I s l e d e M e r l i n" (1758) und zum (ersten) „Z a u b e r b a u m" (1759), von denen bisher das erstere nicht aufgefunden war, befinden sich auf der Habsburg-Lothringischen Fideikommiß-Bibliothek in Wien. Vom „B e t r o g e n e n K a d i" kennt Wotquenne nur die Wiener Gesangspartitur mit Violine und Baß ohne Ouvertüre. Er gesteht daher ein, daß die im deutschen Klavierauszug 1878 erschienene Fuchssche Bearbeitung eine Ouvertüre enthält, deren Herkunft ihm unbekannt sei, und gibt — nach einer auf Grund grober Fahrlässigkeit verwechselselten Notiz des Sammlers Fuchs — ein falsches Thema (in E-dur) als das der Ouvertüre an. Es ist mir gelungen, die vollständige Orchesterpartitur aufzufinden: sie befindet sich in der Bibliothek des Stadttheaters in Hamburg, wo das Werk mit der deutschen Übersetzung von André 1783 aufgeführt worden war. Diese Partitur enthält, abgesehen von geringfügigen Änderungen, die Übersetzung, die sich handschriftlich offenbar im Autograph des Übersetzers, im Musikhistorischen Museum in Köln befindet. Von der in Paris aufgeführten komischen Oper „I s a b e l l a u n d G e r - t r u d oder die untergeschobenen Luftgeister" von Blaise, die Wotquenne mit Unrecht unter die Gluckschen Apokryphen einreiht, befindet sich das Urtextbuch zwar nicht „in allen großen Bibliotheken", aber doch wenigstens in der prinzlichen Sekundogenitur-Bibliothek in Dresden, und die gestochene Partitur in der Dresdner Hofbibliothek. Es ergibt sich daraus, daß die Oper 1765, nicht 1759, entstanden ist, und daß Gluck drei Arien beigesteuert hat, zwei aus den „P i l g e r n v o n M e k k a" entlehnte — schon diese Entlehnung beweist, daß das Jahr 1759 falsch sein muß, da die „Pilger von Mekka" von Gluck nach dem Orpheus 1763 komponiert worden sind — und eine andere anscheinend originale. Alle drei Arien sind in der Partitur ausdrücklich als von Gluck herrührend bezeichnet, und es liegt auch bei der originalen („Rompons ensemble") nicht der mindeste Grund zu einem Zweifel vor. Gleich im dritten Akt des Ritornells drückt die mixolydische Septime (f in G-dur) so drastisch den Ärger der guten Frau Gertrud aus, auf dem tändelnden Menuett-Hintergrund, daß man Gluck vor sich stehen sieht. Was den „Diable à quatre" betrifft, so muß ich leider mit Wotquenne übereinstimmen darin, daß ausreichende Unterlagen fehlen; ich halte aber im Gegensatz zu Wotquenne für an Gewißheit grenzend, daß Gluck dieses Werk komponiert hat, wie uns auch von Reichardt berichtet wird, der es von Gluck selbst erfahren haben wird.

Es wird uns überliefert, daß Gluck zu französischen komischen Opern, die vielfach alte Pariser Vaudeville-Melodien enthielten, als er

sie für den Hof in Wien aufführte, „neue Arien" geschrieben habe.
Das von mir in der Habsburgisch-Lothringischen Familien-Fidei-
kommißbibliothek in Wien aufgefundene Urtextbuch der „Merlinsinsel" von 1758 bestätigt diese Überlieferung: in dem von Gluck nicht
komponierten Text sind zahlreiche auf bekannte und im einzelnen
angegebene Pariser Vaudevilles gesungene Verschen enthalten, und
diese Melodien geben dem ganzen einen kecken, graziös überlegenen
halbparodistischen Anstrich. Nun hat aber Gluck, trotz vorläufiger
Beibehaltung dieser Vaudevilles, in den sogenannten „neuen Arien"
so viel gegeben, daß der letzte Schritt: die Weglassung der Vaudevilles, ein ganz äußerlicher war, der sich von selbst aufdrängte. Gluck
wurde dabei Führer der Bewegung, die auf den Ersatz der Vaude-
ville-Stücke durch „Pièces à Ariettes" zielte, und diese Entwicklung
war etwa mit Glucks „Pilgern von Mekka", die keine Vaudevilles
mehr haben, beendet. Collé, der anonym das Théâtre de Société
(Haag 1777) herausgegeben hat, bezeugt uns diesen für die Entwicklung der komischen Oper und für die Gluckschen komischen Sachen
so wichtigen Prozeß (2. Band, Seite 16). In späterer Zeit wurden die
Gluckschen komischen Sachen nur mit der Gluckschen Musik und ge-
sprochenem (verkürztem) Dialog gegeben. Als Gluck den „Zauberbaum", dessen mit Vaudevillen ausgestattetes Urtextbuch von 1759
ebenfalls in der genannten Bibliothek in Wien liegt, 1775 für Paris
einrichtete, merzte er die Vaudevilles aus. Bei der Cythère assiégée,
die 1776 in der Großen Oper in neuer Fassung aufgeführt wurde, ist
der gesprochene Dialog durch Rezitative ersetzt, entsprechend dem
neuen Stilrahmen der Ballettoper. Wenn wir heute Glucks komische
Opern aufführen, so ist es umsomehr notwendig, die ursprünglichen
Vaudevilles wegzulassen, als sie uns als solche gar nicht mehr bekannt sind.

Die den komischen Opern zugrunde liegenden Stoffe sind, ähnlich, wie wir dies bei den tragischen Werken fanden, großenteils beliebte und im 18. Jahrhundert oft behandelte Stoffe.

In der „Merlinsinsel" (Wien, 3. Okt. 1758, Text von Lesage)
finden wir die unter dem gütigen Zauberer Merlin stehende verkehrte Welt. Nach einer Seesturm und wiederkehrende Meeresruhe
malenden Ouvertüre, die Gluck in umgekehrter Folge (Ruhe—Sturm)
bei der „Iphigenie auf Tauris" wieder verwandt hat, sehen wir Pierrot

und Scapin. Sie treffen, von allem entblößt, ein Tischchen deck' dich, dann die holden Nymphen Argentine und Diamentine, die ihnen Treue geloben, aber Schwierigkeiten mit ihren beiden Rivalen vorhersagen. Nach den holden Nymphen erscheinen andere Gestalten der „verkehrten Welt", ein Philosoph, der gleichzeitig ein vernünftiges Menschenkind ist, ein Advokat, der selber alle Kosten trägt, usw., endlich wieder die Nymphen, zitternd vor Angst. Hanif und Zerbin wollen ihre Rivalität durch Zweikampf entscheiden, die Gesetze der verkehrten Welt aber verbieten Gewalt. Der Notar will die richtigen Paare vereinigen, eine Verbindung, die auch schließlich durch Merlin selbst, den Herrn der Zauberinsel, Beschützer von Pierrot und Scapin und Oheim der Nymphen herbeigeführt wird. Die Bewohner der verkehrten Welt feiern den doppelten Liebesbund.

Köstliche Musikstücke aus diesem heitern Spiel aus einer „bessern Welt" sind uns allen aus der noch zu besprechenden „M a i e n - k ö n i g i n" bekannt. Die Arie, in der Diamantine Hanif von der Entscheidung des Schwerts abbringen will, „Renoncez à cet affreux projet" verwendet das gleitende Tanzmotiv des Schlußchors aus den „Chinesinnen" — Gluck steht mit lächelnder Überlegenheit über dem Stoff, der echte Meister des komischen Stils, ohne Kothurn, von Grazie und Übermut.

In der „F a u s s e   e s c l a v e" (1758, Text von Anseaume und Marconville) finden wir ein armes Mädchen, Agathe, mit dem sich Valère ohne die Einwilligung seines Vaters Chrysanthe vermählt hat. Der Vater ist zornig und untröstlich darüber. Agathe beschließt, ihn mit List zu gewinnen. Sie verkleidet sich und erzählt ihm die angeblich von ihr erduldeten abenteuerlichen Schicksale. Sie reizt ihren Schwiegervater wirklich dazu, sich selbst um sie zu bewerben — und nun kann er doch ihrer Verbindung mit seinem Sohn Valère nicht mehr feindlich sein. Dies Werk scheint mit der Gluckschen Musik 1758 vor der Kaiserlichen Familie und geladenen Gästen des höchsten Adels im Kaiserlichen Schloß in Wien aufgeführt worden und solchen Beifall gefunden zu haben, daß es 1759 für das große Publikum wiederholt wurde. Ein echter Gluck ist gleich die erste Arie des zornigen Vaters „Cours à ta belle, va, fils ingrat". Die ganze Wucht der väterlichen Autorität tritt uns entgegen und zeigt uns den schweren Stand, den die Liebenden haben. Ist es doch überhaupt

Glucks Eigenart, jede Figur so stark wie möglich auswirken zu lassen, und wir denken unwillkürlich an seine Könige, vom Demophoon an, dessen „Per lei fra l'armi" uns zittern macht, bis zu Thoas, der an Stelle der sich weigernden Iphigenie im letzten Akt selber das Opfer an Orestes vollziehen will. Einzelne reizvolle Musiknummern der „Fausse esclave" sind übrigens durch die „Maienkönigin" allgemein bekannt, so die zarte g-moll-Arie der Lisette „Dans un temps contraire", das Vorbild zu Mozarts „Üb' immer Treu und Redlichkeit" und die auf Agathen und ihren etwas schwierigen Schwiegervater verteilte Arie „Pour héritage" mit ihrer restriktiven Stimmung.

Dieser Verkleidungskomödie nähert sich die viel bekanntere des „Betrogenen Kadi" (Text von Le Monnier) in türkischem Kostüm. Dieser Kadi will seiner Frau, Fatime, untreu werden um der schönen Zelmire willen. Zelmire erbittet im Bunde mit Fatime als angebliche Tochter des Färbers Omar den Schutz des Kadi gegen ihren Vater, der sie als Ausgeburt von Häßlichkeit schlecht behandle, entflammt den Kadi, der den Omar kommen läßt und mit ihm einen Heiratskontrakt mit einer Vertragsstrafe von 1000 Zechinen abschließt. Und nun die Strafe: die Braut, die wirkliche Tochter Omars, erscheint, und der Kadi muß feststellen, daß ihre Scheußlichkeit vom Vater ganz wahrheitsgetreu geschildert war. Er zahlt seine 1000 Zechinen und kehrt reuevoll zu seiner verzeihenden Fatime zurück, Zelmire ihrem Nouradin überlassend.

Dieses Werk wurde 1761, also dicht vor dem „Orpheus" mit „allem nur vorstellbaren Erfolg" in Wien gegeben, in späteren Jahren wiederholt, 1783 in Hamburg und in Berlin in deutscher Sprache oft aufgeführt, und erschien 1878 in der Bearbeitung des Kapellmeisters I. N. Fuchs in Hamburg. Die Fuchssche Bearbeitung ist dann über viele Bühnen gegangen und zeigt die Gestalt, in der das Werk dem großen Publikum bekannt ist.

Ein Vergleich mit der von mir wieder aufgefundenen Originalpartitur erweckt große ästhetische Bedenken gegen diese Bearbeitung. Was uns allein gefehlt hätte, wäre eine gute neue Übersetzung gewesen! Die musikalische „Bearbeitung" ist ebenso überflüssig wie störend. Gleich in der Ouvertüre hält Gluck auf der Dominante an und leitet in die Oper über, Fuchs aber schließt die Ouvertüre zunächst konzertmäßig ab. Einige wertvolle Musiknummern sind gestrichen, dafür ohne jeden Grund andere aus Glucks „Pilgern von Mekka" herübergenommen. Die Instrumentierung ist überflüssigerweise modernisiert, die Dynamik vergröbert. Ein übermütiger Einfall Glucks ist kastriert: Gluck läßt die Tochter des Färbers, das „schielende, bucklichte Scheusal" Ali, durch einen Tenor singen und unterstreicht damit die Unweiblichkeit — die ästhetische Umkehrung des Kastraten! —, Fuchs beseitigt diese Feinheit und bringt einen Sopran. Aber noch mehr! Gluck bringt eine höchst charakteristische Instrumentierung für das türkische Kolorit: den Salterio (Hackbrett), das Tamburin, ein „Stromento turco" (nur rhythmisch notiert), ferner das „Piffero" — das auch in den „Pilgern von Mekka" erscheint (eine Quinte zu tief notiert). Fuchs kastriert diese geniale Charakteristik zum größten Teil. Bei der Instrumentierung sei übrigens noch auf das Triangel hingewiesen, das die Arie „Ah quel heureux jour pour moi!" des lüsternen Kadi begleitet, der hier schon in künftigen Seligkeiten schwelgt.

Bekannt und sehr interessant ist eine Entlehnung: das Zankduett zwischen dem Kadi und seiner eifersüchtig-zornigen Fatime mit seinem heftigen Allegro und blitzenden Trillern, ist wieder verwandt für den Streit zwischen Agamemnon und Achilleus; wer die Musik in beiden Dramen von der Bühne her gehört hat, ist überrascht, sie gleich passend in dem lustigen Türkenstück und in der hochtragischen „Iphigenie in Aulis" zu finden. Ein frappantes Beispiel der relativen Vieldeutigkeit der Musik. Eine andere, auf den ersten Blick verständliche Entlehnung ist die erste Liebesarie Nouradins, die in gleicher Eigenschaft in die zweite Bearbeitung des Zauberbaumes (Paris 1775) als erste Liebesarie Lubins hinübergenommen ist.

Die Bearbeitung des „Betrogenen Kadi" durch Fuchs führt uns zu einer anderen künstlerischen Untat desselben Kapellmeisters, die vom deutschen Publikum ebenfalls mit gleichmütigem Beifall aufgenommen worden ist, der „Maienkönigin". Bei Weinberger in Leipzig ist ein Klavierauszug erschienen, der unter diesem Titel kühnlich angibt: „Musik von Gluck. Einrichtung und Bearbeitung von Max Kalbeck und J. N. Fuchs". In Wahrheit hat Kalbeck mit etwas modernem Operetten-Einschlag die „amours champêtres" nachgedichtet, die mit Musik, die zu drei Vierteln bestimmt nicht, zum letzten Viertel mit höchster Wahrscheinlichkeit nicht von Gluck herrührt, 1755 in Wien oder Schönbrunn vor dem Hof, wahrscheinlich unter Leitung Glucks aufgeführt wurden: Die Schäferin Helene liebt den Hirten Philint und wird von ihm geliebt. Um sie werben aber der reiche Pächter Richard und ein Kavalier, der gerade aus Paris kommt und zu seiner Erfrischung eine Schäferin sucht. Beide streiten possierlich. Helene soll entscheiden und wählt Philint. Zu dieser Dichtung hat Fuchs mit modernisierter Instrumentierung, allerhand „dramatischen" Überleitungen, mit Einleitungs- und Schluß-chor die Musik zusammengestellt, zum Teil aus nichtgluckschen Musikstücken der alten „amours champêtres", zum Teil aus Gluck-scher Musik, die verschiedenen Werken des Meisters entnommen ist. Mehrere Kabinettstücke dieser Musik stammen aus der „Isle de Mer-lin", so die beiden Couplets „Die Lieb' ist eine Plage" mit der obstinaten Dudelsack-Begleitung und „der Marquis von Monsoupir" mit der pikanten mixolydischen Septime (b in C-dur) und dem drol-ligen Refrain — Stücke, die unter Glas und Rahmen gehören. Auch das Streitduett zwischen den beiden Nebenbuhlern Richard und dem Stadtkavalier steht in der „Isle de Merlin", gleichfalls das Auftritts-lied dieses Kavaliers „Schnurstracks komm' ich aus Paris". An-deres entstammt der „Fausse esclave" — die erwähnte schöne g-moll-Arie und die dialogisierte Arie. Man hört also immerhin bei der Auf-führung eine ganze Menge Gluckscher Musik. Ich habe dieses Er-zeugnis 1908 im Münchner Künstlertheater und später noch einmal in Leipzig gehört und hatte jedesmal bei allem Reiz der an sich entzückenden Musik das unangenehme Gefühl der Fälschung: den Meister Gluck erkennt, wer ihn kennt, nur mit größter Anstrengung wieder, denn das Entscheidende seiner Kunst, die einheitliche Charak-terführung und die fortgesetzte Beleuchtung der Bühnenhandlung von höherer Warte, ist unwirksam gemacht.

Ein anderer Einakter ist der „Zauberbaum" (Text von Mo-line), den ich das Vergnügen hatte, im Februar 1921 im Frankfurter Volksbildungsheim auf der Bühne zu sehen, wo er auf meine Anregung hin gegeben wurde. Einen leider mittelmäßig ausge-fallenen Klavierauszug hat Steinbert gearbeitet. Ich war durch Umstände genötigt, diese Arbeit meiner Ausgabe (Callwey München) zugrunde zu legen. Die Fabel rührt von Lafontaine her: ein verliebter geiziger tyrannischer Alter wird von den jungen Liebenden genasführt, indem ihm der Zauber des Baumes weisgemacht wird: daß man von ihm sähe, wie Liebende sich küssen und miteinander entfliehen. Der Alte bekommt das in Aussicht gestellte auch wirklich zu sehen. Dem Werk ist eine dreiteilige Sinfonie vorgesetzt: im ersten Satz sehen wir ländliche Fröhlichkeit, im zweiten die sinnige Jungfrau — merkwürdige zarte Anklänge an die taurische Iphigenie —, im dritten hastige Entführung und tollen Schlußjubel. Die Charaktere sind einheitlich gezeichnet: der geizige, tyrannische, verliebte Vormund, die Liebenden in knospenhafter Unschuld, die neckische jüngere Schwester und der Fischer Blaise, der Mann aus dem Volk, der stets den Nagel auf den Kopf trifft. Die Musik enthält Kostbarkeiten, wie die außerordentlich schöne letzte Arie des Fischers, in der dieser den im Birnbaum zappelnden Alten als „Vöglein im grünen Gezweig“ verhöhnt und dabei deliziöse Vogelstimmen-Imitationen bringt, oder die sehnsüchtige Liebesarie (Nr. 6) des Jünglings in G-dur, eine dreiteilige Dacapo-Arie mit einem Mittelsatz in e-moll, dessen brennender Ausdruck uns einen Augenblick den Ernst der Leidenschaft zeigt. Das Werk wurde zuerst am 3. Oktober 1759 in Schönbrunn aufgeführt, später in Paris von Gluck umgearbeitet und am 27. Februar 1775 in Versailles gelegentlich eines Festes, das der Bruder des Königs gab, auf einer improvisierten Bühne durch die Comédiens italiens ordinaires des Königs dargestellt. Die Umarbeitung läßt das ursprüngliche Werk ziemlich unangetastet. Es ist eine Eröffnungsarie zugefügt (dem „Betrogenen Kadi“ entlehnt), die Partien sind teilweise, mit Rücksicht auf die französischen Stimmen, höher gelegt, und die Instrumentierung scheint durch Hinzufügung der Klarinetten bereichert zu sein, die Gluck in Paris vorfand, während sie ihm in Wien nicht zur Verfügung standen. Da aber von der ersten Fassung von 1759 nur eine Gesangspartitur mit Baß bekannt ist, läßt sich der Umfang der Änderungen nicht feststellen. Von der Pariser Fassung haben wir eine gestochene Direktionspartitur und gestochene Stimmen. Die Pariser Fassung liegt dem erwähnten, von mir herausgegebenen Klavierauszug zugrunde.

Zu den meist genannten komischen Opern Glucks gehört das „Belagerte Kythera“ (Cythère assiégée) auf einen Text von

Favart. Wir haben zwei sehr verschiedene Fassungen dieses Werkes, die von 1759, und die Pariser Fassung von 1775, auf der die gestochene Partitur beruht. Venus hat die Stadt Kythera verlassen, um Adonis zu folgen, dem sie vor Mars den Vorzug gibt. Mars veranlaßt die Scythen, Kythera zu erobern und ihn zu rächen. Doch die Nymphen von Kythera wissen selbst die Scythen den Gesetzen der Liebe zu unterwerfen. Neben Arien finden wir auch Chöre der Nymphen und der Scythen. Die Musik ist von überlegener Grazie und einer fast übermütigen Treffsicherheit. In Paris hat Gluck die Handlung in drei Akte zerlegt und durch außerordentlich feine und musikreiche Ballett- und Chorstücke ein mythologisches Zauberspiel geschaffen, durch das die Handlung fast zum Mysterium erhoben wird, ohne von ihrer Naivität zu verlieren. Gluck nennt das Werk hier „opéra ballet". Sein Verständnis setzt das nachfolgende Kapitel über die Balettpantomime voraus. Mit diesem köstlichen Werk hat der Meister im wahrhaften Sinne „Perlen vor die Säue" geworfen, denn die Pariser erwarteten freilich von einer komischen Oper, besonders einer, in deren Mittelpunkt Kythera, das Reich der Venus, stand, ganz etwas anderes und fanden in ihrer Enttäuschung über das Werk, mit dem das Genie sie delektierte, daß Gluck „außerhalb der Dolchstöße der Tragödie unter der Mittelmäßigkeit bleibe". Wir wissen aus der Korrespondenz Favarts mit Durazzo, daß Durazzo den Erzeugnissen von Paris die Spitzen wegschneiden ließ, die edleren deutschen Geschmack zu verletzen geeignet waren (siehe das erste programmatische Schreiben Durazzos an Favart), und wir wissen, daß Gluck es ja auf leichte Grazie und gleitenden Tanzrhythmus, aber auch auf deutsches Gemütsleben und durchdachte Charakterzeichnung abstellte, die durch die leichte Hand des komischen Stils eine besondere Note von Überlegenheit bekommt. Dieses „Manko" mußte der Meister in Paris durch nur halben Erfolg büßen. Die alte Fassung trug ihm dagegen in Schwetzingen 1759 vom Kurfürsten Carl Theodor von Pfalz-Bayern, in dessen Hoftheater sie aufgeführt wurde, ein Faß Wein ein, eine Anekdote, die der Meister selber mit Heiterkeit erzählte. Der Kurfürst war vom „Belagerten Kythera" so entzückt, daß er den Befehl erteilte, dem Meister ein Faß edelsten Rheinweins zu senden: „Mich deucht, Gluck habe verdient, für seine Mühe einen guten Trunk zu bekommen!" Die Pariser Bearbeitung ist in der Academie Royale aufgeführt worden; sie hat keinen gesprochenen Dialog, sondern Rezitativ, obligates und Seccorezitativ mit Cembalo.

Köstlich ist der „Bestrafte Trunkenbold" (L'ivrogne corrigé, 1760, Text von Anseaume) in zwei Akten. Bibliographisch möchte ich erwähnen, daß die uns als Hauptquelle dienende, bei Wotquenne erwähnte Orchesterpartitur Privateigentum des Herrn Dr. phil. Kolbe in Dresden ist. Abschriften befinden sich außer in Brüssel in der Liebeskindschen Bibliothek in Leipzig und in meiner Privatbibliothek.

Mathurin trinkt allzuviel vom guten Wein seines Nachbars, des Weinhändlers Lukas, und im Rausch vergißt er sich sogar soweit, seine Frau, die gute Matharine, zu schlagen. Lukas will die schöne Colette, die Nichte Mathurins, die treu ihren Jugendfreund Cleon liebt, trotz ihrem Widerstand zu der Seinen gewinnen: dafür werden die beiden von zwei Teufeln dem Gott der Unterwelt vorgeführt. Dieser verhängt „en diable généreux" die Strafe: „Vous n'aurez que la bastonade". Bittend naht die treue Matharine, unterstützt von Colette, den Gott anflehend, ihr den Gatten wiederzuschenken, und er gelobt, daß die Liebe hinfort seine einzige Trunkenheit sein werde. Die Partitur zeigt einen Reichtum von Feinheiten. So, wie Matharine den ewigen Jammer ihres häuslichen Lebens schildert, das Schreien des Kindes (eine chromatische Figur der ersten Geigen im forte), oder, wie der trunkene Mathurin in der Schlußnummer des ersten Aktes schwerfällig lallt, oder in dem Eröffnungsquartett des zweiten Aktes „Er ist tot, der gute Mathurin" das Solo Cleons „il est mort" (6. und 5. Takt vor dem Ende), nur von den Geigen mit einem g-moll-Akkord auf der tiefsten Seite gestützt. Das köstlichste Kabinettstück der Partitur ist aber der Spruch des Höllenfürsten, vom Streichorchester pizzicato begleitet, mit dem pikanten Querstand im dritten Takt „Vous n'aurez que la bastonade".

Das prächtige Werk wurde, ebenso wie der „Betrogene Kadi" und die „Pilger von Mekka" später, als sich die deutsche Sprache durchgesetzt hatte, viel in deutscher Sprache aufgeführt, auch an fremden Bühnen. Wir sehen daraus, wie äußerlich und nebensächlich der Umstand ist, daß die komischen Opern Glucks auf französische Texte komponiert sind.

Das Meisterwerk Glucks auf dem Gebiet der komischen Oper ist aber unzweifelhaft sein letztes, die n a c h dem Orpheus komponierten „P i l g e r v o n M e k k a" in 3 Akten nach einem Text von Dancourt. Die erste Aufführung fand im Januar 1764 in Wien statt. Bereits 1766 finden wir eine Aufführung in Brüssel, von 1770 an Aufführungen an deutschen Bühnen in deutscher Sprache. Es muß an dieser Stelle auf einen bei Legouix in Paris erschienenen französischen Klavierauszug hingewiesen werden. Die Partitur mit französischem und (neuem) deutschem Text habe ich 1910 bei Breitkopf & Härtel herausgegeben.

Das Werk wird außer durch das türkische Kostüm dadurch charakterisiert, daß das Liebespaar, das im Mittelpunkt der Handlung steht, aus dem Niveau des Komischen zum Edel-Gemütvollen emporgehoben erscheint, so daß die hauptsächlich in dem Diener Osmin, dem schurkischen Bettelmönch und dem überspannten Maler wurzelnde Komik den Helden den Nimbus der Überlegenheit gibt.

Der ritterliche edle Prinz Ali sucht seit zwei Jahren in aller Welt in hoffnungsloser, ihn mit Melancholie umflorender Liebe seine verschwundene Rezia, die von einem schurkischen Seeräuber entführt war. In Kairo erblickt ihn, von ihm unbemerkt, aus dem Serail des Sultans, dem sie als Sklavin verkauft war, und der in heißer Liebe zu ihr entbrannte, Rezia und läßt ihn durch ihre Dienerin Balkis in den Serail einladen. Nur unwillig und unter komischer Nachhilfe seines Dieners Osmin, der durch die Ankündigung von allerhand Schmausereien lüstern geworden war und den widerstrebenden Herrn schließlich kurzerhand aufpackt und in den Serail hineinträgt, folgt Ali. Osmin hatte vorher die Bekanntschaft eines verkommenen Kalenders (mohamedanischen Bettelmönchs) gemacht, der ihn für die Kalender beinahe gewann, und eines überspannten Malers. Der zweite Akt führt uns in den Serail. Rezia stellt Ali auf die Probe und sendet ihm nacheinander zwei ihrer schönsten Sklavinnen, die sich ihm als in Liebe zu ihm entbrannt nahen, aber von ihm ritterlich sanft abgewiesen werden mit dem Bekenntnis, daß sein Herz tot sei. Schreiend kommt Osmin: er habe den Teufel gesehen, einen Geist, nämlich Rezia, und nun folgt die unvergleichlich schöne Szene des Wiedersehens der Liebenden. Von unendlicher Innigkeit und Süße des Ausdrucks ist hier die Musik: ich verweise auf Rezias

Arie „Ah, wie so süß ist Wiedersehen!" mit ihren langen Tönen, treuherzigen Synkopen, weichen Koloraturen. Man beachte besonders den ans Herz greifenden es-moll-Akkord zu Beginn des zweiten Teiles. Der Liebreiz des edlen Mädchens und die herzlähmende Glückseligkeit des Wiedersehens sind nie mit solcher Glut gezeichnet worden. Doch — das Glück der Liebenden ist vom Unheil bedroht. Der Sultan kehrt unerwartet von der Jagd zurück, nur mit Mühe, dank der Pfiffigkeit des Dieners Osmin, glückt den Liebenden die Flucht. Der dritte Akt führt uns ins Lager der Mekka-Karawane, die zum Aufbruch rüstet. Der Kalender findet sich für Brillanten bereit, Rezia und Ali aufzunehmen, um — heimlich zum Sultan zu gehen und sie gegen hohen Lohn zu verraten. Das retardierende Element ist der Maler, der seine Werke zeigt, darunter ein Schlachtgemälde und ein lauschiges Bachidyll — was Gluck Anlaß zu außerordentlich schöner illustrierender Musik gibt. Endlich erscheint, von dem verräterischen Kalender geführt, der Sultan, und die Handlung droht, einen tragischen Abschluß zu nehmen. Natürlich ist Verzeihung des Großmütigen das Ende.

Diese komische Oper ist an Adel und Reichtum der Musik, Grazie, Charakterisierung eines der herrlichsten Werke, die die Musikgeschichte kennt. Wenn ich sie im Vorwort meiner Partiturausgabe als „vielleicht die beste" komische Oper bezeichnet habe, so ist das ohne Spitze gegen Mozart, die törichterweise in dies Werturteil hineininterpretiert worden ist, gedacht. Ich meine: wenn man dem Künstler erlaubt und erlauben muß, in Subjektivität jeweils was er schafft für das beste zu halten, so muß man auch demjenigen, der ein Kunstwerk aufnimmt, erlauben, sich mit wechselnder Subjektivität dem Genius voll hinzugeben. Ich möchte fast meinen: nur wer sich so hingibt, kann einen vollen Eindruck empfangen und ihn als Lebensvorgang auswirken lassen. Wenn Einzelnes hervorgehoben werden soll, so seien es einige Kabinettstücke, wie das Lied des Kalenders im ersten Akt, über das Mozart die bekannten Klaviervariationen geschrieben hat: „Dumme fromme Leute zwar meinen wohl, wir darbten gar"; oder im letzten Akt die Schlachtenarie und das köstliche allgemein bekannte Naturbild vom Bächlein, das sich durch die Wiesen schlängelt. Oder aber Alis Arie mit obligater Flöte „Rosengleich blüht deine Schönheit", mit der er im zweiten Akt

die holde Dardane ritterlich ablehnt. Oder das elektrisierende Trink-
lied des Karawanenführers zu Beginn des letzten Aktes „Mahomed,
der Sterblichen Größter, kannte doch nicht den herrlichsten Tröster"
mit Piffero (der eine Quint zu tief notierten kleinen Flöte) und Tamburin. Aber, wie stets bei Gluck, nicht diese Einzelheiten, sondern
die ganze Oper als eine durch den Stimmungsgehalt zusammen-
geschweißte Einheit ist, wie Dittersdorf bei anderer Gelegenheit ausrief, „durch und durch Zauberwerk".

Die Ballett- und Ensembleszenen (in den mit dramatischer Lebhaftigkeit aufgebauten Finales) leitete Angiolini, den wir im folgenden
noch als den Mitschöpfer des Balletts als Ausdruckskunst kennenlernen werden.

Es wurde auf den Umstand bereits hingewiesen, daß die Gluckschen Schöpfungen auf dem Gebiet der komischen Oper in die
grimme Zeit des Siebenjährigen Krieges fallen. In Zusammenhang
mit diesem Krieg stand das Schicksal der Kapelle des Prinzen von
Hildburghausen und ihrer Akademien, in denen Gluck so lebhaft
und gern mitgewirkt hatte. Der Prinz übernahm die Führung der
Reichsarmee, wurde bei Roßbach geschlagen und kehrte im nächsten
Frühjahr nach Wien zurück. 1761 übernahm er die Regentschaft des
Herzogtums Hildburghausen und löste seine Wiener Kapelle auf,
deren Mitglieder vom Grafen Durazzo übernommen wurden.

1 a. DIE HOCHZEITSSERENADE THETIS

Eine Cäsur in der Reihe der komischen Opern, die Gluck nach
dem Rè pastore schuf, bildet die sich wiederum an einen italienischen Text anlehnende allegorische Hochzeitsserenade „Thetis". Sie
liegt vor dem „Bestraften Trunkenbold" und vor dem „Betrogenen
Kadi". Die Hochzeit des Erzherzogs Joseph, des späteren Kaisers
Joseph II., mit Isabella von Bourbon wurde in Wien im Oktober 1760
festlich begangen. Und zwar hatte der Hof Hasse und Gluck mit der
Komposition der Festopern beauftragt. Hasse verband sich mit Metastasio, dem Gluck, wie wir sahen, sich mehr und mehr innerlich
entfremdet hatte, und Gluck wählte die „Thetis" des Dresdner Hofpoeten Migliavacca, eines Dichters der Metastasio-Schule. Es ist
mehr als ein Zufall, daß das in demselben Jahr geschah, in dem die
preußischen Kanonen Hasses Manuskripte in Flammen aufgehen

ließen und die Gesamtausgabe seiner Werke bei Breitkopf & Härtel verhinderten, eine Gesamtausgabe, die eben durch Gluck und sein Revolutionswerk geistig zertrümmert wurde. Hasse zog am Ende des Siebenjährigen Krieges mit seiner berühmten Gattin Faustina, in Dresden schnöderweise ohne Pension entlassen, obwohl der Glanz der Dresdner Hofoper in der Hauptsache von den beiden großen Künstlern getragen war, nach Wien, und hier wurde bald die Parteibildung: hie Hasse — Metastasio, hie Gluck und sein Kreis (Durazzo, Calsabigi, Angiolini, Quaglio) offenbar. Hasse und Metastasio, etwa gleichaltrig, beide dem letzten Ende des 17. Jahrhunderts entstammend, überlebten den Höhepunkt des eignen Ruhmes, der ein halbes Menschenalter jüngere Gluck schuf mit seiner ungeheuren künstlerischen Kraft auf den verschiedensten Gebieten Neues, Unerhörtes, stand noch vor seinem höchsten Wirken.

Die Szene der „Thetis" wird uns von Schmid, wie folgt beschrieben: „. . . Burg der Göttin. Der ganze, über einer leuchtenden Klippe sich erhebende Bau schien, samt seinen Bogen und den sie stützenden Säulen, aus gefrorenem Meerwasser zusammengesetzt, und weit eher ein launiger Einfall der erfindungsreichen Natur, als ein Erzeugnis der bildenden Kunst zu sein. Algen schlängelten sich um die Säulen, Korallen schossen in Ästen hervor und überall glänzten Muscheln, gleich Edelsteinen, nebst noch vielen andern Schätzen des Ozeans. In den Zwischenräumen, die das wunderliche Gebäude unterbrachen, lagerten Nereïden, Tritonen und verschiedene Halbgötter des Meeres; andere saßen auf kleinen, mit grünem Moos bedeckten und mit Meerpflanzen bekleideten Klippen, und noch andere wandelten in den Wellen umher, welche die Burg rings umflossen. In größeren und ungleichen Entfernungen sah man die Urnen der Flüsse, die dem Meere ihren gewohnten Tribut zollten. Inmitten der Klippen saß die Göttin Thetis auf ihrem Throne, umgeben von verschiedenen, in den mannigfaltigsten Stellungen gruppierten Nymphen und andern Gottheiten des Meeres." Im ersten Satz der Ouvertüre glauben wir das plätschernde Spiel der Gottheiten zu hören.

(Die wenigen Fälle, in denen uns eine genaue Dekorationsbeschreibung erhalten ist, mögen dem Leser einen Einblick in die Ausstattung der übrigen Werke bieten; sie sind auch theatergeschichtlich wertvoll.)

Achilleus, der große Sohn der Thetis, soll durch Hymen der Deidamia vermählt werden. Um ihn streiten Apollo und Mars, um sie Pallas und Venus. Der Eröffnungschor der Meeresgottheiten, der nach der vierten Nummer vor dem Erscheinen der beiden rivalisierenden Göttinnen Pallas und Venus wiederholt wird, als ausdrucksvolle Cäsur in der Gliederung des Werks, ruft, im Verein mit den Göttern Appollo und Mars als Einzelsängern, die Entscheidung der Thetis an. (Einen auffallenden, im ethischen Gehalt der Tonsprache beider Großmeister begründeten Anklang an das Thema des Kyrie der Beethovenschen Missa solemnis bildet das bedeutsame, stets wiederholte g fis h a.) Ihr tragen erst Apollo und Mars, später Pallas und Venus, ihre Gaben vor, und Thetis entscheidet — ähnlich, wie in der Kopenhagener „Contesa de' Numi" —: sia l'uno all' altro insieme stimolo e fren, „zu bändigen den Zorn des Mars helfe die Muße des Pindos, und das Getändel Kytheras versüße die Herbigkeit der Pallas". Hymen ruft in einer hymnenartigen ausdrucksvollen Arie zu vertrauender Freundschaft. Ein für die Hermeneutik der Gluckschen Tonsprache interessanter Anklang an den stets wiederholten Sforzatoeinsatz „Fidati pur di me" der Arie „io sò" aus Demetrio findet sich bei „tornate in amistà".

Mars ist Tenor (Carlani), die andern Rollen Soprane (Thetis die berühmte Katharina Gabrieli, Apollo: Manzoli, Pallas: Maria Piccinelli, Venus (von Wotquenne gänzlich übersehen) Teresa Giacomazzi und Hymen: Anton Priori. Die Partitur ist biographisch interessant durch den Vermerk, daß die Musik sei „del Signore Cavaliere Gluck, Maestro di capella in attual servizio delle loro maestà J. J. R. R. etc."

Die Musik lehnt sich natürlich an den Apparat der neapolitanischen Oper an. Sie ist bis auf die ausdrucksvolle Arie, mit der die gekränkte Pallas zuerst auftritt, und die einer Arie des „Antigonus" nachgebildet ist, durchaus neu komponiert. Der Stoff gab dem Meister Anlaß zu tief geschauter gegensätzlicher Charakterisierung. Man beachte etwa bei der ersten Venusarie den Klangzauber der Hörner, die unauskostbare Süßigkeit des Orgelpunktes zweigestrichen a in der Geige, Takt 4, eine Lieblingswirkung Glucks. Mars und Apollo, die herbe Pallas treten plastisch heraus.

Wir finden zahlreiche Züge, die auf den Orpheus hinweisen.

Hierher gehören die reiche Instrumentierung, vor allem aber die Behandlung des Chors und der Ensemblesätze. Gleich im Eröffnungschor finden wir, in diesem Punkt leise gemahnend an den Eröffnungschor des Orpheus, die Stimmen von Mars und Apollo alternierend und sich vereinigend mit dem Chor der Meeresgottheiten, und außerordentlich schön bereitet im Schlußchor der fast ekstatisch begeisterte Ruf „Vien' Imeneo!" (Thetis und Apollo mit F e r m a t e auf der ersten Silbe!) den Eintritt des Chors vor. Auch in dem Quartett der vier rivalisierenden Gottheiten und in dem dem Schlußchor vorausgehenden Duett von Thetis und Apollo finden sich Ensemblewirkungen, denen die neapolitanische Oper nicht zuzustreben pflegte. Vielfach verwendet der Meister für den intensiven Ausdruck imitatorische Führungen, so im Quartett bei „sol del mio Nume è vanto". Die künstlerische Ausnutzung der Gesangskunst nötigt uns Staunen und tiefste Beschämung ab. Ich denke hierbei an das (von Wotquenne übersehene) zweite Thema ¾ f-moll des erwähnten Duetts, wo das Moll, wie so oft bei Gluck, gleichsam in der unendlichen zauberhaften Süße des Rokoko schwelgt, wo vor dem überraschenden beseligenden Übergang nach F-dur Thetis in langen Tönen bei den Worten il mondo ognor sarà („wird voll Freude die Welt stets sein") vom höchsten b bis zum eingestrichenen g herabsteigt (atmen vor ognor!), während Apollo in Sechzehntelläufen kontrapunktiert, bis sich die Stimmen zu Terzen vereinigen. Oder in dem Durteil desselben zweiten Themas, wo die beiden Singstimmen Koloraturen in selig verschlungenen Terzen singen, unisono mit den Hoboen, und begleitet von den Geigen als Baß, während alle vier Takte ein verträumter Kontrabaßton dazutritt. Besonders die Rolle der Thetis blitzt mit Läufen und Trillern durch das lebhaft Anteil nehmende, die Singstimme sympathetisch umspielende Orchester, und könnte unsern Sängerinnen ein examen rigorosum sein, das sie kaum cum laude bestehen würden. Eine wahrhaft dionysisch wirkende Stelle möchte ich noch erwähnen: den durch das Orchester nicht begleiteten thematischen Eintritt der Singstimme nach dem Ritornell in der letzten Apollo-Arie „Sotto si fausti rai". Bei „rai" („Strahlen") hat die Singstimme eine mehrtaktige Fermate, und es setzt piano, die Geigen in charakteristischen Sechzehnteln, das Orchester wieder ein. Zum Kapitel Instrumentierung sei wenigstens auf die aus „Antigonus" ent-

nommene Arie der herben Pallas hingewiesen, die durch die H o b o e
charakterisiert ist. Ihrem Unmut geben Kontrabässe mit Fagotten
in einem durchweg beibehaltenen Rhythmus entrüsteter Stöße so
sprechenden Ausdruck, während die Violoncelle sich tremolierend
mit den Bratschen und zweiten Geigen zur Dreistimmigkeit gesellen,
die ersten Geigen und Hoboen aber die Singstimme stützen, be-
reichern, fortsetzen, an Ausdruck zu überbieten versuchen. (Die Arie
tobt ohne Mittelsatz und Dacapo von Anfang bis zu Ende leidenschaftlich durch.) Ein Musikstück ist übrigens jedem Leser bekannt
oder könnte es doch sein: das reizvolle Schlußmenuett der dreisätzigen
Ouvertüre ist als Ballettstück im „Orpheus" wieder verwandt (Schlußballett der Pariser Fassung).

Es spricht für einen starken Erfolg dieser „Thetis", daß sie am
Namenstage der Kaiserin wiederaufgeführt wurde.

Uns liegen Werke wie die „Thetis", in denen das Rokoko als
Schmuck erscheint, und in denen wir nicht durch unsere ästhetisch-
dramatische Einstellung am Genuß gehindert werden, erheblich näher,
als die großen musikalischen Tragödien, die Gluck vor dem Orpheus
schuf.

Anhangsweise soll noch auf den Streit zwischen dem Wiener
Hofkapellmeister Reutter, der sich durch Gluck mehr und mehr kalt-
gestellt sah, und Durazzo hingewiesen werden. Wir erfahren hier
aus einem Bericht des Obersthofmeisteramtes vom Januar 1761, daß
„es sich zugetragen, daß Gluck Sachen, die nicht von ihm komponiert, dirigiert hätte", daß auch auswärtige, bei Hof gastierende
Gesangsberühmtheiten es sich zur besonderen Ehre anrechneten, von
Gluck, dem temperamentvollen berühmten Meister, am Cembalo begleitet zu werden... Eine formelle Entscheidung erging nicht, aber
es blieb beim Alten. Dieser Bericht enthält übrigens interessante
Daten für die, wahrscheinlich 1754 absichtlich — um Spielraum zu
lassen — im Unklaren gebliebene amtliche Kompetenz Glucks.

2. DIE SCHÖPFUNG DER TRAGISCHEN BALLETTPANTOMIME

a) Don Juan.

Auch bei diesem von der bisherigen Forschung völlig im Dunkeln gelassenen so überaus wertvollen und interessanten Schaffens-
gebiet des Meisters erscheint eine von der strengen Zeitfolge losge-

löste zusammenfassende Darstellung geboten. Gluck schuf hier eine Stilgattung, die gerade heute im Mittelpunkt des Interesses steht, und die ihm gleichzeitig dramaturgisches Instrument für die erschütternden Musiktragödien seines letzten Stils werden sollte.

Metastasio und die neapolitanische Oper hatten das Ballett und den Chor aus der Oper verbannt, um dem rationalistischen monodischen Stil die unbedingte Herrschaft zu verschaffen. Wie bei den komischen Opern, so lehnte sich Gluck auch bei der Wiedereinführung des von ihm ästhetisch vertieften Balletts und Chors an die französische Oper an. Das Ballett spielte bei Metastasio eine ebenso geringfügige, rein äußerlich dekorative Rolle, wie der Chor. Wir finden hauptsächlich festliche und kriegerische Aufzüge. Verfolgen wir die Ausgestaltung dieser Märsche bei Gluck, so fällt allerdings auch hier auf, wie sie mit Bühnenblick für die Bewegung konzipiert sind, und wir werden die Keime der hohen Pantomimenkunst des Meisters mit Anteilnahme verfolgen (z. B. das Durcheinander von zwei Orchestergruppen in dem „Marsch" aus Demophoon, 1742!).

Die erste der Gluckschen Ballettpantomimen ist der zurzeit im Oktober 1761 im Wiener Hoftheater aufgeführte „Don Juan". Es ist mir geglückt, in der Wiener Hofbibliothek das in französischer Sprache geschriebene und mit einer für die Erkenntnis dessen, was Gluck hier gewollt, überaus wertvollen Einleitung versehene Szenarium des Ballettmeisters A n g i o l i n i , des treuen Mitarbeiters Glucks, aufzufinden; ich habe es in deutscher Übersetzung vollständig abdrucken lassen in der „Musik", im Gluckheft 1914 (XIII, 19). Der alte spanische Stoff lag Angiolini in der Fassung M o l i è r e s vor.

Als Motto ist das Horazwort (De arte poetica) vorausgestellt:

> Segnius irritant animos demissa per aures,
> Quam quae sunt oculis subiecta fidelibus —

in deutscher Prosa: „Das Auge ist stärker als das Ohr." Angiolini weist zurück auf die unter Kaiser Augustus blühende antike Kunst der Ballettpantomime, deren Technik uns einigermaßen durch Lucianus erhalten ist, diese Kunst, Leidenschaften, Handlungen, Charaktere und Zustände durch Bewegungen und Stellungen des Körpers nachzuahmen. „Diese Bewegungen, diese Gebärden mußten sozusagen eine fortlaufende Rede bilden: es war eine Art von Deklamation,

deren Verständnis man den Zuschauern durch die Hilfe der Musik er-
leichterte." Angiolini geht dann auf die aus der Sondernatur dieser
Kunst fließende dramaturgische Sondertechnik ein: Es fehlt diesem
pantomomischen Tanz ein dramaturgisches Instrument, mittels dessen
das gesprochene Drama die Einheit des Ortes und der Zeit bewahren kann, die Erzählung. Die Zuschauer der Ballettpantomime
haben nur Augen, keine Ohren. „Und da es uns nicht verstattet ist,
die Handlung durch den Dialog zu retardieren, auch die pantomimischen Bewegungen den Tänzer ermüden, so sind wir genötigt, die
ausgedehntesten Stoffe in einen Zeitraum von Minuten zusammen-
zudrängen."

Zur Musik. Sie ist „ein wesentlicher Bestandteil der Pantomime: sie spricht, wir machen nur Gebärden, ähnlich den antiken
Schauspielern, die die Verse von andern deklamieren ließen und sich
selbst auf das (stumme) Spiel beschränkten". Mit besonderer Wärme
tritt Angiolini für die — damals unerhörte — Eignung der Ballettpantomime für t r a g i s c h e Stoffe ein.

Neben der Musik wirkt die Dekorationsmalerei. Q u a g l i o ,
der dem Gluckschen Kreis angehörende Theatermaler, hatte zum
„Don Juan" „mit viel Verständnis" die Dekorationen entworfen.

Ohne allen Zweifel sind diese Gedanken mindestens unter ent-
scheidender Anteilnahme Glucks geboren. Wir werden durch diese
Gedanken sozusagen ins Herz der dramatischen Ästhetik geführt; das
Verhältnis der Künste zueinander, die Hermeneutik der Musik ist
das Problem.

Eines muß sogleich gesagt werden: daß nämlich die Priorität
dieser Ideen nicht, wie man bisher angenommen hat, Noverre zusteht:
Angiolini sagt in diesem Szenarium ausdrücklich: „Wir haben so
etwas bis zur Gegenwart nicht gehabt, wenn man allein unsere
(nämlich die Wiener) Bühne und d i e Pantomimen ausnimmt, die
hier von meinem Lehrer, dem berühmten Hilverding, gegeben worden
sind. Aber . . . wir haben nur gestammelt, wie die Kinder . . ." Für
diese heute paradoxe Anschauung füge ich noch ein Zeugnis (des
18. Jahrhunderts an. Arteaga sagt uns ausdrücklich, daß der pantomimische Tanz von Deutschen, nicht von Noverre, erfunden sei, und
daß Hilverding bereits 1740 den Britannicus von Racine, später den
Idomeneus von Crebilla und die Alzire von Voltaire als Ballettpanto-

mimen dargestellt habe. Arteaga fährt fort, daß die Franzosen, „durch Erziehuhg) und Fleiß zum Tanz besonders aufgelegt, sich der Erfindung bald bemächtigt und sie sich so zu eigen gemacht hätten, daß sie von anderen Nationen ganz für französisch gehalten wurde."

Der grundlegende ästhetische Unterschied zwischen Noverre, dem großen französischen Ballettmeister, der damals in Stuttgart zu wirken begann und seine berühmten „Lettres sur la danse" schrieb, und Angiolini, ein Unterschied, der ganz offensichtlich auf Gluck zurückgeht, ist die Negierung einer allzusehr ins einzelne gehenden Programm-Unterlage, also die Erkenntnis von der Unbestimmtheit und Vieldeutigkeit sowohl des pantomimischen Tanzes, als der Musik, der die Aufgabe der Interpretin zufällt.

Für die musikalische Forschung ist übrigens dieser Streit über die Priorität deshalb unfruchtbar, weil Noverre in Stuttgart mit Musikern dritten Ranges zusammenarbeitete, und nur die von Gluck zusammen mit Angiolini geschaffenen Pantomimenballette ein künstlerisches Interesse für uns haben.

„Don Juan", oder wie das Angiolinische Szenarium das Werk nennt „Der steinerne Gast" beginnt mit einer — im Hinblick auf die Dimensionen der Handlungsteile — in hoher künstlerischer Einsicht äußerst knapp gehaltenen einsätzigen Ouvertüre in D-dur, mit ernst gemahnenden Blicken nach d-moll (vgl. Takt 6—9 mit 10—13). Der Stoff ist dann gegliedert in drei Szenen: Ständchen und Zweikampf, Fest bei Don Juan, Kirchhof mit anschließender Höllenfahrt Don Juans. Ich hebe aus dem ersten Teil das schmelzende Ständchen heraus mit dem fatalistisch-girrenden Ausdruck der unendlichen Süße und der unentrinnbaren Verführung. Es ist eines jener Gluckschen Instrumentalstücke, für die ich seinerzeit den „Lausch-Effekt", das „Schauspiel im Schauspiel" als das Kennzeichen aufgestellt habe, Stücke, die alle von unerhörtem Klangzauber sind und gleichsam in der Süße entrückter Zeiten schwelgen. (Das hat einen französischen Verkleinerer des Meisters ermutigt, diese Stücke als Anleihen beim Stil Sammartinis zu bezeichnen!) Dieses Ständchen erscheint wieder als Sizilienne im 4. Akt der Armida, den Verführungszauber ihres Reiches malend. Die zweite Szene, Bankett, ist voll prächtiger Farben und von sprühendem Leben. Stücke wie Nr. 22 sind geradezu faszinierend in ihrer rhythmischen Schlagkraft. Kirchhof. es erscheint

das (von Mozart übernommene) d-moll, und nach den ausdrucksvollen
Gesten des Konturs auf dem Kirchhof folgt jene Szene von einzig-
artiger tragischer Gewalt, Don Juans Höllenfahrt, deren Musik, wieder
verwertet als Zwischenaktmusik im französischen „Orpheus" weltbekannt ist und trotz mangelhaften Verständnisses des Gehaltes noch
genug Erschütterndes hat. Sehen wir uns aber an, was diese Musik,
die den letzten Schleier wegzieht vor den tragischen Mächten, die
das Menschendasein beherrschen, ausdrücken soll: „Don Juan bleibt
hartnäckig, und trotz der Drohungen des Kommandeurs und der
Zeichen des Himmels, die er sieht, verharrt er in Unbußfertigkeit.
Da öffnet sich das Innere der Erde und speit Flammen aus. Aus
dem Vulkan nahen sich Larven und Furien. Sie ergreifen Don Juan.
In seiner wilden Verzweiflung wird er mit allen Ungeheuren von der
Erde verschlungen."

Wir besitzen noch einen interessanten alten französischen Kommentar zu dieser Szene, der dem Wollankschen Klavierauszug vor-
gedruckt ist. Ich habe ihn gleichfalls in deutscher Übersetzung veröffentlicht. („Zur Kunst Glucks".) Anscheinend hat man diesen
Kommentar bei einer Aufführung in Paris Ende des 18. Jahrhunderts den Zuschauern in die Hand gegeben. Er schließt sich genau
an die Musik Glucks an: „Man sieht Don Juan sich verteidigen inmitten von Dämonen, die um ihn tanzen, mit der Fackel in der Hand,
und die ihn unaufhörlich verfolgen. Don Juan scheinen endlich die
Augen über die Schrecken seiner Lage aufzugehen; er ist verzweifelt,
seinen Untergang selber herbeigeführt zu haben. Er sucht einen
Ausweg aus der Hölle; wie er glaubt, einen gefunden zu haben, wird
er von einer Gruppe von Furien angehalten, die ihm den Weg ver-
sperren und die die Schlangen zischen lassen, mit denen sie den
Kopf umwunden haben, und die sie mit ihren Fackeln aufreizen. Don
Juan ist außer sich. Im Übermaß seiner Verzweiflung übergibt er
sich selbst den Dämonen, um endlich sein Los zu entscheiden. Er
wird gefesselt und in den tiefsten Abgrund der Hölle gestürzt; von
da sieht man von Zeit zu Zeit Wirbel der Flamme aufsteigen, die ihn
verzehrt."

Diese Musik mit ihren starren Synkopen, ihren sprechenden Grup-
pierungen, schreienden Dissonanzen, ihrer fatalistischen Gebunden-
heit, der Unermüdlichkeit des rasenden Orchesters, das auf das

Auge fast wie ein Höllenschlund wirkt, läßt uns, indem wir Schauer über Schauer empfinden, die ewigen Schicksalsmächte selber vernehmen. Hier spricht Gluck, der tragische Seher, in seiner wilden Inspiration. Man beachte, daß die Don Juan-Pantomime in der Ouvertüre, der Ständchenszene und dem Gastmahl kleine und kleinste Formen verwendet, aber für die tragische Katastrophe ein einziges Musikstück von größtem Formenausmaß hat, dessen Wirkung durch die Gegensätzlichkeit zu den voraufgehenden Stücken kleiner Formen ins Übermenschliche vergrößert wird.

Der „Don Juan" ist in Wien, später auch in Paris und London, und sicherlich auch anderswo, viel aufgeführt und bewundert worden. Ihn unserm Theater wieder durch eine künstlerisch hochstehende Inszenierung zugänglich zu machen, halte ich für eine wichtige Aufgabe einer Bühne, die Kunstanstalt ist.

Biographisch mag noch erwähnt sein, daß eine Aufführung dieses Balletts die letzte im Kärntnertor-Theater war. Dies Haus brannte am 3. November 1761 unmittelbar nach der Höllenszene ab.

Welche Rolle die Ballette im öffentlichen Musikleben Wiens spielten, belegt uns ein für die Gluckforschung bisher nicht benutztes Quellenwerk, Müllers „Genaue Nachrichten von beiden Kaiserlich Königlichen Schaubühnen und andern öffentlichen Ergötzlichkeiten in Wien" (1772). Wir erfahren, daß zwei Orchester gehalten werden, im „Deutschen Theater" 6 erste Geigen, 6 zweite Geigen, 3 Bratschen, 2 Celli, 3 Bässe, 2 Hoboen, 2 Fagotte und 2 Hörner, im „Französischen Theater" 6 erste Geigen nebst 2 Ballettgeigern, 6 zweite, 4 Bratschen, 2 Celli, 3 Bässe, 2 Flöten, 2 Hoboen, 2 Fagotte, 2 Hörner. Diese Orchester wechselten in beiden Theatern, nachdem es die Opern und Ballette erforderten, ab. „In jedem Theater wird täglich ein Ballett gegeben. Die Direktion unterhält also zwei Gruppen Tänzer, welche abwechselnd in beiden Theatern tanzen." Opern wurden damals wöchentlich einmal im deutschen und wöchentlich zweimal im französischen Theater gegeben. Das „Deutsche Theater" war die 1763 an Stelle des 1761 abgebrannten Kärntnertor-Theaters errichtete Bühne. Die Angaben Müllers beziehen sich zwar auf die Zeit von 1772, lassen aber Schlüsse auch auf das vorhergehende Jahrzehnt zu. Sie sind übrigens auch in anderer Hinsicht für die Biographie Glucks wertvoll. Zum Beispiel lesen wir hier

über den Theaterarzt, von Quarini, einen der berühmtesten Ärzte
von Wien: „Nächst göttlicher Hilfe war er es allein, der uns — nämlich den Verfasser Müller, mehrere Künstler und Gluck — dem
Tode entriß und zur vollkommenen Gesundheit verhalf.‟

Über Glucks Krankheiten wissen wir, daß er die Blattern gehabt hat und im Gesicht die aus Houdons Büste ersichtlichen Narben
davontrug. Wir wissen ferner, daß er sich in die Stoffe seiner dramatischen Schöpfungen so versenkte, daß ihn nach der Vollendung
wiederholt vollkommene Erschöpfung, verbunden mit Fieber, befiel.
Wir sehen den stürmischen Dramatiker mit einem Temperament und
mit einer Unermüdlichkeit arbeiten, die sich mit zunehmendem Alter
eher noch steigerte, und die selbst die Kräfte dieser Kernnatur verzehrte und ihm in Paris den ersten leichten Schlaganfall zuführte.
Von einer nicht weiter aufgeklärten Krankheit in Kopenhagen erfahren
wir aus zeitgenössischer Korrespondenz (Gluck-Jahrbuch 3, S. 10).
Mit leichter Bitterkeit meinte einmal Gluck in Paris, seiner Erschöpfung nach der Vollendung einer Oper gedenkend, und vielleicht
anspielend auf das Urteil Seb. Bachs über Hasse: „Und das nennt
man leichte Lieder machen!‟

b) SEMIRAMIS

Findet man vom „Don Juan‟ in den Biographien Glucks immerhin den Titel erwähnt — mit oder ohne Hinweis darauf, daß „Mozart
denselben Stoff‟ usw. —, so ist die „Semiramis‟ völlig unbekannt,
obwohl sich die handschriftlichen Orchesterstimmen, aus denen ich
mir eine Partitur zusammengestellt habe, auf der Darmstädter Hofbibliothek befinden. Sie haben Wotquenne zu der Behauptung veranlaßt, die „Semiramis‟ sei ein apokryphes Erzeugnis, hergestellt
in den achtziger Jahren des 18. Jahrhunderts aus Gluckschen Bruchstücken. Nun liest man aber bei Arteaga, was bisher unbeachtet
geblieben ist: „Semiramis, von Voltaire genommen, die von dem
unsterblichen Gluck komponiert und in Wien aufgeführt wurde,
machte fast, daß die Zuschauer vor Schrecken und Staunen zitterten.
Man war zweifelhaft, ob die bewunderungswürdige Wirkung von dem
schrecklichen Inhalte, von der Stärke und Simplizität der Aktion oder
von dem Ausdruck und der Wahrheit der Musik herrühre.‟ (Übrigens
gibt Arteaga irrtümlich Noverre als Ballettmeister an.) Auch No-

verre erwähnt diese „Semiramis". (Introduction du Ballett des Horaces, Wien 1776.) Das bisher verschollene Angiolinische Szenarium war mir 1919 zu entdecken vergönnt: es steht, in deutscher Sprache, in den Hamburger „Unterhaltungen" vom November 1766, und erwähnt, daß die Uraufführung in Wien am 31. Januar 1765 stattgefunden hat, mit der Tänzerin Nency in der Titelrolle. Diese Tänzerin hatte vorher unter Noverre in Stuttgart gewirkt.

Den Plan des Balletts lasse ich im Hinblick auf seinen außerordentlichen Wert wörtlich folgen. Es besteht wiederum aus drei Szenen: Der erste Auftritt spielt in einem prächtigen Kabinett der Königin. Man erblickt sie sitzend und schlafend, an einen Tisch hingelehnt. Ihr Schlummer ist äußerst unruhig: man sieht, daß sie von schrecklichen Träumen gequält wird. (Dieselbe Musik, die uns in der „Iphigenie auf Tauris" die Seelenqualen des schlafenden, von den Erinnyen verfolgten Orestes wiedergibt!) Der Schatten des N i n u s erscheint: Semiramis glaubt, ihn im Traume zu sehen, und ihre Angst wird größer. Der Schatten droht ihr mit einem Dolch, rüttelt sie, weckt sie auf und verschwindet. Die Königin steht auf, und Schrecken ist in ihre Mienen gezeichnet: allenthalben sucht sie das Gespenst: allenthalben glaubt sie, es zu erblicken. Dann hebt sie die Augen auf, und ein neues Wunder macht sie bestürzt: eine Hand schreibt vor ihren Augen an die Wand: „Mein Sohn, geh', räche mich! treulose Gattin, zittre!" Sie liest, und ihr Schrecken wird verdoppelt; ihr Schrei — den man sich hinzudenken muß — bringt ihre Diener herbei. Sie will erzählen, was sie gesehen: sie bezeichnet die Stelle, wo die Hand geschrieben hatte, aber alles ist verschwunden. Im Paroxysmus des Schreckens wird sie hinausgetragen.

Im zweiten Auftritt stellt die Dekoration einen Tempel in der Umgebung des Königspalastes dar. Man sieht alle Zubereitungen zur Gattenwahl, die die Königin vornehmen will; man erblickt einen Thron; der Oberpriester Oroes und die Magier stehen zur Rechten, die Satrapen zur Linken, Wachen und Volk hinten auf dem Theater. Semiramis erscheint: vor ihr wird der Eid abgelegt, daß man denjenigen, welchen sie wählen würde, als den König anerkennen wolle. Ninias kommt, von Soldaten begleitet, herein, er legt die Trophäen seiner Siege zu Füßen der Semiramis. Sie möchte ihm sogleich ihre Leidenschaft gestehen, aber ein geheimer Gewissenszweifel hält sie zurück. Endlich wählt sie ihn doch; er wirft sich zu ihren Füßen, sie hebt ihn auf und befiehlt dem Oberpriester, die Zeremonien zu vollziehen. Oroes weigert sich, indem er zu verstehen gibt, die Vermählung sei den Göttern zuwider: auf sein wiederholtes Weigern gibt endlich die Königin durch eine verächtliche Miene zu verstehen, ihr Befehl werde von andern befolgt werden. Sie führt Ninias selbst zum Altar; allein plötzlich schwärzt sich der Himmel, der Donner brüllt, die Statue des Belus und der Altar werden vom Blitz getroffen; Schrecken verbreitet sich und der Tempel steht den Augenblick leer.

Im dritten Auftritt stellt das Theater einen heiligen Hain vor, wo man die Grabmäler der assyrischen Könige erblickt, das Grab des Ninus vorn an. In der Tiefe Tempel des Belus. Eine Menge Volks will ihm Opfer bringen, tanzt einen Tanz, der auf eine Hymne komponiert ist. Man schmückt die Gräber mit Blumenkränzen, bringt Trankopfer dar. Semiramis mit Gefolge erscheint; sie hat einen Kranz und will den Schatten des Ninus befriedigen. Zitternd naht sie sich dem Grab; aber kaum berührt sie es, so öffnet es sich, und der Geist des Ninus springt hervor. Alles entflieht, die Königin bleibt allein. Sie will dem Gespenst mit allen Kräften entweichen; allein es folgt ihr auf dem Fuß nach und befiehlt ihr, in das Grab zu gehen. Sie ringt, sie kämpft mit ihm, so viel ein vor Schreck und Verzweiflung halbtotes Weib vermag. Das Gespenst ergreift sie endlich und reißt sie zu sich hinunter: das Mausoleum schließt sich. Ninias erscheint nun auch und will den Göttern opfern. Er naht sich dem Mausoleum des Ninus, sogleich erscheinen auf dem Fußgestell die Worte: „Gch', räche deinen Vater!" Und in demselben Augenblick fällt ein Dolch zu seinen Füßen. Er springt schaudernd zurück. Die Magier und Oroes kehren wieder. Nachdem er von diesen und durch die Worte auf dem Grabmal erfahren, daß er des Ninus Sohn sei, erhält er das königliche Diadem und den Degen seines Vaters mit dem Götterbefehl, in das Grab zu gehen, und wen er dort antreffen würde, als ein den Göttern erwünschtes Schlachtopfer zu töten. Ninias geht in das Grab. Die Priester rufen das Volk wieder zusammen und fahren in ihren Gebeten fort. Ninias kommt in äußerster Verwirrung wieder aus dem Grab hervor: sein Dolch ist blutig. Er fällt den Priestern in die Arme. Nun kommt Semi-

ramis hervor: bleich, mit zerstreuten Haaren, den Tod im Antlitz.
. . . Ninias hat gemerkt, daß er seine Mutter getötet: er wirft sich
ihr zu Füßen, beweint sein grausames Schicksal. Er bietet ihr den
von ihrem Blute noch rauchenden Stahl an und bittet sie, ihn zu
töten. Der Dolch entsinkt der Hand der Semiramis, denn sie erkennt
in Ninias ihren Sohn wieder, verzeiht ihm, fällt, stirbt. Ninias nimmt
den Dolch, sich selbst damit zu durchbohren; die Magier entwaffnen
ihn und reißen ihn fort. Der Vorhang fällt, und das Schauspiel ist aus.

Die nervenaufpeitschende, aus der Natur des Pantomimentanzes
entspringende Kürze ist von Gluck, der offensichtlich bei diesem
Szenarium mitgearbeitet hat — siehe den vielsagenden, für ein Szenarium überflüssigen Schlußsatz „und das Schauspiel ist aus" —, mit
künstlerischem Bewußtsein herausgearbeitet. Die ganze Aufführung
dauerte, wie uns Angiolini erzählt, 20 Minuten. Wir befinden uns
nach Stil und Zeit in der Nähe von Glucks hochtragischer A l c e s t e ,
seinem Revolutionswerk $\varkappa\alpha\tau'$ $\dot{\varepsilon}\xi o\chi\acute{\eta}\nu$. Über dieses schreibt der Meister
in einem Brief anläßlich der Vorbereitung der Pariser Aufführung
Worte, die auch auf die „Semiramis" passen. Er schreibt, daß er
„fast wahnsinnig werde", wenn er das Werk wieder durchlese. „Die
Nerven bleiben zu lange gespannt, und die Aufmerksamkeit ist vom
ersten Wort bis zum letzten ununterbrochen gefesselt. Diese Oper
gleicht e i n e m F a ß g e f r o r e n e n W e i n e s , dessen Kraft und
Geist und Blume in den Mittelpunkt zurückgewichen sind, und der
zu gehaltvoll ist, als daß man viel davon trinken könnte. Der erste
Akt dauert nur 40 Minuten . . . Eine solche Oper ist keine kurzweilige
Unterhaltung, sondern eine recht anstrengende Beschäftigung."

Ich habe aus der wundersamen, den Hörer mit bannender Gewalt festhaltenden Musik als Kostprobe den zweiten Teil des dritten
Auftritts in sorgfältigem Klavierauszug mit Angabe der Instrumentierung in der Musikbeilage zum „Kunstwart" (Juli 1920) veröffentlicht. Die Musik ist in den knappsten Formen gehalten, um der
rasend schnell vorwärtsschreitenden Handlung nicht in den Arm zu
fallen; sie bedeutet daher eine ungeheuerliche Verschwendung kost-
barster musikalischer Motive. Die psychologisch so interessante
Wiederverwertung für die Orestes-Stimmung in der „Iphigenie auf
Tauris" deutete ich bereits an; sie ist ein Beleg für die inneren
Zusammenhänge bei derartigen Entlehnungen. Bezüglich der In-

strumentierung merke ich an, daß bei der Hymne im letzten Auftritt (Schmückung der Gräber vor dem Erscheinen der Semiramis) dem Streichorchester Fagott und 2 „Oboi Gradi" beigegeben sind, die in A-Stimmung notiert sind. Für eine derartige Farbe verwendet Gluck sonst Flöten. Ich weiß nicht, welches Instrument mit dieser Bezeichnung gemeint ist. In A notieren sowohl die Oboe bassa als die Oboe d'amore. Vielleicht ist „gradi" ein Schreibfehler für „grandi", und ist die bassa gemeint. Einmal verwendet Gluck zum Ausdruck wimmernden Schmerzes beim Akkord der neapolitanischen Sexte (Es-dur in d-moll) abwärtsgehend als Durchgangsnote anstatt der übermäßigen Quart a die reine as, die die Tonalität verwischt. Ich habe einen besonderen Hinweis auf die außerordentliche Stelle in meinem Abdruck gebracht. Die neapolitanische Sexte findet sich bei Gluck überhaupt häufig bei Ausdruckshöhepunkten, und zwar in den früheren Werken ebenso wie in den Revolutionswerken.

Dieses tragische Pantomimenballett entwickelt die ästhetischen Gedanken bis zum äußersten. Es zeigt daher auch den stofflichen Mangel der Kunstgattung als solcher: daß der Musik, deren Unbestimmtheit und Vieldeutigkeit gerade Gluck so lebhaft und schmerzlich erkannt und bekannt hat, die Rolle der Sprecherin, der Interpretin zukommt, ihr, die sich so gerne an das Wort anlehnt. Dieser Grundmangel wird praktisch durch das dem Zuschauer in die Hand gegebene Programm gemildert, theoretisch durch die Notwendigkeit des Programms unterstrichen. Der Genius des Musikers ist hier allzu einsam, allzu sehr muß er seine Gaben verschwenden, nur allzu selten ist ihm ein volles Mitempfinden des Hörers beschieden. Gluck schuf in dieser Gattung in der Spanne eines Jahrzehnts vier Werke — die beiden letzten sind noch zu besprechen —, später war er zu voll mit neuen Problemen und Arbeiten beschäftigt, als daß er sich noch seiner hohen Pantomimenkunst hätte widmen können. Sie war ihm aber für seine großen Tragödien dramaturgisches Instrument geworden.

Alle vier Pantomimen würden einen Theaterabend füllen. Welche große Bühne greift die Aufgabe auf? Wenn Gluck, dem die siebziger Jahre den Endkampf und den Triumph seines Lebens brachten, der vor Arbeit sich nicht zu retten wußte und in jedem Werk ein neues Problem angriff, nicht mehr auf seine Pantomimen zurückkam, um so kostbarer sind sie uns, diese wundersam kühnen, einsam kühnen Gebilde des Genius.

c) DER PRINZ VON CHINA

Der Stoff ist wieder den Franzosen, nämlich der Voltaireschen Tragödie „Orphélin de la Chine" entnommen. Er ist ein im 18. Jahrhundert oft, auch von Metastasio, behandelter Lieblingsgegenstand der chinesischen Literatur: Bei der Eroberung Pekings durch den Tatarenkaiser Gengiskhan opfert der treue Mandarin Zamti, um den Sproß des letzten Kaisers zu retten, das eigne Kind, das er mit dem Prinzen verwechseln läßt. Es kommt nicht zur Ausführung des heroischen Opfers — das die Gattin Zamtis, in der Gengiskhan seine alte Liebe wiederfindet, als Mutter abzuwenden trachtet —, vielmehr ist der Barbarenkaiser durch die Größe der Besiegten gewandelt, und das Stück endet mit der Erhebung des Prinzen auf den Thron und der Versöhnung der beiden Völker in dem weit ausgeführten feinen Schlußstück des Balletts. Ich habe einen sorgfältigen Klavierauszug mit Instrumentationsbezeichnung und dem Szenarium herausgegeben (Verlag von Callwey, München), auf den ich verweise. Gluck zeigt hier die Gegensätzlichkeit der feinen Chinesenkultur und der primitiven Barbarei der Tataren. Diese Barbarei ist mit einer fast grausam auf den Hörer wirkenden Treue gezeichnet, die uns Furcht und Mitleid in außerordentlichem Grade einflößt. Das feine Chinesenkolorit ist entzückend besonders im Finale (Triangel, Pizzicatobratschen, mixolydische Tonart, ein merkwürdiger prägnanter Rhythmus, siehe Seite 29 des Klavierauszugs). Vorher rührt uns der Schmerz der Schwachen und Besiegten (vor und nach der harten Tatarenschlacht Nr. 11). Die Grundstimmung, daß äußeres Unglück den inneren Wert und Halt nicht berührt, kommt in treuherzigen Elegien wie Nr. 7 erschütternd zum Ausdruck. (Wie so oft eine frappante Übereinstimmung mit dem Ethos der Beethovenschen Musik, an dessen F-dur-Violin-Romanze hier jeder Hörer erinnert wird. Ich möchte in diesem Zusammenhang auf gewisse Einzelheiten, wie die „vorwurfsvolle" Septime bei beiden Großmeistern hinweisen, die, sei es im Baß, sei es in der Melodiestimme, einen pathetisch sprechenden Ausdruck gibt, vgl. etwa das große Rezitativ im 2. Akt der Iphigenie auf Tauris nach dem Eumenidenchor. Iphigenie dringt heiß in Ore-

stes, ihr die unheilvolle Geschichte des Elternhauses zu berichten.
„Bei allen Göttern, frage weiter nicht!" „Bei allen Göttern rede!"
„Dies Ungeheuer war . . ." Und Iphigenie drängt weiter: „Voll-
ende!" Hier haben wir typisch diese Septime, deren Ausdruck auch
Beethoven so oft und gern verwertet.)

Meine in dem Vorwort des Klavierauszugs ausgesprochene Meinung, der „Prinz von China" sei zuerst in St. Petersburg aufgeführt,
halte ich nicht aufrecht. Ich datiere Wien und etwa 1766. Die Wot-
quennesche Datierung, daß das Werk 1755 als Anhang zu den „Chinesinnen" geschrieben sei, ist ohne jeden Zweifel falsch, da Angiolini
in seinen von mir aufgefundenen Szenarien zum „Don Juan" und der
„Semiramis" diese beiden Werke ausdrücklich als die ersten Versuche dieses Stils bezeichnet. 1767 erscheint Noverre in Wien. Das
„Semiramis"-Programm Angiolinis widerlegt, daß er sich 1766 in
Petersburg aufgehalten hätte, ihm ist die redaktionelle, mir bei Her-
ausgabe des Klavierauszugs zum „Prinzen" noch unbekannt ge-
wesene Bemerkung vorausgeschickt, daß der Verfasser Herr Angiolini, Ballettmeister zu Wien, sei (November 1766 erschienen!). Da
Gluck alle Uraufführungen seiner Werke, ausgenommen das „De profundis" und die Pariser „Cythère", selber geleitet hat und der Meinung war, daß nur von ihm geleitete Aufführungen taugten, so ist
eine Erstaufführung in Wien das wahrscheinlichste.

d) ALEXANDERFEST

Dies prachtvolle, in einer Chaconne mit unerhörten Steigerungen
breit ausklingende Ballett nimmt eine Sonderstellung ein. — Wir
wissen vom Szenarium lediglich, was uns der treue Schmid Seite 163
seiner Biographie, ohne es selber verstanden zu haben, berichtet:
Alexander und die holde Thais wohnen einem Bacchusfest bei. Der
Sänger Timotheus besingt den trojanischen Krieg. Alexander bricht
gerührt und begeistert in Klagen aus, daß ihm kein Homer singe.

Das Ballett muß etwa 1770 in Wien aufgeführt worden sein.
An der Hand der Angabe von Schmid, daß das Ballett durch die
kurz vorher erfolgte Aufführung von Händels Alexanderfest in Wien
und Florenz angeregt sei, läßt sich sicherlich mit Hilfe von Lokal-
forschung, was mir bisher nicht geglückt ist, die Zeit näher bestimmen.

Die in jeder Beziehung törichte Angabe, daß dies Ballett der „Danza" 1755 habe zur Ergänzung dienen sollen, wird urkundlich widerlegt durch das von mir auf der Dresdner Hofbibliothek aufgefundene Urtextbuch der „Danza", in dem als Komponist des nachfolgenden Balletts ausdrücklich Starzer genannt ist.

Vergleicht man dies Werk und seine Idee mit Händel, so fällt die Auflösung der starren Händelschen Pracht in seelische Bewegung auf: und das eben ist Gluck.

3. ORPHEUS UND EURYDICE

Komische Oper und tragische Ballettpantomime hatten das technische Rüstzeug geschaffen und ästhetisch von Metastasio befreit.

Nur mit der Scheu vor dem Allerheiligsten der Kunst wollen wir uns dem Werk nahen, das die Macht der Musik und des Schönen, ihren Sieg über die Schrecknisse des Inferno wie kein anderes feiert, dieser überall in göttliche Schönheit getauchten Musik, dem „Orpheus", der nach der sorgfältigsten Vorbereitung, wie sie einem Werk gebührte, in dem der Meister alle seine künstlerischen Kräfte zusammenfaßte und uns einen neuen Stil schenkte: die wahre musikalische Tragödie, in Wien am 5. Oktober 1762 im Hoftheater zuerst aufgeführt wurde. Die in Sonatenform gehaltene einsätzige Ouvertüre empfängt festlich die Hörer, die Gäste dieses Bühnenfestspieles, sie deutet uns prologartig in einem weiten Tongemälde den erhabenen Schritt des göttlichen Sängers zu den ehernen Pforten der Unterwelt an (Takt 32—34 und mehrfach). Wenn sich der Vorhang hebt, so empfinden wir den dramatischen Zweck des festlichen C-dur: dunkel und schwer empfängt uns der c-moll-Trauerchor, mit dem die Gefährten des Orpheus und dieser selbst mit eingeworfenen Rufen: „Eurydice!" um die eben Dahingeschiedene klagen. Gluck verwendet hier den Zinken zum Ausdruck des hilflosen starken Schmerzes, dieses Instrument, das in Wien bei Beerdigungen benutzt wurde und schon durch diese musikalische Ideenassoziation (ein echter Gluckeinfall) die Kehle in herbem Schmerz zusammenzieht. Wir müssen ihn durch Blechinstrumente ersetzen. In einer rührenden pantomimischen Handlung streuen die Gefährten Blumen auf das frische Grabmal und lassen danach Orpheus auf seinen Wunsch allein mit seinem Schmerz. Dieser Schmerz wird flüssig und hallt in

der ganzen Natur als Echo wieder — ein künstlerischer Gedanke von
der außerordentlichsten Feinheit und Wirkung. Dem göttlichen Sänger naht der zierliche Gott der Liebe und kündet ihm, daß die Götter
Mitleid empfinden, daß er Eurydice wiedererhalten werde, wenn er
durch die Kunst seines Gesanges die Gottheiten der Unterwelt bewege, sie herauszugeben, daß er aber — diese Bedingung ist Göttergebot — keinen Blick auf die Wiedergewonnene werfen (und ihr auch
dies Göttergebot nicht mitteilen) dürfe, bevor er zur Erde mit ihr
zurückgekehrt. Mit Orpheus' Entschluß, alles zu tun und zu wagen,
endet der erste Akt. Der zweite zeigt uns in seiner ersten Hälfte
die Pforten des Inferno, an denen die Mächte der Hölle Orpheus den
Eintritt verwehren. Diese Szene gehört zum Gewaltigsten, was je
der tragische Genius von der Bühne kündete. Es gibt nur ein Vergleichsstück: Dantes Inferno. Den dem Himmel entstammenden
Tönen und flehenden Klagen des Orpheus setzen die ewigen Mächte
des Todes nur jenes eherne einstimmige „Nein!" entgegen, das
kein Hörer sein Leben lang vergessen kann. Und im heißen Ringen
des Flehens, das dem Hörer heiß ans Herz greift, besiegt Orpheus
die starre Furchtbarkeit der Todesgötter: „Le porte stridano ... al
vincitor" („Er geh zur Unterwelt ...") Weit auseinander klafft —
in der Musik! — die Spalte, die dem Sieger den Zutritt vergönnt. Der
zweite Aktteil versetzt uns unvermittelt ins Elysium. Noch durch
und durch erschüttert von den ewigen Schrecken des dunkeln Todes
empfängt uns Licht und ätherisches Getön: selige Geister künden
im Reigen die Wonnen des Paradieses. Orpheus naht sich. Seine
Seele, des Menschen Seele, ist erfüllt von zart klagender Sehnsucht.
Sie kündet jenes unvergleichliche, die ganze umgebende selige Natur
sympathetisch in der Orchesterbegleitung sprechen lassende Rezitativ „Che puro ciel!" im reinsten Gluckschen Rezitativ-Gesang, fast
referierend über das, was dazwischen das Orchester spricht. Die
seligen Geister liefern ihm die geliebte Eurydice aus in einem Abschiedschor von der innigsten, seligsten Treue: „Deinem Gatten
kehre wieder..." Der dritte Akt zeigt uns in wilder mythischer Landschaft den Kampf der liebenden, durch des Paradieses Wonnen besonders fühlsam gewordenen, sich kalt empfangen wähnenden Eurydice mit Orpheus, der sie nicht anblicken, ihr nichts erklären darf.
Der Höhepunkt dieses furchtbaren Ringens ist jenes Duett, in dem

beide Gatten ihren Schmerz den Göttern zurufen: „Groß, o Götter, ist Euer Geschenk; ich erkenne es und danke Euch, doch der Schmerz, den ihr dem Geschenk beifügtet, ist für mich unerträglich." Der Fatalismus der antiken Tragödie wirkt hier mit voller Macht auf uns ein. Der Kampf endet, wie er enden muß: Als Eurydice, durch den Kummer von den schwarzen Schatten des Todes umfangen, ihrem Gatten Abschied sagt, verliert er endlich die Fassung, blickt nach ihr, will sie an sich reißen, und — sie bricht in seinen Armen sterbend zusammen. (Ich schlage vor, daß hier, wo drei Takte lang das Orchester sich erst vorbereitet, der wachsenden Fassungslosigkeit des unglücklichen Orpheus Ausdruck zu geben, die Bühne einen Schatten verdunkelt wird.) Orpheus sammelt sich zum letzten Abschiedsgesang, seinem süßesten Lied, seinem Schwanengesang, dem weltberühmten Che farò senza Eurydice (Ach, ich habe sie verloren), das, ästhetisch so oft mißverstanden, in seiner tiefsten Bedeutung bei scheinbarer Einfachheit ungeheuer schwer darzustellen, auch bei schlechter Darstellung immer noch durchschlägt, allerdings nicht so die letzte Faser der Seele ergreifend, wie ich es bei der idealen Darstellung durch Irma Tervani in Dresden zu hören beglückt worden bin. Diese Künstlerin, die die Rolle in — Paris studiert hatte, machte daraus eine durch und durch erschütternde, in jeder Geste künstlerisch wohldurchdachte Abschiedsszene an einer Leiche, das, was die Szene mit ihrer im reinen C-dur abgedämpften süßen, verinnerlichten Wehmut sein soll. Orpheus hat auf dieser Welt nichts mehr zu tun, er will sich töten, da — erscheint ihm wiederum Amor, zu dessen Ruhm er genug erduldet, erweckt mit Zauberberührung Eurydice, und zur Erde zu seinem Tempel zurückgeführt, feiern wir mit den jubelnden Gefährten die Wiedervermählung der Liebenden zu Amors Triumph.

Das Werk machte einen tiefen Eindruck, denn seine überragende Größe mußte sich jedem aufdrängen. Zahllose Wiederholungen ermöglichten der von der unerhörten Neuheit des Stils zunächst betroffenen Zuhörerschaft, Einzelheiten und künstlerische Ziele zu erfassen und Stellung dazu zu nehmen. Der Erfolg vertiefte sich mit jeder Wiederholung, und es bildete sich eine begeisterte Gemeinde, der gegnerisch oder zurückhaltend der Kreis um Metastasio gegenüberstand.

Die Dichtung ist von Raniero da Calzabigi. Dieser Dichter hatte künstlerischen Blick, musikalischen Instinkt und ästhetische Einsicht genug, um den in der Luft liegenden Protest gegen Metastasio zur künstlerischen Tat zu verdichten. Vermieden sind die zierlichen Wortspiele und Bilder, das üppige Rankenwerk der Nebenhandlungen: rem, non sermones, unum et simplex. Die Künste stehen in dem Verhältnis zueinander, sich gegenseitig zu vertiefen und zu dienen. Man hat auf Grund des Briefs, den 1784 Calzabigi an den „Mercure de France" geschrieben hat, die Frage aufgeworfen, ob Calzabigi oder Gluck den größeren Anteil an dieser Revolution habe. Calzabigi hat sich gerühmt, daß er den Anstoß gegeben habe, und Gluck hat ihm, in der Gerechtigkeit des Genies, nicht widersprochen, sondern im Gegenteil ausgesprochen, daß Calzabigi ihm erst ermöglicht habe, alle Quellen seiner Kunst fließen zu machen, daß er Jahrzehnte seines Lebens mit der alten Technik verloren habe. Und doch ist die Fragestellung töricht: einmal enthalten Glucks erste Werke bereits alle Keime dieser künstlerischen Revolution, und dann — was würde uns heute Calzabigi, auch wenn wir seine Tat hoch einschätzen, ohne Glucks Musik sein? Wenn Calzabigi sagt, er habe Gluck um musikalische Vereinfachung, Beseitigung von Koloratur, Kadenzen, langen Ritornellen gebeten, so kann das nur den Sinn haben, daß bei der Diskussion, die oft zwischen Gluck und seiner Umgebung über derartige Fragen stattfand, besonders oft natürlich zwischen Gluck und seinen M i t a r b e i t e r n, den Standpunkt geltend gemacht hat, diese Vereinfachung sei geboten, während offenbar Gluck die nur bedingte Geltung dieses Standpunktes hervorhob. Man muß also formulieren, daß Calzabigi durch seinen feinen künstlerischen Instinkt begnadigt wurde, die Zeitströmung zur Tat zu verdichten und Gluck, wie dieser selbst sagt, die Möglichkeit darzubieten, alle Hilfsmittel der dramatischen Musik anzuwenden. Man darf auch nicht übersehen, daß Gluck in Paris ohne Calzabigi seine letzten großen Meisterwerke schuf, Calzabigi aber ohne die Mitarbeit von Gluck durchaus unfruchtbar blieb.

Diese Dichtung eröffnete also Gluck den h a n d e l n d e n C h o r und die B a l l e t t p a n t o m i m e, beides Elemente der französischen Oper, wie wir sahen. Die Vereinfachung, Veredelung und psychologische Vertiefung der Handlung kamen der Vertiefung des musikalischen Ausdrucks zugute. Hier ist sehr auffallend die Beschneidung des Ziergesanges, die Unwissende in Verkennung der Absichten Glucks zu einem Prinzip erhoben haben, während Gluck den Ziergesang für diesen Stil beschränkte, ihn aber für andere Stilgattungen auch nach dem Orpheus verwandte.

Meister Angiolini leitete die Ballette, Quaglio die Maschinerie, Calzabigi selber das Spiel. Die Hauptrolle war dem Altisten Guadagni anvertraut. Wir hörten von der äußerst sorgfältigen Einstudierung durch Gluck, die ungewöhnlich zahlreiche Proben erforderte und jede schauspielerische Geste mit einer bis dahin völlig unerhörten Genauigkeit festlegte. Der Kastraten-Alt ist für den Künstler Orpheus, den stilisierten Mann, als fein geschautes ästhetisches Instrument benutzt. Eurydice wurde durch die Sopranistin Bianchi, Amor von der Sopranistin Glebero-Claverau dargestellt.

Die Hilfsmittel der Kastratenstimme und des nur vom Cembalo begleiteten Rezitatives sind nicht fallen gelassen, werden vielmehr mit Intuition verwertet. Erst in Paris hielt es Gluck für gut, andere Mittel anzuwenden. Man beachte aber, daß diese Wandlungen, wie stets bei einem blutvollen Künstler, nicht schematisch, sondern ad hoc und ad hominem gedacht sind. Stets hat Gluck sich dem gegebenen Material angepaßt: seine Zauberhand schuf aus jedem Stoff Gold.

Wie ferner ersichtlich ist, stellt zwar Orpheus den Höhepunkt des bisherigen Schaffens des Meisters dar, ist aber wohl vorbereitet durch dieses Schaffen und liegt nicht auf anderer Bahn. Die eigentliche Revolution liegt in der Tat — übrigens ästhetisch gesehen notwendigerweise — beim Dichter und auf dem Gebiet des Textbuches. Die Metastasio-Partei in Wien arbeitete jetzt, wie uns von Burney für 1772 berichtet wird, die ästhetische Theorie des künstlerischen Dualismus zu ihrer Verteidigung aus: in den Rezitativen hat der Dichter das Wort, in den Arien der Musiker. Daher dürfen beide über die Zwecke des keuschen Dramas hinaus exzedieren ... Die Geschichte hat zu dieser Theorie gesprochen. Gluck hatte vom Artaxerxes an den künstlerischen Monismus und das Priestertum des Künstlers seiner Aufgabe gegenüber gelebt, und beim Orpheus brauchte er diesen Standpunkt nicht als einen halb fremdartigen der Dichtung aufzudrängen, sondern fand den Dichter, der ihm entgegenkam. Die ungeheure Tat des Orpheus besteht in dem künstlerischen Ernst, mit dem, angeregt durch das, was wir von der antiken

Tragödie wissen, hier ein Gesamtkunstwerk hergestellt und diejenigen künstlerischen Ideen verwirklicht werden, die etwa ein Jahrhundert später Wagner als die seinigen vorzutragen den Mut hatte.

Orfeo ed Euridice wurde 1764 in Paris gestochen. Es ist seit 1639 das erste italienische Bühnenwerk, das im Druck erschienen ist. In Italien und Deutschland, anders als in Frankreich und England, gab es bis dahin nur die handschriftliche Vervielfältigung. Auch das war revolutionär und ein weithin sichtbares Fanal für die Stellung, die der „Orpheus" einnahm und einnehmen wollte.

4. ZWISCHEN ORPHEUS UND ALCESTE

a) TRIONFO DI CLELIA

Dem „Orpheus" folgte eine Fahrt nach Italien. In Bologna sollte das neuerbaute Theater durch eine Festoper eingeweiht werden, und Gluck erhielt den ehrenvollen Auftrag, diese Festoper zu schreiben. Dies Werk, Il trionfo di Clelia, ist außerordentlich interessant. Der Text ist die von Metastasio 1762 geschriebene und in diesem Orpheusjahr mit Hasses Musik in Wien zuerst aufgeführte dramatische Dichtung von alter Römertugend, die den Etrurierkönig Porsena, den Feind Roms, überwindet und zum Freunde des großen Volkes macht, als dessen Verkörperung die heldenhafte, vom Pfade der Ehre und glühenden Vaterlandsliebe nicht abzubringende edle Clelia erscheint.

Wir haben in Dittersdorfs Selbstbiographie eine köstlich frische Schilderung dieser Italienfahrt, eine Schilderung, die uns auch Gluck, den prachtvollen Menschen, zeigt. Gluck liebte Dittersdorf „wie einen Sohn". Eines Tages erzählte er ihm von dem Ruf nach Bologna und fragte ihn, ob er Lust hätte, mit ihm nach Italien zu reisen; jedoch, verstände sich, müsse er die Hälfte der Reisekosten tragen und seine Diäten aus eignen Mitteln bestreiten; die Erlaubnis wolle er ihm beim Grafen Durazzo erwirken. Die prachtvolle Klarheit Glucks, die sogleich die Grenzen zieht! Als Dittersdorf ihm antwortete „unendlich gern, aber — es fehlt mir dazu am Gelde!" erwiderte Gluck kalt und weggewandt: „Dann kann freilich nichts daraus werden!" Es wäre in der Tat unangemessen gewesen, wenn der Meister die verschenkte Gunst seiner Gegenwart auch noch bezahlt hätte. Dittersdorf lieh sich das nötige Geld und schlug ein. Die Reise teilten noch die Prager Primadonna Chiara Marini und ihre Mutter, die nach Venedig zurückkehren wollten und die Gelegenheit benutzten, sich Gluck anzuschließen, dem die Künstlerin bekannt war. Sie war „ein sehr schönes, interessantes Madchen von ungefähr 24 Jahren, munter, launig und sehr unterhaltend, übrigens aber von sehr edlem, anständigem Betragen. Gleich beim ersten Mittagsmahl in Neustadt bat sie sich aus, daß wir . . . bei jeder Station bis Venedig wechseln und bald Gluck, bald ich in ihrem Wagen. fahren möchten. . . . Gluck war galant und suchte sich angenehm zu machen . . . Glucks heiligster Vorsatz, Tag und Nacht zu reisen, ward früh unterminiert . . . Am siebenten Abend kamen wir in Mestre an und in der Nacht nach Palmsonntag in Venedig. Hier beschloß Gluck, acht Tage zu bleiben, obwohl in der Karwoche die Theater geschlossen waren, und dann ging's nach Bologna." Graf Bevilacqua, der Direktor des neuen Theaters, nahm Gluck und seinen Scholaren sehr gütig auf. Gluck bezeigte sein Verlangen, die Sänger zu hören, und sogleich besorgte Graf Bevilacqua ein Privatkonzert in seinem Haus für den nächsten Nachmittag. „Nun fing Gluck an zu komponieren. Da er aber in Wien schon viel vorgearbeitet hatte, so gab er nach zehn Tagen den ersten Akt zum Abschreiben. Des Nachmittags arbeitete Gluck niemals, sondern bloß am Abend und am Vormittage. Nach Tische gingen wir, Besuche zu machen." U. a. bei Farinelli, dem greisen, hochberühmten Sänger, und bei Padre Martini. „Gluck reiste nie durch Bologna, ohne diesem Padre di tutti i maestri — wie ihn alle Kapellmeister nennen — seine Ehrfurcht zu bezeugen."

Eine köstliche Szene erfahren wir noch, wie Gluck kaltblütig mit der Pistole einem vermeintlichen Banditen gegenübertrat.

Der Aufführung der Oper gingen „17 große Proben" vorher. Gluck war dennoch unzufrieden, weil trotz der sorgfältigen Einstudierung „das Ensemble und die Präzision" des Wiener Orchesters fehlten. Wir erfahren ferner, daß das Orchester aus „etlichen siebzig Personen" bestand, und daß diesem großen Körper zwei Cembali beigegeben wurden. Das erste spielte Gluck selbst, das zweite der Kapellmeister Mazzoni. Rollenbesetzung: Clelia: Antonia Girelli-Aguilar, Larissa: Cecilia Grassi, Horaz der Kastrat Manzoli, Tar-

quinius der Kastrat Toschi, Manlius: Ravanni und Porsenna der
Tenorist Giuseppe Tibaldi, den Gluck später nach Wien zog und der
den Admet in der „Alceste" kreierte. Dittersdorf berichtet, daß das
Werk ungemein gefiel, „ungeachtet es lange nicht nach der Idee des
Komponisten ausgeführt wurde." Gluck leitete die ersten drei Aufführungen, dann reiste er ab, um in Venedig zur Himmelfahrt zu sein,
zu welcher Zeit „immer vier oder fünf Theater zu gleicher Zeit offen
sind", um die neuen Opern zu hören und dann nach Mailand und
Florenz zu reisen. Allein ein Brief des Grafen Durazzo berief ihn
nach Wien.

Dieser „Triumph der Clelia" bestätigt, was wir beim „Orpheus"
fanden, daß die Revolution mehr eine solche des Dichters als des
Komponisten war, und daß die ästhetische Ideenwelt des „Orpheus"
sich — wenn schon nicht ohne eine gewisse Vergewaltigung Metastasios — einigermaßen bei anderen Textbüchern des älteren Stils
betätigen ließ. Wir werden sehen, daß Gluck in Paris ein hundert
Jahre altes Textbuch, die Quinaultsche „Armide", vertont, und zwar
in der Nebenabsicht zu beweisen, daß er, und nicht der Dichter,
der Urheber des hochtragischen Stils war. Natürlich war der
„Triumph der Clelia" auch Gebrauchsmusik im edelsten Sinne. Und
mit Recht begnügte sich hier der Meister, der ästhetischen Ideenwelt
des „Orpheus" nur soweit Raum zu geben, daß Unkünstlerisches abgeschnitten wurde. Schmid tut aber Gluck durchaus Unrecht, wenn
er, in mangelhaftem Verständnis der künstlerischen Bedingtheit des
Stils urteilt, daß hier die „einzelnen Stücke jenes innigen geistigen
Zusammenhangs entbehren, der ein vollkommenes Musikdrama be-
dingt". Das Gegenteil ist der Fall. Das Werk durchweht ein Zug
von Stolz, alter, Römertugend und hochgehender Erregung, der so
wohl zu dem äußeren festlichen Anlaß paßte. Ein dreister Ignorant,
der Schwätzer Marx, baut auf Urteile wie dem Schmidschen die un-
verschämte Unterstellung von „Servilismus" im Charakter Glucks
auf, Glucks, des stolzesten, unabhängigsten, aufrechtesten Künstlers!

b) DIE WIEDEREINSTUDIERUNG DES „AËTIUS"

Es drängte offenbar Gluck, seine früheren Werke mit den künstlerischen Augen zu sehen, die er jetzt hatte. Und so griff er sein
Brautlied, den „siegreichen" Aëtius, heraus, um an ihm zu erproben,

daß das Genie „in seinem dunkeln Drange sich des rechten Weges wohl bewußt" ist, wenn es auch von seinem Milieu störend beeinflußt wird. In der Tat, es bedurfte nur winziger Retuschen, aber der treuen Herausarbeitung des im Sinne der jetzt gewonnenen vollkommeneren Einsicht künstlerisch Wesentlichen bei der Aufführung, um dem „Aëtius" in Wien wiederum zu einem vollen Erfolge zu verhelfen. Die Partitur von 1750 scheint kaum Änderungen erfahren zu haben. Der stärkste Beweis für die zuerst in dieser Darstellung vertretene innere Einheitlichkeit des Gluckschen Schaffens.

c) DER PILGER VON MEKKA

Die künstlerische Durchreifung, die Gluck mit dem Orpheus erlebte, zeitigte als eine köstliche Frucht auch sein Meisterwerk auf dem Gebiet der komischen Oper, die „Pilger von Mekka", die zuerst im Januar 1764 in Wien aufgeführt wurden (Angiolini leitete die Ballette). Wir haben das Werk bereits besprochen. Die andern komischen Sachen liegen vor dem Orpheus, diese „Pilger von Mekka", was sehr zu beachten ist, hinter ihm.

d) DIE KAISERKRÖNUNG IN FRRANKFURT AM MAIN

Am 3. April 1764 wurde Erzherzog Josef zum Römischen König in Frankfurt am Main gekrönt, und Gluck hatte die Aufgabe der musikalischen Verherrlichung dieser Feierlichkeit. Der Meister sah zu diesem Zweck ein Gastspiel der Wiener Hofoper, einschließlich Guadagnis und der besten Mitglieder der Wiener Hofkapelle, mit seinem „Orpheus" vor. Glückliches Deutschland, in dem ein künftiger Kaiser aus Wien in Frankfurt gekrönt wurde, glückliches Deutschland, das unter den Zuschauern dieser Feier den reifen Knaben Goethe hatte, zur Verherrlichung der Feier aber einen Gluck, der das göttliche Geschenk seines Genius, seinen Orpheus, in einer Meisterdarstellung spendete! Diese Aufführung kündete äußerlich, daß Gluck der größte lebende deutsche Tonsetzer war und als solcher im allgemeinen Bewußtsein der Zeitgenossen stand.

Den Fanatikern in der Bekämpfung der Koloratur gebe ich hier anmerkungsweise zu bedenken, daß Gluck für diese Aufführung den Pariser Schluß des ersten Aktes schrieb, nämlich eine bedeutende, die Mittel der Koloratur verwendende, die aufs höchste erregte Spann-

kraft des Orpheus ausdrückende Arie. Wer in ihren ästhetischen
Gehalt eindringen will, beginne die Betrachtung bei der Stelle, die
später den französischen Text erhielt „L'enfer envain nous sépare",
und schreite dann vor zur Aperzeption der aufreizenden Wirkung des
Tempos, der Unermüdlichkeit des Orchesters, der Sechzehntel-Kolo-
raturen. Es ist die Arie, von der ein Schmutzfink in Paris wider
besseres Wissen behauptete, Gluck habe sie von — Bertoni abgeschrieben. Die Musikwissenschaft hat leider, trotz der Versicherung
Glucks, daß er diese Arie bereits 1764 habe singen lassen (und trotz-
dem sie auch thematisch 1765 im „Parnaso confuso" verwertet ist
und wieder 1769 in den „Feste d'Apollo" in Parma vor einer ungeheuren Zuhörerschaft gesungen wurde), ein Jahrhundert lang ein
Plagiat Glucks an Bertoni statuiert, bis Tiersot in der Vorrede zu
der von der edlen Fanny Pelletan veranstalteten Prachtausgabe der
französischen Orpheuspartitur das Material zusammenstellte und dadurch urkundlich nachwies, daß Bertoni der Plagiator war.

e) DER VERWIRRTE PARNASS

In den Januar 1765 fallen die Erstaufführungen von nicht weniger
als drei neuen Werken Glucks: einer Hochzeitsserenade „Der verwirrte Parnaß" nach Metastasios Dichtung (zu Josephs zweiter Hochzeit mit Maria Josepha von Bayern), einer Umarbeitung des „Telemach", und der bereits besprochenen tragischen Ballettpantomime
„Semiramis".

Es muß biographisch noch erwähnt werden, daß 1764 Durazzo
von der Leitung der Theater zurückgetreten war und als Gesandter
nach Venedig ging. Sein Nachfolger wurde Graf Sporck. Gleichzeitig legte Gluck sein Amt nieder, über dessen Kompetenz wir, wie
erwähnt, einigermaßen im Dunkeln tappen, und Gaßmann wurde sein
Nachfolger. Dieser Rücktritt Glucks sowie gewisse andere Umstände — siehe die von der Gluckbiographie bisher nicht beachteten
Briefe Josephs II. an Maria Theresia vom 23. und 26. März 1764
bei Arneth (Maria Theresia und Joseph II. Korrespondenz, Wien
1867) — zeigen, daß sich Durazzo durch die — formal beanstandete
— Bevorzugung Glucks Reutter gegenüber, die 1760 zu dem besprochenen Streit geführt hatte, bei Joseph II. unbeliebt gemacht
hatte. Joseph II. erwähnt mit einer gewissen nachlässigen Ablehnung

am 23. März den eingehenden Vortrag Durazzos, und rät am 26. März seiner Mutter ausdrücklich, ihn und seine Gattin von Wien zu entfernen, „qui ont fait assez de confusions". Gluck hielt Durazzo die Treue. Und, bezeichnend genug, der Hof beauftragte dennoch Gluck, die zweite Hochzeit Joseph II. zu verherrlichen, denselben Gluck, der durch Durazzo, vielleicht unter Verletzung formaler Kompetenzen Reutters, 1760 für die Feier der ersten Hochzeit des Erzherzogs gewonnen war und zu dieser seine „Thetis" gespendet hatte. Bezüglich der Kompetenzen und Einkommensbezüge Glucks für das Jahrzehnt 1764 bis 1774 tappen wir im Dunkeln — einem Dunkel, das nur Wiener Archivforschung aufklären kann.

Dieser „Parnaso confuso" ist bemerkenswert als erste dramatische Dichtung, die Metastasio für Gluck geschrieben hat. Sämtliche bisher von Gluck komponierten dramatischen Dichtungen Metastasios waren vor ihm von andern Musikern vertont und für andere gedichtet worden. Ein Umstand, der ebenso bemerkenswert wie bisher unbeachtet geblieben ist. Der Dichter des „Parnaso confuso" war 67 Jahre alt, als er sich 1765 mit Gluck vereinigte, und in demselben Jahr schrieb er noch für und mit Gluck die „Corona", um sich dann künstlerisch dauernd von Gluck zu trennen. Im „Verwirrten Parnaß" sehen wir auch den starken Einfluß der Gluckschen Ideen auf Metastasio — natürlich nicht in dem Sinn, daß etwa das feine graziöse Huldigungsspiel den ihm nicht passenden Kothurn der Tragödie erhielte, vielmehr ist Gluck ganz Grazie und Rokoko —: die Handlung ist in psychologische Bewegung aufgelöst. Die Bühne stellt den heiligen Wald dar, der die Hänge des Parnassus beschattet. Als Musen erscheinen, wie in der älteren Mythologie, drei: Melpomene, Euterpe und Erato. Schon die Bemerkungen des Textbuches zur Ouvertüre zeigen uns das künstlerische Zusammenarbeiten mit dem Komponisten: Das Ende des zweiten Satzes — ein $^3/_8$-c-moll, schlafbeschattet, außerordentlich schön und ausdrucksvoll („durch und durch Zauberwerk" würde Dittersdorf sagen), sempre ligato e pianissimo — wird bei gehobenem Vorhang gespielt. Plötzlich ändert sich Zeitmaß und Tonart, und im leuchtenden C-dur (Streicher, Oboen, Hörner) erscheint mit dem Thema des ersten Satzes ($^3/_4$ Allegro) der Lichtgott Apollo. Er ruft in hoheitsvoller Erregung — Rezitativ mit Orchester — die Musen zum Werk: „Heute darf der Parnaß nicht schweigen!" Apollo erklärt den Fragenden: „Es verknüpft Amor dem Kaiser Joseph den leuchtendsten Stern der Bayrischen Königsburg." Bei den Worten „Und Euer ist die Aufgabe, festlich eine so glückliche Vermählung zu feiern" fällt die Musik ins Secco-Rezitativ, wird intimer, schlichter. Die Musen sind bereit: „a noi palesa sol, qual giorno è prescritto al rito nuzial!" Sie geraten in die höchste Verwirrung, als ihnen die Antwort wird: „Die kommende Morgenröte!", denn sie sind gänzlich unvorbereitet. Aus dem folgenden hebe ich heraus das köstliche Rondo der Erato mit der dunkeln, graziös verhaltenen Glut: „di questa cetra in seno". Geteilte Bratschen mit Fagott führen und stützen die dreimal wiederkehrende Melodie mit Pizzicato der übrigen Streicher. Eine ähnliche Farbe, wie sie Gluck am Anfang von „Paris und Helena" wieder verwertet, als Paris der Liebesgöttin ein Opfer darbringt. Dieses Rondo ist von Gevaërt im Klavierauszug mit französischer Übersetzung einzeln herausgegeben als Bestandteil des Repertoire classique du chant français, auf dem neuerdings, was uns in Deutschland leider noch fehlt, in Brüssel und Paris der Gesangunterricht an den Konservatorien aufgebaut ist. Wunderschön in seiner gemäßigten und doch so sprechenden Trauer — man beachte den fast schluchzenden Rhythmus! — ist die Arie, in der Melpomene Abschied von ihrem bisherigen Wirkungskreis nehmen will. Doch Apollo weiß seine Musen zu überzeugen: „Beredter als die beredteste Lippe ist es, wenn im aufrichtigen Blick sich das ganze Herz zeigt"...

Vorher hatten sie beraten — diese Textteile sind uns wertvoll für die ästhetische Einstellung der Zeitgenossen — und Melpomene dachte daran, der Thetis berühmte Hochzeit mit Peleus zu besingen. Erato unterbricht sie ablehnend: genug habe sie den Stoff besungen. Melpomene gibt das zu und fragt, was die andern Musen von dem Stoff Herkules und Hebe dächten. Erato: „Unfruchtbar!" Melpomene: „Und Psyche?" Euterpe: „Phantastisch!" Die „Verwirrung" des Parnaß ist, wie man sieht, mehr, als vielleicht Metastasio selber ahnte: es naht eine neue Zeit, eingeleitet durch Rousseaus Ruf: Zurück zur Natur! Gluck besingt nicht mehr, wie 1747 in Dresden, den Herkules, nicht mehr, wie noch 1760, die Thetis, aber: sincero in volto tutto si mostra il cor! So hatte er sich mit Metastasio zusammengefunden!

Die Aufführung fand in Schönbrunn im Schlachtensaale am

24. Januar statt. Die Darsteller waren (sämtlich Sopran) die vier Erzherzoginnen Maria Amalia (Apollo), Maria Elisabeth Josepha (Melpomene), Erato (Maria Charlotte Luise) und Euterpe (Maria Christine Josepha). Ihr Bruder, Erzherzog Joseph, wirkte als maestro al cembalo mit. Die Aufführung enthüllt uns gleichzeitig Gluck als Lehrer am Kaiserlichen Hof.

f) DER KRANZ

Wir durchbrechen die streng chronologische Folge und fügen eine kurze Nachricht über dies Werk, das einzige unaufgeführt gebliebene des Meisters, bei. Es ist für dieselben Dilettanten geschrieben wie der „verwirrte Parnaß" und sollte von ihnen am 8. Dezember 1765 zur intimen Feier des Geburtstages ihres Vaters, des Kaisers Franz, aufgeführt werden. Franz I. starb am 18. August, und das Spiel blieb unaufgeführt. Gluck hat auch später nie einen Versuch gemacht, diese feine Musik, diese köstliche Blüte des verglühenden Rokoko, zum Erklingen zu bringen. Empfinden wir diese ausdrucksvolle Geste eines lebenswahren und lebenswarmen Künstlers, der ein Werk edler Gebrauchskunst lieber gar nicht als unwahr sprechen lassen will.

Das Stück stellt die Erlegung des kalydonischen Ebers durch Atalante dar, die ihm die erste Wunde beibrachte und von Meleagros mit dem Siegespreis gekrönt werden will, den sie zurückweist, als dem Meleagros gebührend, der ihr durch Erlegung des Ebers das Leben gerettet. Climene schlägt vor, von diesem strittigen Kranz einen andern Gebrauch zu machen, und als Zeichen ehrfürchtiger Liebe legen ihn die Kinder zu Füßen des gefeierten Vaters nieder.

Es ist kaum begreiflich und nur daraus verständlich, daß die ganze Periode des klassischen italienischen Sologesanges noch der Wiedererschließung harrt, daß dieses feine Huldigungsspiel bisher nur einen gelegentlichen Leser der handschriftlichen Partitur interessiert hat. Beim Anblick der Partitur können unsere Sängerinnen mit Beschämung sehen, wie diese fürstlichen Dilettantinnen, von Gluck unterrichtet und geführt, singen konnten. Ich kenne keine deutsche Bühne, die ein Ensemble von vier dieses Gesangstils und seiner Technik mächtigen Sängerinnen besitzt.

g) TELEMACH

Kehren wir nach dieser Abschweifung vom Sommer 1765 in den
Januar 1765 zurück zum „Telemach", dem Zauberspiel der Circe, die
zu Ulixes, dessen Waffengefährten sie verzaubert hatte und den sie
sieben Jahre festhielt, in verzehrender Liebe entbrannt war, ohne
von ihm geliebt zu werden. Telemachus findet den Vater, den Circe
auf göttliches Gebot freiläßt, und befreit auch die holde Griechin
Asteria, die er für sich gewinnt.

Diese Partitur, die gleichsam durchwebt von Zauber und Liebe,
und mit Musik von dem stärksten Ausdruck erfüllt ist, daneben hochdramatische Szenen, wie die Telemachs im Zauberwald oder die Beschwörung der Nachtgöttinnen durch Circe, enthält, ist eine crux
interpretum. Sie kann nicht 1765 geschrieben sein, aber sie kann in
die uns vorliegende Fassung nicht 1750 gebracht worden sein. Das
pantomimische Ballett und der handelnde Chor spielen eine bedeutsame Rolle. Wir sehen die Musikstücke zu Szenen zusammengefaßt.

Die Rollenverteilung auf die Stimmgattungen ist: Ulixes Tenor,
Telemachus Alt, Meriones — sein Freund — Sopran, Circe Sopran
und Asteria Sopran.

Das Sujet, die Liebe der Zauberin, die (hier durch das Eingangs-
orakel) zu ewigem Liebesleiden verurteilt ist, hat Gluck später in
seiner „Armida" in Paris nochmals behandelt. Der Stoff ist dort ein
anderer, in die Zeit der Kreuzzüge fallender. Viel von der Musik des
„Telemach" ist in der „Armida" wieder verwandt, so die Ouvertüre
und Teile aus den erwähnten gewaltigen Szenen. Aber im „Telemach" wirkt die Glut der italienischen Kantilene und italienische
Gesangskunst, in der „Armida" die einerseits rührende, anderseits
mit unerhörter Schärfe hingeworfene Deklamation.

Für die Forschung bleibt die Klärung der Urfassung und der
Daten der nach alter Überlieferung nach Rom und 1750 zu verlegen-
den Uraufführung eine dankbare Aufgabe. Die uns vorliegende
Fassung zeigt bereits durch die Zweiaktigkeit des (von Capece 1718
für Scarlatti und für Rom verfaßten ursprünglich dreiaktigen) Textbuches die Bearbeitung. Es ist in diesem Zusammenhang wertvoll
zu erwähnen, daß Gluck seinen Orpheus anscheinend zeitweilig
auch zweiaktig zur Aufführung gebracht hat: die alte handschrift-

liche Wiener Direktionspartitur schließt den ersten Akt hinter der Furienszene, also in der Mitte des zweiten Aktes der gestochenen Partitur.

Ich merke noch an, daß wir im Telemach 'einige ältere Musik entlehnt finden: eine Arie aus Hippolytus („Freme gonfio"), dann aus „Antigonus" die letzte Arie der Circe, die als letzte Arie der Iphigenie uns aus der „Iphigenie auf Tauris" bekannt ist und die wogende unglückliche Leidenschaft der Circe so unübertrefflich zeichnet, und dann das berühmte mystische: „Se per entro alla nera foresta", das wir schon wiederholt antrafen und auch in der „Armida" wiederfinden.

h) PROLOG

Ein und ein halbes Jahr nach dem „Kranz" finden wir Gluck in F l o r e n z. Er führte im Pergola-Theater gelegentlich des ersten Wiedererscheinens der Großherzogin Maria Luise nach glücklicher Entbindung seinen „Prolog" auf, dessen Text Del Rosso dichtete: Jupiter gibt im Kreise der Gottheiten bedeutungsvolle Worte über den edlen Sproß des Fürstenhauses.

Der Chor der Gottheiten ist voller Festesjubel. Hier haben wir die volkstümliche Wärme unseres Gluck. Bei der Fanfare von Trompeten, Hörnern, Pauken mit den Chormassen: Viva l'eccelsa prole sieht man beinahe Bewegung und Tücherschwenken, und es sollte mich nicht wundern, wenn das ganze Theater diese unmittelbar ergreifende Stelle stehend angehört hätte. Inmitten des Eröffnungs- und des Endchores mit ihrem warmen Jubel findet sich neben Rezitativen von kraftvoller Deklamation eine Arie, die den Prunk des Ziergesanges in den Dienst der Festesfreude stellt: Solohoboe, Solovioloncell und Solohorn sind der Singstimme außer dem Streichorchester beigegeben. Die Rezitative sind sämtlich vom Orchester begleitet, das Cembalorezitativ fehlt gänzlich! In der „Alceste" werden wir noch das Cembalorezitativ finden (Dezember 1767): zum Ausdruck entweder der minder starken Erregung, der Ruhepause, die die höher wogende Erregung vorbereitet, oder auch der erschütternden Schlichtheit des Privathauses der unglücklichen Königin Alceste. Das Cembalorezitativ ist, wie seit der Revolution der musikalischen Tragödie alles bei Gluck nicht mehr konventionell, sondern von besonderem Ausdruck. Sein aufregendes Fehlen läßt im „Prolog" die Wogen der Festesfreude hoch gehen.

Die Partitur ist vor 30 Jahren bei Breitkopf & Härtel im Stich erschienen. Ich empfehle diese so wertvolle Gelegenheitsmusik für analoge Gelegenheiten, wozu auch schon die Eröffnung einer Spielzeit gerechnet werden kann. Die erforderliche Umdichtung dürfte nicht entscheidend schwierig sein. Die Partitur enthält die Ouvertüre und die zum Chor umgearbeitete Eingangsnummer aus dem „König als Schäfer".

Gluck dirigierte außer seinem Prolog in Florenz noch die „Ifigenia in Tauride" des ihm befreundeten Traëtta, in der auch der Sopranist Veroli auftrat, der im „Prolog" die einzige Solorolle, den Jupiter, sang. Welches Ansehen der Meister als Diktator des Orchesters aus Wien hatte, bestätigt uns die Gazetta Toscana in Florenz, die von Gluck, dem Dirigenten der „Ifigenia", sagt: „dem berühmten Kapellmeister, dem gerne die namhaftesten Professoren den Platz überlassen". Die Traëttasche „Ifigenia" war zuerst 1758 in Wien aufgeführt worden.

5. ALCESTE

Das eigentliche Revolutionswerk Glucks ist die erhabene A l c e s t e , vom Meister „Tagedia messa in Musica" genannt. Der Dichter, Calzabigi, greift unmittelbar auf die Tragödie von Euripides zurück und erzählt uns die Handlung im Argomento, der Lessingschen Forderung und dem der Partitur als Motto vorausgeschickten Horazwort Denique sit quodvis simplex dumtaxat et unum gemäß, in einem Satz oder doch in wenigen Worten: „Als Admetos, der König von Pherä in Thessalien und Gemahl der Alceste, im Sterben lag, erlangte Apollo — der bei seiner Verbannung aus dem Himmel von ihm aufgenommen worden war — von den Parzen, daß er nicht sterben würde, wenn ein anderer für ihn stürbe. Alceste nimmt den Tausch auf sich und stirbt; aber Herakles, der Freund des Admetos, der gerade nach Pherä kam, entreißt Alceste dem Tode und gibt sie ihrem Gatten zurück. So in der berühmten Tragödie von Euripides; ich habe an Stelle von Herakles Apollo eingeführt, um ihn aus Dankbarkeit das Wunder wirken zu lassen."

Die furchtbaren starren Mächte des Todes, überwunden von

einer über die Grenzen der Einzelpersönlichkeit hinausflammenden Liebe: das ist der ungeheure Stoff dieser düsteren wilden Tragödie. Die Handlung schreitet schmucklos, aber stets bedeutend in großartigen Bildern an uns vorüber. Nie hat die Musik erschütterndere Akzente des Schmerzes gefunden, nie hat uns unsere moderne Bühne jenes wilde Sehertum der antiken Tragödie so greifbar nahe gebracht. Dieses Werk gibt am deutlichsten eine Anschauung vom Priestertum des Tragikers Gluck und zeigt die Bedeutung des Wortes, in das ich glaubte, die Wesenheit Glucks zusammenfassen zu können, als ich den Meister „den tragischen Seher" nannte.

Dunkle Farben sind vorherrschend. Im Orchester wiegen die majestätischen Posaunen und die herben Hoboen vor. Die Männerrollen sind — ein völlig Unerhörtes zur damaligen Zeit, das man empfinden muß mit den Nerven von 1767 — sämtlich Männerstimmen anvertraut, Kastratenstimmen treten nicht auf, die Baßstimme ist in die tragische Oper eingeführt, wir hören Chöre der Todesgottheiten ohne Frauenstimmen.

Alceste wurde bei der Uraufführung am 16. Dezember 1767 im Wiener Hoftheater von Antonia Bernasconi gesungen, die — bisher nur in komischen Rollen tätig gewesen — von Glucks Blick für diese ungeheure Aufgabe gefunden zu sein scheint, die sie durch die Ausgestaltung der Rolle mit der wärmsten Mutter- und Gattenliebe zur hinreißendsten, in jedes Auge Tränen zwingenden Verkörperung brachte. Eine bedeutsame Bestätigung des ästhetischen Satzes, daß der komische Stil, abgesehen von seinem Selbstzweck, häufig für den tragischen eine Bereicherung der technischen Mittel gewinnt. Gerade die warmblütige Natürlichkeit der erhabenen Alceste gestaltet ihren Kampf mit den starren, uns Eis in die Adern flößenden Todesgottheiten zum eminent tragischen. Admetos wurde von der außerordentlich schönen Tenorstimme von Giuseppe Tibaldi gesungen, die Baßrollen (die Stimme des Orakels, der Todesgott und der Herold) von Domenico Poggi, der Oberpriester des Apollo, ebenso wie am Schluß Apollo selbst vom Tenoristen Laschi, Ismene, die Vertraute Alcestes, von der Sopranistin Eberardi, Evander, der Vertraute des Königs, von dem Tenoristen Pulini; endlich treten noch die beiden zarten Kinder des Königspaares auf, die in einer herzzerreißenden Szene von der Mutter Abschied nehmen.

Diese Musik, was beachtenswert ist, enthält keine Entlehnung aus früheren Werken. Die Ouvertüre gibt uns als Orchesterprolog, in Sonatenform, einsätzig und in die Oper hineinlaufend, den wilden öden Schmerz der Königin und ihren heroischen Entschluß, sich selbst zu opfern. Der Schmerz hat zum erstenmal in diesem Musikstück einen so schneidenden Ausdruck gewonnen, wie er bisher unerhört war. Und dann im ersten Akt die Szene im Apollotempel, den Alceste und das trauernde Volk hilfeflehend aufsuchen. Das gewaltige Orchesterrezitativ des Oberpriesters, das, eine Neuerung, nicht bloß das Streichorchester verwendet, sondern alle Bläser, zuletzt die erschütternden Posaunen, läßt uns alle Schauer des Mysteriums durchleben: wie ein göttlicher Lichtschein das Bildnis umstrahlt, der heilige Dreifuß zittert ... und nun das furchtbare Orakel (gedämpfte Geigen, Posaunen mit den Hörnern und die scharfen Hoboen), das das Volk niederwirft und in Schrecken auseinanderstieben macht. Doch die starkmütige Alceste handelt: in einer ungeheuren Szene bietet sie sich den Todesgottheiten als Opfer, und wir fühlen erschauernd den Gegensatz des warmen Lebens der schönen jungen Mutter und des starren Todes. Alceste läßt uns die Schauer des den Todesgottheiten geweihten Haines, in dem die Szene spielt, Strich für Strich in dem erhabenen Rezitativ, das den zweiten Akt einleitet, empfinden. Berühmt ist die Instrumentation, die das Klagegeheul der Vögel der Nacht malt, das furchtbare wiederholte f d der Schalmei (Chalumeaux) und der Fagotte (zu b gis). Auf Schritt und Tritt ist die Musik voll von Inspiration. Und nun jener furchtbare, auf einem einzigen Ton, dem tiefen d, gesungene starre Chor der unsichtbaren Todesgottheiten, begleitet von dem reich harmonisierenden Orchester. Alceste kehrt zur Welt zurück: zum — Freudenfest des Volkes, das den genesenden Admetos umringt. Sie kann ihre Trauer schließlich nicht verbergen. Und was nun folgt, diese Arie mit der stürmischen, herzangreifenden Gewalt der sieghaften Tenorstimme: No, crudel, non posso vivere, tu lo sai, senza di te, dieses „ich kann nicht leben ohne dich!" des völlig verzweifelten und seine Verzweiflung hinausschreienden Admet. Es gibt eine Glut des Ausdrucks, die den Hörer körperlich angreift: hier haben wir sie. Und nach dem Gatten kommen die beiden süßen Kinder: „O geliebte Mutter!", um das starke Herz der hohen Alceste zu zerschneiden.

Der dritte Akt bringt uns das intimste Stück, die Hausmusik im Privatkreise Glucks, die Gluck auch als „Lamenti d'amore" für kleines Orchester für seine Frau und für solche Hauskonzerte umgearbeitet hat, die Schmerzensarie des einsamen Admet: Misero, e che farò! Man beachte, wie Admet seinen Schmerz zergliedert — ganz nach der Weise der Antike — wie er der Kinder gedenkt, die „schwimmend in Tränen, von ihm die Mutter fordern!" Man sehe den naturalistischen Schrei (ungeheurer Intervallsprung, plötzliches forte) bei „ah che dolor!", die grausamen Imitationen, das durch das ganze Stück festgehaltene Sechzehntelmotiv der Geigen. Ich hebe noch hervor die Szene, in der die Todesgötter Alceste dem verzweifelnden Admet entreißen, den furchtbaren Chor „Non e più permesso".

In der späteren Pariser Fassung, auf der die allgemein im Gebrauch befindlichen Klavierauszüge beruhen, hat Gluck die Handlung hier und da straffer gefaßt, Szenen umgelegt, und hauptsächlich, zwar im Anschluß an Euripides, aber nicht ohne ästhetische Bedenken, den Herakles wieder eingeführt. Der großen Linienführung fielen dabei auch die beiden Kinder zum Opfer. Ich erwähne die von Mottl besorgte neue deutsche Partiturbearbeitung, die mir allerdings zu weit geht. Sie führt die beiden Kinder wieder ein, mit großer Wirkung.

Die Partitur ist von Gluck 1769 im Stich herausgegeben und mit einer Vorrede des Meisters eingeleitet, die überall in deutscher Übersetzung zu lesen ist. Ich sehe hier mit Absicht davon ab, sie vollständig wiederzugeben: auch weil sie, wie regelmäßig Kommentare großer Künstler zu ihren Werken, nur für den voll verständlich ist, der die Musik kennt und den Ausdrucksgehalt jedes Tones im Herzen und in den Nerven hat. Leute, die das nicht haben, haben den Satz, daß die Musik beschränkt worden sei, in törichter Weise mißverstanden. Man entsinne sich des Wortes desselben Gluck, daß Calzabigi ihm die Möglichkeit gewährt habe, alle Hilfsquellen seiner Kunst fließen zu lassen. Auch die Bekämpfung unnötigen Ziergesanges ist von den Lesern dieser Vorrede häufig dahin mißverstanden worden, als ob Gluck den Ziergesang als solchen, und nicht lediglich die Zier am unrichtigen Ort bekämpfe. Dies Mißverständnis wird noch begünstigt dadurch, daß allerdings der tragische Stil meist die schlichte Deklamation als wirkungsvoller erscheinen läßt.

Es muß aber betont werden, daß Gluck nicht daran denkt, sich eines künstlerischen Mittels berauben zu wollen, daß auch gerade die Partie der Alceste jedem, der urteilen kann, beweisen sollte, wie sehr dieser Stil die Summe italienischer Gesangskunst voraussetzt und, als edelste Blüte durchaus auf ihr beruht, nicht aber sie bekämpft. Ein ganz grobes und plumpes Mißverständnis, das auch durch sein häufiges Vorkommen nicht gewinnt.

„Als ich es unternahm," sagt Gluck, „die Musik zur Alceste zu schreiben, setzte ich mir vor, alle die Mißbräuche zu vermeiden, die in die italienische Oper durch die falsch angebrachte Eitelkeit der Sänger und die allzu große Nachgiebigkeit der Komponisten eingedrungen sind, und die das schönste und prächtigste Schauspiel zur Lächerlichkeit und Langweiligkeit herabgewürdigt haben. Ich war darauf bedacht, die Musik auf ihre wahre Aufgabe zu beschränken: der Dichtung zu dienen, um den Ausdruck der Gefühle und das Interesse der Situationen zu verstärken, ohne die Handlung zu unterbrechen und durch unnützen Zierrat erkältend zu wirken ... Ich meine, daß die Ouvertüre den Zuschauer auf die darzustellende Handlung vorbereiten und ihm sozusagen eine Inhaltsangabe mit den Mitteln der Musik geben solle; daß die Instrumentierung fortlaufend im Verhältnis zum Interesse und der Leidenschaft stehen müsse; daß zwischen Rezitativ und Arie kein so großer Abstand zulässig sei... Ich glaubte, meine größte Mühe auf eine schöne Einfachheit richten zu sollen: ich vermied es, mit technischer Schwierigkeit auf Kosten der Klarheit zu prunken, ich legte keinen Wert auf die Erfindung technischer Neuerungen, sofern sie nicht natürlich durch Situation und Ausdruck herbeigeführt werden, und es gibt keine technische Regel, die ich nicht der Wirkung zu opfern bereit gewesen wäre. Das sind meine Grundsätze. Glücklicherweise entsprach meinen Absichten aufs bewunderungswürdigste der Text, in dem der berühmte Verfasser — Calzabigi — die blühenden Beschreibungen, die unnützen Wortspiele, wortreichen und erkältenden Moralsprüche ersetzte durch die Sprache des Herzens, starke Leidenschaften, interessante Situationen und eine stets wechselnde Handlung. Der Erfolg hat meinen Grundsätzen recht gegeben, und der allgemeine Beifall einer so erleuchteten Stadt wie Wien läßt klar erkennen, daß Einfachheit, Wahrheit und Natürlichkeit die großen Prinzipien des

Schönen sind in allen Werken der Kunst." Der Schluß der — an den Großherzog von Toskana als Zuneigungsschrift gerichteten — Vorrede stellt dann den Kampf Glucks unter den Schutz des Großherzogs, den Kampf für die „Reform dieses edlen Schauspiels, an dem a l l e s c h ö n e n K ü n s t e s o v i e l A n t e i l h a b e n" und spricht bescheiden aus, daß im Falle des Erfolges „resterà a me la gloria d'aver mossa la prima pietra" (mir der Ruhm bleiben wird, den ersten Stein bewegt zu haben").

Wenn diesen Worten und vor allem dem Kunstwerk Glucks gegenüber Wagner behauptet, daß Gluck lediglich die Sänger unter die Herrschaft des Komponisten gebracht, aber die musikalische Tragödie — ihm zu schaffen überlassen habe, so würde es heißen, an der geistigen Bedeutung Wagners zu zweifeln, wenn man diese Meinung ernst nähme.

Zur Technik der Alceste sei noch auf die ästhetische Auswertung des intimen Cembalorezitativs hingewiesen, das bereits anläßlich der Besprechung des „Prologs" erwähnt wurde. Ferner wird das Ballett, das von Angiolinis Nachfolger, dem großen Noverre, geleitet wurde — der hier wie in „Paris und Helena" und in Paris von 1776 an Glucks Mitarbeiter war — in dem uns aus der Darstellung der Gluckschen Ballettpantomime bekannten Sinn ausgenutzt, und zwar unterscheidet die Partitur pantomimische und getanzte Balletts. Daß der C h o r hochbedeutsamen und aktiven Anteil am Drama nimmt, sei nur nochmals im Zusammenhang erwähnt. Calzabigi widmete das Drama der Kaiserin Maria Theresia mit dem Motto: Tu praestas virtute Tua, ne prisca vetustas, virtute Alcestis, tempora nostra premat.

6. DIE APOLLO-FESTSPIELE IN PARMA

Zu einer Künstlerfahrt nach Italien begleiten wir wiederum Gluck nach P a r m a, wo am 24. August 1769 anläßlich der Festlichkeiten bei der Hochzeit des Infanten Don Ferdinand und der Erzherzogin Maria Amalia — die uns als Darstellerin des Apollo aus Glucks „Verwirrtem Parnaß" bekannt ist — seine Apollofestspiele gegeben wurden: eine Tetralogie von drei durch einen Prolog eingeleiteten selbständigen Dramen, die nach der Art der Antike keine Akteinteilung, sondern nur aneinandergereihte Szenen haben, wieder eine neue künstlerische Idee des wahrhaft unerschöpflichen Genius, der mit fast jedem neuen Werk neue ästhetische Probleme aufrollt, die kaum ein Künstler vor ihm gesehen hat.

Im Vorspiel finden wir den berühmten Sopranisten Giuseppe Millico, der später Glucks Freund wurde, als Anfrisius, Oberhaupt der Athener, die Sopranistin Lucrezia Agujari als Arcinia, Führerin der Athenischen Mädchen, und den Tenoristen Gaetano Ottani als Priester Apollos. Die Handlung spielt auf Delos und ruft den Beistand Apollos für die das Vermählungsfest feiernden Spiele an. Die Dichtung des Vorspiels sowie der beiden folgenden Dramen ist von Frugoni, Hofdichter in Parma.

Das nächste Stück, Philemon und Baucis, wickelt sich in fünf ununterbrochenen Szenen ab. Der bekannte Stoff — das fromme Paar hatte in seiner Hütte Jupiter gastlich aufgenommen und wurde zum Dank vor der großen Flut gerettet — ist hier ein wenig variiert. Wir finden Baucis und Philemon in der Blüte ihrer Jugend, und Jupiter verwandelt sie nicht gleichzeitig in Bäume, sondern verspricht, sie zu unsterblichen Halbgöttern zu machen. Hier spielte Ottani den Jupiter, die Agujari die Baucis, und der Sopranist Vincenzo Caselli den Philemon.

Das folgende Drama, Aristaeus, hat neun ununterbrochene Szenen und behandelt die zur glücklichen Vereinigung führende Liebe dieses den Menschen wohltätigen Sohnes des Apollo und der Kyrene, zur Nymphe Cydippe. Rollenverteilung: Aristaeus: Caselli, sein Vertrauter: Ottani, seine Mutter Kyrene die uns als Clelia aus Bologna bekannte Antonia Maria Girelli-Aguilar, die Nymphe Cydippe: Felicita Suardi.

Das letzte Stück war der in sieben ununterbrochenen Szenen ohne Akteinteilung (und ohne Kürzung!) gegebene „Orpheus", in dem Millico die Titelrolle sang, die Girelli-Aguilar die Eurydice und die Suardi den Amor. Gerade an der Aktlosigkeit des „Orpheus" ist die Absicht: die Bannwirkung der Darstellung zu erhöhen, am deutlichsten zu erkennen. Die andern Werke verwenden die reichen Mittel von Chor und Ballett und da enthalten neben sehr zahlreiche Entlehnungen aus früheren Werken (Telemach, Cythère assiégée, Aëtius, Semiramis, König als Schäfer, Kranz, Hippolytus) — die beweisen, daß Gluck, wennschon seine psychologische Sehergabe eine neue Beleuchtung und Einheitlichkeit dieser Musik schuf und sie mit der neuen, außerordentlich schönen und wertvollen verschweißte, wohl den Schwerpunkt in der aktlosen Orpheus-Darstellung gesehen hat. Von den Schönheiten der neugeschriebenen Musik hebe ich hervor die so ausdrucksvolle Sinfonia zu „Philemon und Baucis" mit jenem elegisch-zarten Thema, das am Beginn des letzten Aktes der „Armida" Weltberühmtheit erlangt hat, die Hymne „Lodi eterne", die wir aus der „Iphigenie auf Tauris" her kennen und übrigens auch bereits in dem Pantomimenballett „Semiramis" — bei der furchtbaren Szene des Gebets der Priester vor dem Grabmal des ermordeten Königs, in das der Sohn steigt, um durch Muttermord den Vater zu rächen — fanden, das Unwetter mit seinem prasselnden Triolenhagel gegen Sechzehntel (der auch in einer der früher besprochenen unbestimmbaren „neun Sinfonien" erscheint), die große Flut darstellend.

Die Einfügung des „Orpheus" in diese Apollofestspiele ist auf unmittelbares Verlangen Glucks zurückzuführen, ein Verlangen, das er gegenüber dem Widerstand einer Partei von Gegnern durchsetzte. Das Vorhandensein des Widerstandes gerade dem „Orpheus" gegenüber beweist, daß die künstlerischen Ideen dieses herrlichen Werkes streitend der Aufführung vorangeeilt waren. Die Konservativen standen einer Neuerung ablehnend gegenüber, die sich gegen die Grundprinzipien der Metastasioschen Poesien und der höchsten Blüten der italienischen Gesangsmusik richteten oder zu richten schienen. Es wird berichtet, daß Millico, als ihm die Orpheuspartie angeboten wurde, Tränen des Zornes vergossen habe.

Da aber erschien Gluck selber. Er studierte das Werk sorgfältig ein, Millico schämte sich seiner Übereilung und führte in höchster künstlerischer Begeisterung mit Gluck das Werk zum durchschlagenden Sieg. Der Erfolg war überwältigend. Die Apollospiele mit dem Orpheus wurden 28mal wiederholt und brachten der Stadt Parma eine „ungeheure Summe" ein. Millico aber folgte Gluck als sein Anhänger und treuer Freund nach Wien und sang dort außer dem Orpheus den Admet in der „Alceste" — Gluck versteifte sich nicht auf Prinzipien und ließ den großen Sänger ruhig die Tenorrolle singen — und die Titelrolle in Paris und Helena, wie wir noch sehen werden. Außerdem wurde er Lehrer der Nichte und Adoptivtochter des Meisters, der „kleinen Nachtigall", der feinsinnigen, in der Jugendblüte dahingerafften Marianna Gluck. Bei Hausmusiken im gastreichen Haus des Meisters finden wir regelmäßig den treuen Millico.

Es kann an dieser Stelle vorgreifend erwähnt werden, daß Gluck 1771 in B o l o g n a persönlich wiederum seinen „Orpheus" aufführte, der einen „fast unglaublichen" Beifall erhielt, mehr als zwanzigtausend Fremde nach Bologna zog und der Theaterdirektion etwa 80 000 Dukaten eintrug. Allmählich waren Glucks Reformideen auch in Italien verstanden worden und bewirkten eine „förmliche Umwälzung" des Geschmacks. Auch in Mailand und Neapel fanden Orpheus-Aufführungen statt, und wir erleben es, daß Gluck in Italien erscheint, ohne ein neues Werk zu komponieren, also nur als Dirigent. Der moderne Kapellmeister ist damit geschaffen, und die Idee einer Stilbildungsschule und ihrer ästhetischen Notwendigkeit, diese Idee, die von Gluck auch literarisch in der Vorrede zu „Paris und Helena" verfochten wurde, eine Idee, auf der der Triumph Glucks in Paris beruhte, steht vor uns.

7. PARIS UND HELENA

Von Alceste zu „Paris und Helena" — welch eine Welt! Wiederholt fanden wir die schroffe Aufeinanderfolge einer ungeheuren Gegensätzlichkeit im Schaffen des Meisters und wurden zu dem Vergleich des landwirtschaftlichen Fruchtwechsels gedrängt: der unerschöpfliche Reichtum der künstlerischen Schaffenskraft Glucks wurde von dem natürlichen Instinkt des Genies genährt, zur Vermeidung von Raubbau in der einen Tätigkeit auszuruhen in der gegensätzlichen, um neue Kraft des Ausdrucks zu gewinnen. So folgte hier auf die erhabene Tragödie der Gattenliebe über Tod und Selbstvernichtung hinaus, das Spiel von Paris und Helena, ein Spiel von ganz neuer psychologischer Vertiefung, fast eine dramatische ars amandi. Helena ist in dieser neuen Dichtung Calzabigis nicht Gattin, sondern Braut des Menelaus und Königin von Sparta. In 5 Akten — einer ästhetischen Neuerung —, besser gesagt großen Szenen mit monumentalen Bühnenbildern, rollt das feine Spiel dieser beiden Liebenden an uns vorüber: Paris ist charakterisiert (im Rezi-

---

*) An der Bearbeitung des „Orpheus", in der das Werk 1773 in München mit Guadagni in Glucks Abwesenheit aufgeführt wurde, ist Gluck nicht beteiligt gewesen. Die von mir als möglich aufgestellte entgegengesetzte Meinung wird nicht aufrecht erhalten.

tativ, das den 2. Akt beginnt) mit der fünfmal wiederkehrenden Sextolenfigur: „Dunkel ist sein Auge und glänzend, lang und blond die reichen Locken, rosig die Lippen, die Blicke voll sanften Feuers, ein schüchternes Erröten, zart und lieblich die Sprache". ihn, der nicht zum Kämpfen, sondern zum Lieben geschaffen ist — der Partitur ist das Ovidwort „Bella gerant fortes, tu Pari, semper ama" als Motto vorausgeschickt — befällt beim Anblick der strahlenden Schönheit der Königin Helena lähmendes Zagen. Helena ist echte Spartanerin, in ihren Sitten von einfacher, rauher Tugend, edel veranlagt, daher trotz ihrer Sprödigkeit für Paris erringbar. Prachtvolle Chöre und Ballette des phrygischen Gefolges von Paris und der spartanischen Umgebung von Helena erhöhen die scharfe Charakteristik. Ich hebe auf phrygischer Seite den, pizzicato begleiteten, graziösen Opferchor mit seiner verhaltenen dunklen Leidenschaftlichkeit hervor, mit dem der erste Akt beginnt — eine Entlehnung aus „Philemon und Baucis" — auf spartanischer Seite im 3. Akt den Apollo geweihten Chor, voll von wilder divinatorischer Ursprünglichkeit, wie er dem Kultus eines Kulturvolkes auf der Frühstufe entspricht. Es gibt wenig derart in der musikalischen Literatur. Wir werden sehen, daß Klopstocks Bardengesänge hier von Einfluß waren.

Im ersten Akt sehen wir Paris, dem von Venus Helena, das schönste Weib, versprochen ist, erfüllt von inbrünstiger glutvoller Liebe, ohne daß er noch Helena kennt. Die berühmte g-moll-Arie „Oh del mio dolce ardor" charakterisiert diese wahrhaft göttliche Liebe, eine wundersame dunkle Glut ausstrahlend. Die sehnenden langen Töne der Singstimme sind von dem unaufhörlichen, zitternden Motiv der Streicher und von imitierenden Phrasen einer Solohoboe begleitet. Die Arie ist ein Wunderwerk italienischer Gesangskunst. Niemand darf sagen, daß er italienischen Gesang aus seiner höchsten Blüte kenne, der dies Stück nicht in den Ohren und in den Sinnen hat. Amor selbst führt in Gestalt von Erast, Helenas Beauftragtem, Paris nach Sparta. Im zweiten Akt finden wir das erste Zusammentreffen im Königspalast, wo Helena den Gast begrüßt: die ist betroffen, noch nicht gerührt oder gar gewonnen; als er sie der Göttin von Kythera gleichstellt, flammt sie in rauher Abwehr auf und Paris bleibt, mit der wunderschönen f-moll-Monologarie: „Die schönen Bilder einer süßen Liebe" allein, verzagend. Der dritte Akt bringt die schönen gymnastischen Spiele der Spartaner, mit der die Königin ihren Gast unterhält, und, auf Auffordern Helenas, des Paris Saitenspiel und Gesang — ein Liebesgeständnis. Helena unterbricht: „Nicht weiter!" Paris, der glühende Weichling, bekommt einen Schwächeanfall, Helena sendet Erast, Hilfe zu beschaffen. Und nun das glühende Duett, das Paris eröffnet: „Nein, länger schweig' ich nicht!" Helena ist innerlich gewonnen, äußerlich noch spröde ablehnend. Ein reiches Ballett der zurückkehrenden Athleten schließt wirkungsvoll kontrastierend ab. Der vierte Akt fördert Helenas Liebe zur Glut, die sie kaum beherrschen kann. Der 5. Akt bringt die Entscheidung, als Amor Helena die falsche Nachricht von der Abreise des Paris bringt und — Paris dazukommt: „Ah, du siegtest, ich bin dein!" Aber drohend erscheint in einer Wolke Pallas mit ihrem Gefolge und kündet in einer gewaltigen Szene, die die sittlichen Mächte darstellt, die durch das blind frevelnde Paar verletzt werden, die Zukunft, unterstützt von dem furchtbaren, drohenden Chor ihres Gefolges: „Jene Stadt, Asiens Königin, sinkt in rauchende Trümmer zusammen!" Man beachte die ungeheuren Intervallschritte, die hier schaudern machend göttliche Erhabenheit darstellen, bei verdunkelter Bühne beherrscht von der hochdramatischen Stimme. Erfolglos! Anfangs zitternd zwar, doch blind ins Unglück stürzend, schiffen sich Paris und Helena nach Troja ein, und in dem graziösen Schlußchor sehen wir die leicht gekräuselte Meeresfläche (hier der, auch von Beethoven gern verwendete, langsame Triller mit der großen None). Auf dem gewaltigen Hintergrund der Pallasszene wirkt der Schluß trotz seiner Grazie tragisch. Der Schlußchor ist allgemein bekannt, weil er auch „Iphigenie auf Tauris" abschließt.

Die Ouvertüre ist durchaus programmatisch, aber in 3 Sätzen als italienische Sinfonia gehalten: die Erscheinung der Pallas, das Zagen der Fliehenden, ihr seliges törichtes Sich-trotzdem-in-die-Arme-Stürzen. Der dritte Satz der Ouvertüre ist eine Entlehnung aus der Ouvertüre zum „Kranz". Rollenbesetzung: — sämtliche Rollen Sopran — Paris: Millico, Helena: Clementine Chiavacci, Amor (Erast): Teresa Kurtz, Pallas: Gabriella Tagliafarri. Die Dekorationen waren entworfen und gemalt von Cantini, die Ballette leitete wiederum Noverre.

Die erste Aufführung fand am 30. November 1770 im Wiener

Hoftheater statt; das Wotquenne unbekannte Textbuch befindet sich
in St. Petersburg.

Das Werk ist in unserer Zeit kaum auf der Bühne erschienen;
ich kenne nur die Aufführungen von Prag (1900) und Hamburg (1905)
unter Stransky, der eine bedauerliche „Bearbeitung" der Partitur
(mit willkürlichen Umstellungen und Weglassungen) vorgenommen
hatte; in Hamburg wohnte ich einer dieser Aufführungen bei, die
mich die Wirkung ahnen ließ, die eine echte und gute Aufführung hervorbringen muß. In der Edition Peters ist ein Klavierauszug mit
Text erschienen; leider wimmelt die deutsche Übersetzung von Un-
möglichkeiten und willkürlichen Änderungen (deren schlimmste ist,
daß Helena Gattin des Menelaus ist!).

Gluck ließ das Werk, das in Wien 1770 und in den folgenden
Jahren „mit aller nur möglichen Pracht und Vollendung" aufgeführt wurde, und, im Gegensatz zu falschen, oft gelesenen Bemerkungen anderer Biographen, einen durchschlagenden, lang anhalten-
den Beifall gewann (wie schon die vielen Wiederholungen in den
nächsten Jahren beweisen), im Stich erscheinen und gab ihm wiederum
eine streitende Vorrede bei, die bedauerlicherweise das einzige ist,
was die Mehrzahl unserer Musiker von diesem herrlichen Werk
kennt. Aus den gleichen Erwägungen wie bei „Alceste" sehe ich
auch hier von einer vollständigen Wiedergabe dieser oft abgedruckten
Vorrede, der Zueignungsschrift, gerichtet an den Herzog von Bra-
ganza, ab: „...Nur in der Hoffnung, Nachahmer zu finden,
entschloß ich mich, die Musik der Alceste im Druck herauszugeben.
... Ich mußte erfahren, daß ich es bisher ohne Erfolg unternommen
habe ... (folgt ein bittrer Ausfall, der besonders gegen nicht genannte Berliner Kritiker gerichtet ist) ... Die Züge, die Raphael von
den übrigen Malern unterscheiden, sind oft kaum bemerkbar. Leichte
Abweichungen stören bei einem Karikaturkopf nicht, zerstören aber
das Bild einer schönen Frau. In der Musik nur ein Beispiel, meine
Arie aus Orpheus „Ach, ich habe sie verloren". Eine geringfügige
Veränderung in Tempo oder Ausdruck genügt, um sie zu einem Salta-
rello für Marionetten zu machen. In einem Stück dieser Gattung
kann eine mehr oder weniger gehaltene Note, eine Tonverstärkung,
eine Tempoabweichung ... den Effekt einer Szene gänzlich
zerstören; und dergleichen stört nicht — oder verschönt gar — eine

gewöhnliche Oper. Deshalb ist die Gegenwart des Komponisten bei der Ausführung von derlei Musik so nötig, wie die Sonne den Werken der Natur. Er ist durchaus Seele und Leben; ohne ihn bleibt alles in Dunkelheit und Verwirrung ... das Drama des „Paris", das ... der Einbildungskraft des Komponisten nicht jene starken Leidenschaften, jene großartigen Bilder, jene tragischen Situationen darbietet, wie sie in der „Alceste" die Zuschauer erschüttern. Man darf daher natürlich nicht die Kraft und pathetische Energie der Musik erwarten (folgt Vergleich zur Technik der Malerei) ... Bei „Paris" handelt es sich um einen liebenden Jüngling, der mit aller Kunst eifernder Leidenschaft endlich über die Widerstände von Ehrenhaftigkeit und Stolz siegt. Darum habe ich einen Farbenwechsel aufgesucht und ihn in dem verschiedenen Charakter des phrygischen und des spartanischen Stammes gefunden, dem rauhen und wilden spartanischen, dem zarten und weichen phrygischen. Da der Gesang in der Oper die Deklamation vertritt, so glaubte ich, bei Helena die ursprüngliche Unpoliertheit ihres Volkes nachahmen und festhalten zu sollen ... Die größten Schönheiten der Melodie und der Harmonie werden zu Fehlern, wenn sie am falschen Ort erscheinen ... Tolle Syparium; sufficit mihi unus Plato pro cuncto Populo. Wien, den 30. Oktober 1770. Ritter Christoph Gluck."

Das war deutlich! Die ästhetisch in völliger Hilflosigkeit versagende, in ihren musikalisch technischen Betrachtungen fast ebenso bemitleidenswerte Berliner Kritik, besonders Forkels, hatte Gluck in Harnisch gebracht; wir sehen ihn hier als Eiferer. Über diesen frostigen Berliner mag man im Briefwechsel zwischen Goethe und Zelter nachlesen (4, 104): „Forkel war Doktor der Philosophie und der Musik zugleich; ist aber sein Leben lang weder mit der einen noch mit der andern in unmittelbare Berührung gekommen ... Über Glucks Succeß hat er sich gelb und grün geärgert und dessen Opern herabsetzen wollen." Schmid hat uns auch den außerkünstlerischen Grund für diesen Thersites-Ärger erhalten: Forkel hatte Gluck einen jungen Mann empfohlen, der nach Wien gekommen war. Gluck nahm diesen mit Wärme auf, wie es seine Art war: er gewährte ihm freien Tisch, unterstützte ihn mit barem Gelde, würdigte ihn sogar persönlichen Unterrichts. Aber er mußte bemerken, daß die Anlagen des jungen Mannes nicht nur der Verwendung Forkels keineswegs entsprachen, sondern daß der junge Mann sich auch persönlich schlecht aufführte. Gluck ließ ihn darum fallen und schrieb an Forkel mit seiner unbestechlichen Offenheit, zugleich mit dem ärgerlichen Ersuchen, ihn mit derlei Empfehlungen in Zukunft nicht zu behelligen. Und seitdem bei Forkel und seinem Schützling tödlicher Haß, denn für die Beiden war zum Leuchten des Genius noch die Lebensführung und der Rang des adeligen Hofmannes Gluck getreten, der diese Stellung, wo es am Platz war, zur Wahrung seiner Unnahbarkeit benutzte.

Im Jahre 1777 wurde „Paris und Helena" in N e a p e l in der Akademie von und vor einer begeisterten Gemeinde von Gluckianern aufgeführt. Im Vorwort des Textbuchs finden wir sehr interessante ästhetische, auf Glucks Ideen fußende Ausführungen; die Aufführung wird als eine künstlerische Tat bezeichnet, die der Erneuerung des musikalischen und künstlerischen Geschmacks dienen sollte. Diese Aufführung fand ohne Gluck statt. (Textbuch in Washington in der Schatzschen Bibliothek.)

Natürlich wurde „Paris und Helena" von den Gegnern Glucks angefeindet: eine so unerhörte Neuerung mußte parteibildend wirken, aber sie befestigte und besiegelte den Ruhm des Meisters und den Sieg seiner ästhetischen Ideen. Die Zeit war herangereift für den Endtriumph dieses Künstlerwirkens in P a r i s , der Hauptstadt der Welt zur damaligen Zeit, soweit das musikalische Drama in Frage stand.

8. NACH „PARIS UND HELENA"
Klopstocks Oden

In diesem Sammelkapitel soll mancherlei unter Aufhebung der Chronologie besprochen werden: die ästhetischen und persönlichen Beziehungen des Meisters zu Klopstock, Salieri als erster bedeutender Gluckschüler, Dr. Burney in Wien, Marianna Gluck, die „kleine Nachtigall", Gluck als Dirigent, als Theaterpächter, als Privatmann.

Mit Begeisterung folgte Gluck dem Aufblühen einer deutschen Nationalliteratur und gab sich völlig der Kunst K l o p s t o c k s hin. Die „Hermannsschlacht" sollte ihm, seiner künstlerischen Absicht nach, das Textbuch werden, das das deutsch-nationale musikalische Drama begründete. Seit ihrem Erscheinen (1769) und jahrelang danach hat Gluck diesen Plan im Auge gehabt und, nach seiner Weise, die Musik im wesentlichen fertig mit sich herumgetragen, ohne sie, was bei diesem höchst konzentrierten Schaffen der erlösende Schlußakt war, zu Papier zu bringen. Wir wissen aus wiederholten Berichten von Hauskonzerten, in denen der Meister Stücke aus dieser „Hermannsschlacht" bei Hofe, seinen Freunden, auch Klopstock selber, am Klavier vortrug, in der Zeit nach „Paris und Helena". (Über die Hermannsschlacht soll noch nach Paris die Rede sein, da den Meister in den achtziger Jahren die Beendigung des großen Werkes bewegte.) Außerdem sang Gluck Klopstocks Oden am Klavier, ganz nach seiner Ästhetik, daß die Musik nicht ein überflüssiger und darum schädlicher Zusatz, sondern eine Mitarbeit mit der Poesie darstellen sollte. Er schwebt, wie Herder sagt, hier „allenthalben auf Fittigen der Empfindung des Dichters". Von diesen Klopstock-Oden ist ein dünnes Heftchen, das sieben Gesänge enthält, im Druck erschienen. Eine leider unkorrekte und der hier besonders wünschenswerten Einführung entbehrende Ausgabe ist in der Edition Peters erschienen. Eine achte Ode enthält der Göttinger Musenalmanach 1775. Eine neunte, die großartigste, die „Ode an den Tod", ist in den achtziger Jahren von Reichardt, der Glucks Gast war, nach des Meisters eigenem Vortrag mit Erlaubnis Glucks zu Papier gebracht und 1792 publiziert worden. Eine neue Ausgabe dieser herrlichen Ode habe ich in der Sammlung „Hausmusik des Kunstwarts" bei Callwey in München veranstaltet.

Diese Oden sind keine Gesänge im gewöhnlichen Sinn, sondern stellen eine neue Deklamationsart dar, zurückgreifend zum Teil auf die erschütternden Wirkungen der Urmusik, wie stets bei Gluck in einer Form, die aus dem Gehalt herauswächst, ohne ihn unverständlich ist und oft zunächst dem Uneingestimmten unbedeutend scheint. Diese wenigen Gesänge sind ganz etwas Abweichendes von allem, was die musikalische Literatur hat, und ästhetisch noch durchaus unerforscht. Ich habe sie nie und nirgends vortragen hören. Was Gluck selber an Vortrag forderte, wissen wir von Cramer, dem begeisterten Gluckianer. Die unendlich fein begabte, von ihrem Oheim und Millico im Gesang ausgebildete Marianna Gluck sang vor Klopstock 1774 in Karlsruhe und 1775 in Rastatt. Vergeblich begehrte Klopstock seine „Sommernacht" von ihr zu hören, ein Musikstück, scheinbar so einfach, daß es jeder Sänger vom Blatt singen könnte, und das Marianna Gluck sicherlich oft gehört hatte, sie die geniale Sanges- und Vortragskünstlerin. Gluck lehnte ab: „Das kann sie noch nicht singen", und sang dann selbst die Ode mit seiner rauhen Stimme, aber mit einem unnachahmlichen, hinreißenden Vortrage. Die meisten Klopstock-Oden hat Gluck nicht zu Papier gebracht, wir wissen z. B., daß er die „tote Clarissa" komponiert hat, als ihm seine „kleine Nachtigall" entrissen war. Er pflegte sich bei Hauskonzerten im Freundeskreis mit seinem Bändchen Klopstock-Oden an den Flügel zu setzen und an Hand kleiner Zeichen, die nur für ihn verständlich waren, die Oden als „Rhapsode" vorzutragen. Die gedruckten Stücke stellten gleichsam nur eine Kostprobe dar. —

Glucks Ehe war kinderlos. Daher adoptierten die Gatten, wohl am Ende der sechziger Jahre, Marianna, die, 1759 geboren, am 22. April 1776 an den Blattern in Wien verstorbene Tochter einer Schwester Glucks, die an den Husarenrittmeister Klaudius Hedler verheiratet war. Die zarte Mädchenblüte wurde von ihren Adoptiveltern, deren Familiennamen sie annahm, besonders von Frau von Gluck, auf das sorgfältigste als adeliges Fräulein erzogen und war der Schmuck des Gluckschen Hauses. Der temperamentvolle Oheim hatte es einst im jähen Ärger aufgegeben, sie im Gesang zu unterrichten, da sie nicht genug beanlagt sei, aber Millico wurde ihr Lehrer und Meister, und sie beherrschte italienische Gesangskunst und die feinste dramatische Vortragskunst mit einem Feuer und einer Frühreife, die angesichts ihrer großen Zartheit oft die Besorgnis des Gluckschen Paares erregte. Nie ist sie öffentlich aufgetreten, aber sowohl in Wien wie in Paris, wie auf Reisen (so 1774 in Karlsruhe und 1775 in Rastatt vor Klopstock) sang sie oft mit Gluck vor Fürsten, Aristokraten, Künstlern. Ein Briefchen von ihr sah ich in der Autographensammlung des Heyerschen Musikhistorischen Museums in Köln.

Erhalten ist uns ein von K l o p s t o c k in glänzender Gesellschaft (am Hofe Karl Friedrichs von Baden) am 17. März 1775 aufgesetzter scherzhafter „Revers", der Bezug nimmt auf den wundersamen Vortrag der Arie „Ach, ich habe sie verloren" aus „Orpheus" und wohl der „Lamenti d'amore", die Gluck aus Alceste als Soprankantate zusammengestellt hatte. Er führt uns so recht in die empfindsame, feine Konversation des 18. Jahrhunderts, und sei darum vollständig wiedergegeben:

„Ich Endes Unterschriebene, Bezauberin des heil. römischen Reichs, wie auch des unheiligen gallikanischen Reichs, urkunde und bekenne hiermit, wasmaßen ich Klopstocken versprochen habe und verspreche daß, sobald ich Erzzauberin in die Erzstadt des Erzhauses, Wien genannt, zurückgekehrt bin, und mich alldort drei Tage und drei Nächte hinter einander von meiner Reise verpustet habe, ich sofort und ohne Verzug, wie auch ohne ferneren Aufschub ihm zusenden will: 1. die Arie, in welcher Orpheus der Eurydice nachruft, 2. die Arie, in welcher Alceste ihren Kindern nachruft; und daß ich unter jede dieser Arien setzen will einige Worte, in welchen enthalten seyn soll, so viel nämlich davon in Worten enthalten seyn kann, die Art und Weise, Beschaffenheit und Eigenthümlichkeit, und gleichsam die Schattierung meines musikalischen Zaubervortrags, damit benannter Klopstock diese meine Worte, benebst den Arien, seinerseits wieder zusenden könne seiner Nichte zu Hamburg, welche seinem Vorgeben nach, der Zauberei auch ergeben seyn soll. Urkundlich geschehen zu Rastadt am 17. März 1775. Unterschrift."

Wir besitzen auch den Brief Glucks an Klopstock vom 24. Juni 1775, der den vorausgeschickten Arien nachfolgte und erklärt, warum die Anmerkungen wegblieben: „weilen ich nicht wußte mich auszudrücken . . . ich glaube, es würde Ihnen ebenso schwer vorkommen, wann Sie sollten jemanden durch Briefe belehren, wie, und mit was vor einem Ausdruck er Ihren Messias zu deklamieren hätte. Alles dieses bestehet in der Empfindung, und kann nicht wohl explizieret werden, wie Sie besser wissen als ich . . ." Die Wahrheit reinigt die Luft, und Klopstock hatte als Musikdilettant Unmögliches verlangt, das ihm Gluck nur mit der starken Stimme der ungeschminkten Wahrheit ausreden konnte. Der (hier weggelassene) Schluß des Briefes ist wieder aufatmend verbindlich und herzlich. —

August 1772 kam der englische Doktor der Musik B u r n e y nach Wien. Eine Gräfin von Thun, die ihn im Hause des englischen Botschafters hatte kennengelernt, schrieb an Gluck, und Gluck sandte ihr eine „artige Antwort". Gluck mit seiner Gattin und der „kleinen Nachtigall" empfingen die Gäste: Lord Stormont, die Gräfin von Thun und Dr. Burney. Zwei Tage später war Gesellschaft bei Lord

Stormont, zu der gleichfalls Dr. Burney und Gluck mit Frau und Nichte erschienen. An beiden Tagen wurde musiziert, und Marianna Gluck riß durch den Vortrag ganzer Szenen, besonders aus „Alceste", zur Bewunderung hin, obwohl die zarte Jungfrau erst dreizehn Jahre zählte. Ein drittesmal traf Burney bei seinem Abschiedsbesuch am 11. September 1772 um 11 Uhr vormittags den Meister noch in den Federn, ebenso Marianna, der die besorgte Frau von Gluck ihrer schwachen Brust wegen den Morgenschlummer angeraten hatte, wie sie Dr. Burney sagte. Den temperamentvollen Gatten entschuldigte die Hausfrau damit, daß er oft bis in die Nacht schreibe und dann am Morgen zur Erholung länger schliefe. Gluck erschien mit der offenen Entschuldigung, daß er heute faul gewesen sei, und hatte noch eine lange Besprechung mit dem Engländer, die damit endete, daß er ihm Partituren zu „Alceste" und „Paris" mitgab und eine Abschrift des „Don-Juan"-Balletts für den nächsten Morgen nachzusenden versprach.

Dr. Burney hat uns in seinem Reisetagebuch eine ausführliche Mitteilung der Eindrücke, die er von Wien, von Gluck, von den Kunstparteien Wiens, erhielt, aufbewahrt; sie bildet eine wertvolle biographische Quelle, vor allem auch, weil sie uns ästhetische Ansichten Glucks übermittelt. Die Einzelheiten können hier auf sich beruhen, da sie im Lauf der Darstellung verwertet sind.

Glucks Haus, in dem Fürsten und Aristokraten ständig verkehrten, war auf den Ton der Aristokratie abgestimmt. Aus Glucks Testament erfahren wir, daß er einen Diener, einen Kutscher, eine Wirtschafterin, eine Köchin und eine Magd hielt. Das persönliche Benehmen des Meisters gegen Besucher war zunächst etwas förmlich; kam es zu persönlicher Beziehung, dann herzlich, temperamentvoll und, wo dies in Frage kam, gütig. Er konnte aber auch, wie Burney sagt, genau wie Händel, ein „wahrer Dragoner" sein, vor dem jedermann erzitterte. Gluck kleidete sich stets gewählt und nach der Mode, in Gesellschaft im gestickten Staatskleid, auf der Straße gewöhnlich mit einem Zimmetrohr mit goldenem Knopf und zierlicher golddurchwirkter Seidenquaste. So sah man ihn oft Sonn- und Festtags zur Waisenhauskirche am Renner in Wien zum Hochamt (mit guter Musik) gehen. —

Gelegentlich wurde bereits darauf hingewiesen, zu welcher, man

kann sagen ekstatischer Genauigkeit und Ausdrucksgewalt Gluck als
Dirigent sein Orchester erzogen hat, besonders da, wo er es längere
Zeit beeinflussen konnte: in Wien und in Paris, und wie unzufrieden er
mit großen auswärtigen Orchestern war, aus denen er trotz der einge-
hendsten Vorbereitungen nicht alles herausbringen konnte, wie beim
„Triumph der Clelia" in Bologna. In Paris hatten die Franzosen für
dies Neue eine feine Witterung, und die Opernproben Glucks wurden
eine Berühmtheit, man machte sie öffentlich und drängte sich dazu.
Gluck hat die Großmachtstellung des Orchesterdirigenten geschaffen.
Es sei an dieser Stelle der bereits erwähnte C. Fr. Cramer angezogen
(Magazin der Musik, Hamburg 1783, 561): „So ein gutmütiger,
lieber Mann der Herr von Gluck in jedem andern Lebensverhältnis
ist, so macht er doch, sobald er auf dem Platze als Direktor steht,
den wahren Tyrannen ... Zwanzig, dreißig Male reichen nicht hin,
daß er die geübtesten Spieler der Kapelle, unter denen gewiß Virtuosen sind, die Passagen wiederholen läßt, bis sie die von ihm be-
zweckte Wirkung ... hervorbringen ... Auch müssen sie immer
doppelt bezahlt werden, ... wenn Gluck dirigiert ... Kein Fortissimo kann ihm an gewissen Stellen stark und kein Pianissimo
schwach genug sein. Dabei ist es ganz originell, wie jede Stelle des
Affekts, des wilden, sanften, traurigen, sich ... in allen seinen Mienen
und Gebärden malt. Er lebt und stirbt mit seinen Helden, wütet mit
dem Achill, ... und in der Sterbe-Arie der Alceste bei der Stelle
Manco ... moro ... e in tanto affano non hò pianto sinkt er ordentlich zurück, und wird mit ihr beinahe zur Leiche". Selbstverständlich
erzählte man sich in Hof- und Künstlerkreisen so manche lustige
Anekdote. Vom deutschen Kaiser Joseph II. ist es bekannt, daß er
gern derartige Witze verbreitete, daß er auch gelegentlich persönlich
zugunsten des Meisters eingriff, wenn er die Orchestermusiker durch
Glucks Temperament brüskiert glaubte. Ich verzichte übrigens darauf, diese mehr oder weniger unbeglaubigten und neue Beleuchtung
nicht gewährenden Anekdoten wiederzugeben.

Nur ein beglaubigtes Vorkommnis, das die Imperatoren-Natur
des Meisters scharf beleuchtet, möchte ich erwähnen. Bei einer Aufführung von „Paris und Helena" brach am Ende des ersten Aktes
in einer Kulisse Feuer aus. Ungeheurer Tumult; jeder suchte sich
zu retten. Das Feuer wurde gelöscht, und die Theaterleitung wollte

den zweiten Akt beginnen. Gluck, der dirigierte, widersetzte sich, offenbar weil der Beginn des zweiten Aktes wirkungslos in der Unruhe verpuffen mußte, und forderte Wiederholung des Balletts, das den ersten Akt abschließt, zur Wiedereinstimmung. Da die Tänzerinnen noch vor Schreck zitterten und die Tänzer bereits die Garderobe gewechselt hatten, entstand deshalb heftiger Streit. Gluck stieg endlich auf einen Stuhl und rief in Gegenwart des Hofes laut: „Entweder das Ballett wird noch einmal getanzt, oder die Oper ist für heute zu Ende!" Man war gezwungen, das Ballett noch einmal zu beginnen, und die Vorstellung wurde mit großem Beifall fortgesetzt.

Wenig erforscht ist die Tätigkeit Glucks als Theaterpächter. Wir wissen davon nur, daß sie in die sechziger Jahre fällt. Es liegt nahe, an einen Zusammenhang mit der Amtsniederlegung Glucks und Durazzos 1764 zu denken. Das Unternehmen endete damit, daß Gluck seiner Frau die für damalige Verhältnisse ungeheure Summe von 90 000 fl. schuldig wurde. Er mußte die ganze Bitternis des großen Künstlers fühlen: das Kostbarste zu geben und obendrein noch selber bezahlen zu sollen. Aber diese sonnige Natur war nicht aus dem Gleichgewicht zu werfen: er hatte das Gefühl, mit seinem dramatischen Stil in P a r i s Ungeheures wirken und reichen äußeren Lohn ernten zu können, und er tröstete seine Frau mit dieser Hoffnung, die sich so überraschend bewahrheitet hat. Es wäre für die Erkenntnis des Künstlers äußerst wertvoll, wenn Wiener Spezialforschung über diese Theaterpacht, ihre künstlerischen und materiellen Vorkommnisse und Einzelheiten, Licht verbreitete. —

Gluck wohnte 1769—1775 in seinem eignen Haus am Rennweg, das er 1768 vom Freiherrn von Sandor gekauft hatte und 1781, wahrscheinlich gegen das Landhaus zu Berchtholdsdorf, wo er den Sommer zubrachte, vertauschte. Vorher hatte er, wie erwähnt, zuerst im Haus seiner Schwiegermutter gewohnt, dann seit der Auflösung der Kapelle des Prinzen von Hildburghausen und bis 1769 in dem Loprestischen Haus, Ecke Kärntner Straße und Walfischgasse in Wien, in dem er auch wieder 1776—1781 wohnte (hier komponierte Weber 1823 die „Euryanthe") und 1782—1784 im Hause des Freiherrn von Gudemus in der Nähe der Kaiserl. Hofburg am Michaelsplatz. 1784 kaufte Frau von Gluck das Haus auf der Alten Wieden (damals 74), in dem Gluck seitdem in den Wintermonaten wohnte, und in dem er auch starb.

Vorgreifend soll der erschütternde Ausgang der „kleinen Nachtigall" erzählt werden. Sie war mit ihren Adoptiveltern bei der ersten Fahrt nach Paris 1773 mitgenommen worden und hatte auch dort durch ihre Schönheit, Reinheit, Zartheit, und durch ihre unvergleichliche Gesangs- und Vortragskunst, die als besondere Note den keuschen Hauch des Ausschlusses der wahllosen Öffentlichkeit und des Gelderwerbs hatte, hingerissen und Jünglinge zur Liebe entflammt ... ebenso im Sommer 1774 auf der Rückreise nach Wien in Zweibrücken am Hofe des Pfälzer Herzogs Christians IV. Als Gluck 1776 wieder nach Paris fuhr, um dort seine „Alceste" aufzuführen, ließ er seine Damen in Wien, weil die kleine Nachtigall kränkelte und seine Frau bei ihr bleiben wollte. Am Tage vor der ersten Aufführung der „Alceste" in Paris, am 22. April 1776, starb in Wien die kleine Marianna an den Blattern, die ihr zarter Körper nicht überstand. Frau von Gluck reiste ihrem Gatten nach Paris nach, um mit ihm den herben Verlust zu beweinen. Gluck war völlig verzweifelt und schrieb an alle Freunde, die die Verblichene gekannt hatten, u. a. auch an Wieland, dessen schöne Antwort wir haben. Klopstock bat er in einem erschütternden Brief vom Mai 1776 um Blumen auf ihr Grabmal, nämlich eine Ode auf die kleine süße Nachtigall. Nichts mache ihm mehr Freude, nicht einmal die Musik. Er bejammert den frühen Tod, der die Blüte eines so reichen Lebens vorzeitig abgeschnitten, ihn und seine Frau der geliebten Tochter und der Früchte einer sorgfältigen Erziehung beraubt habe. Klopstock hat dem Verlangen nicht entsprochen, vielleicht weil er fühlte, daß er sich wiederholt haben würde, und obwohl er von Freunden gedrängt wurde, dem armen Gluck diesen Trost zu spenden. Wir erfahren aus Glucks Brief an Klopstock vom 10. Mai 1780: „Obschon Sie meiner verstorbenen Kleinen nichts auf ihren Tod haben komponiert, so ist doch mein Verlangen erfüllt worden, denn Ihre „Tote Clarissa" ist so analog auf das Mädchen, daß Sie, mit allem Ihrem großen Geist, nichts besseres hätten hervorbringen können; diese ist jetzund meine Favorit-Ode, und sehr wenige hören sie, denen sie nicht Thränen auspreßt" ... Leider haben wir diese nicht niedergeschriebene Komposition nicht, so wenig wie die so vieler anderen Klopstock-Oden und die der „Hermannschlacht". —

Der junge, 1750 in Legnano geborene Salieri, seit 1766 in Wien

als Gaßmanns Schüler lebend, war, wie er selber schreibt, „stets von
Gluck geliebt und aufgemuntert worden". Er war ein feiner lieber
talentvoller junger Mensch, und der wohlwollenden Beurteilung seiner
ersten Oper „Le donne letterate" durch Gluck bei einer Probe,
die Calsabigi in seiner Wohnung arrangierte und wozu unerwartet
für Salieri auch der Impresario mit Gluck und Scarlatti erschienen,
verdankte er Aufführung, Anerkennung und die Möglichkeit weiterer
Erfolge. Salieri schloß sich als erster dem Stil Glucks an, sah ihm
„alle seine Manieren" ab, wurde sein Freund und verkehrte im Haus
des Meisters. Gluck konnte ihm, der 1774 Gaßmanns Nachfolger
wurde, also die Dirigentenstelle einnahm, die er bis 1764 bekleidet
hatte, die Aufführung seiner Werke anvertrauen. Als 1784 die Pariser Kgl. Akademie der Musik Gluck bat, einen jungen Komponisten
vorzuschlagen, der fähig sei, für die Große Oper eine französische
Oper zu schreiben nach den Grundsätzen jener Kunstphilosophie,
die Gluck durch Wort und Tat gelehrt habe, und mit denen allein eine
wahrhaft dramatische Musik möglich sei, schlug Gluck Salieri vor
und öffnete ihm dadurch den Weg zum Weltruhm. Ja, Gluck ließ
zu, daß als Komponisten dieser 1784 in Paris aufgeführten „Dana-
ides" er selbst und Salieri auf dem Theaterzettel genannt waren, und
erst, nachdem der ungeheure Erfolg nicht mehr in Frage gestellt
werden konnte, nach der 13. Aufführung, veröffentlichte Gluck ein
Schreiben in den Pariser Zeitungen, worin er Salieri für den alleinigen
Komponisten erklärte und hinzufügte, daß seine Mitarbeit sich auf
einige Ratschläge beschränkt habe. Wenn man sich den Triumph,
den Gluck in Paris 1774—1779 errungen hatte, und die beispiellose Popularität und Autorität, die er infolgedessen genoß, vorstellt,
so mag man ermessen, welche Bedeutung der Name Glucks als Mit-
verfasser hatte. Wo Gluck liebte und half, da tat er's mit Wärme
und starker Hand. Leider hatte nach Glucks Tod Salieri nicht Kraft,
Wärme und Größe genug für die Mission, die er hätte erfüllen sollen:
den großen Stil des Meisters in seiner Reinheit zu pflegen, zu erhalten,
zu propagieren. Da waren Méhul in Paris und der Berliner Kapellmeister Reichardt stärkere Apostel.

Gluck selber empfand es bitter, daß ihm kein Deutscher, wie
Salieri, als Stilnachfolger erwuchs. Und doch war dies fast notwendig. Dieser neue Stil war ja äußerlich so wenig greifbar. Hätte

er in bestimmten technischen Dingen bestanden, so wäre eine Nachfolge leichter gewesen. Um aber diesen, alle technischen Einzelheiten von einer höheren, neuen ästhetischen Warte sehenden und
verwertenden, hochtragischen Stil aufzunehmen — auch sein Prinzip des „sympathetischen Kontrapunktes" ist ein vorwiegend ästhetischer Gesichtspunkt — dazu mußte man einer sein, der ebenso groß
war wie Gluck, und dessen Kraft, wie die Glucks, gerade in der musikalischen Tragödie lag. Das erklärt, neben der auch künstlerisch die
Tradition in Paris verwischenden französischen Revolution, daß das
Werk Glucks nach seinem Tode nur halb noch verstanden, von
wenigen in seiner ganzen Größe begriffen wurde, und daß der tragische Stil der nachgluckschen Oper sofort und so unendlich tief sank.
Wenn je, so muß man hier an Schopenhauer denken, der zur „tragischen Geschichte des Genies" ausruft, daß, wenn ein Genie mit der
Fackel seines Genius die Umgebung erhellt habe, dies im Grunde
nur für ihn persönlich geschehen sei, und daß hinter ihm sogleich
die Wogen der nächtlichen Finsternis wieder zusammenschlügen.
Erst Wagner hatte künstlerisch das Zeug dazu, das Werk Glucks
zu begreifen, aber er nutzte diese Erkenntnis und das halbe Ver-
gessensein des Gewaltigen für sich aus. Wäre er dabei stehen geblieben und hätte nicht obendrein noch Gluck geschmäht, so könnte
man ihn vielleicht mit dem „heiligen Egoismus" des Künstlers bis
zu einem gewissen Grade entschuldigen. Die Geschichte hat gewollt,
daß g e g e n seinen Willen Wagner uns über den großen Gluck die
Augen geöffnet hat: Bayreuth als Ideal ist nichts als die Lehre Glucks.
Und für die meisten von uns heißt es: durch Wagner zu Gluck!

GLUCK, DER TRIUMPHATOR
1774—1779
1. IPHIGENIE IN AULIS

Diesmal betrieb Gluck selbst, der sonst, wie er auch bei den Verhandlungen hervorhob, wahrhaftig nicht nötig hatte, seine Werke den Bühnen anzubieten, mit unbeugsamer Willenskraft seine Berufung nach Paris zur Großen Oper. Es war sein künstlerischer Dämon, der ihn trieb. Hier, an der ihm bekannten Stätte Rameaus, wo am eindringlichsten der Ruf „Zurück zur Natur!" ertönte, wo ihm die besten Schauspieler und Sänger, das größte und edelste Orchester zur Verfügung stand, und wo — dies ist schließlich die Hauptsache — der nationale Instinkt auf das Dramatische gerichtet war, wo die Sprache selber, das Französische, damals in Wahrheit Weltsprache, nicht nur, wie das Italienische, in der Fiktion der Metastasio-Oper, durch ihren Konsonantenreichtum und ihre leidenschaftliche, stets jambisch oder anapästisch auf das Ziel stürzende Rhythmik der dramatischen Deklamation günstig, der musikalischen Überwucherung ungünstig war, so ungünstig, daß ein Rousseau sie für ungeeignet erklärt hatte, Trägerin der Musik zu sein. Er wurde durch den Deutschen Gluck bekehrt.

Es ist eine künstlerische Tragödie des deutschen Volkes, daß die Zeit nicht reif war für die deutsche Nationaloper. Wir wissen, daß Gluck, seitdem Klopstocks „Hermannsschlacht" erschienen war (1769), an ihrer Vertonung gearbeitet hat. Die leidenschaftliche Liebe zu dieser Aufgabe ließ ihn schwanken, sein unfehlbarer künstlerischer Instinkt hieß ihn anstatt Begründer der deutsch-nationalen musikalischen Tragödie Großmeister der klassischen französischen musikalischen Tragödie werden. Wir Deutsche können hier einen Zustand letzter Nachwirkung des fast alle Kultur und Kulturkeime zerstampfenden Dreißigjährigen Krieges erkennen, der uns im 18. Jahrhundert noch nicht gekräftigt genug für die Annahme des Geschenkes, das Gluck uns hätte geben können, antraf. Schließlich ist das widerstandslose Eindringen der italienischen Oper in Deutschland auch nur ein Symptom dieser Schwäche. Und doch ist es, von höherer

Warte, sinnlos zu klagen: der Genius arbeitet ja stets nur mit gegebenen Verhältnissen, und wir erkennen ihn daran, was er mit dem ihm vorliegenden Material macht. Den Ausdruck Material im weitesten Sinne: vor allem also einschließlich der kulturgeschichtlichen Gesamtsituation.

Bailly du Roullet, Attaché der französischen Gesandtschaft am Wiener Hof, ging als Dichter auf Glucks Ideen ein und bearbeitete Racines Iphigenie in Aulis als Operntext. Gluck schuf für die Maße der Pariser Bühne, die er ja kannte: die großen Bühnenbilder, voll von dem menschlichen Gehalt der gewaltigen Opfertragödie, voll von wilder Handlung und Massenszenen, waren im Hinblick auf diese Bühne empfunden. Die durch du Roullet eingeleiteten Verhandlungen zogen sich in die Länge. Der Pariser Operndirektor d'Auvergne erkannte klar die Bedeutung, aber auch die zu erwartenden Schwierigkeiten, wie aus einem Schreiben an du Roullet nach Einsicht der Partitur des ersten Aktes hervorgeht: „Wenn der Ritter Gluck sich verbindlich machen wolle, der Pariser Akademie sechs solcher Opern zu liefern, so sei er der Erste, der sich für die Aufführung interessiere, ohne das aber nicht, denn eine solche Oper schlüge alle bisherigen französischen Opern nieder."

Dieser Gedanke ist der wichtige Ausgangspunkt für die in der Tat von Gluck übernommene — und gehaltene — Verpflichtung, deren Erfüllung eben Paris zu einer Stilbildungsschule für die Glucksche Kunst machte, aber durch die riesenhaften Anstrengungen, die sie dem doch bereits 60 Jahre alten Meister aufbürdete, seine letzten starken Manneskräfte verzehren sollte. Wir wissen ja, mit welchem tumultuarischen Ungestüm Gluck schrieb und das Geschaffene zur Darstellung auf der Bühne brachte. Das aber, was er in Paris tat, überstieg alles bisherige.

Da die Verhandlungen in der Schwebe blieben, ließ Gluck, was er sonst bekanntlich stets verschmäht hat, seine Verbindungen wirken: die französische Kronprinzessin, Maria Antoinette, die Tochter der Kaiserin Maria Theresia, war seine Schülerin; über den Wiener Hof wurde sie die Protektorin ihres deutschen Meisters in Paris und erwirkte den Befehl der Aufführung der „Iphigenie" in Paris und die Einladung Glucks.

Bei den Verhandlungen wußte der Meister seine Bedingungen

zu stellen und setzte Honorare und andere Bedingungen durch, die
damals vollkommen unerhört waren und ihm — sehr mit Unrecht —
den Vorwurf des Geizes eingetragen haben. Diese Honorare, die
ihn zum reichen Mann machten, entsprachen nur dem, was Gluck den
Parisern brachte: das „schönste Theater der Welt".

Wichtig ist hier noch ein für den „Mercure de France" bestimmter und dort abgedruckter Brief Glucks vom Februar 1773,
weil er in seiner notwendigen Kürze und Beschränkung auf eine Einstimmung in die „Iphigenie in Aulis" oft mißverstanden ist. Gluck
gibt in edler Bescheidenheit Calzabigi die Ehre, mit ihm die neue
Gattung der italienischen Oper erfunden zu haben. Er bezieht sich
auf Rousseaus Nachahmung der Natur, und bekennt, nach einer
edlen, rührenden und natürlichen Melodie unter Vermeidung von
Trillern, Passagen und Kadenzen, mit denen die Italiener so freigebig seien, gestrebt zu haben, hofft, einen Lieblingsgedanken zu
verwirklichen: eine allen Nationen zusagende Musik zu schaffen.

Ich wiederhole, daß das nicht eine absolute, sondern eine rela-
tive Absage an die italienische Gesangsvirtuosität ist. Gleich in
„Cythère assiégée", wo diese Kunst aus ästhetischen Gründen wertvoll und notwendig ist, erscheint der Ziergesang. Begreifen die Gegner nicht, daß ein Künstler das Recht hat, subjektiv zu sein und in
lapidarer Abbreviatur zu sprechen?

Aber eine andere Stelle des Briefes ist heute wichtig geworden
gegenüber der törichten tschechisch-französischen Bestrebung, Gluck
zum „größten tschechischen Komponisten" zu stempeln. Gluck
spricht von drei Sprachen, der deutschen, französischen und italienischen, und sagt, daß er in Deutschland geboren sei (d. h. die deutsche
Sprache als Muttersprache spreche) und das Italienische und Französische eifrig studiert habe. Es kann gar keine Rede davon sein,
daß Gluck tschechisch gesprochen hätte, und die irreführende Bemerkung Salieris, daß Glucks Muttersprache die „böhmische" gewesen sei, kann nur den Dialekt bezeichnen.

Der 19. April 1774 war der Abend, an dem das von allen künstlerisch interessierten (und von allen mit dem Adel und der Mode
gehenden) Pariser Kreisen mit einer noch nicht dagewesenen Spannung erwartete Meisterwerk, nach den eingehendsten Proben, natürlich von Gluck selber geleitet, zur ersten Aufführung kam.

Die Ouvertüre! Sie ist das unsern Musikern bekannteste Glucksche Werk, das freilich nur zu oft, infolge Unkenntnis der Oper, seiner brennenden Ausdrucksgewalt entkleidet, in „klassischer" Gleichgültigkeit erscheint. Wir finden, in freier Anlehnung an die französische Ouvertürenform Rameaus, vier Themen, besser gesagt, ein einleitendes und drei Themen, die als psychologische Bilder, mit wachsender Intensität des Ausdrucks uns aneinandergereiht vorgeführt werden. Wagner hat einen Aufsatz über die Ouvertüre geschrieben und darin auch auf diese eigentümliche, dramatisch-psychologische Technik des Aneinanderreihens hingewiesen, die natürlich, zum Zweck der Steigerung der Ausdrucksintensität, auch die Mittel der Durchführung und der Variation, aber, echt Gluckisch, fern von allem Schema, benutzt. Zuerst der Anruf Agamemnons: „Diana, Unerbittliche, umsonst befiehlst du dies abscheuliche Opfer!" Das (uns aus dem „Telemach" bekannte) Thema erscheint, mit seinen weihevollen Klängen als hehre Einleitung zu der erhabenen Opfertragödie und stimmt uns auf den Ton der antiken Tragödie, die aus dem Kultus hervorgewachsen war. Dann im wilden Fortissimo das eiserne Unisono-Thema mit Pauken, gehaltenen Hörnern und Trompeten, darstellend den geschlossenen Willen des gesamten Heeres, der das Opfer fordert, sich steigernd zum wilden Getümmel. Aus dem Getümmel wächst das Bild der zarten Jungfrau Iphigenie heraus, dem wieder, gleichsam als ein wildes „Nein!" das Getümmel folgt. (Wer Genieblitze der Instrumentation beobachten will, übersehe hier nicht die zweiten Geigen, wie sie, sich aus den Viertelhalten in das Sechzehntelgewoge stürzend, immer tumultuarischere Energien in den Aufruhr werfen!) Und nun blickt auf uns, sich aus dem stürmischen Halt herausschälend, das qualvolle Bild Agamemnons, der wie ein verwundeter Löwe erscheint. Zu dem Flehen der ersten Geigen geben Bratschen und zweite Geigen den unerbittlich starren Rhythmus, geben abwechselnd Hörner (unterstützt durch Fagotte) diese langen Töne, die wie das Stöhnen eines hilflosen Tieres klingen, und Hoboen das herzzerschneidende Geschrei ihrer Dissonanzen. Und als Agamemnon die Lage, gleichsam mit raschem Entschluß, abschütteln will, wird er in dem wilden Forte des merkwürdigen Überleitungstaktes von seinem Geschick festgehalten: dasselbe Bild mit seiner erschütternden Qual, geschärft, indem es einen Ton höher

wiederholt wird, erscheint aufs neue. Unentrinnbar! Es läuft über
in das jetzt mit gewaltigen Baßschritten durchführende und imitierende eiserne Thema, das aber nicht mehr allein erscheint, sondern
mit dem Sechzehntelgetümmel der ersten Geigen und den schneidenden Haltetönen der Holzbläser, ausmündend in stürmisches Drohen,
das von Pauken, Trompeten und Hörnern scharf rhythmisiert wird.
Wieder wechseln die Bilder, die endlich ihren Höhepunkt in dem
qualvollen Stöhnen Agamemnons im schwarzen c-moll finden. Zu-
sammengerafft zum Unisono im harten C-dur erscheint am Schluß als
Sieger der stärkere, durch nichts zu beugende Wille des ganzen griechischen Heeres. In den wuchtig ansteigenden Achteln erblickt Wagner die griechische Phalanx. Harte Schläge führen auf zur Dominante, der Vorhang hat sich gehoben, und wir sehen auf der Bühne
Agamemnon allein: „Diana, Unerbittliche, umsonst befiehlst du dies
abscheuliche Opfer!"

Die Ouvertüre, dies unerhörte psychologische Drama, wirkte
unter Gluck, mit dem edlen Riesenorchester von Paris, derart, daß
— obwohl sie keinen Abschluß hat, sondern in die Oper hineinläuft!
— Ovationen die Vorstellung unterbrachen und den Meister zwangen,
die Ouvertüre zu wiederholen, ein Fall, der in den Annalen der Großen
Oper noch nicht vorgekommen war.

Agamemnon richtet ein Gebet an Apollo, die Schritte seines
treuen Arkas zu lenken. Arkas soll die Königin Klytämnestra und
ihre Tochter Iphigenie, die auf dem Wege nach Aulis sind, wo die Vermählung Iphigeniens mit Achill stattfinden sollte, auf der Straße von
Mycene aufhalten, sie täuschen: Achill sei untreu, und sie so zur
Umkehr veranlassen. 2. Szene. Stürmisch treten die Griechen,
mit dem Priester Calchas, auf: der handelnde Chor. Dieser Chor
treibt die Handlung mit einer nie gehörten rhythmischen Schlag-
fertigkeit aktiv vorwärts, die betäubend wirkt, mit jener Gewalt, wie
sie dem vereinten Willen des Volkes innewohnt, im letzten Akt mit
dem fanatischen Eigensinn, der fast an den heiseren leidenschaftlichen
Schrei des unbefriedigten Raubtieres erinnert, taub und blind gegen
alles, nur das eine fordernd: das O p f e r , stets denselben Chor, mit
der fatalistischen Kontrapunktik, wiederholend. Was für ein gewaltiger Moment, als das ganze Heer kniend Diana um ihre Gunst anfleht (die langen, alle drei Takte wiederholten gewaltigen Stöße der

durch Oboen und Fagotte unterstützten Hörner)! Mit Mühe beschwichtigt Calchas, noch ohne zu offenbaren, welches Opfer Diana fordert, die Griechen mit dem Versprechen, daß heute das Opfer vollzogen werde. Sie entfernen sich. Calchas zu Agamemnon (dritte Szene) „Du siehst ihr Toben und du kennst den allerhöchsten Willen der Götter". Und nun die wundersame Agamemnon-Arie, in der ,er dem Göttergebot trotzt. Im Mittelsatz tritt die Oboe, sympathetisch die Singstimme mit Seufzern begleitend, auf, der erschütternde „Klageruf der Natur, dessen Stimme sicherer zu meinem Herzen spricht als das Orakel". Hier haben wir das Schlagwort der Zeit „Zurück zur Natur!", das die französische Revolution vorbereitete, wörtlich. 4. Szene. Arkas hat die Königin verfehlt; Jubelgeschrei des Volkes zeigt ihre Ankunft an. Es folgt jener köstliche C-dur-Chor, in dem das Volk die liebreizende Iphigenie feiert: „Welcher Reiz, welche Majestät . . ." Das Thema ist aus dem „Titus" bekannt und erscheint auch, in bedeutungsvoller Umbildung als Opferchor in der taurischen Iphigenie — woraus Unwissende die „Vorahnung" des Leitmotivs ableiten! Ein wirklich leitmotivischer Effekt, d. h. eine Wirkung dramatischer Musik, die darauf beruht, daß sie an anderer Stelle schon gehört wurde, ist die bereits zitierte häufige Wiederholung des Anfangschores zum dritten Akt: „Nein, nein, wir werden nicht dulden, daß den Göttern ihr Opfer entzogen wird!" (Wagner hat in seiner noch zu besprechenden Bearbeitung diese oftmaligen, den Hörer mehr und mehr mit Schauder erfüllenden Wiederholungen gestrichen.) Feinsinnig der Situation angepaßt ist auch die kurze Arie, in der Klytämnestra ihrer Freude und ihrem Stolz über die Ehrung ihrer Tochter Iphigenie ausdrückt, in Liedform, ästhetisch nicht als reduzierte Arie, sondern als vergrößertes Arioso zu werten. Es folgt, wie in jedem Akt, unter Anpassung an den Brauch und unter Ausnutzung der großartigen choreographischen Hilfsmittel der Großen Oper, ein Ballettdivertissement mit dem prächtigen Bild der Ehrung Iphigeniens, mit Chor und einem hold erwartenden, von leiser Sehnsucht durchwehten Lied der Iphigenie. Von den Orchesterstücken kennen wir drei aus dem „Don Juan". Ein köstliches Füllhorn Gluckscher Musik. Sehr mit Unrecht pflegen wir es im Anschluß an Wagner zu streichen, mit Unrecht wenigstens da, wo ein ausreichender Ballettapparat zur Verfügung steht. Plötzlich ändert sich völlig Charakter und Szene: Klytämnestra hat j e t z t die falsche Botschaft von der Treulosigkeit des Achilles erhalten. Ganz stolze Königin und große Tragödin befiehlt sie der Tochter die sofortige Abreise, ohne Achilles nur zu sehen: Armez-vous d'un noble courage! Im Mittelteil „und der Schrei der Rache" wird die nachdrückliche Einschärfung des Hasses besonders furchtbar. Zu der allein gelassenen unglücklichen Iphigenie tritt der feurige Achilles, wird kalt empfangen, ist außer sich, bestürmt mit der glühenden Gewalt seiner Leidenschaft in der Arie „Cruelle" — die Legros mit seiner herrlichen Tenorstimme sang —, bei der jedem heiß wird, Iphigeniens Herz. Diese Arie hat Wagner in seiner Bearbeitung gestrichen, so daß hier ein mattes Loch entsteht und man nicht versteht, warum Iphigenie sich so schnell wieder zu Achilles findet. Hatte er keinen Sänger dafür? Oder war ihm diese unbedingt durchschlagende Wirkung der dramatischen Kantilene theoretisch unbehaglich? Ein drittes gibt es nicht, denn das dritte: die Unfähigkeit des Bearbeiters, ist unvereinbar mit Wagners Größe. Ein prachtvolles Liebesduett des Paares, das feierlich, mit der Schwurhand, Hymen anruft, endet den ersten Akt, der, wie stets bei Gluck, der längste ist. Der zweite Akt bringt zur Vorbereitung der Hochzeit ein Ballettvertissement, in dem auch die Don-Juan-Ouvertüre und die schöne Passacaglia aus „Paris und Helena" wieder erscheinen. Als nach dem herrlichen Quartett (Iphigenie, Klytämnestra, Achill, Patroklus) das Paar zum Tempel schreitet, stürzt ihnen der treue Arkas entgegen: „Schweigen ist Verbrechen . . . an diesem Altar soll Iphigenie geopfert werden . . . wird sie von Agamemnon erwartet" . . . Die Thessalier scharen sich mit dem Schwert um ihren König Achill. Klytämnestra, in der über jedes Maß gewaltigen h-moll-Arie, jede Geste Majestät und verzweifelte Mutterliebe, wendet sich an Achilles, Iphigenie zu schützen, ihr Gatte und Vater zu sein. Die Singstimme wird unisono von der Hoboe unterstützt, die ihr die herb die Kehle zusammenschnürende Farbe gibt; in den nachschlagenden Vierteln der Geigen glaubt man den stolzen Schleppengang der dämonischen, zerknirschten Königin zu sehen. Die langen, weichen Töne ohne Oboe: „elle n'a que vous seul" bringen in jedes Auge Tränen. Achill eilt zu Agamemnon, und es folgt das (dem Zankduett aus dem „Betrogenen Kadi" nachgebildete) Duett der beiden Heroen. „Da ist er!

Götter bändigt den Zorn mir im Herzen!" Am Ende faßt der rasende
Achilles in e i n Wort, was er zu sagen hat: erst müsse e r durchbohrt
werden, dann Iphigenie, die er liebt — man beachte diese glühende
Kantilene, durch die Oboe und stoßweise durch die Geige in der Oktave verstärkt. Nach seinem Abstürzen der lange psychologisch-
wühlende, hochdramatische Monolog Agamemnons, eine der gewaltigsten Szenen der dramatischen Literatur. Wir erleben die Tragödie konzentriert und in die Seele des unglücklichen Agamemnon
verlegt: „Du entscheidest ihr Los!" ruft er trotzig Achilles nach . . .
verwirft, faßt, verwirft, faßt wiederum den Entschluß. Die Stimme
des Gewissens . . . jene beiden grabenden Töne, die von hinzutreten-
den Bässen und Oboen grausam unterstrichen und von den Instrumenten allein wiederholt werden (pour déchirer mon cœur . . .),
die Schreie der Eumeniden, das Zischen ihrer Schlangen, schließlich die reuevoll-süße Auflösung zum Entschluß, Iphigenie zu retten:
durch den Befehl an Arkas, mit seiner Garde die Königin und Iphigenie heimlich nach Mycene zurückzugeleiten. Der unerbittlichen
Göttin bietet er trotzig das eigne Blut an. Der letzte Akt fängt mit
dem erwähnten Chor der Griechen an, die Arkas und die Fürstinnen
angehalten haben. Iphigenie will sterben und die Mutter und Achill
beruhigen. Ihr Entschluß löst in Achill die äußerste Raserei aus:
das Schwert ziehend, will er den entweihten Altar zerstören, Calchas
töten, Agamemnon durchbohren und stürzt weg. Der hinreißende
Rhythmus, die von der Trompete unterstützte züngelnde Deklamation,
und die Wirkung der plötzlichen Entfesselung des vollen Orchesters
mit Pauken und Trompeten sind nach der negativen Farbe der sanften
Gesänge Iphigeniens von unvergleichlichem Eindruck. Man sehe für
vieles eines: frappé-tombe, wie die Stimme nach dem höchsten herausgestoßenen gis eine Oktave dumpf fällt, mit sforz. von Blech,
Oboen und ersten Geigen. Und Klytämnestra! Ihre große Szene,
als Iphigenie sie verlassen hat, und ihr Gefolge sie hindert, ihr zu
folgen, ist von einer Größe, für die uns jeder Vergleichsmaßstab fehlt
. . . „mit verbrecherischer Hand . . . durchstößt er ihren Busen . . .
und mit neugierigem Blick . . . in dem Herzen, das noch zuckt . ."
(die grausam forschende Oboe!). Sie beschwört den höchsten Gott,
dessen Blut in Iphigeniens Adern rollt, seine Blitze zu schleudern, sie
beschwört den Gott der Sonne, der sich beim Mahle des Thyestes

schaudernd abgewandt hat: recule, il l'ont appris ce funeste chemin!
Wie die Singstimme in äußerster Ekstase — hier ist Gluck ekstatisch!
— in ungeheuren Intervallen zu dem nur noch tonlos herausgestoßenen tiefen d herabstürzt — um sich sogleich wieder in wildem Ansturm zur Beschwörung zu erheben. Eines: der furchtbare· Doppelquerstand bei „Zermalmt zu Staub", der oft bei Gluck zum Ausdruck
des äußersten Entsetzens auftritt (c d — e/es d cis) mit dem schreienden e in der Oboe! — Umsonst: Die Opferhymne schlägt von fern
ans Ohr der Klytämnestra. Rasche Entwicklung: Achill stürzt mit
seinen Thessaliern vor, Kampf, Calchas wird inspiriert, gebietet Einhalt, und verkündet, während göttliche Zeichen ihn unterstützen (der
Holzstoß wird durch Blitz verzehrt, der Altar zerstört, frische Winde
bewegen die Luft und das Meer), daß die Tugend Iphigeniens und
das Flehen ihrer Mutter die Götter gerührt. Ein Ballettdivertissement
feiert den fröhlichen Ausgang der Tragödie, — auch hier finden wir
musikalische Bekannte aus Paris, Alexander und den Pilgern von
Mekka — mit dem Ausklang eines ganz, ganz eigenartigen Unisonoschlußchores der Griechen, die den ewigen Ruhm der Zerstörung
Trojas vorausnehmen. Chor und Orchester geben eine wundersame
Art Marsch von der aufrüttelnden Primitivität gewaltiger Kunst der
ältesten Zeit mit der großen Trommel ausmündend in spannende
Rhythmen der Trompeten und Hörner. Eine Musik, die über Jahrhunderte weg einem ganz Großen die Hand reicht, die ganz vereinsamt steht, von Wagner — gestrichen worden ist.

Die ersten Darsteller waren: Achilles der hohe Tenor Legros,
Agamemnon der Bassist L'Arrivée, Klytämnestra die Sopranistin du
Plaut, Iphigenie die Arnould, Calchas der Bassist Gélin. In den Divertissements trat die Sopranistin Rosalie, die sich später Levasseur
nannte, als junge Griechin auf.

Die Wirkung der Aufführung war, daß viele Einzelheiten
stürmischen Beifall erhielten, das Ganze durch die Neuheit des
Stils und die Schwierigkeit, den Reichtum sogleich zu erfassen, befremdete und natürlich parteibildend wirkte. Als Achilles im zweiten
Akt sein Chantez, célébrez votre reine sang, das mit der unbegleiteten,
also allein das Theater beherrschenden Singstimme einsetzt, in die
Fanfaren einfallen ... da erhob sich das Theater, um der Dauphine
Maria Antoinette, die von ihrer Loge aus zuhörte, eine spontane

Huldigung darzubringen, durch die die Fürstin in freudige Verwirrung gebracht wurde, eine Szene, die sie ihrem großen Lehrer und
Schützling dankbar im Herzen bewahrte.

Bekannt ist, daß die erste Aufführung mit Rücksicht auf Legros'
Erkrankung verschoben wurde. Gluck witterte hinter der Meldung
und dem Verlangen, das Werk mit einem Ersatzsänger aufzuführen,
eine Kabale und verlangte Verlegung. Man stellte ihm vor, daß die
plötzliche Verschiebung einer bereits angekündigten und dem Hofe
gemeldeten Vorstellung ohne Beispiel sei: das Werk müsse, so gut es
sein könne, durchaus aufgeführt werden. Gluck aber ließ sich von den
Parisern kein X für ein U machen; er erklärte, daß er eher seine Partitur ins Feuer werfen, als eine minderwertige Aufführung zulassen
werde. Es blieb nichts übrig: man mußte die Aufführung verschieben.

Die künstlerische Großtat der „Iphigenie in Aulis" und der folgenden Werke schuf eine neue Zeit an der Pariser Oper, zu deren
Großmeister die Franzosen Gluck zählen; sie erregte zunächst einen
literarischen Kampf von einer kaum gesehenen Heftigkeit. Ihn im
einzelnen darzustellen, erscheint hier weder nötig noch möglich.
Die Darstellung würde ein Werk von dem Umfang dieser Biographie erfordern. Wir besitzen von Leblond die (unvollständige) Sammlung der
hier in Frage kommenden Zeitungsartikel und Briefe. An dieser Stelle
kann zusammenfassend gesagt werden, daß das Schaffen Glucks die
gesamte europäische künstlerische Intelligenz bis ins feinste Nerven-
geäst traf, daß niemand daran vorbeigehen konnte, daß die Geschichte
der Musik und des Theaters von 1774—1779 Gluck in Paris hieß.

Ein Wort noch über die Wagnersche Bearbeitung der Partitur für Dresden. Ich würde es mir ersparen, wenn nicht Dii
minores aus der Autorität Wagners den Mut geschöpft hätte, andere
Meisterwerke Glucks zu verstümmeln durch willkürliche Striche, Änderungen der Instrumentierung, leitmotivelnde Zusätze und andere
Stilgreuel. Daher ist es notwendig, zu sagen, daß Wagner sich als
Dresdner Kapellmeister einer ästhetisch nicht ernst zu nehmenden
Vergewaltigung des Meisterwerkes schuldig gemacht hat, indem er
z. B. die letzte Hälfte des Schlußaktes neu komponierte, seine Orchesterfarben verwendete, Gluck beschnitt, Übergänge hinzukompo-
nierte, seine Erlösungsideen durch das Weib hereinbrachte — lauter
Dinge, die man bei Wagner selbst mit Anteilnahme hören und

sehen kann —, und so ein Stilgemisch herstellte, das für uns um so sinnloser ist, als der Wagnerstil der vierziger Jahre viel mehr der Vergangenheit angehört als der Stil Glucks von 1773. Die Idee, am Schluß Diana selbst erscheinen zu lassen — eine Idee übrigens, die Gluck selber in Paris in späteren Aufführungen verwirklicht und die Wagner in den von ihm beigezogenen Originalstimmen entdeckt hat, ebenso wie die Sinnlosigkeit des „frechen" Allegros in der Ouvertüre! — erfordert diese Vergewaltigung nicht. Die bei Peters erschienene Partitur-Ausgabe bringt die Glucksche Diana! Daß Wagner selbst da, wo er Geniales zusetzt, Gleichwertiges oder Höherwertiges vernichtet, hat im einzelnen Neitzel in seinem Opernführer an vielen Beispielen dargetan. Wir besitzen heute kritische Reife genug, um zu wissen, daß ein treibender Faktor der Kunstgeschichte die Abnutzung der technischen Mittel ist. Jedes ursprüngliche Werk offenbart seine Zeit durch den G r a d dieser Abnutzung, der aus der Art der Anwendung ersichtlich ist. Durch das Hineinfälschen des Wagnerstils von 1845 wirken nicht nur die geänderten Teile, sondern auch die äußerlich nicht geänderten Teile anders, als sie sollen und wollen.

2. PARISER BEARBEITUNGEN FRÜHERER WERKE
a) ORPHEUS

Um die Grundlage der starken Wirkung, die die „Iphigenie in Aulis" gemacht hatte, zu verbreitern und die Wirkung zu vertiefen, beschloß Gluck, zunächst seinen „Orpheus" zu geben, da ein Erfolg im voraus feststand; das Werk war zudem musikalisch leichter verständlich als „Alceste", die ja eben deshalb der Meister den Italienern konsequent vorenthalten hatte. Außer der bei einer Musik, deren Ausdruck so am Wort haftete wie diese, äußerst schwierigen Übersetzung des italienischen Textes ins Französische, erwies es sich als nötig, den Kastratenalt des Orpheus für Tenor umzuarbeiten, da Gluck den kecken Witz der Franzosen mit Recht fürchtete. Die Bearbeitung bringt zahlreiche köstliche Bereicherungen, die in der französischen Originalpartitur ausdrücklich bezeichnet sind, so das ätherische Flötensolo in d-moll im 2. Akt und eine starke Ausdehnung des Schlußballetts, das einige ältere Musikstücke entlehnt, darunter, was bisher unbekannt war, die (ohne die 9 Einleitungstakte erscheinende) Ouvertüre zur „Cythère assiégée von 1759" (³/₄ C-dur). Als Schluß der Unterweltszene (1. Hälfte des 2. Aktes) ist das berühmte Don Juan-Finale, ursprünglich Don Juans Höllenfahrt, eingeschaltet. Auch im einzelnen finden wir überall die feine schöpferische Hand, so, um einen Einzelzug zu erwähnen, bei der Wiedererweckung der Eurydice durch Amor die mystischen Streiche des Orchesters. Der erste Akt schließt mit der mehrfach erwähnten kolorierten Arie, die auch in Frankfurt 1764 an dieser Stelle gegeben war, und offenbar auf Glucks Zeit stärker wirkte (auch übrigens hochdramatisch und psychologisch richtig empfunden ist, was gegenüber sinnlosen Angriffen auf diese Arie festgestellt werden muß), als der ursprüngliche, uns geläufige und auf uns stärker wirkende knappe Schluß. Da Gluck die durch die Übertragung der Opernrolle an einen Tenor notwendigen Transpositionen nicht etwa dem Kopisten überließ, vielmehr, ebenso wie den französischen Text, sich Wort für Wort und Ton für Ton die Bühnenwirkung vergegenwärtigte und alles selber aufschrieb, dabei auch allerlei Feilungen anbrachte, so konnte er mit Recht sagen, daß ihm diese Bearbeitung mehr Mühe mache als die Komposition einer neuen Oper. (Ebenso verfuhr Gluck bei späteren Bearbeitungen).

Orpheus (mit dem von Moline gearbeiteten französischen Text) erschien zuerst am 2. August 1774 an der Großen Oper mit Legros als Orpheus, Frl. Arnould als Eurydice und der kleinen Rosalie als Amor — also einem Ensemble, das wir aus der Iphigenie in Aulis her bereits kennen, und dem der Stil vertraut war — und vervollständigte seinen internationalen Siegeszug, ja errang zunächst noch stärkeren Beifall als die Iphigenie.

Der goldene Sänger als Tenor ist auf deutschen Bühnen ein seltener Gast geblieben. Unsere Bühnen seien auf das Vorbild Liszts hingewiesen, der vor etwa 70 Jahren in Weimar den Orpheus für Tenor gab. Die Konzeption für Tenor gibt andere, doch nicht geringere, ästhetische Werte; die Gesamtfassung für Paris stellt unzweifelhaft den letzten, unserm Orchesterapparat überdies näherstehenden, künstlerischen Willen Glucks dar.

Ein Nachklang der Triumphe Glucks in Paris ist seine Ernennung zum K.K. Kammerkompositeur durch Maria Theresia mit 2000 Gulden Jahresgehalt vom 18. Okt. 1774. Das uns erhaltene, für den Meister sehr schmeichelhafte Dekret ist oft (z. B. bei Schmid S. 232) abgedruckt.

b) „ZAUBERBAUM" UND „BELAGERUNG VON CYTHERA"

Am 27. Februar 1775 wurde in Versailles bei Gelegenheit eines Festes, das der französische Hof zu Ehren des Erzherzogs Maximilian feierte, der „Zauberbaum" aufgeführt, der den Parisern den intimen Zauber spendete, der in dieser komischen Kunst liegt. Der ursprünglichen Partitur war prologartig die aus dem „Kadi" ent lehnte erste Arie vorausgeschickt, die Arien für die Pariser Stimmen zum Teil höher gelegt. Wenn gesagt wird, das Werk habe nur einen vorübergehenden Erfolg errungen, so beruht das auf mangelndem Verständnis seiner ästhetischen Eigenart: natürlich wollte Gluck hier nicht wie in der „Iphigenie" das tiefste der Menschenseele bloß- legen und uns erschüttern, sondern er wollte den, fast möchte ich sagen, esoterischen Charakter der komischen Kleinkunst stiltreu be- wahren; die diesem Charakter entsprechende Wirkung übte er auf die wenigen, die ihm ästhetisch folgen konnten. Später fand er keine Zeit mehr, darauf zurückzukommen.

In der Großen Oper erschien, in Abwesenheit Glucks, den schwere Erkrankung in Wien festhielt, am 1. August 1775 die „Cythera", und zwar völlig umgearbeitet, zu einem mythologischen Spiel im Rahmen der großen Oper, unter reichster Verwendung des Balletts („Opéra- Ballet en 3 actes"). Vergleicht man diese — gestochene — Partitur mit der früheren, so findet man eine große Zahl von Entlehnungen als Zusätze, besonders aus „Paris und Helena" und aus der „Iphigenie". Der Scythenchor „Mars, o Mars, dieu de la guerre" ist der wilde spartanische Apollo-Chor Dalla reggia rilucente. Auch die Apollo- festspiele, Telemach, der König als Schäfer und die (Oper) Semiramis liefern Entlehnungen. Dem feinen ästhetischen Rahmen angepaßt erscheint hier der Koloraturgesang. Bemerkenswert ist auch, daß, gleichfalls für diese Sonderaufgabe, das Cembalo - (Secco) Rezitativ wieder auftritt, das sich sonst in den Pariser Partituren nicht findet.

Gluck hatte die Pariser überschätzt. Für die siegreiche Einfüh- rung dieses ganz abweichenden Stils, der so ganz apart war, wäre seine persönliche Anwesenheit und Leitung, die sorgfältigste Vorbe- reitung und Einstimmung des Publikums nötig gewesen. In Ab- wesenheit des Großen aber konnten die Kleinen mit seinem Götter- geschenk wie mit einer Marktware umgehen: man ersetzte die köstliche Grazie der Ballettmusik zum Teil durch solche von Bertoni, die dem Ballettpersonal besser lag. Das Werk erzielte unter diesen Umständen nur geringe Erfolge und törichte Beurteilungen, über die Gluck in Zorn geriet. Besonders bedauerte der Meister, daß nicht ein Noverre — der erst von 1776 an bei der Großen Oper wirkte und Gluck bei seinen letzten Werken mit seiner gereiften Kunst zur Seite stand — die Ballette verinnerlicht und belebt hatte, auf denen so viel von der Wirkung dieses Werkes beruht.

Frl. Rosalie, die sich jetzt Levasseur nannte, sang mit der Chloe ihre dritte Gluckrolle — wenn sie nicht auch im „Zauberbaum" (etwa als Lucette) auftrat, dessen Darsteller ich nicht kenne —, der uns als Calchas bekannte Gélin den Brontes. Auch die andern Rollen waren fast durchweg in der Hand uns bereits bekannter Künstler. — Der „Zauberbaum" wird auf der Partitur als „Werk vier" bezeichnet, weil er nach der Partitur der „Cythera" im Stich erschien (Iphigenie, Orpheus, Cythera, Zauberbaum).

c) ALCESTE

Der Meister arbeitete indes in Wien, mit einer seine Kräfte verzehrenden Leidenschaftlichkeit an seiner „Alceste", seinem Herzblut, dieser „Musiktragödie", für die ihm Bailly du Roullet die französische Übersetzung — mit nicht unerheblichen Eingriffen in den Plan des ursprünglichen Dramas — herstellte. Mit „Alceste" stand und fiel Glucks tragischer Stil. Für die Italiener war das nichts, aber in P a r i s sollte sie ein neues Zeitalter der musikalischen Tragödie einleiten.

Der 2. Akt beginnt jetzt mit dem Freudenfest des Volkes, das mit unerbittlicher Folgerichtigkeit und Tragik in Schrecken und Klagen verwandelt wird durch die sich langsam vollziehende Entdeckung, daß Alceste das Todesopfer ist. Im dritten Akt kommt Herakles, wie bei Euripides, nach Pherä, vernimmt das Klagen des Volkes, erfährt das Schicksal seines Freundes Admet und beschließt, ihm zu helfen. Inzwischen hat sich Alceste in den den Todesgöttern geweihten Hain begeben, um zu sterben. Als die Todesgötter sie dem verzweifelten Admet entreißen, tritt der Halbgott dazwischen, verscheucht sie und gibt Alceste dem Gemahl zurück. Apollo belohnt solche Treue über den Tod hinaus und die Tapferkeit des

Herakles. Ausgeführtes Schlußballett. Der großen Linie sind auch die rührenden Rollen der beiden Kinder zum Opfer gefallen. Wir finden einige Entlehnungen der Zusätze: aus Paris und Helena, aus dem Alexanderballett und aus der „Innocenza", deren Ouvertürenmittelsatz als Ballettstück erscheint.

Die französische Fassung ist dramatisch straffer und enthält musikalisch kostbare Bereicherungen. Jedoch ist die Einführung des Herakles, obwohl der Sage entsprechend, minder befriedigend. Der Kampf des Halbgottes mit den Todesgottheiten bedarf selbstverständlich einer feinsinnig und symbolisch andeutenden Regie, um übermenschlich zu wirken.

Die hehre Tragödie, in Paris am 23. April 1776 unter Gluck persönlich nach sehr sorgfältiger Vorbereitung ausgeführt, wurde von den erbitterten Gegnern förmlich ausgezischt. Der Grund war ein persönlicher: Gluck hatte in Wien, mit der Komposition der beiden Quinaultschen Texte „Roland" und „Armida" beschäftigt, erfahren, daß man den Roland-Text auch P i c c i n i gegeben hatte, den Glucks Gegner als den bedeutendsten Vertreter der italienischen Oper nach Paris rufen wollten und später auch riefen. Empört über diese Hinterhältigkeit schrieb Gluck einen nicht für die Öffentlichkeit bestimmten Brief an Bailly du Roullet in Paris, der ohne Zustimmung Glucks in der Année littéraire erschien und die Gegner Glucks besonders erbittert hatte. Außerdem hatte Gluck die Titelrolle nicht der Arnould gegeben (der Darstellerin der Iphigenie und Eurydice), sondern der Levasseur, die früher nur kleinere Rollen gesungen hatte, wie wir gesehen haben, und die Arnould hatte ihre Anhänger gegen das neue große Werk aufgebracht.

Vergebliches, lächerliches Bemühen! Gluck war bestürzt und verzweifelt. Es wird uns aber berichtet, wie er nach der zweiten, kalt aufgenommenen Vorstellung, sich persönlich äußerte: „Es wäre lächerlich, wenn diese Oper sich nicht erheben sollte; auch würde es ein merkwürdiger Umstand in der Geschichte des Geschmacks Ihrer Nation sein . . . wenn ich eine Komposition wirkungslos bleiben sehe, die nichts als die reine, wahre Abspiegelung der Natur ist, und in der die Leidenschaft ihren eigentümlichen Ausdruck hat, so führt mich dies doch ein wenig irre. Alceste soll vielleicht jetzt in ihrer Neuheit nicht gefallen, es war für sie noch nicht der rechte Zeitpunkt da, ich behaupte aber, daß sie in 200 Jahren, wenn die französische Sprache sich nicht etwa verändert hat, noch gefallen werde, denn ich bin überzeugt, daß sie mit allen Grundsätzen der Natur übereinstimmt, die keiner Mode unterworfen sind."

Bei jeder weiteren Vorstellung stieg die Wirkung des Werkes und erregte allmählich den höchsten Enthusiasmus, nachdem die Pariser sich an diesen bis dahin unerhörten Ausdruck herbsten Schmerzes und hochtragischer Erhabenheit gewöhnt hatten. Als die Oper vor dem Weltkrieg in Paris wieder aufgenommen wurde, war ihre Darstellung die „schönste der Saison", und es bewahrheitete sich, daß sie, nach etwa 150 Jahren, nachdem wir eine völlig andere Technik der Opernbühne haben, alle Bestandteile der Oper einzeln und in ihrer Gesamtheit sich völlig verändert haben, voll wirksam erschien, nicht der Mode unterworfen, mit der sie nie etwas zu tun hatte. Eben darum haben die deutschen Bühnen für dieses Festspiel nur sehr gelegentlich Zeit.

Es wurde bereits erwähnt, daß die Levasseur die Titelrolle sang, Admet war natürlich Legros, der Oberpriester Gélin.

Im einzelnen wird hier, wie für Orpheus, Zauberbaum und Cythera auf die eingehende Darstellung der ersten Fassung verwiesen.

3. ARMIDA

Im Dezember 1776 war P i c c i n i wirklich in Paris angelangt, ein guter neapolitanischer Musiker, und es entbrannte der den größten Teil der bisherigen Gluckbiographien füllende weltberühmte Streit nicht etwa Glucks mit Piccini, sondern der Gluckisten und der Piccinisten. Die Theaterdirektion machte dabei Riesengeschäfte, Paris hatte auf Jahre hinaus seine künstlerische Sensation ersten Ranges, und die besten Federn, selbstverständlich aber auch zahlreiche minderwertige, fanden reiche Arbeit. Man muß sich bei diesem Streit von vornherein vorhalten, daß Piccini, das arme Opfer der Anti-Gluckisten, soweit er hier in Frage kommt, nichts als ein Phantom war, nämlich die N e g a t i v e d e s m u s i k a l i s c h e n T r a g i k e r s G l u c k. Dazu war er ein liebenswürdiger Mensch und ein guter Musiker. Uns interessiert deshalb dieser Streit als solcher heute überhaupt nicht, sondern nur, entwicklungsgeschichtlich, die T a t s a c h e d e s S t r e i t e s. Ich halte mich daher der Aufgabe für überhoben, in eine Darstellung einzutreten, zumal sich ihr alle bisherigen Biographen Glucks mit wirklich ausreichendem Eifer gewidmet haben. Gluck schätzte Piccini und verhalf als Kapellmeister seinen Werken selbstlos zu den bestmöglichen Aufführungen, die Piccini ohne ihn niemals zustande gebracht hätte. Und Piccini trat Gluck stets mit ehrlicher Freundlichkeit und Ehrerbietung entgegen — künstlerisch wie persönlich —, bemühte sich auch später nach Glucks Tod durch den bekannten im Journal de Paris vom 13. Dezember 1787 enthaltenen Brief um eine alljährliche Gluck-Gedächtnisfeier in Paris.

Gluck warf seine Entwürfe zum „Roland" zornig ins Feuer, als er hörte, daß man ihn mißbrauchen wollte, als „Konkurrent" Piccinis mit demselben Text aufzutreten. Piccini, die viel schwächere Natur, wagte nach Gluck, der schon in Wien weilte, die „Iphigenie auf Tauris", allerdings auf einen andern, dazu viel schlechteren Text, zu komponieren, und mußte trotz der Vorzüge seiner Musik den Spott über sich ergehen lassen, dem er mit mehr Vorsicht hätte entgehen können.

Einen Beitrag zum Streit der Gluckisten und Piccinisten aber übersehen alle Biographen in diesem Zusammenhang zu beleuchten: auch in Italien, nicht nur in Paris, triumphierten die „Gluckisten". Ich erwähnte bereits, daß 1777 in N e a p e l , der Heimat Piccinis, von der Akademie der Musik eine sorfältig vorbereitete Festaufführung von „Paris und Helena" gegeben wurde, die ausdrücklich den künstlerischen Zweck aufstellte, den entarteten Geschmack aufzufrischen, in Neapel, das schon einige Jahre zuvor mit Enthusiasmus den „Orpheus" gehört hatte. Und als 1776 Glucks erste Bühne, das Mailänder Hoftheater, abgebrannt war und das neue Scalatheater 1778 eröffnet werden sollte, lud die Direktion, der italienische Meister wie Piccini, Paisiello, Anfossi, Gugliemi, Sarti, Traetta, Sachini zur Verfügung standen, gerade Gluck, dessen Orpheus auch Mailand entflammt hatte, ein, die Eröffnungsoper zu schreiben, um „das Fest der Eröffnung mit größtem Glanz zu begehen". Sie wüßte gar wohl, daß Gluck die Verpflichtungen, die er seinen souveränen Höfen gegenüber habe, nur schwer erlauben würden, sich von denselben zu entfernen, da sie jedoch nur um eine kurze Zeit bäte, nährte sie die Hoffnung, er werde ihren Wünschen entgegenkommen. Gluck war durch seine Versprechungen an Paris gebunden und mußte ablehnen. Ein leuchtendes

Fanal des Sieges Glucks, der auch in Italien als erster aller lebenden Musiker, obwohl angefeindet, nicht ernsthaft mehr bestritten wurde.

Von der herberhabenen Alceste zur romantischen Liebeszauberin A r m i d a sehen wir wiederum, diesmal am deutlichsten, jenen künst‹ lerischen Fruchtwechsel, dessen wir mehrfach gedachten. Einen größeren Gegensatz als diese beiden Werke kann es nicht geben. Gluck hatte sein Bestes eingesetzt. Der Königin, die ihn nach der Armida fragte, antwortete er mit Lebhaftigkeit, sie sei beinahe fertig — „und es wird prachtvoll!" (superbe). Man hat dem aufrechten Meister dies Wort, das der unbefangenc Ausdruck des genialen Künstlers ist, lächerlicherweise als Eitelkeit ausgelegt. Und in jenem bereits erwähnten, ohne Genehmigung Glucks publizierten und dadurch am Ausgezischtwerden der „Alceste" durch Unwürdige Schuld tragenden Brief an Roullet spricht sich Gluck auch über seine Armida aus: . . . „daß man mir, wenn ich wieder in Paris bin, wenigstens zwei Monate zugestehe, mir meine Sänger . . . bilden zu können; daß es meiner Willkür anheimgestellt bleibe, so viele Proben abzuhalten, als ich für nötig erachten werde; ferner daß man keine Rolle doubliere, und endlich, daß man eine andere Oper für den Fall bereit halte, daß eine der mitspielenden Personen erkranken sollte. Dies sind die Bedingungen, ohne welche ich die Armida für mich behalten werde, denn ich habe die Musik schon so eingerichtet, daß sie nicht so leicht veralten wird . . . Armida ist . . . von Alceste so verschieden, daß man glauben sollte, beide Opern seien nicht von demselben Tonsetzer . . . Ich habe darin gestrebt, mehr Maler und Dichter als Musiker zu sein. Freilich wird das Publikum wenigstens eben so viel Zeit brauchen, die Armida zu verstehen, wie . . . . die Alceste . . . Es waltet eine Zartheit in Armida, die man in Alceste nicht findet..."

Die Dichtung ist der damals etwa ein Jahrhundert alte, bereits von Lully komponierte, berühmte fünfaktige Text von Q u i n a u l t, der den hochbedeutsamen Stoff aus Tassos „Befreitem Jerusalem" genommen hat. Er gehört der „Wunder-, Maschinen- und Zauber-Oper" an, die der rationalistische Metastasio bekämpfte, ist aber eins der besten Bücher des Dichters. Der Meister traute sich die Kraft zu, selbst Längen und Ungeschicklichkeiten durch seine Musik zu meistern, die das Bedeutende herausarbeitete und unterstrich, Längen aber zu symbolischen Malereien und dramatisch zu spannenden re-

tardierenden Elementen umzudeuten vermochte. Für das Übernatür-
liche hatte sein Pinsel besonders überlegene Darstellungsmöglich-
keiten. Nur ein Imperator der Musik und der tragischen Bühne
konnte diesen Gedanken fassen.

Am 23. September 1777 fand die erste Aufführung statt. Ihre
Wirkung hatte Gluck richtig vorausberechnet: die gewaltigsten Stellen, wie der Schlußchor des ersten Aktes, die ungeheure Szene der
Furie des Hasses im 3. Akt, die Seligkeiten des vierten und die hochdramatische Schärfe der Schlußszene wurden mit stürmischem Beifall aufgenommen, das Ganze befremdete jedoch durch seine Neuheit
und brauchte Zeit. Heute halten die meisten französischen Kenner
Armida für Glucks Meisterwerk, während die deutschen Verehrer ihr
die „heilige Musik" der Iphigenie auf Tauris mindestens gleichstellen.
Übrigens können wir aus Glucks Munde erfahren, daß es eine Torheit
ist, zwei inkommensurable Werke auf ihre Bedeutung zu vergleichen.

Die, dem stofflich eng verwandten Telemach entlehnte Ouvertüre bringt nach den einleitenden Festfanfaren im 12. Takt das am
Schluß wiederkehrende Thema des unentrinnbaren Zaubers, der doch
den tragischen Keim eignen Unterganges birgt. Es ist eins jener
fatalistischen Themen (man beachte das mystische Vor- und Zurück-
weichen vom 15. bis 18. Takt) und einer jener „Lauscheffekte",
wie ich sie genannt habe, gleichsam Schauspiel im Schauspiel, in
denen der Musiker in unerhörten längst verklungenen Süßigkeiten
und Seligkeiten einer schöneren Welt schwelgt. Armida ist ange-
füllt von solchem Zauber: man betrachte den vierten Akt, der der
Bezauberung der beiden zu Rinalds Befreiung ausgezogenen Ritter
dient, den brummstimmartig begleiteten Chor „jamais dans ces
beaux lieux", oder im fünften Akt die unendliche Zaubersüße der
Vogelstimmen-Imitationen, elegisch überschattet von dem herandro-
henden tragischen Ende: „Cest l'amour, qui retient dans ses chaînes
mille oiseaux qu'en nos bois nuit et jour on entend". Diese Zauber-
töne der Ouvertüre sind in die Einleitung geworfen, der Hauptteil
bringt uns in bedeutender Durchführung allerlei Abenteuer (beim
Telemach, hier den Kreuzzug und Krieg). Man beachte die sich
herausschälenden Halben: c h b a, die auf den Krieg gehen, der den
seligen Gestaden Armidens naht (siehe die erste Szene). Die Ouvertüre
endet mit dem erwähnten Zaubermotiv und geht in die Oper über.

Die äußere Handlung ist kurz: Der junge Held Rinald, wegen eines unerlaubten Zweikampfes, zu dem ihn Ehre und Feuer gedrängt hatten, von Gottfried von Bouillon aus dem Heerlager verbannt, befreit ganz allein, mit unerhörter Tat des Mutes, ein „Dämon des Kampfes", die Gefangenen des Kreuzfahrerheeres, die unter starker Bedeckung Hidroats, des Königs von Damaskus, zu Armida, seiner Nichte und Erbin, der mächtigen Zauberin, geführt werden, der Alle erliegen, und in deren Herz doch Keiner Liebe gewinnt. Hidroat, Armide, das Volk von Damaskus schwören Rinald Rache. Im zweiten Akt beschwören Hidroat und Armida die Dämonen und locken Rinald in die Blumengefilde Armidas, wo er, von wonnigen Düften berauscht, einschläft. Er ist in ihrer Macht. Doch faßt sie heftige Liebe, und sie entführt ihn, den Schlafenden, durch die Lüfte in ihr Zauberschloß. Kämpfend zwischen Liebe und Stolz beschwört sie die Furie des Hasses im dritten Akt zur Hilfe, entläßt sie aber schaudernd wieder. Indessen hat Gottfried Ubald und den dänischen Ritter ausgesandt, Rinald zurückzubringen. Ihre Verzauberung durch Armidens hilfreiche Dämonen mißlingt. (4. Akt.) Im Zauberspiegel des Schildes, der Ubald mitgegeben, erblickt sich Rinald waffenlos, mit Blumen geschmückt, und in dem Kampf zwischen Liebe und Ehre siegt die Ehre. Die verzweifelte Armida endet, indem sie die Dämonen ihren Zauberpalast zerstören läßt. (5. Akt.)

Wie hat Gluck den allgemein menschlichen Kern herauszuschälen gewußt! Ich hebe die höchsten Schönheiten hervor: den Schluß des ersten Aktes, wo nach dem Bericht Aronts über die Tat Rinalds das Volk, der König, Armida verstummen, um sich zu dem einen Gedanken der Rache zu einen. Das Orchester setzt das scharf rhythmisierte Thema piano ein, während noch alles sprachlos vor Zorn und Scham ist. Es folgen der König, Armida, die Vertrauten mit demselben Thema: „poursuivons jusqu' au trépas l'enneni qui nous offense", und wild stürzen sich Chor und Orchester auf dasselbe Thema, das in stürmischer Ausführung den Akt schließt. Aus dem zweiten Akt hebt sich die Beschwörung der Dämonen durch Hidroat und Armida heraus mit dem Gluckschen Lieblingsthema der zwei magischen Haltetöne, das wir schon 1744, in der Sophonisbe, dann wieder in Herkules und Hebe, im Titus, im Telemach, auch im Diable à quatre, fanden. In Armida ist dies Lieblingsthema des „tragischen Sehers" am reichsten verwendet. Eine Wunderszene ist dann der unter den verführerischen Blumendüften einschlummernde Rinald, ein Musterbeispiel des sympathetischen dramatischen Kontrapunktes, bei dem die Singstimme über das vom Orchester Dargestellte fortlaufend berichtet. Ein Blumenteppich von zauberhafter Weiche und Schöne, eine Szene, würdig der Elysiumszene aus dem „Orpheus". Nie vorher und nie nachher hat das Orchester diese zauberhafte Weichheit bei irgendeinem Meister gefunden. Der Akt schließt nach der großen hochdramatischen Monolog-Szene Armidas, die den Feind töten will und lieben muß, mit der mystischen, außerordentlich feinen Musik der Entführung durch die Lüfte. Die machtvollste Szene des Werkes befindet sich im dritten Akt: die Beschwörung und Erscheinung der Furie des Hasses und ihres Gefolges. Man denke sich, wenn man das Bühnenbild nicht kennt, das Dunkel, eine unheimliche violette Beleuchtung für die Furie des Hasses, und höre dann all' das unsagbar Furchtbare, was sie Armida einschärfen will: „amour, sors pour jamais, que la haine règne à ta place". Eine jener Szenen, die der Furienszene im Orpheus und dem Hain der Todesgötter im letzten Akt der (französischen) Alceste gleichstehen, hier aber vielleicht noch schlagender wirkt wegen der erschlaffenden Zauberzartheit, die sich sonst über die Armidapartitur ausgebreitet findet. Der Akt endet mit dem schaudernden Rezitativ, in dem sich Armida mit dem obstinaten 32stel-Rhythmus in der zweiten Geige, der so naturalistisch das Zusammenschauern (sf-p!) malt (ein echtester Gluck-Rhythmus!) der Liebe weiht. Die vier Verse zu diesem Rezitativ sind von Gluck hinzugefügt. Über den Zauber des vierten Aktes wurde bereits gesprochen. Die köstliche Musette mit dem gleitenden Vorhalt (fis-g) sei noch hervorgehoben. Das Schlußduett der beiden, allen Bezauberungen heroisch trotzenden Ritter ist nach der Arie „Quercia annosa" aus der „Innocenza" gearbeitet. Im fünften Akt ist die ausdrucksvolle natürliche Deklamation des Duetts zwischen Armida und Rinald hervorzuheben. Man beachte die überhaupt von Gluck mit Vorliebe ausgenutzte rührende Wirkung der w e i b l i c h e n E n d u n g der Verse: „l'amour m'apprend à connaître la crainte". Der elegische Hauch des vorherbestimmten drohenden Unheils liegt über dem zartesten Ausdruck der Liebe. Armida läßt Rinald in den Händen ihrer Gespielinnen, während sie der Geister Rat und Hilfe sucht. Und dieses Ballett von mystischer Überlegenheit, in dem wir um das drohende Schicksal der Heldin zittern!

Zum verzehrendsten Ausdruck der Zaubersüße erscheint jene Sicilienne, die wir als Verführungsständchen aus dem Don Juan kennen. (Lauscheffekt!) Die Ritter erscheinen: „Votre général vous rappelle!" Trompeten, Hörner, Pauken! Die gereinigte Luft nach dem unerhörten Zauberduft! (Gluck sagte die Wirkung dieser wenigen Töne voraus, als er dem Bassisten L'Arrivée die kleine Ubald-Rolle übergab: sie sei zu unbedeutend für sein Talent, aber ein Vers werde ihn entschädigen — Notre général vous rappelle!) Nur im schmerzlichsten Kampf mit sich vermag Rinald sich der verzweifelten Armida zu entziehen. Und nun kommt die dramatisch ausdrucksvollste Szene der Oper, der Schluß-Monolog. So etwas an scharfer Zeichnung jeder Geste der Schauspielerin und einen derartig bannenden Ausdruck hatte die Musik bis dahin nicht gekannt. Alle Phasen der Verzweiflung durchrast die Unglückliche, die sich im eigenen Zauber verfing; zum Schluß läßt sie von den Dämonen ihren Zauberpalast zerstören. Trümmer — deren Bühnenbild Wagner am Schluß der Götterdämmerung bekanntlich übernommen hat — sind das furchtbare Grab ihrer Liebe.

Die Szene der Furie des Hasses im dritten Akt ist gänzlich aus den dämonischen Gluck-Themen, die wir bereits aus früheren Werken kennen, ausgearbeitet. Die Beschwörung der Furie durch Armida ist aus demselben Thema gebildet, das schon im „Tigranes" 1743 erscheint: „Presso l'onda d'Acheronte". Diese Entlehnung allein müßte als durchschlagender Beweis dafür genügen, daß der alte Gluck kein anderer war als der junge. Aus dem „Telemach" sind, was bei der Gleichartigkeit der Stoffe naheliegt, mehrere Stücke entlehnt, natürlich umgearbeitet. Auch aus dem „Bestraften Trunkenbold" und aus „Don Juan" finden sich Themen. Im Ballett des fünften Aktes erscheint die Anfangsarie des (Pariser) Zauberbaums mit ihren reizvoll verschlungenen Imitationen als Arie mit Chorbegleitung. Die ersten Takte des fünften Aktes mit ihrem starken elegischen Ausdruck kennen wir aus der Ouvertüre zu „Philemon und Baucis".

Alle diese und noch andere Entlehnungen sind mit künstleri-

schem Seherblick so gestaltet, daß sie restlos in der besonderen
Farbe der Armidastimmung aufgehen. Das eben ist besonders be-
wundernswert bei Gluck, dem Psychologen, eine merkwürdige, einzigartige ästhetische Variationstechnik. Bei Harmlosen findet sich -
man muß zugeben, daß sie durch ihre mangelnde Kenntnis der
Werke Glucks zu der Annahme geführt werden konnten — die
Behauptung, daß die Tatsache und die Zahl dieser Selbstentlehnun-
gen mangelnde Schöpferkraft dartue. Wir wurden erdrückt von dem
quellenden Überreichtum der ästhetischen Probleme, die jedes neue
Werk dieser unerschöpflichen Künstlerphantasie neu aufrollt und beleuchtet, und die zum größten Teil auch heute noch Neuland sind.

Armida sang Glucks Primadonna, die Levasseur, und den Rinald
natürlich wieder ihr Partner Legros, Hidroat war Gélin anvertraut;
den Ubald des Bassisten L'Arrivée erwähnten wir schon. Auch die
Sänger der kleineren Rollen hatten z. T. schon in den früheren Werken
Glucks mitgewirkt.

4. IPHIGENIE AUF TAURIS

Schon mit „Armida" hatte Gluck seine künstlerische Laufbahn
beschließen wollen. Er mochte fühlen, daß er bei seiner wilden
Art zu komponieren und zu dirigieren einen Raubbau mit seinen
Kräften, allerdings den Kräften eines Riesen, trieb, der vielleicht nicht
ungestraft bleiben würde. Auch war die Armida das sechste Werk auf
der Pariser Bühne, und mehr hatte er nicht versprochen. Die zahlreichen Verehrer des Meisters hatten seine Kolossalbüste — von
Houdon in Marmor gehauen — mit Genehmigung des Königs in der
Großen Oper neben den Büsten von Rameau und Lully aufstellen
lassen. Das berühmte Werk ist beachtenswert durch die naturalisti-
sche Darstellung der ausdrucksvollen Züge Glucks. Die Büste trägt
die vielgenannte Inschrift „Musas praeposuit sirenis". Die Aufstellung erfolgte am 14. März 1778. Wir kennen den leiblichen
Gluck hauptsächlich von dieser Büste und von dem Ölporträt, das
1775 Duplessis in Paris gemalt hatte.

Der Meister konnte sich nicht genug tun. Er saß in Wien -
wo er in der Ruhe der Heimat den fruchtbaren Nährboden fand —
und wälzte in heißem Herzen zwei neue Stoffe, die letzten, die er
zu Papier gebracht hat: Iphigenie auf Tauris nach der Dichtung

des jungen Guillard, und Echo und Narciß nach einem Buch des
Barons Tschudi. Am 30. November 1778 kam er — zum letzten-
mal — mit seiner Gattin in Paris an, und wieder begann die unermüdliche künstlerische Arbeit.

Während Armida der Darstellung der üppigsten Zauberreize der
Liebe gewidmet ist, erscheint in „Iphigenie auf Tauris" nicht ein
Wort von Liebe zwischen Mann und Weib. Und doch ist sie
erfüllt von starken Leidenschaften. Eine hehre priesterliche Grundstimmung liegt über ihr: die Handlung ist die Entsühnung des
Muttermörders Orestes. Mit Recht redet S c h i l l e r (Briefwechsel
mit Goethe), indem er den Gang der Handlung dramatisch durchaus
„vernünftig" findet, von der h e i l i g e n Musik dieses weihevollen
Werkes. Es steht im Ausdruck der „Alceste" näher, doch ist Alceste
beherrscht durch herben Schmerz. Der ästhetische Sprung von Armida zu Iphigenie auf Tauris ist wiederum der uns bekannte künstlerische „Fruchtwechsel".

Ruhe vor dem Sturm an der wilden taurischen Küste malt die
Einleitung, die hineinläuft in die erste Szene: Sturm, Iphigenie mit den
Priesterinnen in edler Haltung, den Schutz der Götter erflehend. Der
Sturm (motivisch wie die „Ruhe" entlehnt aus der gleichfalls mit Seesturm beginnenden „Merlinsinsel") ist mit außerordentlicher Realistik
dargestellt, mit heulender Pikkoloflöte, abwechselndem Aufspritzen
und Nachlassen, wilden Forzati, einer erschütternden Harmonik und
Dynamik. Beim Nachlassen Iphigenie: Die Ruhe kehrt wieder, doch
in meinem Busen rast noch der Sturm. Und sie erzählt in einem
großartigen Rezitativ-Gemälde, wie ein Traumbild ihr in der Nacht
die väterliche Burg zeigte, die vom Blitz getroffen wird, wie aus den
rauchenden Trümmern eine klagende Stimme ertönte, die ihres
Vaters Agamemnon, blutend, verfolgt von einer mörderischen Furie,
ihrer — Mutter! Die ihr verschwindend einen Dolch in die Hand
drückte, und wie eine unwiderstehliche Macht sie gegen ihren Willen
zwang, den ihr nahenden unglücklichen Orest mit dem Dolch zu
durchstoßen! In die Klagegesänge der Priesterinnen, die mit Iphigenie aus Mycene hierhergekommen waren, stürzt der Scythenkönig
T h o a s: furchtbar, stolz, stark. Wir kennen diese Gluckschen Könige von Demophoon („Per lei fra l'armi") bis zum Agamemnon.
In seiner unheilschwangeren kurzen Arie in h-moll „De noirs pres-

sentiments" erscheint die Schicksalsstimme, die ihm zuruft: „Tremble, ton supplice s'apprête" (unisono p vom Streichorchester mit dem rasselnden Hornton, der durch jeden Nerv schaudert, begleitet). Man hüte sich, diese Baßarie, die sich zum Ausdruck der inneren Bedrängnis absichtlich der höchsten, gepreßten Stimmlage bedient, zu korrigieren, indem man sie einen Ton tiefer legt, wie ich es stets gehört habe. Das Orakel hat Thoas, der Iphigenie vorhält, daß die Götter keine Seufzer, sondern Blut verlangen, geweissagt, daß er untergehen werde, wenn ein Fremder entkäme! Und schon stürmen sie heran, die wilden Scythen: jubelnd führen sie die Schiffbrüchigen, Orest und seinen Freund Pylades, in ihrer Mitte: „Die Götter selber haben uns die Opfer zugeführt". Das Triangel und das Tamburin charakterisieren die Scythen, in deren Händen wir mit Furcht und Mitleid das Geschick von Orestes und Iphigenie sehen, von Orestes, der ausgezogen war, gemäß dem Orakelspruch zu seiner Entsühnung vom Muttermord das Bild der Diana aus Taurien zu holen, mit Pylades, mit dem ihn eine jener seltenen Freundschaften verband, die im Anderen völlig sich selber sieht. Der zweite Akt zeigt uns in einem dem Aufenthalt der Opfer dienenden düsteren Tempelraum Orestes und Pylades. Orestes ist in völliger Verzweiflung, zu der sich das Gefühl gesellt, in sein Verderben den Freund verstrickt zu haben. In wilder Verzweiflung ruft er die Götter, die „Urheber seiner Verbrechen", an. Wir kennen diese wilden absteigenden Oktaven, in die die trotzigen Rufe des Tiefunglücklichen (mit Hörnern, Trompeten, Pauken, Oboen, Clarinetten) hineinprasseln, schon aus dem „Demophoon". Mit der ganzen Innigkeit der Freundschaft, die in der Pylades-Arie „Unis de la plus tendre enfance nous n'avions qu'un même désir" mit ihrer überströmenden Wärme erscheint, vermag Pylades den Freund nicht zu beruhigen, und der Tempeldiener trennt sie mit Härte, indem er Pylades mitführt. Was jetzt folgt, die Erinnyen-Szene, muß zum Furchtbarsten, Gewaltigsten gerechnet werden, was die tragische Bühne überhaupt kennt. Nach einem wilden, durch das Eumenidenmotiv eingeleiteten Anruf, die Götter möchten ihn vernichten, kehrt scheinbar die Ruhe zu Orestes, und er schläft erschöpft ein. Was für eine Ruhe! Ein unaufhörlicher Synkopen- und Sforzato-Rhythmus der Bratschen flößt uns Eis in die Adern, und der zagende schneidende lange Halteton

einer Solohoboe im p, unter dem sich das Verzehrendste im Streichorchester und der fast im Sprechgesang sich an dieser sympathetischen Kontrapunktik beteiligenden Stimme abspielt, erfüllt uns mit
dem stärksten Mitleid. (Bekannt ist Glucks Wort, als jemand auf
den Widerspruch zwischen dem Text: „Die Ruhe kehrt in mein
Herz" und der Furchtbarkeit des Bratschenrhythmus hinwies: Er
lügt! Er hat seine Mutter getötet! Freilich muß empfindungslos
und stumpf sein, wer bei dieser Musik noch dieses Kommentars bedarf.) Als Orestes eingeschlafen ist, erscheinen sie, die Eumenidem,
und der letzte Schleier wird weggezogen vor den tragischen Mächten
der Menschheit. Posaunen, Krallengriffe der Eumeniden. Die furchtbaren drei Achtel sforzato. Man beachte den über jedes menschliche
Maß starken Ausdruck der oben aufliegenden Septime g, an die
Beethoven in seiner 9. Sinfonie anknüpft. Und nun der Chor: „Ven-
geons et la nature et les dieux" mit den ehrenen Schritten der gezogenen Posaunen. Bei „il a tué sa mère!" fallen die Erinnyen selbst,
schaudernd vor dem Verbrechen, plötzlich in langen Tönen ins p,
das bei dem Krallengriff „mère" einem wilden Sforzato weicht. Das
Grauenvollste ist das hilflose Aufstöhnen des — beständig bewußt-
losen — Orestes (mit demselben Doppelquerstand des Entsetzens
c d e/es d cis, den wir aus Klytämnestras letzter Arie her kennen!)
Ein besonderer Genieblitz ist die Verkleinerung des Orchesters: dem
Stöhnen ah! ah! ah! ist sympathetisch beigesellt eine unendlich klagende Figur einer hilflosen Soloflöte im piano, und dann fallen wild
die Chormassen mit Posaunen ein: Kein Erbarmen! Um die Stelle
zu verstehen, mag man sich ein Alpdrücken vorstellen: eine riesen-
haft vergrößerte Faust liegt auf der Brust des Gequälten und seine
Visionen sind ins mehrfach Übermenschliche vergrößert. Es erscheint
dem schlafenden, hilflosen Orest das blutige Bild Klytämnestras,
und als er schließlich erwacht und die von Priesterinnen begleitete
hereingetretene Iphigenie erblickt, schreit er sie entsetzt an: „die
Mutter!!" Er erzählt ihr auf Drängen vom Schicksal Agamemnons,
verbirgt ihr aber, daß er Orestes ist. Die Handlung kann aus Raum-
gründen nicht im einzelnen verfolgt werden. Hervorgehoben werden
mag noch die Einfügung der Sextus-Arie aus dem Titus mit dem
Orgelpunkt in der Oberstimme, der einst Italien auf den Kopf stellte:
„O malheureuse Iphigénie". Bei dem berühmten Orgelpunkt läßt

Gluck hier zur Stimme Iphigeniens unisono den Priesterinnenchor auf dem hohen g weiterspinnend einsetzen und mit „mêlons nos cris plaintifs" die Dissonanz halten. Von außerordentlicher Schönheit ist der pantomimische Totenopferchor am Ende des zweiten Aktes auf das Thema des Mittelsatzes eben jener Sextusarie — mit dem das Griechenvolk in der „Iphigenie in Aulis" die holde Iphigenie begrüßte. (Kein Leitmotiv, weil die beiden Opern gar nichts miteinander zu tun haben!) Pylades, freigelassen, um nach Griechenland Nachricht zu geben vom Schicksal Iphigeniens, holt die am Strande zurückgebliebenen Griechen zur Rettung des Orestes herbei. Iphigenie versagt schaudernd das Opfer, zu dessen Vorbereitung heilige Hymnen ertönen; als sie es schließlich vollziehen will, erfährt sie aus den seufzenden Worten: „So sankest auch Du in Aulis, geliebte Schwester Iphigenie", daß der Gefangene ihr Bruder ist. Die kurze heftige Freude des Wiedersehens ist umdroht von Gefahren. Thoas stürzt herein, hat von der Freilassung des Pylades erfahren, fordert sofortige Vollziehung des Opfers, will es schließlich selber, als er erfährt, wer der Gefangene ist, an Orest und Iphigenie vollziehen, wird durch den plötzlich zurückkehrenden Pylades tödlich getroffen. Den Kampf zwischen Griechen und Scythen hemmt die alle in die Knie werfende Erscheinung der Diana (die blitzenden 32stel der E-Saite der Geigen mit ihrer göttlichen Schneidigkeit!): die Scythen sollen ihr Bild, das sie entweiht, herausgeben, Orestes entsühnt mit Iphigenie und ihren Griechinnen nach Griechenland zurückkehren. Der Einschiffungschor aus „Paris und Helena" endet auch Iphigenie auf Tauris. Heiter ist die Meereswelle gekräuselt (der von Beethoven so gern nachgeahmte Triller mit der großen None!)

Zu den erwähnten und Wotquenne bekannten Entlehnungen treten noch die interessanten aus dem tragischen Ballett „Semiramis", deren Erkennung erst die mir geglückte Auffindung des Szenariums von Angiolini ermöglichte: Gluck hatte ja den Muttermörder auf göttlichen Befehl schon einmal auf die tragische Bühne gebracht, und die Eumenidemmusik ist zum größten Teil motivisch nicht neu, neu natürlich in ihrem Aufbau und ihrer dramatischen und musikalischen Verwertung.

Iphigenie wurde von der Levasseur, Pylades von Legros, Orestes von L'Arrivée dargestellt; von den kleineren Rollen finden wir die des Thoas dem Bassisten Moreau anvertraut, der in Alceste den Apollo gesungen hatte.

Das Meisterwerk errang, und zwar diesmal gleich mit der ersten Vorstellung, einen alles niederschlagenden Erfolg. Die Hörer waren auf diesen Stil eingestimmt, ein meisterhaftes Textbuch, eins der besten der Opernliteratur, war Gluck Stütze gewesen, und aus jedem Teil dieses Werkes sprach so abgeklärte Meisterschaft, daß auch dem minder Empfänglichen der Eindruck entstehen mußte, der Vollendung des Stils der klassischen Musiktragödie gegenüberzustehen. Der Triumph Glucks war ein vollkommener.

Betrachten wir den Stil, so finden wir das Orchesterrezitativ außerordentlich fortgebildet, die geschlossenen Formen der Arie nicht beseitigt, aber jederzeit, wo es die Situation erfordert, die Möglichkeit ihrer Durchbrechung. Ästhetisch dienen die geschlossenen Formen, minder auffällig als die Arie bei Metastasio, doch unverkennbar, der inneren Handlung, einigermaßen vergleichbar dem antiken Chor. Das Orchester ist, was es von je bei Gluck war, und was wir schon im Artaxerxes sahen, das Gewissen und Herz der Handelnden, als solches mit dem unvergleichlichen Seherauge des Meisters zur Vollendung gebracht. Der Gesang, obwohl er der Koloratur enträt, beruht, was der üblichen falschen Auffassung gegenüber nicht scharf genug betont werden kann, durchaus auf der höchstentwickelten italienischen Gesangskunst. Die französische Sprache gibt ihm die besondere Note der rührenden, sprechenden, natürlichen, edlen, stets scharf gezeichneten Deklamation und läßt den Glutstrom der Kantilene minder hervortreten als z. B. der italienische „Paris", den Gluck ja eben deshalb nicht für die französische Bühne umgearbeitet hat.

5. ECHO UND NARCISS

Gluck kannte keine Ruhe. Er hatte nicht die Lebensführung eines Fünfundsechzigers, sondern die eines ins Leben stürmenden, nie seine Kräfte abwägenden Jünglings. Trotz der Konzentriertheit seines Schaffens und des ungeheuren Kräfteverbrauchs, der die Folge davon war, brachte der Meister am 21. September 1779, also rund vier Monate nach der ersten Aufführung der taurischen Iphigenie, seinen Narciß zur ersten Aufführung, einer Erstaufführung, die noch dadurch erschwert war, daß wir nur Legros unter seinen Schauspielern wiederfinden (als Cynire, Freund des Narciß), während alle andern Kräfte nicht die Stiltradition der früheren Werke hatten, darunter als Echo die Sopranistin Beaumesnil, als Narciß den Tenoristen Lainez. „Iphigenie auf Tauris" war eine „tragédie", wie „Alceste", Echo und Narciß erscheint als „drame lyrique".

Ovid erzählt uns die poetische Verwandlung der Nymphe E c h o , die aus Gram über die Untreue ihres Geliebten, Narciß, hinschwand und verwandelt wurde in eine zarte schmachtende Stimme, die einsam in den Wäldern umherirrte und dem Klagen unglücklich Liebender antwortete, während Narciß, von seiner schuldhaften Verblendung, der Verliebtheit in sein eignes Bild, das er im Spiegel einer Quelle sah, und in dem er eine Wassernymphe zu erblicken glaubte, durch den Verlust Echos aufgerüttelt und von seiner Verzweiflung durch eine gütige Verwandlung in die Blume seines Namens erlöst wurde. Das vom Baron Tschudi gedichtete Textbuch ändert den Schluß: Gott Amor, der die beiden (von Apollo, dem von der treuen Echo Verschmähten, verfolgten) Liebenden schützend geleitet hatte, erweckt die dahingeschwundene Echo zum Leben und gibt dem verzweifelten Narciß Glück und Leben zurück. Dies Textbuch symbolisiert: Narciß ist von Eigenliebe und Selbstsucht mit Blindheit geschlagen. Nicht daß Narciß untreu, sondern daß er überhaupt unfähig geworden war, einen andern, als sich selber, zu lieben, ist Echos Schicksal: „Ich fürchtete die Reize der Doris, mich schreckte der Gedanke an eine Nebenbuhlerin, und mein größtes Unglück ist, keine zu haben!" Nicht die dringenden Vorstellungen des treuen Freundes Cynire — einer Rolle, die an Pylades erinnert —, nicht der Anblick der todkranken Echo vermag den gefühllos Verbohrten, vom eifersüchtigen Apoll mit dem Leiden Geschlagenen, das der Mediziner unserer Tage moral insanity nennt, zurückzurufen, erst beim Tode der Echo gelingt es Cynire, ihm an der Quelle zu zeigen, daß der Wasserspiegel sie beide, Narciß und Cynire, wiederspiegelt, daß er sein eignes Bild anbetet.

Die Musik gebietet mit verschwenderischem Reichtum über Chor, Ballett, Orchester; in der kühnen Verwendung freier Formen und in der sprechenden Deklamation geht dies Werk selbst über Armida hinaus; es scheinen dem greisen Meister die Ideen nur so von allen Seiten zuzufließen. Die Tonsprache ist von einer, der Echo zukom-

menden, elegischen Zartheit, wie Gluck noch nie Gelegenheit hatte
sie zu geben. Wir kennen die hochpoetische rührende Wirkung der
Echowirkungen aus dem „Orpheus": sie finden hier ihre volle künstlerische Auswertung. Das Ergreifendste enthält der letzte Akt, als
der verzweifelnde Narciß, einsam umherirrend, nach seiner Echo
ruft „habe Mitleid mit Narciß!" Echo (zart): „Narciß!" Narciß
(außer sich): „Himmel! was höre ich! Es ist ihre Stimme! Ach,
sie ist es!" Echo (zart): „Sie ist es!" Narciß: „Echo, teurer Schatten,
den ein Untreuer anfleht .... am Gestade des Styx, kannst du mich
lieben ... noch immer?" Echo (zart): „Immer!"

Diese Oper stellt wiederum einen völlig neuen Stil dar: nichts
vom Schrecken der Eumeniden und der Menschenopfer der Scythen,
nichts von starker äußerer Handlung, alles verinnerlichte Feinheit.
Die Pariser, eben von Gluck, wie sie glaubten, auf die künstlerische
Notwendigkeit einer bewegten Bühnenhandlung hingewiesen, lehnten
mit der ihnen in ästhetischen Dingen eignen Verbohrtheit dieses
letzte außerordentliche Werk ab. Alle Bemühungen einer künstlerischen Minderheit waren fruchtlos: Die Menge war für das esoteri-
sche Werk nicht zu interessieren, und der Kassenbericht, der Iphigenie
in Aulis, Orpheus, Alceste, Armida, und besonders Iphigenie auf
Tauris unwiderstehlich gemacht hatte, sprach hier gegen den Meister.
Das Werk wurde zwar auch in späteren Jahren noch vereinzelt in
Paris aufgeführt, aber im weiten Abstand hinter den anderen.

1913 nahm das Münchener Hoftheater — und nach ihm andere
Bühnen — das leider „bearbeitete" Werk wieder auf. Der Kapellmeister der Elisabeth Duncan-Schule hatte die Witterung gehabt,
daß hier das Ballett eine hervorragende Aufgabe hat, und studierte es für diese Tanzschule ein, ein nicht uninteressanter,
freilich künstlerisch nicht genügender Versuch, dessen ästhetischer
Fehler war, das Meisterwerk zum Mittel für ein Ballett, anstatt
das Ballett zu einem Ausdrucksmittel für das Meisterwerk zu
machen.

Wir haben nicht einmal die Originalgestalt. Nachdem Gluck
bereits Paris verlassen hatte, gab man 1780 Echo und Narciß in anderer Fassung. Aus der Rolle des Amor, die man für undramatisch
hielt, war ein Prolog zurechtgezimmert worden, so daß Amor nur
noch zuletzt als deus ex machina erscheint. Dabei übersah man, daß

die rührende, mit Echo-Effekten reich ausgestattete Arie „Vallons chéris" („Geliebte Täler"), in der Amor, nach dem Tode der Echo, in elegischer Färbung uns Kunde gibt, daß ihre zarte Stimme am Leben erhalten geblieben sei und jetzt einsam umherirre, unbedingt an den Anfang des dritten Aktes gehört.

Gluck hatte, angewidert von dem Mißerfolg von Echo und Narciß, und erfüllt von Mißmut darüber, daß man ihm nur zujubelte, wenn er sich wiederholte und das gab, was das Publikum forderte, ihn aber verlästerte, wenn er neue kühne Bahnen beschritt, wie ihn sein Genius trieb, seinen Aufenthalt in Paris abgebrochen und war für immer nach Wien zurückgekehrt mit dem Vorsatz, nichts mehr für die französische Bühne zu schreiben. „Die Franzosen müssen noch 20 Jahre Stil lernen, um für Narciß reif zu werden!" Als man in Paris die Partitur stach, kümmerte er sich um nichts und ließ es geschehen, daß die erwähnte Bearbeitung gestochen wurde, „obwohl das Ganze dadurch nicht besser wird", wie wir einem seiner Briefe entnehmen können. Hier ist also ausnahmsweise die Notwendigkeit der rekonstruierenden Bearbeitung für uns vorhanden. Ich schlage vor, die erwähnte Arie an den Anfang des dritten Aktes zu setzen und den Prolog mit der Wiederholung der Arie „Rien dans la nature" zu schließen; auch ist zulässig und für uns die Wirkung verstärkend, wenn die Oper mit dem prachtvollen Schlußchor „Le Dieu de Paphos" endet, und das hinter diesem stehende Ballett wegfällt. Man glaubt fast, während der letzten mächtigen Takte des Chores den Vorhang sich schließen zu sehen.

„Echo und Narciß" enthält bedeutend weniger Entlehnungen als „Iphigenie auf Tauris". Die bekannteste ist die große Arie aus „Paris und Helena", die dort den zweiten Akt schließt. Eine sehr interessante ist die der von mir aufgefundenen Sophonisbe-Arie „Tornate sereni" mit ihrer, gleichsam unter Thränen lächelnden Schelmerei, die hier Amor in den Mund gelegt ist.

Glucks Stellung in Paris wurde durch den schwachen Erfolg von „Echo und Narciß" nicht beeinträchtigt. Die taurische Iphigenie hatte ihm eine beispiellose Volkstümlichkeit und Autorität verschafft und seine — nur leider nicht erschöpfend verstandene — Kunstphilosophie zur herrschenden, die künstlerische Intelligenz beherrschenden Lehre erhoben.

Der geringe Anklang des letzten Werkes war in den Sternen
Glucks vorher bestimmt. Er traf zusammen mit einem leichten ersten
Schlaganfall, den der Riese zwar überraschend schnell überwand,
mit dem aber doch die Parze seinen Lebensfaden anschnitt. Bisher hatte ihn sein künstlerischer Dämon getrieben, jetzt, da er seine
Mission vollendet, fragte sich der Meister plötzlich verwundert,
welchen zwingenden Grund er denn eigentlich habe, sich vom Publikum, das ihm nicht folgen konnte, anpöbeln zu lassen. Und er zog
sich ins Privatleben zurück, mit seiner Marianna, seiner amante
fidèle, in seine geliebte deutsche Heimat, nach Wien, wo er, in der
Behaglichkeit eines wohlgeordneten Haushalts von fast fürstlichem
Zuschnitt, dem Leben hinfort mehr als Zuschauer gegenüberstand.

LEBENSABEND UND AUSGANG
HERMANNSSCHLACHT UND DE PROFUNDIS
1780—1787

Und doch verzehrte er sich heißen Herzens mit seinen Plänen zur „Hermannsschlacht". Wir wissen, daß er nach dem Erscheinen des Klopstockschen „Bardiets" (1769) sich mit Begeisterung damit beschäftigt und bei Hofe und in Hauskonzerten wiederholt einzelnes aus seiner Musik vorgetragen hat. Das war, obschon diese Musik nicht einmal niedergeschrieben war, in Deutschland allgemein bekannt. So finden wir in der feingeschriebenen „Chronologie des deutschen Theaters", die 1775 von dem nicht genannten Christian Heinrich Schmid in Leipzig erschien, die treffende Notiz, bei der Besprechung der künstlerischen Früchte des Jahres 1769 (nämlich für das deutsche Schauspiel): „Herr Klopstock übertraf sich selbst in seinem Bardiet: Hermannsschlacht, dessen Verdienste aber hier nicht betrachtet werden können, in sofern noch kein Hof das Theater hat erbauen lassen, auf dem es vorgestellt werden könnte. Die Chöre der Barden, von denen der Ritter Gluck in Wien einige komponiert hat, möchten eher als die von Cronegk im Stande seyn, ihren Gebrauch im Trauerspiel wieder herauszustellen."

Klopstock und Gluck erwarteten viel für ihre hochfliegenden künstlerischen Pläne, die auf das Nationaldrama und die deutsche, ihren Stoff auch in der germanischen Mythologie suchende Musiktragödie gerichtet waren, von Joseph II. Wir wissen, daß Gluck, da sich zunächst diese Pläne nicht verwirklichen ließen, nach Paris ging, dort seine Künstlerlaufbahn, die seit 1742 ein einziges beispielloses Aufsteigen war, krönte, aber auch dabei durch rücksichtsloses Einsetzen die Kräfte, die er noch hatte, verzehrte. ·Nun drängte ihn Klopstock, und Gluck antwortete ihm am 10. Mai 1780: . . . Sie wissen nicht, warumb ich so lange mit der Hermannsschlacht zaudere: weil ich will mit selbiger meine musikalischen Arbeiten beschließen. Bishero habe ich es nicht tun können, weilen mich die Herrn Franzosen so sehr beschäftiget hatten. Obschon nun die Hermannschlacht meine letzte Arbeit sein wird, so glaube dennoch, daß sie nicht die unbedeutendste von meinen Produktionen sein wird, weilen ich den Hauptstoff dazu gesammelt habe in der Zeit, ehe mir das Alter die Denkenskraft geschwächt hat". Der Meister war vor allem noch auf die Erfindung einer Art von primitiven Hörnern, nach Art der nur einen Ton blasenden russischen Jagdhörner, bedacht. Die wiederholten Schlaganfälle, die ihn 1781—1783 trafen und ihn auf dem rechten Arm und Bein und auch auf der rechten Gesichtshälfte lähmten, so daß er nur mühsam und mit gelähmter Zunge sprechen konnte, hinderten die Ausführung, die ja auch durch seine wundersame Art, eine ganze Oper fertig im Kopfe zu haben, ehe er an die Niederschrift ging, und zwar fertig nicht im Groben, sondern auch in den meisten Einzelheiten, verlangsamt wurde. Seine Erholung, das „Faullenzen", wurde lange Zeit „sein einziges Vergnügen". Er benutzte die Bäder von Baden-Baden, und mit strenger Diät, die sein Arzt und die liebend besorgte Gemahlin, oft gegen seine Wünsche, durchsetzten, ging es langsam besser. Marianna wußte vor allem die mit seiner stürmischen Art des Musizierens und Komponierens verbundene Erhitzung der Phantasie mit unauffälliger Konsequenz stets zu hintertreiben oder zu beschneiden. So veranlaßte sie Salieri, der schließlich auf Glucks bestimmtes Verlangen ihm bei der Niederschrift wenigstens von Teilen behilflich sein sollte, eine Abhaltung vorzuschützen, und als dennoch der Meister auf seinem Willen bestand, legte sich der Arzt unter Darlegung der Gründe mit strengstem Verbot ins Mittel. So sind wir, abgesehen von der Klopstockschen Dichtung, auf Beschreibungen der Musik beschränkt, die uns von Zuhörern seiner Hauskonzerte, besonders von Rochlitz, erhalten sind: Erhabene Einfachheit, getreueste Auffassung der Dichtung, gepart mit bewundernswürdiger Freiheit, ein neuer begeisterter vorwiegend deklamatorischer Stil, großer Reichtum, immer neue Mittel werden hervorgehoben. Eine Probe davon haben wir im Schlußchor der „Iphigenie in Aulis", sicherlich auch in den „primitiven" Apollo-Chören der Spartaner im dritten Akt von „Paris und Helena", deren Schöpfung ja zeitlich zusammenfällt mit dem Plan zur „Hermannsschlacht" durch Gluck. Auch die „Oden", besonders die „Ode an den Tod", geben uns eine Probe des Gewollten, doch sind sie ihrerseits dem uneingestimmten Musiker von heute erst nach der Aufnahme von Musik, wie der Apollochöre oder des Schlußchores aus der „Iphigenie in

Aulis" voll verständlich. Der feurige Greis wurde durch seinen eigenen Vortrag so erschüttert, daß ihm an gewissen Stellen die hellen Tränen über die Wangen stürzten. Besonders galt dies von seinem Lieblingschor: „O Wodan, der im nächtlichen Hain" in der Strophe

> „Wodan, unbeleidigt von uns,
> Fielen sie bei deinen Altären uns an!
> Wodan, unbeleidigt von uns,
> Erheben sie ihr Beil gegen dein freies Volk!"

Von Reichardt, der Gluck im Sommer 1783 besuchte, erfahren wir noch, daß Gluck beim Vortrag mehrmals den Klang der Hörner und den Ruf der Fechtenden hinter ihren Schildern nachahmte. Einmal unterbrach er sich, um zu bemerken, daß er zu diesem Gesang noch ein eignes Instrument erfinden müsse. Die zu erfindenden Urhörner sollten bei den mächtigsten Stellen nur mit einzelnen Akkorden einfallen.

Was ging in diesem Geist, der immer neue künstlerische Möglichkeiten sah, vor! Daß das Instrumenteerfinden, von Marx als „Alterssterilität" abgetan, eine ernste künstlerische Sache war, weiß jeder, der den Orchesterinstrumentator Gluck ein wenig kennt, den Gluck, der in der französischen Alceste zwei Hörner die Schalldeckel gegeneinander kehren ließ, um den Ruf Charons, des Totenfährmanns, nachzuahmen, der im italienischen Orpheus den Zinken zur Trauer verwendet, in der italienischen Alceste das Chalumeau, um die Vögel der Nacht heulen zu lassen, im „Betrogenen Kadie" das Zigeunerhackbrett, der die Glasharmonika ersann, um nur von hundert Dingen ein halbes Dutzend herauszugreifen.

Wir müssen uns bescheiden: das letzte Werk, das der Meister so gut wie fertig in den Ohren und im Herzen trug, konnte er nicht mehr gebären. Diese Tragödie ist, wie wir sahen, letzten Endes eine der die deutsche Kultur zerstampfenden Wirkungen des Dreißigjährigen Krieges: der herrliche deutsche Musiker, deutsch wie keiner in Naturempfinden, Lauterkeit, schlichter Größe, Ausdrucksgewalt, mußte seine Jugendkräfte italienischer, seine letzten Kräfte französischer Kunst weihen, und war verzehrt, als er als Greis zum deutschen Nationaldrama kam. Freilich ist der Genius bis zu einem gewissen Grade international, und weiterhin ist das Glucksche Werk trotz italienischer und französischer Sprache und Technik durchaus deutsch.

Nur ein kleines Werk schrieb der Meister noch nieder und übergab die Handschrift Salieri, der aus ihr die Uraufführung bei den Bestattungsfeierlichkeiten nach dem Tode Glucks leitete und eine Druckausgabe besorgte: den Bußpsalm 130 „De profundis" („Aus der Tiefe, Herr, rufe ich zu dir"). Das einzige Stück K i r c h e n musik, das wir von Gluck noch haben, ein konzentriertes Werk, bei dem es wahrlich um andre Dinge als ums Kontrapunktieren geht (das Fétis und andere vermissen). Schon das Orchester: Alle hellen und weichen Farben fehlen — eine meisterhafte Anwendung der „negativen Farbe" —, es fehlen die Flöten, Klarinetten, Trompeten, und sogar d i e Violinen. Zu den scharfen Hoboen treten die hilflosen Fagotte, während das Horn mit drei Posaunen einen majestätischen Körper bildet. Das Streichorchester ist durchweg dreistimmig. Ich habe in diesem Punkt meine mit Einführung und genauer Vortragsweise versehene neue Partiturausgabe (bei Oppenheimer, Hameln), zu berichtigen. Dort stellte ich zwei Möglichkeiten als gleichberechtigt nebeneinandei (betr. die Vertauschung von Fagott- und Violoncellstimme) und ließ leider die unrichtige drucken. Die Analogie anderer Gluckscher Partituren läßt es jedoch als sicher erscheinen, daß das, was ich dem Violoncell gebe, die Fagottstimme ist, und umgekehrt. Der Chor erhebt sich aus tiefster Lage mit dem klagenden Anruf Gottes in den einzelnen Versen teils zu erschütternder Gewalt, teils zu inniger Demut und zerknirschter Reue, um am Schluß des gewaltigen Tongemäldes mit unendlich innerlichem Ausdruck des Vertrauens auf die Erlösung („ex omnibus iniquitatibus dejus") wieder in dieselbe tiefste Lage im lange verhallenden D-dur-Akkord zurückzuversinken. Der letzte Ton der göttlichen Leier eines unserer ganz Großen ist verhallt, wenn wir, durch und durch erschüttert, zurückbleiben.

Einen zweiten Kirchenchor Glucks, den 8. Psalm Domine Dominus noster, habe ich nicht entdecken können. Er ist in einem Wiener Hofkonzert zwischen 1753 und 1757 aufgeführt worden. In Wien ist die Partitur bisher nicht aufgefunden. Ein lebender Musiker, Bruno Schrader, berichtet uns, daß er in den achtziger Jahren des 19. Jahrhunderts als Musikstudent in Braunschweig diesen Chor, einen A-cappella-Chor, aus vergilbter Handschrift gespielt habe. Bei meinen Nachforschungen im Archiv des Braunschweiger Hoftheaters

habe ich leider nicht das Entgegenkommen gefunden, das ich glaubte
im Interesse der Wiederauffindung dieses Schatzes beanspruchen zu
dürfen: man hat für zulässig gehalten, auf wiederholte Anfragen
nicht zu antworten. Höchstwahrscheinlich befindet sich aber in
Braunschweig, vielleicht auch im Archiv eines dortigen Oratorien-
vereins, eine aus dem 18. Jahrhundert stammende Kopie, während
sich in Wien irgendwo die Urschrift befinden muß.

Das Oratorium „Das letzte Gericht" ist von Salieri; Gluck hat
ihn nur beraten.

Nicht viel ist noch zu sagen. Glucks Haus war naturgemäß das
Ziel zahlreicher Verehrer des Ehrfurcht gebietenden und in seiner
liebenswürdigen Natürlichkeit rührenden Greises, der lebhaften Anteil an allem Neuen nahm. Nicolai aus Berlin, der 1781 Wien, nicht
Gluck, besuchte, wurde aus einem Saulus zwar nicht ein Paulus,
aber losgelöst von Berliner Vorurteilen und erfüllt von einem Hauch
des Gluckschen Genius. Sehr bekannt ist der Besuch des Berliner
Kapellmeisters Reichardt bei Gluck im Sommer 1783. Ihm verdanken wir, wie erwähnt, die Aufzeichnung der „Ode an den Tod"
nach Glucks Vortrag. Sie läßt uns ahnen, wie viel Ähnliches wir
verloren haben, da Gluck die meisten seiner Kompositionen Klop-
stockscher Oden nicht zu Papier gebracht hat. Auch der junge
Mozart, dessen „Entführung" Gluck mit anteilnehmendem Interesse
gesehen hatte, konnte berichten, daß er beim Schöpfer der Iphigenie
zu Tisch gewesen sei. Reichardt, der Kapellmeister Friedrichs des
Großen, wurde von Gluck veranlaßt, nach Paris zu fahren, so lange
dort noch die Tradition der persönlichen Leitung Glucks wäre.
Er benutzte zwei Jahre später Glucks Empfehlungen, besonders an
Bailli du Roullet, um wirklich nach Paris zu fahren und dort an „Iphigenie in Aulis" und „Armida", die damals auf dem Repertoire standen, „eine Gattung kennenzulernen, die an Größe und echtem Kunstwert alles, was man in Italien, Frankreich, England und Deutschland
sah, hörte und dachte, so unendlich weit überragte, daß man nur
durch die damalige unbeschreiblich großartige Pariser Vorstellung
einer Gluck'schen Tragödie einen klaren Begriff ... bekommen
konnte". Reichardt wirkte, nach dem Tode des unbelehrbaren
Preußenkönigs, dessen Verhängnis es war, die große deutsche Kunst
seiner Zeit aus seiner Nähe zu verbannen, später in Berlin für gute

Gluck-Aufführungen mit dem Erfolge, daß Berlin bis zu Spontinis Zeiten die deutsche Hochburg für Gluck war.

Es mag darauf hingewiesen sein, daß sich etwa 1780 der innere Prozeß deutscher Kunst gegen die italienische Oper zum Übergewicht des Deutschen durchgerungen hatte: die italienische Oper stand auf dem Aussterbeetat. Glucks Opern, auch die komischen Sachen, wurden jetzt in Wien und anderswo in d e u t s c h e r Sprache aufgeführt. So gelangte 1781 auf Befehl des Kaisers „Iphigenie auf Tauris" in deutscher Sprache zur Aufführung und errang auch in Wien ungeheuren Beifall. Gluck hatte mit dem jungen Dichter Alxinger zusammen die deutsche Übersetzung hergestellt, und der Meister hat sich dabei, wie die uns erhaltenen, jetzt in der Leipziger Petersbibliothek befindlichen Skizzen beweisen, die Mühe gemacht, den ganzen Gesangspart mit dem deutschen Text aufzuschreiben, um sich die Wirkung jedes Satzes und Wortes, jeder Geste, zu veranschaulichen! Freilich war zunächst nur ein Übergewicht des Deutschen, noch keine Beseitigung der italienischen Oper, hergestellt. Als im Dezember 1782 der Großfürst Paul von Rußland und seine Gemahlin den alten ehrwürdigen Gluck in Wien besuchten, ließ der Kaiser Orpheus, Alceste und Iphigenie auf Tauris in italienischer Sprache zu ihren Ehren aufführen.

Der bisher unbekannte Briefwechsel Glucks, der im Kölner musikhistorischen Museum aufbewahrt wird, und den leider auch ich nur einige Minuten durch die Liebenswürdigkeit des Konservators Kinsky zu sehen Gelegenheit hatte — der Eigentümer hat den berechtigten Wunsch, selber zuerst darüber zu berichten, was hoffentlich bald geschieht — enthält neben vielen anderen für eine in jedes Detail eintretende Biographie wichtigen Punkte, z. B. Festlegung der genauen Daten der Reisen, die Gluck zwischen Wien und Paris gemacht hat, allerlei Bemerkungen über die Pariser Aufführungen, usw., auch eine Andeutung, daß Gluck noch 1783 in Verhandlungen mit Neapel stand, um dorthin zu reisen, eine neue Oper zu schreiben und ihre Aufführung zu leiten. Der Meister dachte ernsthaft daran, noch einmal, wie in „Paris und Helena", im Glutstrom der ausdrucksvollen italienischen Kantilene zu schwelgen — ein Beweis dafür, daß sein reicher Geist alle Möglichkeiten seiner Kunst sah und sich von den lächerlichen Einseitigkeiten der „ianer" freihielt, denen ich mich nicht enthalten

kann, auch noch ins Stammbuch zu schreiben, daß „Echo und Narciß",
diese französische Deklamationsoper letzten Stils, über die sich das
Füllhorn unerhörten musikalischen Reichtums und Reizes ergießt, Koloraturen enthält, die Amor, den schelmischen Gott, charakterisieren.

Mehrmals bereits hatte die Parze ihre grausame Scheere angesetzt. Es nahte der 15. November 1787. Zwei Pariser Freunde
waren Glucks Gäste. Nach ärztlicher Vorschrift fuhr Gluck täglich
nach Tisch aus, um gute Luft zu genießen und eine mäßige Bewegung zu haben. Das Mittagsmahl war geendet, Kaffee, und, für
die Gäste, Liköre waren aufgetragen, Frau von Gluck schenkte
den Gästen Likör ein und — ging hinaus, um den Wagen zu be-
stellen. Während ihrer Abwesenheit vollzog sich das Verhängnis:
einer der Besucher verweigerte den kredenzten Likör, und Gluck,
der früher das Gläschen geliebt hatte, dem aber jetzt der Arzt zur
Vermeidung der Erhitzung den Genuß streng verboten hatte, redete
zu, und ergriff dann selbst im komischen Zorn über den Widerspensti-
gen dessen unberührtes Gläschen, stürzte es schnell hinunter, und
bat scherzend, indem er sich schnell den Mund wischte, ihn seiner
Frau nicht zu verraten. Marianna kehrte zurück, bat die Gäste, sich
für eine halbe Stunde Abwesenheit im Garten zu unterhalten, und
fuhr mit ihrem Gemahl, unter lebhaften Rufen: „Au revoir! Adieu!"
davon. Nach kaum einer Viertelstunde überraschte ein letzter und
tödlicher Schlagfluß den Greis. Die erschrockene Gattin ließ sogleich
nach Hause fahren, aber er hatte die Besinnung verloren und starb
nach wenigen Stunden.

Ungeheure Trauer verbreitete sich schnell, und zahllose Teil-
nehmer aus allen Ständen folgten dem Leichenbegängnis am 17. November nach dem Matzleinsdorfer Friedhof, wo wir einen schlichten
Stein mit der Inschrift finden:

Hier ruht
ein rechtschaffener deut-
scher Mann. Ein eifriger
Christ. Ein treuer Gatte.
Christoph Ritter Gluck,
der erhabenen Tonkunst
großer Meister.
Er starb am 15. November 1787

Den Stein setzte ihm die treue Gattin und Seelenfreundin, die ihm
am 12. März 1800 nachfolgte und ihm zur Seite bestattet wurde. —
    Tragisch schnell ist die lebendige Tradition und die volle Erkennt-
nis der grandiosen Kunst des Meisters verlorengegangen. Vielleicht
bedürfen wir für so Gewaltiges der Perspektive von Jahrhunderten.
Möge u n s e r e r Zeit beschieden sein, das Erbe anzutreten, das eine
frühere nur halb und vereinzelt zu verstehen imstande war!

FSC
www.fsc.org
MIX
Papier aus verantwortungsvollen Quellen
Paper from responsible sources
FSC® C105338